U0676749

武汉东湖学院论文集
（2011）

周宝生◎主编

中国出版集团

世界图书出版公司

内 容 提 要

《武汉东湖学院论文集》是汇集近几年来武汉东湖学院全体教职员工的教研、科研论文中的优秀作品而成的综合学术性书籍,是该校教师科研及教学成果的精华展示,体现着各专业教师对本专业的学术热点及发展趋势潜心研究、锐意开拓的钻研精神,代表着该校目前教学和科研情况的发展特色。

本论文集共收录文章91篇,共计40多万字,内容涵盖经济、管理、政治、法律、语言、文化、信息、工程、化学、教育、教学等各个方面。其中,教育、教学类文章最多,它凝练着武汉东湖学院教职员工多年来的教学心得和工作体会,充分体现了该校以教学为本的办学宗旨。

图书在版编目(C I P)数据

武汉东湖学院论文集 / 周宝生主编 . -- 广州:世界图书出版广东有限公司 , 2012.4
ISBN 978-7-5100-4529-5

Ⅰ . ①武… Ⅱ . ①周… Ⅲ . ①社会科学－文集②自然科学－文集 Ⅳ . ① Z427

中国版本图书馆 CIP 数据核字 (2012) 第 063629 号

武汉东湖学院论文集

策划编辑	梅祥胜
责任编辑	汪再祥　吴小丹
封面设计	陈　璐
出版发行	世界图书出版广东有限公司
地　址	广州市新港西路大江冲25号
电　话	020-84459702
印　刷	武汉三新大洋数字出版技术有限公司
规　格	787mm×1092mm　1/16
印　张	26
字　数	470千
版　次	2012年4月第1版　2012年4月第1次印刷
ISBN	978-7-5100-4529-5/Z·0044
定　价	72.00元

前　言

2011 年 5 月，武汉东湖学院正式脱离母校武汉大学，更名易帜为武汉东湖学院，真正成为一所民办普通高校。此时，距 2000 年 8 月以独立学院的形式成立武汉大学东湖分校已近 11 年。11 年，近一个轮回的艰苦奋斗，武汉东湖学院领时代之先河，开创教育领域新兴办学模式，完成了从基础建设到独立发展的华丽转身。

目前，学校设有外国语言文学学院、传媒与艺术设计学院、政法学院、经济学院、管理学院、计算机科学学院、电子信息工程学院、生命科学与化学学院、工学院、继续教育学院 10 个学院和思想政治理论、公共基础两个课部，设有 60 个普通本、专科专业，涵盖文学、法学、理学、工学、经济学、管理学和艺术学七个学科门类。学校面向全国 30 个省（直辖市、自治区）招生，现有在校学生 14200 余名。学科结构合理，特色较为鲜明。

在进一步实施科教兴国和人才强国战略、努力办好人民满意的教育、鼓励和规范社会力量兴办教育、提高高等教育质量的新形势下，刚刚转设为民办普通高校的武汉东湖学院面临着许多新的机遇和挑战，而加强科研工作，以科研促教学，提高综合办学水平是我们发展的必由之路。藉此，《武汉东湖学院论文集》应运而生。本书立足我校的自身特点，对教学、管理、科研等多方面议题进行较为深入的探讨，期望能为学校的可持续发展理论建设添砖加瓦，加强学者之间、教师之间、同类学院之间的学术交流，展示科研教学成果；能为自身乃至其他同类学院的发展积累经验，沉淀成果，提高办学水平，促进我校向着建设高水平大学的方向迈进。

本书的特色主要表现为以下几点。

（1）立足自身，定位准确。本书立足学院的各方面特点，牢牢把握自身定位，在撷取各专业领域科研论文的基础上，重点突出了教学与教育方面的研究成果，紧扣学校以教学为本的办学宗旨。

（2）博采众长，精心编纂。本书文章均为精心挑选，既有资深专家教授的真知灼见，也有青年学人、教坛新星的优秀成果。

（3）内容丰富，分类明细。本书涉及教学方法研究、高效管理研究以及多个学科门类学术探讨等多个方面。文章按其学科背景进行归类，每一大类均有简洁明了的标题，如经济·管理、语言·文化、教育·教学等。

诚然，作为一本民办普通本科院校的论文集，难免存有诸多不足之处，恳请各位读者批评指正。我们更希望本书能抛砖引玉，成为武汉东湖学院与各位同仁之间相互交流学习的一座桥梁，以达到共同发展之目的。

目　录

经济 · 管理

政治 · 法律

语言 · 文化

信息 · 工程

生命 · 化学

教育 · 教学

经济 · 管理

深入开展新农村建设发展模式研究
加快官桥村"整村推进"项目建设

武汉东湖学院副校长　唐铁山

我国是一个历史悠久的农业大国，农业兴，则百业兴；农业富，则国家富；农村稳定，则天下稳定。农村人口占主导，农村地域广阔的基本国情决定了深入开展新农村建设发展模式研究的重要性。党的十六届五中全会提出，"建设社会主义新农村是我国现代化进程中的重大历史任务。要按照生产发展、生活宽裕、乡风文明、村容整洁、管理民主的要求，坚持从各地实际出发，尊重农民意愿，扎实稳定推进新农村建设"。建设社会主义新农村，是我国在统揽全局、着眼长远、与时俱进的指导方针下作出的重大决策，深刻反映了落实科学发展观与构建和谐社会的时代要求，集中代表了亿万农民群众的强烈愿望和根本利益。

本文拟通过阐述新农村建设的科学内涵，对新农村建设的发展模式进行初步探究，并在此基础上，介绍了湖北省嘉鱼县官桥村新农村建设的发展规划和目前田野集团正在进行的"官桥村整村推进"项目建设。

一、新农村建设的科学内涵

建设社会主义新农村是一项庞大的系统工程，涵盖了农村生产、生活、生态诸多领域，包括农村社会、经济、文化、政治各个方面，全面体现了新形势下我国农村经济建设、政治建设、文化建设、社会建设和党的建设协调统一的要求。与20世纪50年代的社会主义新农村建设相比，本次社会主义新农村建设，更为全面和系统，不但内容丰富，而且重点突出，使农村经济社会发展的目标和布局更加全面合理。

（一）**生产发展是建设社会主义新农村必要的物质基础，是新农村建设的根本**

生产发展是指在科学发展观的指导下，统筹城乡发展，促进农村生产的全面进步。这就要求：一方面，要对农村资源进行科学规划和高效配置，加强农业基础设施建设，提高农业物质装备水平，积极推广使用先进的农业生产工具，全面提高农业综合生产能力。另一方面，要加强农业技术的研发和集成，深化科技体制改革，加快农业科技创新体系和现代农业产业技术体系建设，稳定和壮大农业科技人才队伍，加强农业技术推广普及；稳定发展粮食生产，积极推进农业结构调整，发展高产、高效、优质、生态、安全农业，加快循环农业建设步伐[1]；加强农村现代流通服务体系建设及农产品批发市场网络建设；加快构建以公共服务机构为依托、合作经济组织为基础、龙头企业为骨干、其他社会力量为补充，公益性服务和经营性服务相结合、专项服务和综合服务相协调的新型农业社会服务体系；要逐步扩大农村工商业，推进农村经济结构调整。总之，就是要用现代物质条件装备农业，用现代科学技术改造农业，用现代经营形式发展农业，用现代发展理念指导农业。[2]

（二）生活宽裕是建设社会主义新农村的核心目标

生活宽裕是指农民的收入逐步提高，人均可支配收入稳步增长，人民的生活条件不断改善，生活水平和生活质量明显上升。它要求要加快农村经济发展，充分挖掘农业内部增收潜力，积极开拓农民外部增收潜力，大力发展区域经济，广辟农民增收渠道；积极引导剩余劳动力向非农产业和城镇有序转移，深化就业制度改革，保障务工农民的合法权益；稳定、完善、强化对农业和农民的直接补贴政策，参加扶贫开发工作，最终大幅度提高农民收入；全面深化农村各项体制改革，大力发展农村教育、文化、医疗、社会保障、基础设施等公共事业，为农民提供更加完善的社会公共服务。

（三）乡风文明是新农村和谐的动力

乡风文明是指农民群众的思想、文化和道德水平不断提高，崇尚文明和科学的社会风气日益向上。这就要求农民群众的思想、文化、道德水平不断提高，社会风气健康向上，教育、卫生等社会事业逐步适应农民需求，这也就要求必须大力发展农村教育和文化事业，包括农村义务教育和农民技能培训，建设村体育馆、图书馆、文化站等公共文化设施，推进电视广播村村通，建立稳定的农村文化投入保障机制，形成完善的农村公共文化服务体系；要加强农村精神文明建设，做好宣传教育工作，提高农民的思想道德素质；要深化卫生体制改革、发展农村卫生事业，基本普及新型农村合作医疗制度；要建立健全的农村社会保障体系，包括失地农民基本生活保障、农民最低生活保障、农民社会福利、农业劳动者养老保险、农村社会救助体系等。

（四）村容整洁是建设社会主义新农村的基本条件

村容整洁是指农村生态环境及人居环境明显改善，村容村貌整洁。这就要求加强村庄规划和人居环境治理。这就要做好乡村规划工作，对道路建设、房舍建设要进行统一规划；改善农村公共设施状况，加快乡村道路和农田水利设施建设，完善农村电力、广播、通讯、电讯等配套设施建设；解决农村饮水安全问题；加强农村环境建设，搞好村庄绿化，优化生态环境，搞好农村污水、垃圾治理，解决环境脏、乱、差等问题；加快农村能源建设步伐，在适宜地区积极推广沼气、秸秆气化、小水电、风力、太阳能发电等清洁能源技术，以沼气池建设带动农村改水改气工作；改变农村中存在的不良生活习惯，引导和帮助农民切实解决住宅与畜禽圈舍混杂问题，搞好农村污水处理、垃圾治理，改善农村环境卫生。

[1]　浦善新.新农村建设导读[M].北京：中国社会出版社，2006：38—41.

[2]　季明.建设社会主义新农村的科学内涵和重要意义[J].江南社会学院学报，2006，8（2）.

（五）民主管理是建设社会主义新农村的政治保证

民主管理是指在农村党组织的领导下，健全和完善民主选举、民主决策、民主管理、民主监督等村民自治机制，不断增强农民群众的自我教育、自我管理能力，使广大农民群众真正拥有知情权、参与权、选择权、监督权，农民的合法权益和发展机会得到有效保护，农民需求和意志得到尊重。这就要加强农村基层组织建设，完善农村民主法制建设。这就必须在发挥农村基层党组织核心作用的同时，推进农村综合体制改革；健全村党组织领导充满活力的村民自治机制，进一步完善"一事一议"制度，搞好村务公开、政务公开和财务公开，教育引导农民依法行使民主权利；培育农村服务性、公益性、互助性社会组织，完善社会自治功能；精简乡镇机构，严格机构编制，规范干部报酬；加强农村法制建设，加大法制宣传及教育力度，使依法行政的理念深入人心，切实保障农民合法权益[1]。

总之，社会主义新农村是一个动态的概念。新世纪新阶段的新农村应该有更加丰富的内涵。我们在经济社会发展进入新阶段的大背景下推出社会主义新农村建设，关键是"推进"，重点在"建设"，核心是"社会主义"，亮点是"新"。具体而言，"新农村"包括五个方面，即新房舍、新设施、新环境、新农民、新风尚。这五新缺一不可，他们一起构成了社会主义"新农村"的范畴，即要因地制宜地建设具有民族特色的居住房，而且在建设房屋过程中要符合"节约型社会"的要求；要加强基础设施、公共服务设施、道路、水电、通讯等的建设，让农村能够享受到信息文明；要使农村的生态环境良好、生活环境优美，在环境卫生、生态绿化的处理过程中要体现出新的时代特征，使农民具有较高的素质，成为有理想、有文化、有道德、有纪律的"四有农民"；要提倡科学、文明、法治的生活观，加强农村的社会主义精神文明建设。曾玉林认为，新时期我国社会主义新农村建设有四个方面的内涵："新农民"是社会主义新农村建设的主体，是核心；"新农业"是社会主义新农村建设的基础，是中心；"新农村"是社会主义新农村建设的实体，也是综合目标所向；"新举措"是社会主义新农村建设的根本保障。[2] 结合一些地区近年来开展新农村建设的实践，总的来说，现阶段建设社会主义新农村至少应体现"六个新"，即新的生产力、新的居住环境、新的农村社会保障、新的农村文化教育、新的农村道德风尚、新的农村村容村貌，也就是生产发展、经济繁荣、收入提高、设施改善、环境优美、生态良好、社会文明的社会主义新农村。

二、嘉鱼县官桥村新农村建设发展规划摘要

（一）官桥村产业发展规划

目前，官桥村规划的主导产业包括：

[1] 王农媛.建设社会主义新农村大参考[M].北京：红旗出版社，2006：59—62.
[2] 曾玉林.新时期我国社会主义新农村建设的内涵与目标[J].云梦学刊，2008（3）.

1．15000 亩油茶基地

官桥村山林和旱地面积占村域面积的 80% 以上，现大多为杂灌林和残次林，地理与气候条件均适合种植油茶，结合国土资源部门万亩低丘岗地改造项目，拟建设 15000 亩高产油茶省级示范基地项目（其中本村面积 10000 亩）。

2．3000 亩有机稻基地

官桥村现有水田 2449 亩，分布于村域丘陵之间的洼地，水利设施老旧、基础设施不配套，不利于机械作业，目前种植品种落后，土地产出效益较低。本次规划拟建设 3000 亩有机水稻（油菜）生产基地，生产优质水稻和双低油菜等有机产品。

3．高效生态水产养殖基地项目

湖北是水产大省，根据市场需求，半野生精养高档水产品种具有较高的效益。本项目根据本地养殖技术和经验，对现有水塘进行整治，拟利用野生生态方法养殖黄颡鱼与中华鳖等优质品种，形成有机水产品生产基地，专供武汉和本地高档餐饮行业和超市，以取得持久的良好效益。

4．10000 头有机猪项目

生猪养殖是官桥村的传统产业，但现代集约养猪产业的发展已经大大压缩了普通养殖业主的获利空间，必须紧盯市场需求，以健康、环保的优质品种确立竞争优势，才能够取得较好的收益。本村居民已经准备投资养猪场项目，经田野集团组织专家论证，拟支持养殖大户在原中畈自然村建设有机养猪基地，配套建设粪污水的沼气转化设施，为有机水稻田和高效水产养殖提供肥料和饲料，构成循环农业链条。

5．生态旅游产业项目

项目主要内容包括新农村民俗观光游、现代农业体验游、户外运动游、休闲度假游、产业考察游。

（二）官桥村事业发展规划

1．社会事业发展概况

官桥村由于地处官桥镇镇区，镇属社会事业单位如小学、中学、医院等可直接为村民服务。本村村级文体组织体系、农村文体活动网络已全面形成，有各类体育场所 3 个，总面积 500m²，图书 8000 余册，全村有线电视用户 600 户，入户率达 80%；宽带上网 300 户，入户率达 50%。农村劳动保障事业成绩斐然，累计输出农村剩余劳动力 1000 人次，实现劳务收入人均 800 元。培训劳务人员 600 人次，有力地提高了劳务输出质量，增强了外出务工人员的竞争力；社会治安状况良好，综治工作、人民调解工作得到巩固。

2．官桥村社会事业面临的困难与机遇

（1）困难与挑战。由于村民居住分散，社会事业资源人均占有量少，设施布局不合理，利用不足；优质资源相对紧缺，乏力应对优质服务的旺盛需求；投入机制不完善，投资渠道单一。

（2）发展新机遇。各项社会事业体制改革的深入推进为官桥村社会发展带来良好的环境，各级领导对农村社会事业的重视为官桥村提供了良好的机遇，只要把握好这些机遇，官桥村农村社会事业发展必将取得新的突破。

3．基层组织建设规划

按照"领导班子好、党员队伍好、工作机制好、发展业绩好、群众反映好"的"五个好"的目标要求，使本村党支部和村委会成为以发展统领学习、创新、中心工作和自身建设的发展型党组织，真正成为贯彻"三个代表"、成为社会主义新农村建设的组织者、推动者和实践者。

4．村干部队伍建设

改革和创新村干部选拔任用制度。继续坚持和完善"两推一选"产生村党组织领导班子成员及村民委员会换届中推行的"四提倡一注重"选举村干部的做法，保障党员和群众在选人用人上的知情权、参与权、选择权、监督权。

进一步拓宽选任渠道，注重从致富能手、回乡知识青年、复员退伍军人、务工经商人员中选拔村干部。引导和鼓励高校毕业生到村工作，按程序担任村干部。

5．民主建设

完善村民自治，健全村党组织领导的充满活力的村民自治机制。培养村民当家作主、管理村内事务的能力与主人翁意识，利用多种形式调动村民的积极性。

6．具体设施建设

具体设施建设内容主要包括教育设施建设、文化设施建设、卫生设施建设、体育设施建设和养老机构建设等。

（三）官桥村新村建设规划

本次规划依据官桥村产业发展带动迁村腾地的实际需要，除官桥八组和已居住在镇区的村民外，还有分散居住的 587 户需要集中搬迁到镇区总容量为 600 户的新农村居民点，第一期迁入 216 户，占地面积 25 亩，预留 371 户住宅及公共设施用地。

远期规划按照 5000 人居住，预留 400 户空间（其中石鼓岭新村 200 户），住宅主要采用 6+1 层公寓式建筑，镇区内的其他民居需要整治，以使其建筑风格、色彩和新村建筑协调一致，完善其公共服务设施。

三、官桥村新农村建设发展规划评价

（一）"生产发展"是建设社会主义新农村的物质基础，也是解决农村一切问题的基本前提。

农业产业化是实现农业生产发展的关键点，在社会主义新农村建设中具有基础性的地位和作用。官桥村的产业发展规划，核心在于构建"高产油茶、生态种养殖和观光农业"三大产业体系，为农产品加工产业打好基础，构建本村高效集约型现代农业体系，以实现经济跨越式发展。

官桥村的领导班子深刻认识到，只有按照现代农业发展的要求，用工业的理念办农业、推进农业产业化经营，不断提高农业产业程度、水平，才能实现农业生产组织形式和经营方式的重大创新，才能转变农村经济发展观念，创新发展模式，提高发展质量、增强发展实力，从而加快农村经济发展步伐，扎实推进社会主义新农村建设。

例如，万亩油茶基地项目建成后，官桥村将新增15000亩高效经济林，具有涵养水源、保土、保肥的生态效益，估算年生态效益至少在300万元以上，并且具有改善本地气候和自然景观的综合效益。社会效益方面，项目建成后不仅可打造一个保证官桥村经济可持续发展的支柱产业，还将有效地改善生态环境，充分发挥示范基地的引导作用，带动本县300000亩油茶基地建设和鄂东南油茶产业的健康发展，促进本地油茶深加工产业的形成，为鄂东山区农民持续增收开辟新的渠道，具有极为重要的社会作用和产业推广示范意义。

（二）各项社会事业体制改革的深入推进为官桥村社会发展带来了良好的环境

在社会事业发展规划方面，各级领导对农村社会事业的重视为官桥村提供了良好的机遇。

规划重视基层组织建设、村干部队伍建设和民主建设，这使本村党支部和村委会成为以发展统领学习、创新、中心工作和自身建设的发展型党组织，真正成为贯彻"三个代表"、成为社会主义新农村建设的组织者、推动者和实践者。

（三）官桥村新村建设重点是"三建、三改、三提高"

"三建、三改、三提高"即：建优质产业、建基础设施、建公共设施；改善生活水平、改造农民房舍、改善人居环境；提高农民收入、提高农民素质、提高社保能力。

官桥村的建设发展规划，走出了我国新农村建设的若干误区。规划坚持以科学发展观为指导，按照"生产发展、生活宽裕、乡风文明、村容整洁、管理民主"的要求，坚持以发展农村经济为中心、进一步解放和发展农村生产力、促进农民持续增收的原则，促进农村经济的持续发展；坚持从实际出发、尊重群众意愿的原则，引导农民自力更生，艰苦奋斗；坚持以人为本、务求实效的原则，着力解决农民生产生活中最迫切的实际问题，切实让农民得到实惠，发动广大村民关心规划、参与规划，保障规划的顺利实施；坚持重点突出、前瞻性强的原则，以农业产业发展和生态旅游为重点，突出规划的前瞻性；坚持全面参与、各方配合的原则，发挥全村各方面的积极性，动员社会力量广泛参与，在田野集团投入建设的基础上，形成政府部门、社会力量和农民参与相结合的运作机制，使官桥村社会主义新农村建设成为全社会的共同行动；坚持生态优先、可持续发展原则，坚持人与自然的和谐相处，充分利用地形地貌，尊重当地乡风民俗，保护村庄的自然肌理；坚持资源集约利用，合理规划，实现农业与工业的共生，发挥工业的集约生产与农业的多元功能，构建和谐优美的官桥村。

官桥村整村推进新农村建设以"发展现代农业、推进小城镇建设"为主要方式，努力构建"高产油茶、生态种养殖和观光农业"三大产业体系，大力发展循环经济，并按照"省地、节能、环保"的要求，努力把官桥村建设成为绿色、宜居、和谐的社会主义新农村。

官桥村整村推进新农村建设，其核心是山、水、田、园、村、景"六个一"工程，即开发 15000 亩高产油茶基地、3000 亩有机稻基地、2000 亩特色水产养殖、1000 亩设施农业生态游基地、800 户城镇化农民新村和农产品深加工工业园。在发展新产业、建设新家园的基础上，进一步加快文化、教育、卫生、体育、社会保障等公共事业的全面发展。

项目整体实施后，将实现官桥村年总产值过亿元、净收入 4450 万元、农民人均纯收入 1.5 万元的目标，整村经济实力进入全省村级经济前列。届时，一个山清水秀、花果飘香、生活富裕、和谐发展的官桥新村将呈现在鄂东南大地上。

【参考文献】

[1] 温铁军 . 新农村建设理论探索 [M]. 北京：文津出版社，2006.

[2] 苗苗 . 新农村建设的内涵及意义 [J]. 吉林农业，2006(8).

[3] 李志强 . 浅谈社会主义新农村建设的背景和内涵 [J]. 科技与新农村，2006(8).

[4] 刘金华 . 浅析社会主义新农村建设的时代新内涵 [J]. 今日科苑，2007(24).

[5] 曾玉林 . 新时期我国社会主义新农村建设的内涵与目标 [J]. 云梦学刊，2008(3).

[6] 姜作培，陈峰燕 . 社会主义新农村建设的科学内涵和实践要求 [J]. 国家行政学院学报，2006(5).

[7] 邓剑伟 . 社会主义新农村建设的路径选择 [J]. 资源与人居环境，2008(16).

[8] 王本秀 . 新农村建设要搞好土地整理和规划 [J]. 学习月刊，2007(22).

国有企业治理结构问题分析

武汉东湖学院经济学院　　周　利

　　中国国有企业效率低下的主要原因是什么，中国国有企业应采取什么样的治理结构模式等，这些问题一直是我国经济学家和政界人士关心并力图探索解决的课题。本文将对我国国有企业治理结构存在的问题，如各级委托代理人问题、股权问题、信息不对称等问题进行分析。

一、国有企业治理结构

　　当前我国国有资产经营管理的总体构架是三级授权治理结构。第一级是各级政府授权给国有资产管理委员会，对全部国有经营性资产、非经营性资产、资源性资产进行宏观上的统一管理与监督。国有资产管理委员会不直接经营国有资产，而是通过经营国有资产的产权运营主体来实现国有资产的增值。第二级是国有资产管理委员会授权给国有控股公司，专司国有资产经营和产权运作。控股公司用所投资企业上缴来的一定比例的税后利润，通过投资、控股、参股、产权交易等形式来组建和管理国有企业。第三级是国有控股公司授权给国有独资企业和国有资产参股、控股公司，他们拥有法人财产权，是直接从事商品生产经营的经济实体和市场竞争主体，具有实现国有资产的保值和增值任务。在三级授权的经营体制下，委托—代理关系伸出许多具体环节，详细可用下图表示[1]。

　　　　全民 ⟷ 人大 ⟷ 各级政府 ⟷ 国有资产管理委员会 ⟷ 国有控股公司企业领导人 ⟷ 职工

　　当然，国有企业中除了董事会、监事会和股东大会，还设置有职工代表大会、党委会、工会等经济管理和行政管理机构。

　　可见，国有资产委托代理链条之长，特别是层层的委托—代理关系，远复杂于私有资产治理结构：股东大会（所有者） ⟷ 董事会（监事会） ⟷ 经理层 ⟷ 员工。

---

[1] 之所以采用 ⟷ 箭头，是因为考虑到委托代理事实上是一个双向的关系，委托人将物资资本委托给代理人，同时代理人将人力资本交由委托人处置，也即在每一节委托代理中都包含两层委托代理关系。

二、国有企业治理结构所存在的问题

我国国有企业经过了 30 多年的改革，取得了一定的成就，但是效率仍然低下，亏损持续恶化，这不能不让人深思：国有企业顽症的症结何在？下面将作一个简要的分析。

（一）各级委托（代理）人问题

首先，作为委托人的国家——政府，目标多重，包括政治、社会、经济等多个方面，影响代理人行为，破坏企业对经济利益最大化的追逐。政府对人力资本的剩余决策权实行保留，并在企业内设置各种诸如妇联、老干部活动中心等机构，使得公司的商务管理着力不够。另外，政府是由有着自身目标的行为人组成，这使得在整个管理过程中目标更加分散和多元。或者更为准确的讲，政府官员只是国有资产的代理人，他们并不是国有资产的所有者，并不存在使国有资产保值、增值的内在驱动力，而他们却在这条委托代理链条上很可能谋求分得"一勺羹"。

由于政府的政治强势和股权向政府集中，国有控股公司具有典型的政府性质。这体现在：（1）企业经营者来自政府，到企业后仍保留政府官员身份，同时，由于政府的选人标准并不限于商务管理还包括很多社会标准，因此，他们很难选择到能使公司利润最大化的管理人才；（2）企业的董事会成员基本上都是具有政府官员身份的内部人；（3）政府综合部门和职能部门对企业实施交叉控制。近些年来实施的"稽查特派员"制度仍没有超出行政监管的"窠臼"，在实践中的作用甚微。而国家授权集团公司经营国有资产的制度则由于国有资产管理主体（出资人）的不明确以及继续沿袭政府职能，并未使众矢之的的"内部人控制"现象得到有效改观。在明确出资人方面，改革甚至不是在向前进，而是出现了一定程度的后退，国有资产的委托代理链上又多出一节，利益主体和管理更为复杂。

其次，经理作为人力资本所有者具有方便"虐待"物质资本的可能，并且其目标函数多变，忠诚程度取决于代理契约和经济法制环境。但是，即使经理尽职尽责，由于国有企业经理面对的是职工，国家在追求社会目标的同时承诺广大职工就业权，使经理对职工并不享有处置权，这使得经理对职工的管理上在激励和约束的两难上陷入困境。

最后，在委托人方面，每个国民对企业资产拥有和别的成员完全重合的权利，单个所有者因不拥有独享的收益权，存在严重的"搭便车"心理，对企业命运的关注下降，甚至漠不关心。由于任何一个成员都不能转让企业的所有权，因此对企业资产经营者不可能具有强有力的约束。而且，事实上全体国民作为委托人，并不拥有真正的所有权，企业资产权实际上转移到各级政府及企业经营者手中，出现"所有者缺位"。

（二）股权问题

股权分散的股份公司中，股东不可能直接从事经营，其成本太高，必须聘任专业性管理人员来专司经营。而为控制经理人员行为以服从利润最大化，必然产生代理成本，其大小和所有权与经营分离的程度相关，所有权与经营分离的程度又与股权的分离程度相关，股权越分散，委托人的监督费用和可能的损失也就越大。委托代理层级越多，范围越广，谈判和监督费用也就越高。当代理成本超过一定限度，委托人就会弱化甚至放弃监督，导致"内部人"控制问题。因此节约代理成本应控股相对集中。但是，现在所存在的问题是，股权过分集中，强调国有股的绝对控股地位，国有股比例的平均值为44.9%在国外，日本和德国通过公司间持股以及银行的作用，形成了一种较为集中的股权形式，美国的各类养老基金等机构也出现了对个别公司集中投资的情形，其目的是为了强化机构股东在公司法人治理结构中的作用，以克服信息不对称、"搭便车"等问题，从而提高了公司法人治理结构的运行效率。但我国公司法人治理的效率并没有因国有股的绝对控股地位而改善，相反，国有股所占比例越高的公司，其治理效率越差。原因是什么？真正持有国有股的不是真正的所有者，他们只不过是国有经济委托代理链上的一节，这意味着股权向国有集中，也就是向代理链上的某一节集中，这使得代理节可以进行"国有民营"，拿着全民的资本经营着自己的"钱袋"。"内部人控制"严重，在公司监督失效以及约束短缺的情况下，公司内部人包括董事会、监事会、经理人员利用自己手中职权，为自己或雇员谋私，存在着激励约束不相容。

（三）信息不对称问题

信息的不对称表现在多方面，如在委托人对代理人的选择上，由于代理人的能力只有代理人自己最清楚，委托人显然处于被动地位，因此出现逆向选择。而更多和更严重的是表现在经营过程中：首先，国有企业的多层级委托代理导致信息的层层变更、层层遗漏；其次，代理人离经营管理的前线较该层级的委托人更近，掌握更多的企业经营信息，从而形成内部控制。委托人离最终决策权更近，更多地掌握着代理人的根本利益，那么，是否要聘用委托人？这种格局应该是可以达成一个均衡的，但是在我国却陷入困境，分析如下（以"聘用"和"不聘用"代表委托人作出对代理人"有利"和"不利"的选择）：

对于一个具体的代理人来说，委托人可以选择聘用和不聘用，也就是说虽然委托人永远都保持要聘用代理人的状态，但是，对于每个具体的代理人，委托人可以聘用也可以不聘用，而是否聘用某个具体的代理人对于委托人来说效用是一样的，只不过是聘用谁的问题，所以，委托人可以作出聘用和不聘用的任何一个决策；但是代理人的行为直接影响公司和其自身的收益。当然，代理人作为一个理性的经济人自然会选择自利的行为，他的对策有自利且利于公司（用 K 表示）（1，1）、自利但不利于公司（用 L 表示）（2，－1）[1]用对策树表示如下：

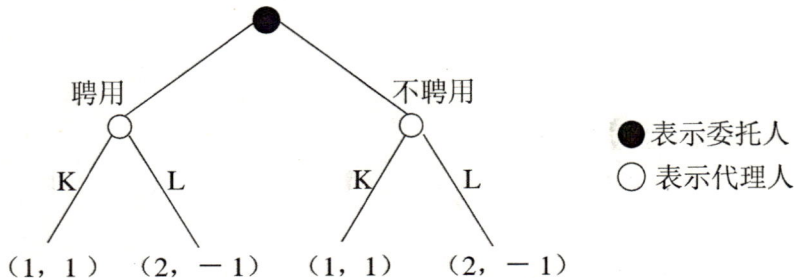

对策树：
- 顶端黑点表示委托人
- 聘用 / 不聘用
  - 聘用下：K→（1，1），L→（2，－1）
  - 不聘用下：K→（1，1），L→（2，－1）
- ● 表示委托人
- ○ 表示代理人

---

[1] 括号中的数字前面表示代理人自己的收益，后面表示公司的收益。

在一次性博弈里，代理人的理性决策显然是自利而不利于公司；而在重复博弈里，委托人继续聘用该代理人，该代理人的理性决策当然是一贯的自利且利于公司，因为此时委托人每委托一次，该代理人都选择自利且利于公司的决策，加总来看，他就可以得到 N 个 1 的收益，相反，如果该代理人在某一次对策中选择了自利而不利于公司的话，他的收益也就到此为止了。当然，这里有一个前提，那就是代理人能够预期到自己作出自利且利于公司的决策时委托人会作出聘用的决策，但是由于我国以政府为代表的委托人其决策往往不可琢磨，代理人往往不知道自己接下来会被安排到哪个工作岗位，所以对于他们来说，不聘用是常态，此时，代理人作为经济人当然会作出自利但不利于公司的决策。对于委托人来讲，聘用是必须作出的决策，但是其聘用可以对不同的人发出，也就是说他随时可以解聘原代理人而聘用新的代理人，这样就导致了一个困境，委托人一直聘用新的代理人，代理人总是选择自利而不利于公司的决策。

三、结束语

我国国有企业治理结构所存在的问题表现在制度设计的各个方面、各个委托代理层级，乃至社会环境的某些方面，因此，解决我国国有企业治理结构问题将是一个系统工程，需要各方面的全面改进和完善，包括经济、法律、社会氛围等各个方面，也就是说，我们不能以某一个方面还不完善就懈怠另一个方面的完善，各方面必须互相配合，互相促进。

【参考文献】

[1] 李命志.国有资产控制经营体系的演变及改革思路评述 [J].经济学家，1994（3）.

[2] 刘灿.论国有企业治理结构改革 [J].经济学家，1996（3）.

[3] 庄子银，邹薇.国有企业改革：企业作为一种激励性制度安排 [J].经济学家，1997（1）.

[4] 赵晓雷，潘洪萱.中国公司制改革的产权规范性分析 [J].经济学家，1996（2）.

[5] 王安民.代理经营责任制与国有企业体制改革 [J].中国工业经济，1996（2）.

[6] 张维迎.所有制、治理结构及委托代理关系 [J].经济研究，1996（9）.

[7] 王珺.双重博弈中的激励与行为—对转轨时期国有企业经理激励不足的一种新解释 [J].经济研究，2001（8）.

[8] 龚敏，严若森.关于国有公司制企业治理结构的主要问题及其对策研究 [J].中国软科学，1999（11）.

[9] 张安定.市场化进程中国有企业委托代理关系及其对改革的影响 [J].中国软科学，1998（1）.

[10] 田志龙等.我国股份公司治理结构的基本特征研究 [J].管理学界，1998（2）.

武汉东湖学院论文集

小议中部崛起与湖北经济的发展

武汉东湖学院经济学院　　何丽丽

　　"不东不西，不是东西"，这是很多人用来形容中部省份的。中部落后，原因众多。本文着重对中部崛起以及湖北经济发展的问题进行探讨，简单介绍了中部塌陷的现状后，分析了中部塌陷的深层原因，并提出了相应的解决机制，最后，阐述了促进湖北经济发展的措施，希望对中部崛起和湖北的发展起到一定的作用。

　　随着市场经济改革的不断深化，中国经济整体取得了巨大的进步，但中部塌陷却成为了不争的事实，与之相反的则是中部崛起的豪迈呼声。针对这种情况，2004 年 12 月初的中央经济工作会议上，"中部崛起"首次出现在 2005 年经济工作的六项任务当中。而在 2004 年 3 月召开的两会上，温家宝总理在政府工作报告中第一次明确提出要"促进中部地区崛起"。

　　湖北省作为中国中部重要的省份之一，区位优势明显，承东接西、通南达北，地理条件优越，水、陆、空交通优势明显突出，具有良好的经济基础，工业基础门类齐全，省会武汉市是全国的著名的老工业基地之一，也是全国闻名的科教重镇。由于湖北地处我国中部，中部塌陷也就意味着湖北的塌陷，为此，湖北省必须励精图治、奋起直追，实现中部崛起、湖北经济的快速稳定发展和人民生活水平的提高。

一、中部塌陷现状分析

　　中部地区是中华民族的发祥地，长江、黄河孕育了中国古代灿烂的文明，它奠定了中国在中世纪成为世界最强大国家的基石；这里人口 3.56 亿，占全国的 26.6%，是中国人口最密集的地区之一，是中国重要的产粮基地和能源基地，是连接东西、贯通南北的交通枢纽。但在 20 多年的中国改革开放进程中，中部省份成为东部沿海地区快速发展的"观望者"、"失落者"。2009 年，中部六省 GDP 总量 70577.6 亿元，占全国的 19.3%，人均 GDP 为 19862 元，仅相当于全国平均水平的 77.7%；财政收入 5039 亿元，占全国的 15.5%，人均收入 1415.4 元，相当于全国平均水平的 57.9%。

　　从"中国 500 强企业"名单来看，中部地区经济的脊梁"塌陷"严重。2010 年，中部六省共有 59 家企业入围，比上年减少了 6 家，占 2010 年中国企业 500 强总数的 11.8%，其中河南 16 家、安徽 12 家、山西 11 家、湖北 9 家、湖南 6 家、江西 5 家；

列入前 100 位的企业山西有 3 家、湖北和河南各有 2 家，共 7 家。

二、中部塌陷原因及其解决机制

我们忍不住要问，是什么原因导致了"中部塌陷"呢？针对这个问题，很多专家都提出过自己的理解，总结起来主要有以下几个原因。

第一，长期以来国家实施的非均衡发展战略。改革开放以来，中央先是鼓励沿海地区率先开放和发展，随后实施了西部大开发战略、浦东大开发，接着是振兴东北老工业基地，这些政策措施都与中部各省擦肩而过，使得中部逐渐被政策边缘化。

实际上，新中国成立以来，中部地区始终承担着粮食安全和能源安全基地建设的重要任务，中部理应享受更多的优惠政策，但事实上中央政府近年来才对中部地区进行政策倾斜，在刚刚结束的"中部论坛太原会议"上有消息说，未来五年，国家将抓紧制定具有明显中部特色、有一定针对性和可操作性、"含金量"较高的政策文件，以促进中部地区崛起。

第二，中部大城市圈建立时间较短，带动作用尚未完全发挥。在我国其他经济发达地带，都可以看到经济联系紧密、发展实力相当的城市构成的城市群，而在中部，大都市圈建立时间较短，难以带动和整合区域的资源和优势，也难以形成连接整个地区的产业链。

针对这种情况，中部各省纷纷采取了有效的应对策略，目前，中部已经建立了两个有较大影响力的城市圈，分别是河南的中原城市圈和湖北的武汉城市圈。中原城市圈、武汉城市圈的建设是破解二元经济结构、统筹城乡发展的重要举措，将有利于中部经济崛起。

三、促进湖北经济发展的措施

那么，面对目前非常有利的经济发展形势，湖北省应该采取什么样的措施以振兴湖北经济和推动我国中部崛起，并使两者很好地结合起来，从而进一步推动湖北经济的发展呢？

湖北省在中部各省中拥有相对突出的优势。湖北是天然的中国经济地理中心，地处中华腹地，市场广阔，同时又是东西南北的交通、信息、产品、物资、金融等经济生产要素和生产成果的汇集和扩散中心。其中，武汉市更是有着得天独厚的优良条件。早在 2000 年，中科院课题组的一项研究就得出结论：以武汉为核心的长江中游经济圈，正在成为继珠江三角洲、长江三角洲、环渤海经济区后，中国第四个快速发展的经济增长极。2002 年初，联合国发表各国城市发展前景报告，武汉在"中国最具发展前途的 25 个城市"中排名第六。

湖北省应抓住机遇，以城市及城市群为基础加速城市化进程，以企业为支撑，进行大规模的政治、经济体制的改革和技术改造，促进传统产业的提升和农业规模化、高科技化发展，大力发展第二产业、第三产业，协调城乡经济发展，这样才能使湖北经济在中部各省中独占鳌头，领跑中部经济。为此，我们必须从以下几个方面着手。

第一，进一步强化城市圈的经济领跑作用。武汉城市圈的建立不仅提升了本地的经济水平和经济效益，还对周边地区进行了辐射，获得规模效应。武汉城市圈发展的未来要积极围绕推动生产要素跨区域合理流动和实现基本公共服务均等化，允许城市群在政府行政管理体制、国有企业改革、非公有制经济发展、就业、职业培训和社会保障体制等方面进行体制创新。

第二，必须着力促进企业的发展。长期以来，湖北省国有经济成分比较浓厚，其他经济成分发展相对滞后。湖北经济要发展，必须首先对国有企业进行调整和提高，国有经济要敢于收缩、及时收缩，主动把一些无碍国计民生而又发展不好的领域让给非国有经济或者让各种经济成分在市场中平等竞争，这样才能真正使国有经济起主导作用，使其他经济成分得到长足发展。要真正重视、提倡、鼓励非国有经济的发展，不再区分企业成分，使所有企业在市场中平等竞争。非公有制经济产权清晰、经营方式灵活，能较好地适应社会主义市场经济环境，政府要加大对这些企业的支持力度，不要干涉企业的具体事务和具体经营。政府应着力在搞好服务上做文章，协调社会资源使之得到充分利用，为广大企业的发展提供信息、交通、金融等各种基础服务，积极引导广大企业的发展壮大。

第三，要营造湖北发展的良好环境。目前，我国仍处于社会主义初级阶段，市场经济制度的建立和完善千头万绪。为此，湖北省必须以整顿促发展，边发展边规范。要正确处理好整顿市场经济秩序与加快发展之间的关系。整顿和规范市场经济秩序的根本目的是促进经济社会发展。整治是手段，发展是目的，手段要为目的服务，不能为整顿而整顿、为治理而治理，要防止出现那种影响企业正常生产经营、增加企业负担而又不能解决实际问题的整顿。需要注意的是，政府在规范市场经济秩序过程中虽然起着最根本最重要的作用，但并不是无所不能的，甚至在许多方面往往力不从心、做事得不偿失，为此，必须要积极借助民间力量完成。

第四，要统筹兼顾推进城乡互动、城乡协调发展。湖北省是农业大省，农村人口占60%以上。相比城市，农村显得更加落后，而落后农村又反过来制约了城市的进一步发展和提升。为此，必须要按照统筹城乡经济和社会协调发展的要求，加强农村基础教育设施和基层文化设施建设，抓好新型农村合作医疗试点工作和重点流域区域环境治理。政府应该更多地把注意力放在广大农村、广大农民身上，多做些对农村雪中送炭的事情，少做些对城市锦上添花的事情，要加大对农村交通、教育等技术设施的投入，改善农村的生产生活条件，促进农村经济的发展，只有农村经济得到了较好的发展，才能进一步支撑城市群的发展。

在实施中部崛起促进湖北经济发展的过程中，切忌急于求成，一定要确保质量。经济发展有其客观规律，人们只能认识这些规律并充分尊重这些规律，但是却不能改变这些规律，发展是有其阶段性的，不能急于求成，不能拔苗助长。

【参考文献】

[1] 王铁 . 中部在塌陷中奋力崛起——在华中科技大学"中部崛起论坛"上的演讲 [R].2006-08-12.

[2] 张秀生 . 张秀生解读中部崛起与湖北的发展 [EB/OL].http://www.whmc.edu.cn/bencandy，2010-06-11.

[3] 国家发改委要求促进中部地区城市群发展 [EB/OL]. http://news.hexun.com，2010-08-31.

[4] 颜鹏飞，黄树人 . 经济增长极和湖北经济跨越式发展 [J]. 武汉大学学报（社会科学版），2002（2）.

我国可转债市场实证研究

武汉东湖学院管理学院　　曹　雨

我国可转换债券发展迅速，近年来备受企业的青睐，已成为我国证券市场重要融资工具之一。可转换债券的发展逐渐成为一个不可忽视的领域。文章对我国可转债市场进行了实证研究，并提出了解决我国可转换债券发展限制的具体措施。

一、我国可转换债券期权性分析

可转换债券兼具债权与股权双重属性，其持有者可在将来某一时间，依据本人的投资偏好，可以选择是否按照一定的比例或者价格将债券转换成公司普通股票，这种权利又被称为转换权。它具有看涨期权的特征，债券的持有者有权在某一确定的时间内或时间点，以某一确定价格购买正股（公司普通股票）。可转换债券的价值不仅在于纯债券的价值，更在于股票的期权部分。

二、我国可转换债券债权性实证分析

可转换债券具有融资成本相对较低、对证券市场冲击较小等优势，它所附带的可转成股票的选择权，既可以更好地解决一些财务问题，也可以给企业理财带来新的观念和新的视野。根据证券法的规定，公司发行的可转债的票面利率不得超过银行同期存款的利率水平。以我国的债券市场为例，我国可转债的利率不仅差异性小而且几乎都低于同期存款利率，此外可转债的存续时间为五到六年，相对集中。票面利率在 0.5 %—1.5%之间，平均为 1.2%左右，比银行存贷款和企业债券的利率要低，这说明企业融资成本是非常低的（见表1、表2）。

表1　市场部分债券的票面利率

名称	期限（年）	到期时间	票面利率
国债 0804	3	2011-04-14	3.56%
09 沪张江	5	2014-12-09	5.90%
11 临汾债	8	2019-02-22	7.23%

数据来源：wind 资讯，2011 年 1 月 23 日

表2　我国可转债的票面利率

名称	发行日期	最长存续时间（年）	票面利率
新钢转债	2008 年 9 月 3 日	5	首年 1.5%、第二年 1.8%、第三年 2.1%、第四年 2.4%、第五年 2.8%。
博汇转债	2009 年 10 月 14 日	5	首年 1.0%、第二年 1.2%、第三年 1.4%、第四年 1.7%、第五年 2.0%。
双良转债	2010 年 5 月 12 日	5	首年 0.5%、第二年 0.8%、第三年 1.1%、第四年 1.4%、第五年 1.7%。
歌华转债	2010 年 12 月 8 日	6	首年 0.6%、第二年 0.8%、第三年 1.0%、第四年 1.3%、第五年 1.6%、第六年 1.9%
澄星转债	2007 年 5 月 24 日	5	首年 1.4%、第二年 1.7%，第三年 2.0%、第四年 2.3%、第五年 2.7%
中行转债	2010 年 6 月 11 日	6	首年 0.5%、第二年 0.8%、第三年 1.1%、第四年 1.4%、第五年 1.7%、第六年 2.0%
工行转债	2010 年 9 月 8 日	6	首年 0.5%、第二年 0.7%、第三年 0.9%、第四年 1.1%、第五年 1.4%、第六年 1.8%。
唐钢转债	2007 年 12 月 27 日	5	首年 0.8%，第二年 1.1%，第三年 1.4%，第四年 1.7%，第五年 2.0%。
美丰转债	2010 年 6 月 24 日	5	首年 0.8%、第二年 1.0%、第三年 1.2%、第四年 1.5%、第五年 1.8%
铜陵转债	2010 年 8 月 5 日	6	首年 0.6%、第二年 0.9%、第三年 1.2%、第四年 1.5%、第五年 1.8%、第六年 2.1%
燕京转债	2010 年 11 月 1 日	5	首年 0.5%、第二年 0.7%、第三年 0.9%、第四年 1.1%、第五年 1.4%。
塔牌转债	2010 年 9 月 15 日	5	首年 0.8%、第二年 1.0%、第三年 1.2%、第四年 1.6%、第五年 2.0%

上述数据截止日：2010 年 1 月 15 日

三、可转换债券价格与股票价格的相关性研究

可转换债券的价格影响因素相当复杂，对其进行实证分析一直是金融工程研究的重点课题之一。在一定的时间期限内和条件下，可转换债券可以有选择的转换成发行公司的股票。由于这种特性，我们可以看出可转换债券的价格并不单纯地由其利率确定，其还与将要转让的股票价格具有联动性。我们可以确定，可转换债券与股票价格有很强的相关性，并且预计可转换债券的价格在很大程度上决定于其对应公司的股票价格。

（一）研究对象及思路

我们选取的研究对象为 2010 年 1 月 4 日至 2010 年 12 月 20 日之间，正在交易的 11 只可转换公司债券及其相应股票，我们分别求出了两者的相关系数，并测算了它们的相关性。在对其相关系数进行检验后，我们再将这 11 只可转换债券与其标的股票建立回归方程并观察它们之间的具体关系。出于数据的局限性，样本容量并不是很充足，可能造成一定结果的偏差。本文数据来源于 WIND 资讯。本文分析使用的软件是 Excel。

（二）变量的设定

变量的设定：Y—转债全价；X—其相应股票的价格。

（三）实证分析步骤

我们先选取其中一只债券进行研究，以新钢转债为例，按照时间整理其可转债券价格及其对应的股票数据并输入到 Excel 表格中，我们将数据列使用"X、Y散点图"制成散点图，可以看出可转换证券价格与其标的股票价格之间的关系虽然不十分严格，但有直线相关的趋势，而且可以大致看出两者相关关系比较密切。为了说明可转换债券的价格与其标的股票价格相关关系的密切程度，我们使用 Excel 表格中数据分析中的"回归"工具来详细分析这组数据，在得出的数据表格中，我们可以从中得到相关系数 $r=-0.784086544$（$0.5<r<0.8$），根据标准相关系数越近于 1，表示相关关系越强；越接近于 0，表示相关关系越弱的标准，得出相关系数 r 为显著相关。数据表中显示标准误差为 0.020894，说明估计值的代表性大，也就是相关点的离散程度小。最后检验假设 t，检验得出的 t 统计量为 3.515210，小于显著性水平为 5% 时的临界值（2.064），因而拒绝原假设，即样本相关系数 r 是显著的。这在相关系数检验的基础上进一步证明了新钢转债与其股票之间确实存在线性关系，新钢股票的价格是影响其可转换债券价格的显著因素。依次类推，我们根据同样的方法对 11 只可转换债券价格与标的股票价格的数据用 Excel 软件的"回归"工具进行线性回归分析，得出回归方程。

（四）结果分析

实证结果表明，转债市场和股票市场确实存在长期均衡的协整关系，反映可转债市场的效率和价格发现功能相对高效。可转债指数与股票指数存在因果关系，股票指数的走势对可转换债券具有较强的引导作用，股票价格是决定可转债价格的重要因素。可转债价格基本上围绕其内在价值波动，不会偏离其均值太远。基础股票价格波动大小对可转债价格影响比较大，正股波动愈大，可转债价格波动也比较大，股票是影响可转换债券价格的显著因素。

四、我国可转换债券市场的现状与发展前景

（一）我国可转债市场现状实证分析

可转换公司债券在我国出现的时间还比较短，从 1997 年开始试点发行，通过可转换公司债券在资本市场上进行融资的公司不断增多，可转债到现在已经经历了 15 年逐步壮大的过程，目前市场上现存的可转债有 15 只，总规模 1063 亿元，后续拟发行转债的公司有 8 家，发行规模约 135.5 亿元。据统计，沪深交易所上市的可转债券的存续期限一般为 3—6 年，2000 年至今已退市的可转债券共计 64 只，持有期间投资者获得平均总回报为 44%，平均持有期限为 2.68 年。在我国债券市场中，可转换债一直作为重要的融资手段快速发展（见表 3）。

表3　我国债券深圳证券交易所市场成交概况
（单位：百万人民币）

名称	2006 年	2007 年	2008 年	2009 年	2010 年
可转换债券	10547.37	19740.28	14054.10	21808.13	26040.63
国债	331.25	507.85	4662.67	3020.48	7161.18
企业债	4025.04	6536.15	32369.01	58043.15	95957.68

数据来源于：深圳证券交易所市场统计

（二）我国可转换债券市场的发展前景实证分析

2010 年之前，我国可转债的存量规模一直不大，2011 年以来，随着工行转债、中行转债和石化转债三个大盘转债的面市，转债存量规模达到新的高峰。仅从深圳交易所可看出，从 2002 年开始上市公司从 6 个开始增长，2004 年达到 13 个，总体上是呈现上增趋势。不仅如此，可转换债券上市面额总体呈现上涨趋势，在 2010 年突破了7000 百万，发展情况较好。

五、我国可转换债券市场发展的建议与措施

我国的可转债市场作为一个新兴市场，这几年显现出了巨大的发展潜力，但同时我们也要看到当前可转债市场存在的缺陷和不足，因此提出几点建议。

（一）应完善我国可转债市场的配套设施

可转换债券市场的充分发展还需要其他的相关配套金融衍生工具的支持。我们要逐渐引入可转换债券的相关金融工具，助于可转换债券套期保值功能的实现，这对我国资本的最终完善和与世界接轨而言极为重要。

（二）可转债的发行条款的设计应具有灵活性

健全信用评级制度，使可转债的票面利率随着发行人的信用评级而产生很大的差异。同时，可转债的发行期限应延长。目前我国的可转债期限为五到六年，十分集中。从国际成熟证券市场的经验来看，我国可转换债券的期限相对其他国家和地区的可转换债券期限来说比较短，国外可转债的存续期限一般较长，大多是十年以上的长期债券。

（三）扩大可转债的发行规模和范围

我国应该大力支持信息技术、电讯、医药和生物工程等高科技企业发行可转债，以支持国家现代化战略的实施。从我国证券市场发展的长久经验来看，我们在大力发展可转债市场的同时，监管部门应该对可转债发行者的资格设定一定的门槛，并强化承销商资格，保证可转债市场健康稳定的发展。

【参考文献】

[1] 陈兆松 . 我国可转换债券的特性研究 [J]. 西南金融，2007（11）.

[2] 徐萍 . 发展我国可转换债券的若干意义 [J]. 对外经贸才会，2006（6）.

[3] 王冬年 . 对中国可转换债券发展路径的评析 [J]. 投资与证券，2006（2）.

后牌照时代第三方支付相关法律问题研究

武汉东湖学院管理学院　　叶进芬

第三方支付是近些年来新兴发展起来的一种支付方式。在电子商务迅速发展的今天，第三方支付的发展也十分令人瞩目。本文主要分析我国目前第三方支付市场存在的诸多法律问题，提出完善第三方支付法律制度的若干建议。

第三方支付是指由银行以外的第三方支付机构利用电子信息技术在商家和银行之间建立连接，为客户提供交易资金代管、货币支付、资金清算以及增值服务等业务。相对于传统的资金划拨方式，处于中立地位的第三方支付机构可以对交易双方进行约束，有效地保障商品质量、交易诚信等环节，满足电子商务的安全性，为交易成功提供必要的支持。随着互联网的普及、通信技术的突飞猛进和支付业务创新的层出不穷，第三方支付业务的发展呈井喷态势：来自易观国际的数据显示，2010年中国第三方支付市场的交易额达到11324亿元；而根据艾瑞咨询的最新数据，仅2011年第一季度，中国的第三方网上支付的交易规模就已经达到了3650亿元。

截至2011年9月1日，包括支付宝在内的40家支付企业分两批获得了央行颁发的《支付业务许可证》，这使得整个第三方支付行业摆脱了关于"身份"的尴尬。通过发放牌照赋予企业合法的地位，把第三方支付企业正式纳入到国家的金融监管体系下，有利于第三方支付行业更加规范、健康的发展。从企业层面讲，支付牌照是对获得牌照企业整体资质的有效认可，对于提升企业的品牌形象和公信力具有重要作用。

但是值得注意的是，纵观我国现行法律，有关第三方支付的立法非常有限，仅限于一些部门规章，立法效力等级较低。央行2010年颁布的《非金融机构支付服务管理办法》及其实施细则，并不能完全解决目前在我国第三方支付行业存在的众多法律问题。因此，分析第三方支付存在的法律问题以及有关部门的监管措施就成为了不可回避的话题。

一、第三方电子支付存在的法律问题

（一）客户沉淀资金孳息收入的分配问题

沉淀资金，是指在第三方支付过程所存在的延时交付、延期清算而大量滞留于支付平台的在线交易双方的货款，以及在线交易双方交易前后暂存在平台里的资金。在交易的过程中，第三方支付平台正是利用了资金的暂时停留，可以有效地约束和监督在线交易双方。现行《非金融机构支付服务管理办法》第24条明确了支付机构接受的客户备付金不属于支付机构的自有财产，支付机构只能根据客户发起的支付指令转移备付金，禁止支付机构以任何形式挪用客户备付金。第26条规定，支付机构接受客户备付金的，应当在商业银行开立备付金专用存款账户存放备付金。这是立法首次明确了沉淀资金的权属，即沉淀资金的所有权属于客户。根据我国物权法的规定，利息收入属于孳息，孳息归原物所有权人，那么沉淀资金的利息自然也属于客户。

从理论上分析，沉淀资金的利息收入属于消费者毫无争议，但从实际操作上，如何将利息收入分配给消费者却难以实现。原因在于：在一个交易周期内，所产生的沉淀资金的利息收入分摊到单个消费者身上，数额非常少，如果第三方支付机构再委托其他商业银行将利息逐笔返还消费者，不仅会增加运营成本，而且会大大降低自己的使用效率。

（二）利用第三方支付平台进行非法资金转移的风险问题

由于通过第三方支付平台的交易具有极大的匿名性和隐蔽性，再加上网上信息的不完备性，通过网络数据很难辨别资金的真实来源和去向，这就为某些不法分子利用第三方平台进行资金的非法转移，如洗钱、套现、贿赂、诈骗、赌博以及逃税漏税等活动提供了便利条件。第三方支付机构屏蔽了银行对资金流向的识别，干扰交易的可追溯性，使得监管者很难确认交易的真实背景。因此，应当制定好相关的法律政策，才能及时应对可能出现的问题。

（三）法律责任的归责问题

由于第三方支付具有较强的技术性，而在这个过程中消费者处于技术弱势地位。一方面，传统的合同法、侵权法难以充分保障网络交易中消费者的合法权益，一些第三方支付机构可能会利用技术优势地位侵害消费者利益。例如在冗长的服务协议中加入许多免责条款，客户往往很难及时发现那些对自己不利的条款，一旦出现索赔，支付机构则可通过这些条款免责。另一方面，现阶段我国的第三方支付平台往往通过限制卖家的某些权利来保证消费者利益，这有违我国民法的平等原则。比如支付宝交易规则中的买家满意后"确认付款"，"满意"标准难以衡量，一旦发生恶意退货，卖方将处于不利地位。

（四）客户信息安全的问题

交易的双方在使用第三方支付平台的同时，不可避免的会将个人信息资料透露给第三方支付公司，如果第三方支付公司出售客户信息资料以换取巨额经济利益，或者支付平台遭到黑客入侵导致客户信息泄露，都会对客户的资金安全和人身安全造成极大的威胁。

（五）未获支付牌照企业的退出问题

2011年9月1日是第三方支付行业的准入大限。目前，我国300多家支付企业中只有40家获得了支付牌照，其他支付机构虽然没有收到停止所有支付业务的通知，但他们如果继续提供支付服务本身已经违法。现行法律对支付企业的退出尚未明确规定，这些企业该何去何从应该予以指引。

二、对第三方支付存在的各种问题的处理对策

（一）设立专门的基金监管第三方支付平台账户的沉淀资金

沉淀资金的监管比较复杂，不仅仅需要央行发挥主要监管者的作用，还需要各级工商行政管理部门、税务部门以及信息技术部门等多方面的配合，共同扩大和深化监管的范围。既然利息源于消费者的买卖行为，就应当纳入为消费者利益服务的某个基金中。相关部门可设立网上交易消费者保护基金，将沉淀资金的利息收入转至该基金，然后主要用于消费者网上交易风险的防范。这样就可以将本应属于消费者的权益返还给消费者了。这样做不仅保证了原物所有权人对其所有物产生孳息的收益权，也为消费者权益保护部门提供了资金支持，从而有效地维护社会经济秩序和社会公共利益。

（二）严格监控第三方支付平台的资金流动

逐步对第三方支付推行实名制。实名后支付的透明度增加了，可以在一定程度上防范非法资金转移。例如支付宝实行的"支付宝认证"，对使用支付宝的用户，在其注册时就将用户使用的身份证和银行卡进行了认证，身份证所证明的情况与银行卡必须一致才可以互相转账。此外，要加强支付平台与商业银行的合作，对使用银行卡进行交易的电子支付做出规范；联合银行对使用银行信用卡等进行电子支付做出单笔支付最大数额的限制。第三方支付机构应该及时汇报不正常的交易情况，并上报交易记录，由专门的独立机构进行审查。

（三）明确各方权利义务，保护客户和支付机构自身利益

支付机构应向消费者公于信息，使消费者充分了解支付过程中可能存在的风险、争议及差错处理办法。支付机构的免责范围应当有醒目的标注并解释清楚。由于第三方支付涉及到因特网、服务器、管理软件等先进技术，用户与支付机构之间的法律地位相差悬殊，难以承担举证责任。因此，对于因第三方支付产生的纠纷可以实行特殊的过错责任原则，即举证责任倒置，由提供支付服务的机构对于自己行为的无过错承担举证责任。

（四）推行第三方认证制度，加强用户数据的保护

第三方支付机构中储存了大量的用户数据，而且规模越大的企业，用户信息被泄露的危险就越大，仅凭支付机构一方的力量恐怕难以对此充分保护。笔者建议在第三方支付机构逐步推行独立的第三方认证，通过权威的第三方认证中心对数据传输过程加密，保证用户数据不仅在支付机构的服务器上不会被窃取或未经授权使用，在网络传输过程中也不会被监听或破译。

（五）进一步规范对第三方支付机构的监管

既然第三方支付的市场准入门槛已经设立，那么应当严格按照相关规定进行清理。对于不按照《非金融机构支付服务管理办法》及其实施细则规定违法从事支付服务的，应当制定具体的惩罚措施。现有已在从事支付业务但尚未取得支付牌照的企业，可以给予其一定的过渡期。如果央行最终仍然不予颁发执照的，就应当立即停止各项支付

业务。

不再从事支付业务的第三方支付机构可以选择并入有牌照的企业或者完全退出市场。此外，由于第三方支付机构在一定程度上具有与金融机构类似的属性，因此在退出市场之前应事先通知用户及时转移财产，并将其掌握的用户的个人信息和资料全部上交监管部门，避免支付机构不适当的退出给用户造成不必要的损害。

三、结语

第三方支付行业机遇与风险并存，需要不断挖掘其经济优势，进一步整合各种资源，强化自身生存之本。政府及相关部门应为这种新型支付模式的发展提供良好的政策、经济和法律环境，促进支付行业健康、快速的发展。应当看到的是，支付牌照的发放只是打响了第三方支付监管的"第一枪"，全面防范由其引发的各种风险，还需要社会各方的共同努力。

【参考文献】

[1] 侯春俊 . 我国第三方支付平台存在的主要问题及监管策略研究 [J]. 电子商务，2009(7).

[2] 黄涛 . 刍议第三方支付方式的法律风险及其防范 [J]. 法制社会，2007(12):171—172.

[3] 阿拉木斯 . 第三方网络支付平台所面临的七大法律风险 [J]. 电子商务，2007(2).

[4] 郭云峰 . 第三方支付法律问题研究 [DB/OC]. 中国优秀硕士论文全文数据库 www.cnki.net.

[5] 许若凡，王海江，赵亮 . 第三方支付沉淀资金问题研究 [J]. 中国外资，2011(5).

[6] 张春燕 . 第三方支付平台沉淀资金及利息之法律权属初探——以支付宝为样本 [J]. 河北法学，2011(3).

[7] 赵达 . 第三方支付相关法律问题探究 [DB/OC]. 中国优秀硕士论文全文数据库 www.cnki.net.

[8] 单夫纯 . 在线第三方支付的法律问题研究 [DB/OC]. 中国优秀硕士论文全文数据库 www.cnki.net.

政治・法律

论中共五大设立中央监察委员的历史背景和影响

武汉东湖学院思政课部　浦　珩

　　中国共产党第五次全国代表大会设立了中央监察委员会，这对健全党内监察机制起着重要的作用。本文首先探讨了设立该机构的理论背景，分析了设立中央监察委员会的历史性：实现党内民主生活和正确决策的需要和加强党的纪律建设的实际需要。然后指出了其自身的优缺点和启示意义。

　　几乎所有党史论著、教科书对中国共产党第五次全国代表大会的评价都是偏低的。比较一致的结论是："中国共产党第五次全国代表大会实际上没有解决任何问题"；"在革命紧急关头，没有提出有效的具体措施"。笔者认为持上述观点的学者只看到五大以后所起的作用以及所通过的决议未能在会后贯彻执行，却忽视了它本身客观存在的历史功绩。其中，为加强和完善党内监督机制而增设的中央监察委员会就是表现之一。

一、中共五大设立中央监察委员会的理论探究

　　共产国际（第三国际）是在列宁的倡导下于1919年成立的各国共产党的国际联合组织，是统一的世界共产党。中国共产党是在共产国际的帮助下，以列宁领导的布尔什维克党为榜样建立起来的，相当长时间内又受共产国际及联共（布）党的指导。其中，中共第五次全国代表大会就是在其直接组织、指挥下召开的，因此，中国共产党在共产国际的指导和推动下选举产生了中央监察委员会，其历史理论的根源可以追溯到列宁改革党的监察委员会的有关理论。

　　列宁认为，为了健全和完善党的监察机制，必须采取一种"特殊的形式把党的监察机关同苏维埃的监察机关合并起来"，建立一个崭新的中央监察委员会。新中央监察委员会必须有相对独立性和绝对权威性。经过这种改革后，便能打破党内的等级制，就能够建成一个这样的新机关，"它应当是模范的，它应当得到大家绝对信任，能向所有的人证明，（其）所做的确实不愧为中央监察委员会这样一个高级机关所做的工作"，一定能够很好地履行党内的监察职能。这样，党才能达到"一方面，使它的组织和工作有计划、有目的、有系统，另一方面，通过我国工农中的优秀分子同真正广大的群众联系起来"以提高党的战斗力的目标。这就是党"顺利工作的唯一保证"，"是我们政策巨大力量的泉源"。

二、中共五大设立中央监察委员会的内容及其必要性

（一）实现党内民主生活和正确决策的需要

中国共产党自成立之后，由于受当时历史条件的限制，一直未能建立集体领导体制。一方面，由于陈独秀在建党过程中的杰出贡献和他的崇高威望，一直担任党的总书记或委员长职务，处于最高领导岗位，拥有最高的权力。另一方面，自党的一大以来，党的领导体制是实行所谓的"委员制"。中共二大通过的党章规定："各委员会均互推委员长一人总理党务和会计，其余委员协同委员长分掌政治、劳动、青年、妇女等运动。"中共三大所修改的党章也有相同的规定。中共四大通过的党章规定："中央执行委员会须互推总书记一人总理全国党务。"由于每一次党代会都授予委员长和委员过多和过大的权力，从而造成了陈独秀的家长制的工作方式与工作作风。同时，中共还受到共产国际领导体制的影响，权力过于集中于个人，对集体领导没有足够的认识，这更助长了家长制作风的滋长和发展。正像周恩来同志在 1928 年曾批评的那样："从前组织有一种'家长制'的形式，党员群众对于党部，下级机关对于上级，只有机械的服从，而无活泼的党的生活。"可以说，当时党被迫处于紧急关头，很大程度上就是这种"一言堂"式的党内领导方式所造成的。

（二）加强党的纪律建设的实际需要

从"四大"到"五大"，两年零三个月时间，我党党员人数从994人猛增到57967人，增加了近60倍，这成为中共历史上党员人数增长最快的时期，"变成了真正群众的党"。尽管我党尚在幼年，党员人数的基数小，但这个增长率仍然是十分惊人的。中共五大要求进一步"努力扩大党员的数量，并吸收产业工人、进步农民和革命的知识分子到党的队伍中来"，但在数量剧增的同时，思想教育等方面没有及时跟上来，致使存在不少党员政治立场不够坚定的现象。随着革命运动的蓬勃兴起和党员队伍的迅速壮大，不可避免地会有抱着各种动机的人加入共产党，并将剥削阶级和其他各种非无产阶级思想带入党内。农民和其他小资产阶级出身的党员，其无组织、不守纪律的种种散漫性，也在党内大量存在。这些人"在个人生活上表现极坏的倾向，给党以很恶劣的影响，最显著的事实，就是贪污的行为，往往在经济问题上发生吞款、揩油的情弊"。这些情况使党员队伍的质量有所下降。因此，中国共产党开始注意到杜绝腐败、保持纯洁性的问题。中央要求各级党组织"迅速审查所属同志，如有此类行为者，务须不容情的洗刷出党，不可令留存党中，使党腐化，且败坏党在群众中的威望"。

三、中共五大设立中央监察委员会对现实的启示

（一）提升纪律检查委员会的相对独立性、权威性

纪检机关具有高度的权威性和地位的独立性，以及监督人员行使职权有可靠的保

障，这是建立民主监督制度、防止党内腐败的基本要素。如果监督机构从属、依附于监督对象，那么，这种监督的有效性就值得怀疑。中共五大当时就存在由于自身的缺陷限制了中央监察委员会效能的充分发挥，表现为其监察职责有时由监察机构独立承担，有时则是由各级党委直接承担。这样很容易使中央监察委员会职能的形式服从于领导人的意志，从而使为防止搞一言堂而设立的监察机构达不到初衷。改革开放后的今天，我党纪委部门仍然处于双重领导体制下，缺乏独立性和权威性。权力不仅必须用权力来制约、抗衡，并且必须用同等的权力来制约。就监督权而言，监督者必须同被监督者地位相等或相当，才能有效地进行监督。

（二）保证纪律检查委员会职权地实施

中共五大时期，中共监察机构的职责主要是查处党内腐败分子，维护党规党纪，而对一些重大的政治决策，党的方针、路线的制定和执行情况却无权监督。实际上，从某种意义上说，后一种监督应该是监察机构更重要的职权。党的十六大报告指出，必须"坚持标本兼治、综合治理的方针，逐步加大治本的力度……强化监督，创新体制，把反腐败寓于各项重要政策措施之中，从源头上预防和解决腐败问题。坚持和完善反腐败领导体制和各种机制"。这就清楚地指出了党内监督贵在适度超前，这样可以起到防微杜渐、防患未然的作用。《党内监督条例》也指出了党内监督的重点是"党的各级领导机关和领导干部，特别是各级领导班子主要负责人"。因为这些主要监督对象对于把党建设好，切实加强党内监督，具有举足轻重的地位和作用，而且这又是最需要监督但却最缺乏监督、也最难监督的部分。如果能够使这些"重点对象"得到确实有效的监督，那么，整个党内监督问题以至党内的其他问题，都会迎刃而解。

（三）巩固纪律检查委员会的法制地位

通过修正党章为巩固纪律检查委员会的地位提供了法律和制度上的保障。应在适当的时候对党章的若干规定进行合理的部分修改，修改的原因在于党章是党的根本大法，党的各级组织的设立及职责所在，都应以党章为准绳。

修改的原则体现为调整和理顺党的代表大会和党的委员会、纪律检查委员会之间的关系；修改的目标旨在改变纪委受同级党委和上级纪委双重领导的体制，确定各级纪委同各级党委平行的体制，下级纪委实行归上级纪委直接领导的垂直体制，即将"双重领导"改为"统一管理，直接领导"；修改的目的是强化党内监督的专门机构——纪律检查委员会，使其能够充分发扬民主，维护集中统一，加强和改进党的作风建设。

只有这样，才能使各级纪委能够真正充分行使自己的监督权，以更好地专司党内监督；才能真正贯彻和落实《党内监督条例》的精神，切实做到邓小平同志所说的"两个最重要监督"，才能实行积极的主动的事前监督；才能避免仅有上级对下级的监督、机关对党员的监督、掌大权者对掌小权者的监督之类的不良现象出现。

综上所述，中共五大设立的中央监察委员会在民主革命时期是发挥了重要作用的。它为纯洁党的队伍、保证党的肌体健康发展、维护党的领导和党的纪律，为支持革命战争、巩固革命根据地和人民政权作出了重要贡献。在艰苦卓绝的革命斗争中，检查

武汉东湖学院论文集

委员会机制从无到有，在规定的职责范围内积极开展工作，积累了宝贵的经验，构成了中共组织建设的重要一章，它是马列主义建党学说与中国共产党建设的具体实践相结合的又一成果，是中国共产党监察制度的开端，为党的纪律监察机构的确立和党内监察制度的发展、完善奠定了最初的基础，亦为今天加强党的制度建设、搞好反腐倡廉工作提供了宝贵的经验和有益的启示。

【参考文献】

[1] 列宁. 列宁选集（第4卷）[M]. 北京：人民出版社，1995.

[2] 陶用舒. 论中国共产党第五次全国代表大会 [J]. 零陵师专学报，1994（4）.

[3] 周恩来. 周恩来选集（上卷）[M]. 北京：人民出版社，1984.

[4] 中央档案馆编. 中共中央文件选集（第2册）[M]. 北京：中共中央党校出版社，1989.

[5] 中国共产党第十六次全国代表大会文件汇编 [M]. 北京：人民出版社，2002.

[6] 吴官正. 在中纪委、监察部派驻机构统一管理工作会上的讲话 [Z]. 2004-07-01.

强化法治方能促进市场经济发展

武汉东湖学院经济学院　　王　飞

当前我国正处于经济体制转型时期，如何保证我国市场经济的快速发展，这是关系到整个民族生死存亡的大事。本文从法治的视角入题，回顾了经济学理论对法治问题的阐释，而后讨论了依法治国对促进市场经济发展的作用机制及其实现方法。

我国宪法将"依法治国，建设社会主义法治国家"作为基本国策加以明确规定，实现法治不仅仅是实现社会长治久安的重要保障，也是实现市场经济发展的必要条件，是市场经济发展的首要前提。

自从改革开放以来，我国经济蓬勃发展。但是随着改革开放的深入发展，许多人为的、制度的历史积累问题也层出不穷，严重减缓了我国的市场经济建设速度。比如屡禁不止的乱收费、乱罚款、乱摊派；长期议而不决的"上有政策，下有对策"问题等。而这些问题几乎都与法治的缺乏密切相关。实施依法治国是解决我国目前所面临的许多问题的关键所在，只有实现依法治国，才能持久有效地保障国家的稳定、社会经济的有序发展和人民的安居乐业。

一、经济学理论中有关法治问题的阐释

古典经济学集大成者亚当·斯密，他在其经典著作中多处强调了分工和合作对经济发展的积极作用。分工和合作可以通过规模经济、比较优势等手段提高经济效率，促进经济发展，但要保证分工和合作，就需要较完善的法律制度及其执行机制，所以说，只有强化法治才能促进市场经济发展。这种思路贯穿于古典经济学、新古典经济学、新自由主义经济学和新制度经济学的理论当中，并在新制度经济学中得到了深化。新制度经济学派认为，契约制度及其可靠的执行能力大大降低了经济活动参与者的交易费用，从而促进了经济的发展。如果法律制度无法保障契约的执行，经济活动参与者就会选择自给自足而不愿意进行交易。由此可见，财产权、契约执行和公正司法是自由市场经济有序运作的基本法律制度。

管理学巨匠马克斯·韦伯认为，理性的法律制度是欧洲资本主义发展的基础，因为理性的法律制度能够减少市场活动的不确定性。欧洲资本主义发展过程中，由于排除了法律外在价值的纯粹逻辑，增强了法律所能够保障的预见性，确保了人们经济活动

的最大自由，因而促进了西方资本主义的发展。这种观点逐渐被很多国家和地区的研究者承认和接受，上世纪中叶出现的法律与发展研究也论证了法律制度和法治对经济发展具有重要作用。研究者认为，法律对资本主义的重要性表现在两方面：一为法律之可预测性；另一为法律可创造实质的条款，如契约自由。

上述理论所表达的核心思想在于：满足法治最低要求的法律制度体系及其执行机制是维持长期经济发展的必要条件。即使法治不是确保经济发展的充分条件，也不是解决一切经济发展与社会进步问题的最重要的因素，但经济要保持长期的可持续发展，一种符合市场经济的法治形式仍然是必不可少。

二、依法治国对促进市场经济发展的作用机制

依法治国是社会文明的重要标志，也是推动我国经济发展，抢占经济制高点的关键因素。中共十四大提出，我国经济体制改革的目标是建立社会主义市场经济体制。与此相适应，要高度重视法治建设，加强立法工作，建立和完善社会主义市场经济法律体系，特别是抓紧制订与完善保障改革开放、加强宏观经济管理、规范微观经济行为的法律和法规，这是建立社会主义市场经济体制的迫切要求。

首先，实行法治，有利于降低市场经济建设中的交易费用。市场经济是开放的经济，其参与主体的活动空间打破了地域限制，在全社会范围内进行经济活动。当人们在不熟悉的环境中从事经济活动时，更容易产生负外部性，作出损人利己的败德行为，从而阻碍了交易和合作秩序的形成。当人们处于熟悉的环境中时，交易和合作秩序之所以能够形成，是由于此时市场参与者均面临动态博弈，而当环境变得陌生了，市场参与者面临的大多数交易成了"一锤子买卖"，市场博弈也将由动态博弈变成静态博弈，产生负外部性的可能性增加，这将使很多正常的市场交易受限，交易费用大大提高。法治可以起到利益约束、利益关系平衡的作用，维持交易秩序，通过减少不确定性和偶然性，降低市场经济建设中的交易费用。

其次，实行法治是保障和促进社会主义市场经济体制建设的客观要求。建设社会主义市场经济体制已经被作为我国的一项基本国策加以确立，这是今后我国经济工作的重中之重。从某种程度上讲，市场经济就是法治经济。由于完全由利益驱使，市场这支"看不见的手"也有着严重的弊端，那就是盲目无序。特别是我国的市场经济是在政府的指导下，直接由计划经济采取自上而下"政府主导型"加以转换而得来的，而不是经过漫长的历史过程自发演变而来的。在这一演变过程中，旧的经济体制尚未完全瓦解，新体制又尚未全面确立，因此极易遭受挫折和陷入混乱。实行法治不仅对我国市场经济的建设有着重要的前瞻性，而且是克服市场盲目无序的"天敌"，因为法治的原则就是规范有序。正如只有公路、汽车和交警而没有交通法规不能成为交通一样，只有市场、企业和政府而没有法治同样不能成为市场经济。"科斯定理"告诉我们：在技术约束和资源约束之外，资源配置还受到制度约束。在涉及资源配置初始状态的

改变或者要求权力归属重新界定时，往往需要法治的辅助。我们可以想象，市场经济越是深入发展，经济活动和利益关系越是错综复杂，就越需要实行法治，用完备的法律来引导、规范、约束和保障经济的发展。

最后，实行法治是经济增长的必要前提。市场经济的发展要求生产要素自由流动，逐利而动，结果导致人们生活、活动空间迅速扩展。而交往的扩展与合作秩序的形成，又引起市场规模、范围的扩大。按照"斯密定理"，市场规模、范围的扩大会导致分工的发展，从而导致效率的提高和经济增长的出现，即市场化随之而来。在非法治国家，一般难以诞生工业革命，难以出现大规模的商业上的远程贸易，企业规模也难以壮大。从长远来看，法治有利于对抗不稳定性，稳定人们的收益预期，使人们增强对社会资源的投入预期，从而推动社会经济边界外移，促进社会发展和经济增长。例如，银行信贷制度与保险制度就是因为有利于稳定收益预期才迅速发展起来的。

三、强化法制经济的思考

依法治国的实质就是将国家的意志表达为法律的意志，全国上下，只有法说了算，一切以法律为依据和行动指南，要坚决杜绝"领导说了算，法律靠边站"等现象在经济领域内的发生。那么，依法治国背景下的法治经济之路到底该怎么走呢？

首先是要普法。普法是实现依法治国的前提和基础，依法治国需要全国人民有良好的法律素质作保障。由于我国人民科学文化水平较低，文盲、半文盲占全国总人口的1/4，开展普法教育任务艰巨。因此，我们要拿出搞科教兴国、希望工程的决心去搞普法教育，让每一位领导干部、每一位人民群众都懂得法律及其重要性，都能在经济生活中依法办事。这就需要政府的高度重视和有力领导，要像扫除文盲一样扫除法盲，以提高全民族的法律意识和法治意识。只有做到了这一点，法治经济才有实现的可能。

其次，我们应树立法的权威，赋予法律以最高尊严。我们要充分体现宪法和法律在国家政治、经济和社会生活中的权威，这要求我们要狠狠打击经济活动中的违法犯罪活动，真正做到有法可依、有法必依、执法必严、违法必究，尽可能地将一切违法犯罪分子都绳之以法，尤其是要尽快破获那些影响极坏、群众反映强烈的大案、要案，为全社会知法守法创造一个好的宏观大环境。同时，要切实做到法律面前人人平等，同罪同罚，绝对不允许"官民有别，上下有别，党内外有别"的做法。再者，全国上下，不论领导和群众，都必须以法律为行动指南，决不允许任何人享有法律之外和凌驾于法律之上的特权，对那些以权压法、以言代法的现象要坚决给予法律制裁。

最后，进一步健全群众监督、舆论监督制度。人民群众是国家的主人，人民群众的利益就是国家的利益，因此，只有人民群众才是最公正的裁判员，只有人民群众的监督才是最有权威的监督，最有效果的监督。目前，我国的监督机构数量居全球之冠，但许多形同虚设，真正能发挥监督作用的机构寥寥无几。而解决这个问题的关键就是加强群众监督、舆论监督，充分调动公民权利和社会团体权利的监督积极性，让全国人民来监督社会经济的运行。

【参考文献】

[1] 郭道晖. 法的时代呼唤 [M]. 北京：中国法制出版社，2006.

[2] 赵芳春. 现代法治的经济学分析及其对我国法治建设的启示 [J]. 中外法学，2006(6).

[3] 李玉虎. 论我国经济发展的法治基础 [J]. 现代经济探讨，2009(2).

张献忠屠川与大西政权灭亡考辨

武汉东湖学院思政课部 王 维

张献忠屠川一直是学界研究的热点之一。新中国成立后的一个时期内，出现了对张献忠屠川的翻案之风。20世纪80年代以来，学界逐渐在这一问题上达成共识，认为张献忠在四川确实执行过屠川的政策。当前，关于张献忠屠川这一事件本身，已经被研究得比较清楚了，但这一事件对大西政权灭亡的影响，学界还较少涉及。张献忠在四川所施行的剿民政策，在大西军内遭到了强烈的抵制，为此，张献忠不得不将大批反对这一政策的高级将领处死。这一举动激化了大西军的内部矛盾，间接导致了张献忠的死亡和大西政权的灭亡。

一、张献忠之死

清顺治三年(1647年)12月中旬，张献忠被清军射死于西充凤凰山。对这一事件发生的原因，学者多强调张献忠个人的麻痹大意、过分轻敌等因素，但仔细考察当时的情况，这种观点并不全面。

当时"突有侦探队某兵飞奔入营向长官报告，谓在营前高山上见有满兵四五人，各骑骏马，由山谷中迎面而来。献忠闻报，即时震怒，欲将报信之兵正法。幸被人讨保，未能加罪。献忠未能深信满兵竟敢至此。殊知满兵大队已匿营前大山反面矣。献忠闻警不疑，以为谣传……不问详细，是否果系满兵马队，随即骑马出营。未穿盔甲，亦未携长枪，除短矛外别无他物，同小卒七八名，并太监一人，奔出营外探听满兵虚实。至一小冈上，正探看之际，突然一箭飞来，正中献忠肩下，由左旁射入，直透其心，顿时倒地，鲜血长流。献忠在血上乱滚，痛极而亡。太监见献忠已亡，先奔回大营，高声叫道：'大王已被射死！'声震各营，一时大乱。各营军队不击自散，各奔一方，各自逃命"[1]。不难看出，张献忠对清军的到来并非一无所知。另外，这只部队虽然杀死了张献忠，但无力消灭当地大西军。

顺治三年8月，张献忠放弃成都后，遂率数十万大西军环踞于西充凤凰山。鉴于大西军善于长途奔袭，张献忠所处的大营不可能处于孤立无援的地位，可直到清军逼近张献忠大营时，驻扎各地的大西军将士依然毫无反应，甚至张献忠死于清军前锋之手后，四周的大西军主力也没有抢回他的尸体，而是选择匆忙转移，这是非常反常的。

---

[1] 《圣教入川记》第24页。

有很多文献记载是张献忠的首席谋士孙可望杀死了张献忠，这当然是不符合史实的。但如果说孙可望与张献忠之死毫无关系，也值得商榷。很多学者习惯称此时的大西军为残部或余部，但事实并非如此。

张献忠在成都称帝建立大西政权时，封"汪兆麟为左丞相，严锡命为右丞相。养子孙可望平东将军，李定国安西将军，刘文秀抚南将军，艾能奇定北将军；四人者皆赐姓张，封为王。以王尚礼为中军府都督，白文选为前军府都督，王自奇为后军府都督"[1]。献忠死后，不仅李定国、刘文秀、艾能奇、王尚礼、白文选、王自奇等高级将领一个不少地团结在孙可望周围，甚至连左丞相汪兆麟及皇后等献忠家属也均顺利逃脱。换句话说，清军袭击西充后，大西军除领袖张献忠死亡外，其他所有高层领导人全部逃脱。而且张献忠死后，大西军不仅迅速重新集结，且在短时间内确定发展方向。他们先在重庆消灭了其川内最大的对手曾英集团，占领重庆；随后，挥师南下，平遵义，占贵阳，并迅速控制贵州局势；接着，转入云南并在那里建立了根据地。考虑到云、贵、川地区的地理条件，在不长的时间能取得如此战绩，这既显示了大西军的实力依旧强大，也说明此前清军对大西军的打击力度并不大。从这一点来说，有抗敌之责的孙可望等人，他们在清军袭杀张献忠时没有履行自己的责任。

以孙可望为首的大西军新领导层对张献忠家人的态度也颇值得玩味。实际上，以孙可望为首的四将军，很快就处了丞相汪兆麟和包括皇后在内的献忠家人。关于此事的原因，史载：

献忠既亡，可旺（望）等乃奉伪皇后陈演女为主，驻遵义桃源洞。可旺（望）等诸贼每早必往朝贼后，凡事奏请而行，伪丞相汪某辅之。……每公会议事，汪犹傲据诸贼上。一日，张能奇怒曰："汝今日尚敢如是耶！"拔佩剑斩之。

另外，还有"伪平东孙可望等杀其伪阁部汪兆麟，缢献贼伪后妃嫔"[2]的记载，旧主尸骨未寒就杀其家人及亲信，更直接反映了大西军高级将领对张献忠的不满。张献忠之所以会陷入众叛亲离的境地，主要是由于他在四川所执行的一系列过渡杀戮政策所导致的。

二、屠川与谏杀

明崇祯十六年（1642 年），随着关内明军主力被大顺军消灭，张献忠大西军也在湖广地区迅速发展起来。崇祯十七年（1643 年）7 月大西军攻克重庆，8 月攻克成都，此时，以孙可望为首的大西军高级将领开始建议张献忠放弃以往过度杀戮的政策。大西军攻克成都后，"献忠将尽屠蜀人，伪平东将军孙可望流涕谏曰：'王转战十年，所过屠灭，无尺寸之地以守，非将士相从意也。今出万死争斯土，庶几为成王霸业耳。若又屠其众，某等何用为生。请王手中剑，刎颈先百姓死矣'"[3]。当时，"马元利、李定国、孙可望、

---

[1] 《小腆纪年附考》第286页。

[2] 《蜀警录》第193页。

[3] 《小腆纪年附考》第245页。 徐鼒撰 中华书局 1957.7 上海。

张能奇、白文选、张化能、刘文秀、张能第等，皆俯伏流涕谏，乃止"[1]。张献忠接受了大西军高级将领的意见，不仅放弃了以往过渡杀戮的政策，而且在这一年的 10 月，在成都称帝，建立大西政权。

大西政权建立后，虽然在相当长的时期里并没有执行什么过激的政策，但是，大西军在川内的发展很不顺利。首先，大西军与大顺军在川北发生激烈的冲突，损失很大。其次，各地残明势力也不断发动了叛乱。早在崇祯十七年 8 月，明军便夺回重庆；次年 2 月，又大败大西军刘文秀部于重庆城下。面对各地明军的反抗，张献忠逐渐失去了耐心，放下的屠刀又开始举起。

顺治二年 7 月，张献忠指挥部队在成都搞了一次大屠杀，不久又以特科的名义，对四川的乡绅、士子及医卜僧道杂流进行了一次杀戮。顺治三年正月，大杀大西军中的川兵川军。顺治三年上半年，在成都府属三十二州县地方派兵分剿。[2] 张献忠执行的这一系列屠川政策，引起了大量大西军高级将领的反对。当时，连张献忠最为信任的孙可望，也表现出了对张献忠的强烈不满。张献忠对成都居民进行了大规模的屠杀后，领兵在外的孙可望闻讯愤懑而言道："哀哉无辜小民，杀戮尔等，已绝我等之望矣。吾侪数年辛苦，是为百姓受之，今付东流，可不惜哉！"[3] 当时，相当数量的大西军高级将领也因违抗此令而被杀。"伪右军都督轶其名、米脂张君用八卦营、汝州王明振武营、麻城洪正隆隆兴营、泾阳郭凤三奇营、凤阳宋官永定营、合肥郭尚义三才营、山东娄文干城营、六安汪万象援剿营、宝鸡彭心见决胜营、周尚贤定远营、张成中场营、万县杜兴文英勇营、黄冈张其在天威营、开封王见明龙韬营，麻城商元及志义、天讨、金戈、神策、虎威、豹韬、虎略等营总兵，俱以搜括无功，坐徇庇诛杀，或剥皮死，并其家口部落，尽斩于河。"[4] 大量高级将领被杀，不可避免地造成了大西军高层的离心倾向，而高级将领的离心倾向严重影响了大西军的战斗力。面对日益逼近的明军，张献忠不得不在顺治三年 8 月放弃成都，向川北转移。

到达西充后，张献忠非但没有接受教训改变过渡杀戮的政策，反而将屠刀伸向了自己的部下。"献忠欲北行入陕，恶其党太多，曰：'吾初起草泽才五百人，所至无敌；今兵多益败，非为将者习富贵，不用命，即为兵者贪恋怀二心。吾欲只留旧人，即家后多者亦汰之，则人人自轻便，所向无前。'……是日所杀即十余万。"[5] 张献忠对"初共起事之陕西兵将，无不屠害。其下人人自危"[6]。这种局面形成后，大西军高级将领为了自保采取了两种不同的办法。

一部分人选择率部出走，"伪总兵温自让，延川人。不忍无辜戮其下，弃妻子，夜率部百余遁去。献自引骁骑追之。自让脱走，所部兵俱自杀"[7]。"伪将刘进忠故统

[1] 《滟滪囊》卷二，第57页。
[2] 见南炳文《明史》第1317—1319页。
[3] 《圣教入川记》第29页。
[4] 《蜀碧》卷三，第163页。
[5] 《小腆纪年附考》第471页。
[6] 《荒书》第162页。
[7] 《蜀碧》卷三，第163页。

川兵，闻之，率一军逃。会我大清兵至汉中，进忠来奔，乞为乡导。"[1] 正是在刘进忠的带领下，清军才得以顺利冲入献忠大营将其杀死。

另一部分人，也即在大西军中实力最强的孙可望、李定国、刘文秀、艾能奇四人，他们在张献忠对军队大规模屠杀的残酷事实面前，也开始走上背叛张献忠的道路。很多文献中均有孙可望杀张献忠的记载，甚至在清朝官员的奏疏中亦有"张献忠恶焰已盈，贼数已终，同类相残，被帐下王进、孙可望、张安邦，将献逆于本月初七日杀死"[2]，足见当时这一传闻之盛。作为大西军最主要的将领，当清军来袭时，他们按兵不动，最终导致张献忠在孤立之中死去。

清军偷袭直接导致了张献忠的死亡，但张献忠在四川的错误政策所导致的将士离心的局面，却是这一事件背后更深层次的原因。

【参考文献】

[1] 古洛乐 . 圣教入川记 [M]. 成都：四川人民出版社，1981.

[2] 清世祖实录 [M]. 北京：中华书局，1985.

[3] 中国人民大学历史系，中国第一历史档案馆合编 . 清代农民战争史资料选编 [M]. 北京：中国人民大学出版社，1984.

[4] 徐鼐 . 小腆纪年附考撰 [M]. 上海：中华书局 1957.

[5] 计六奇 . 明季北略 [M]. 北京：中华书局，1984.

[6] 李馥荣 . 滟滪囊 [M]. 成都：巴蜀书社，2002.

[7] 计六奇 . 明季南略 [M]. 北京：中华书局，1984.

[8] 彭遵泗 . 蜀碧 [M]. 成都：巴蜀书社，2002.

[9] 吴世济 . 荒书 [M]. 杭州：浙江人民出版社，1983.

[10] 刘景伯 . 蜀龟鉴 [M]. 成都：巴蜀书社，2002.

---

[1]　《明史·流贼》列传第一百九十七。

[2]　《清代农民战争史料选编》顺治三年二月巡按陕西甘肃监察御使为紧急军情事揭，第215页。

大学生入伍后的角色适应研究

武汉东湖学院图书馆　周　青
武汉东湖学院生命科学与化学学院　成　冉
武汉大学珞珈学院图书馆　齐岩婷

作为高文化素质和高思维能力的群体，大学生入伍对优化部队兵源素质、构建现代化国防有着重要的意义。大学生入伍后的适应问题归根结底是对自身角色的适应。本文从当前大学生新兵的适应现状入手，阐述了影响角色适应的因素，并对如何使大学生新兵尽快实现角色转变进行了多角度的探讨。

为了适应新时期国防和军队现代化建设的需要，自 2008 年起，我国把各类院校的应届毕业生作为征兵的主体。2009 年，全国共征集大学生新兵 10 万多人；2010 年，"大学生士兵"已作为一个年度热词，频频见诸于报纸网络等媒体。通过与地方大学生入伍这一事件联系在一起，这也是大学生入伍引起社会广泛关注的原因之一。地方大学生入伍后如何进行自我定位，如何实现新旧角色的转变应引起部队和社会的进一步关注和思考。

一、大学生新兵的角色适应现状

有研究者分析认为，地方大学生入伍后要经历三个心理期，分别是：调整适应期、稳定成长期、成熟发展期。其中，调整适应期一般为入伍后的 1—3 年，这是大学生入伍后心理状态最不稳定的时期，是其能否顺利实现新旧角色转变的时期，也是决定其能否适应部队生活、为国建功立业的关键时期。在这一阶段，大学生新兵最重要的任务是努力调适心理状态，尽快适应自己的新角色。

（一）角色适应

角色一般被定义为处于一定社会地位的个体，根据社会的客观期望，借助自己的主观能力适应社会环境所表现出的行为模式。"大学生"和"军人"这两个明显不同的社会角色之间的冲突与矛盾，给大学生新兵带来了紧张与压力，也使得适应这两个角色成为大学生新兵入伍后面临的重大挑战和首要任务。这对大学生新兵而言，即正确认识自己的新角色，积极调整心态，从心理上和行为上努力实现从"大学生"到"军人"的角色转变。

（二）大学生新兵角色适应的特殊性

入伍本身或许并不会有压力，但部队艰苦的环境、紧张的训练、严格的管理、单调的业余生活以及新的人际关系等，都可能成为压力的来源、冲突的导火索。这些问题对于大学生新兵而言，首先是思想观念、价值取向的不同，有的人对别人抱一种友善心理，有的人对别人抱一种不信任的态度，因此在遇到实际问题时，不同的观点常常发生冲突，行为的倾向性也有不同，争论甚至争吵都会发生。其次，跨进军营的大多数新兵，由于考学、转士官等一些利益关系，都有相互竞争的心理，或者害怕落后于别人而有一种紧张感，心理压力很大，由于机会并不给予每个人，所以嫉妒、不公平感就造成更多人际关系的紧张。另外，生活方式、生活习惯的不同也是新兵人际适应的一个障碍。

二、影响大学生新兵角色适应的因素

多年的校园生活和学习经历，让大学生早已将"学生"这个角色内化为自身的一部分。入伍后，大学生新兵需要学习"军人"这个新角色所需的知识和技能，并以军人的义务、权利、行为规范等来调整自己的思想和行为。

（一）人格因素

人格的适应性定义把人格看做是个体在适应环境中形成的独特适应方式。人格能影响个体对应激环境的反应和适应性能力，从而影响个体的心理健康发展。人格特质是影响大学生新兵适应的重要因素，尤其是新兵自身的性格特点和入伍动机。

1. 性格特点

根据我国的征兵政策，大学生新兵入伍时年龄为18—24岁，正处于从青年向成人过渡的阶段。按照爱利克·埃里克森的人格发展理论，大多数新兵还处于自我同一性的确立阶段，即个体心理发展上的"第二次断乳期"。他们逐渐摆脱对家庭和父母的依赖，开始思考"我是谁"、"我将走向何方"等问题，从而确立自我意识，形成自我角色。只有成功地确立自我同一性，才能化解这一阶段的危机，实现成长自立，否则将会出现同一性混乱，迷失方向，与自己的角色不相适应，甚至形成退缩、自卑等不良人格特征。大学生新兵在这一特殊的成长阶段面临人生中的重大抉择，其面临的挑战可想而知。

当前，随着大学生新兵中独生子女、"90后"所占比例的增加，这个群体的角色适应也呈现出了新的特点和挑战。有研究表明，独生子女新兵心理适应能力总体上较非独生子女新兵差。"90后"大学生个性张扬，功利性较强，以自我为中心，抗挫能力弱，缺乏集体意识和团队精神等特点，也会导致其在角色适应中遇到困难。

2. 入伍动机

动机是在目标或对象的引导下，激发和维持个体活动的内在心理过程或内部动力。动机本身并不属于行为活动，它是行为产生的原因，而不是结果。根据产生的原因，动机可为外部动机和内部动机。研究者们一般认为内部动机具有适应性，与个体的注意力集中、工作卷入与良好的工作绩效等有关。大学毕业生入伍后表现优秀的，可以直接提拔为军官。大学生入伍后保留入学资格或者学籍，退出现役后 2 年内允许复学，复学后参加国防生选拔或者毕业后申请担任军官的，优先录取。

据我们的调查显示，在校大学生入伍动机可分为六种：（1）圆梦军营，报效祖国（46.3%）；（2）条件所迫，曲线就业（24.7%）；（3）借船过河，改变现状（15.7%）；（4）前程不明，入伍观望（5.7%）；（5）厌学逃避，换换环境（4%）；（6）随从心理（3.7%）。不难发现，尽管大学生入伍动机的主流是好的，但是也存在部分大学生是出于优惠政策的吸引或逃避现状等外部动机而入伍，这类大学生入伍后更有可能因为现实与理想的差距而产生适应不良。

（二）外界因素

影响适应的外界因素很多，国内已有研究表明，新兵的一些心理应激反应是由生活事件所导致的，如人际关系不顺、期望值太高、家庭问题、个人问题和军事训练伤病等，均可引发新兵产生激烈的心理冲突，诱发心理或心身疾病。相对较轻的负性生活事件会使大学生新兵产生抑郁、焦虑等不良情绪反应，严重的生活事件，如亲人去世等重大挫折还会使人精神崩溃。尤其是身为独生子女的"90 后"大学生新兵，以自我为中心，缺乏换位思考能力，心理脆弱，抗挫折能力差等特点，使其对于负性生活事件缺乏合理有效的应对方式，而应对不当更易加重对角色的不适应。有的家长只注重孩子的理论学习而不注重孩子生活自理能力的学习，进入军营后，有的不会收拾房间、有的不会叠被子、有的不会搞卫生，当然，这些情况一般在集体生活一段时间后就能逐渐好转。

三、大学生新兵角色调适

地方大学生入伍后在实现角色转变的过程中难免会遇到各种困难。只有了解了地方大学生新兵的心理特点，有针对性地进行引导和调适，才能使其更快更好地实现对角色的适应。基于以上分析，笔者认为，为了实现大学生新兵的角色适应，以下几方面的内容需引起大学生和有关部门的关注。

（一）大学生入伍前的准备

应征入伍对于大学生而言是一个重大的决定，会影响到个人职业发展水平，甚至会决定整个人生的方向。大学生入伍前对这一点必须要有清醒的认识。同时，对于部队生活和军人职责，大学生需要提前进行详细的了解。笔者认为，大学生入伍必须先调整好自己的心态，对任何出现的问题都要有一定的思想准备。如果条件允许，最好能提前实地考察或实际体验部队的生活。部队是纪律严明、艰苦拼搏的组织，如果仅凭一时的激情冲动、外在的政策吸引，或是对避风港的渴求，这都是无法适应的。入伍的动机要端正、态度要明确，意志要坚定，既然选择入伍，就应该做好吃苦耐劳、保家卫国的准备。

（二）大学生入伍时的考查

我国现行的征兵体制中，对于应征入伍的大学生仅有体格检查和政治审查两项内容，缺乏对于个性特征、社会支持、应对方式、心理疾病病史等影响其适应能力和心理健康水平的专业检查。因此，将心理测验纳入征兵体制，并使其成为入伍时的必需检查项目是可行的，也是必要的。

此外，大学生新兵的角色适应是一个循序渐进的过程，欲速则不达。在适应过程中，新兵教育者应给予足够的耐心和必要的支持，以鼓励其努力完成这一重要的任务。

【参考文献】

[1] 张金良. 大学生入伍后不同心理期的心理特点、问题与调适 [J]. 青年探索，2007（1）：80—81.

[2] 黄希庭，郑涌. 大学生心理健康与咨询 [M]. 北京：高等教育出社，2007:193—213.

[3] 王家华，张凤则，宋林琳等. 中国新兵 SCL-90 常模的建立 [J]. 中国心理卫生杂志，2000，14(4):228.

[4] 郑雪. 人格心理学 [M]. 广州：暨南大学出版社，2001:194.

[5] 郑丽梅，袁永贵，喻东山. 独生子女和非独生子女武警新兵的心理健康状况研究 [J]. 南京医科大学学报 (自然科学版)，2005，25(9):674

[6] 张剑，郭德俊. 内部动机与外部动机的关系 [J]. 心理科学进展，2003，11(5):545—550.

[7] 陈君. 大学新生学校适应、社会支持及其关系的调查研究 [D]. 武汉：华中师范大学硕士学位论文，2005.

[8] [美] 莫里斯·罗森堡，拉而夫·H·特纳 社会学观点的社会心理学手册 [M]. 天津：南开大学出版社，1992:155.

我国农村留守儿童教育现状与问题初探

武汉东湖学院教务处　　陈畅东

农村留守儿童作为一个特殊的社会群体，其教育问题是一个关系国家和民族未来的重大问题，正引起社会各界的高度关注。留守儿童问题已经不仅仅是一个教育方面的问题，它已逐步变为一个社会问题。这一问题的解决有待于家庭、学校、社会及政府各方面共同努力，协调合作。

随着农业产业结构的调整和城市化进程的不断加快，农村人多地少的矛盾越来越突出，农村富余劳动力越来越多，大批农村人选择了进城务工的生存发展道路。由于受到诸多条件的限制，大部分农民工进城务工的同时却无力解决孩子进城就读所要面对的诸多现实问题，诸如简陋的住房条件、高昂的借读费用、交通安全无保障等。于是，他们只能选择将孩子留在农村，并托付给其他人代为照看，最终形成了农民工家庭父母与子女分隔两地的局面。这种农村人口的大规模流动打破了长期稳定不变的家庭结构，导致父母与子女长期分离，农村出现了大批留守儿童。

农村留守儿童作为一个特殊的社会群体，其教育问题是一个关系国家和民族未来的重大问题，正引起社会各界的高度关注。温家宝总理 2011 年 4 月上旬在山西考察期间，在谈到留守儿童问题时指出：党和政府要关心留守儿童，体贴他们的困难、照顾他们的生活；这个特殊的群体，应该得到特殊的关爱和照顾。

2011 年 3 月至 7 月，笔者来到湖北省嘉鱼县广袤的农村大地，对该县的农村留守儿童教育问题进行了专题调研。

一、农村留守儿童教育现状及存在的问题

农村留守儿童是指由于父母一方或双方外出打工而被留在农村、不能和父母生活在一起、需要其他亲人或委托人照顾的 17 周岁及以下的未成年人。全国妇联日前发布的《全国农村留守儿童状况研究报告》显示，目前全国农村留守儿童约 5800 万人，其中 14 周岁以下的农村留守儿童约 4000 多万，在全部农村儿童中，留守儿童的比例达 28.29%。

嘉鱼县目前有中小学 63 所，其中小学 48 所、中学 15 所；全县中小学生 23286 人，小学生 13767 人，中学生 9519 人。根据统计，有留守儿童 7929 人，占在校学生的 34.05%。（详见下表）

嘉鱼县留守儿童受教育情况统计表（人）

留守儿童人数	占学生总数比例	入学率	辍学率	寄宿学生数	父母一方外出学生数	双亲外出学生数	学习困难学生数	结对帮扶学生数	获贫困资助学生数	建专门档案学生数
合计 7929	34.05%	100.0%	0.00%	1453	2630	5025	2992	4605	4109	7929
一年级 925	4.0%	100.0%	0.00%	48	247	607	235	406	459	925
二年级 777	3.3%	100.0%	0.00%	36	223	485	242	408	388	777
三年级 686	3.0%	100.0%	0.00%	40	213	435	220	400	311	686
四年级 750	3.2%	100.0%	0.00%	43	250	424	192	326	196	750
五年级 718	3.1%	100.0%	0.00%	35	279	468	242	353	272	718
六年级 829	3.6%	100.0%	0.25%	37	320	508	293	340	290	829
七年级 944	4.1%	99.0%	0.00%	322	332	597	457	680	583	944
八年级 1182	5.1%	98.9%	0.10%	358	422	768	518	841	746	1182
九年级 1118	4.8%	98.0%	0.15%	534	344	733	593	851	864	1118

留守儿童的父母外出务工，一定程度上改善了家庭的经济条件，为子女接受教育提供了较大的空间和可能性。但是，从总体上看，家庭成员尤其是父母角色的长时间缺位，导致大量农村留守儿童缺乏父母的亲情呵护与完整的家庭教育和监管，致使他们在学习、生活、情感、教育等方面存在着诸多问题。这些问题主要表现在以下几个方面。

（一）缺乏亲情关怀，心理问题突出，学习兴趣减低

亲情的抚慰与关怀对孩子的成长起着至关重要的作用。由于缺少情感和心理关怀，缺少和父母相处与交流的机会，很多留守儿童很少有倾诉和寻求帮助的对象，与外界接触较少或不愿意接触。他们常常表现出情感冷漠、行为孤僻、悲观消极、不善于表达等自闭倾向，存在不同程度的性格缺陷和心理问题。笔者在嘉鱼县官桥村3组调研时发现，当地许多留守儿童胆子很小，缺乏与同学、老师交流的主动性，有的甚至非常自私、嫉妒心很强。

由于家庭监管的缺失和学校教育的疏忽，多数留守儿童在学习上存在困难。留守儿童中的辍学现象比较严重。一所学校里，留守儿童中成绩优秀的一般只有2%，成绩中等偏上的占10%，成绩中等或中等偏下水平和相当差的却占到了88%！

（二）道德意识淡薄，安全问题频出

由于家庭教育的缺失，留守儿童在情感上得不到足够的关心，一些留守儿童出现了道德意识、道德情感、道德行为的偏差，养成了自私自利、好逸恶劳、乱花钱等陋习，还有的染上了吸烟、酗酒等不良嗜好，违法违纪现象较多，有些甚至走上了犯罪道路。

部分留守儿童因年龄太小，父母又不在身边，缺乏约束和监管，人身安全得不到有效保障，容易出现安全问题。在日常生活中，有的留守儿童患病得不到及时医治，由溺水、触电、斗殴等引起的意外伤亡事件也屡屡出现。

（三）监护人自身综合素质偏低，留守儿童的行为习惯较差

在走访过程中发现，当地留守儿童的监护人大多数是老年人，年纪较大，文化层次不高，他们不能在学习上给予帮助和指导，在与孩子的沟通上也存在困难。有的留守儿童行为习惯较差，在家里不听代养人教导、顶撞祖辈、不服管理、我行我素。

嘉鱼县留守儿童大致存在以上问题，当然还有更多的问题需要我们用心去发现。留守儿童问题已经不仅仅是一个教育方面的问题，它已逐步演变为一个社会问题。这一问题的解决有待于家庭、学校、社会及政府各方面共同努力，协调合作。

二、农村留守儿童教育问题的原因分析

农村留守儿童教育问题是社会转型的产物和结果，是农村劳动力转移过程中带来的问题，与我国经济社会发展的宏观背景和农村基础教育的现存问题交织在一起，既有制度性因素，也有政策性因素；既有学校教育的因素，也有家庭教育、社会教育的因素；既有共性问题，也有个性问题，需要我们认真分析研究。

（一）社会因素

政策性壁垒是导致农村留守儿童教育问题产生的主要因素。农村剩余劳动力向城市转移是工业化、城市化和现代化发展的必然结果。由城乡二元制结构而衍生的城乡隔离的户籍制度，不仅人为形成了城市人与农村人的界限，也加剧了城乡二元经济结构的分化。同时，一些地方政府对进城务工人员的子女教育缺乏足够的认识和相应的政策保障措施。有些地方政府部门没有建立外出务工家庭的专门资料，也没有对农村留守儿童做过任何详细统计，更没有明确提出解决问题的相关政策，导致目前个别地方政府的教育责任缺位。我国一些省份已经开始探索户籍制度改革，但成效尚不明显。

（二）家庭因素

健全而有效的家庭教育对一个人的健康成长起着至关重要的作用。由于农村留守儿童的父母长期在外，家庭教育的主体由父母变成了其他抚养者，其中绝大多数是年迈的祖父母、外祖父母等祖辈。这些老人一般年龄偏大，身体健康状况较差，文化程度偏低，对孙辈较为溺爱；而其他亲戚因为留守儿童不是自己的孩子，一方面可能会出于各种原因放任自流，导致对留守儿童的监管不力甚至根本不管，另一方面，留守儿童寄宿在亲戚家中，很难产生归属感，也容易和亲戚家年纪相近的孩子产生矛盾。这种溺爱或放纵性的家庭环境，使得留守儿童几乎生活在无限制、无约束的状态下，无形中助长了他们自私任性、霸道蛮横、自我中心等极端性格。

家长观念的偏差也是影响留守儿童教育问题的重要因素。一些家长认为与其让孩子读书，还不如早打工、早赚钱，这种观念无形中降低了对孩子学习的要求，严重影响着孩子的学习进步。这种监护权的缺失和"畸形"补偿，对孩子的人格发展、道德发展和个体社会化都会带来负面影响。

（三）学校因素

目前，在很多农村地区，中小学校的办学条件较差，教学设施较为简陋、师资力量薄弱、合格师资紧缺的现象依然存在。一些农村中小学除了讲授文化课的智育教师之外，思想品德教育、美术、音乐、英语、体育等方面的教师比较缺乏，基本没有专门的心理健康教育教师和生活指导教师，不能为学生尤其是留守学生提供更为悉心的关怀和照顾。同时，由于农村教师教学负担过重，一些教师与学生几乎没有课外的交流和谈心活动。这种缺少特殊性、针对性的管理和教育，也在很大程度上严重影响了留守儿童的健康成长。

三、解决农村留守儿童教育问题的基本对策

农村留守儿童教育问题是由我国特定历史时期的多种原因造成的，是社会转型中的成本和代价，这个成本和代价需要家庭、学校、政府和社会共同承担。解决农村留守儿童教育问题，既需要政策、法律和法规的支持和保障，也需要我们献上自己的关爱，这是包括家庭、学校和社会在内的全社会共同的责任。

（一）强化政府职能，完善相关法律政策，加大农村留守儿童保护力度

认真贯彻落实《教育法》、《义务教育法》、《未成年人保护法》、《预防未成年人犯罪法》等相关法律法规，使留守儿童享有和其他儿童一样的受教育权、健康发展权、受保护权和参与权等。

各级政府要统筹城乡发展，千方百计增加农民收入，从资金、技术、人才等方面大力支持农村和落后地区的经济发展，逐步缩小城乡贫富差距；要加快户籍制度改革，逐步取消与户籍相联系的城乡隔离体制，促进城乡居民之间的合理均衡流动，凸显政府的教育责任是促进社会和谐发展、建设法治政府的重要内容；要把农村留守儿童工作纳入国家和地区经济社会发展规划，作为促进城乡发展、实现社会和谐的重要内容；要进一步加大农村教育投入力度，改善农村办学条件，改变不合理的教育资源配置状况，积极推进城乡义务教育均衡发展，切实保障农村留守儿童能够与城市儿童平等享受优质教育资源和服务。

（二）加强学校教育，充分发挥学校在留守儿童教育中的主体作用

学校要从培养社会主义建设者和接班人的高度，全面贯彻落实党的教育方针，牢固树立育人为本的教育理念，切实加强和改进未成年人思想道德建设，注重培养孩子坚定的政治素质、良好的思想品德、健康的心理素质，促进留守儿童德智体美全面发展、和谐发展；要帮助留守儿童初步树立基本的是非观念、法律意识和集体意识，养成孝敬父母、团结同学、遵守纪律、文明礼貌的良好行为习惯；要大力加强师德建设，从思想政治素质、业务素质等方面提高教师的整体水平；要大力加强校园文化建设，经常开展参观、访问、公益劳动等充满人文关怀的集体活动，举办丰富多彩的文娱、体育活动等，营造良好和谐的校园文化氛围。

特别重要的是，学校要定期与留守儿童的父母或监护人进行沟通，有针对性地开展教育和管理工作，通过开办家长学校，举办留守儿童监护人学习培训班或其他形式

的专题讲座，加强对教育者或监护人的培训，努力提高教育者或监护人的水平；要建立齐抓共管、师生参与的留守儿童工作机制，探索实行班主任责任制，负责对留守儿童学习、生活、心理上的指导。学校还要建立留守儿童档案，对留守儿童基本情况、留守儿童监护人情况、留守儿童父母外出务工去向及联系方式等要登记造册，全面掌握留守儿童的情况，有针对性地实施教育。

（三）强化家庭教育功能，营造温馨生活环境

家庭是孩子的第一课堂，父母是孩子的第一任老师。父母要正确处理生产、创收与子女教育的关系，不能以牺牲孩子的成长为代价来换取眼前暂时的利益。父母要学会了解孩子，不仅要了解孩子的日常生活，更重要的是了解孩子的生理和心理发展，掌握每一时期孩子不同的心理、智力和情感的变化，对他们进行及时的引导教育，真正负起教养孩子的责任和义务；要树立正确的家庭教育观念以及正确的亲子观和育人观，使留守儿童感受到更多的父母关爱，体会更多的浓浓亲情。

（四）齐抓共管，形成全社会关心留守儿童的良好氛围

农村留守儿童的教育问题，是包括学校、家庭和社会在内的共同责任，需要全社会的关心关注。我们要呼吁、引导全社会对留守儿童的关注、关心与帮助，鼓励支持全社会都要参与留守儿童的帮扶教育工作，将农村基础教育事业发展纳入新农村建设规划之中。同时，要大力发展农村和城市职业技术教育，为农村大龄留守儿童创造更多接受职业技术教育的机会，积极构建农村中小学生健康发展的教育和监护体系。

留守儿童不仅是教育问题，更是社会问题。留守儿童问题表现在农村，但解决留守儿童问题的关键应该在城市。我认为，突破政策性壁垒，强化政府职能，加强学校和家庭教育职能，改善农民工在城市里的就业生活环境，特别是改善农民工子女在城市学校就学的政策环境是解决留守儿童问题的治本之策。

【参考文献】

[1] 唐喜梅，卢清. 农村留守儿童亲子教育缺失问题探讨 [J]. 当代青年研究，2006(11).

[2] 姬璐璐. 美国农村师资发展的问题及解决措施 [J]. 科教文汇（下旬刊），2009(8).

[3] 周宗奎，孙晓军，刘亚，周东明. 农村留守儿童心理发展与教育问题 [J]. 北京师范大学学报（社会科学版），2005(1).

[4] 刘世清. 论城镇化进程中农村基础教育的问题与政策建议 [J]. 教育科学，2005(3).

[5] 张艳萍. 农村"留守子女"的教育问题及对策研究 [J]. 当代教育科学，2005(13).

[6] 上官子木. "留守儿童"问题应引起重视 [J]. 神州学人，1994(6).

武汉东湖学院论文集

浅议网络侵权行为主体的责任认定

武汉东湖学院宣传处　韩　进

　　随着网络技术的深化发展和应用，网络侵权的行为方式越来越复杂，侵权主体越来越难以界定，导致网络侵权案件中权利人权益难以得到保护。本文从网络侵权行为特征及归责原则出发，探讨了网络侵权主体的责任认定。

　　网络侵权指在网络空间中，行为人利用网络特性，基于主观上的过错或法律上的特别规定，侵犯国家、集体或他人的民事权益而应承担相应民事责任的行为。[1] 由此可见，网络侵权行为与传统意义上的侵权行为相比，有着鲜明的侵权行为方式和特征，随着互联网技术和应用的深入发展和扩大，网络侵权的形态将会越来越复杂。

　　那么，如何规制这些网络侵权行为，让侵权行为人依法承担网络侵权责任，一个关键问题是运用何种归责原则。归责原则在网络侵权行为法中应居于核心地位，这是全部网络侵权责任规范的基础，直接体现了网络侵权行为规制的立法取向和价值功能。

一、网络侵权行为的主要特征

　　与传统侵权行为相比，网络侵权具有以下特征。

（一）网络侵权行为主体的隐蔽性和多元性

　　网络侵权行为主体的隐蔽性，通常表现为主体身份的不确定性。首先，网民上网多数使用的是匿名或假名，这就导致在很多的网络侵权行为中，无法找到真正的侵权行为人。其次，即便我们通过网络技术手段找到实施网络侵权行为的 IP 地址，也不能保证可以顺利找到行为人，尤其是在公共上网的场所。网络侵权行为主体的多元性，是指在网络侵权中，在某些情况下，不仅实施侵权行为的网民要承担法律责任，网络服务提供者在一定的程度上也要承担相应的法律责任。

（二）网络侵权行为空间的虚拟性和无地域性

　　侵权行为只有在网络环境中实施才能被认定为网络侵权行为。由于网络空间本身的虚拟性和无地域性，导致网络侵权行为也存在虚拟性和无地域性。通常情况下，一般的侵权行为都存在特定的侵权行为地或侵权结果地。而对于网络侵权行为而言，由

[1]　胡晓红，梁琳，王赫等.网络侵权与国际司法[M].北京：中国工人出版社，2006:2.

于网络的世界性特点，行为人只需点击鼠标，就可以轻松地侵害到他国的公民。同时，互联网本身又是一个虚拟的世界，从而导致发生在互联网上的侵权行为，具有了不同于现实侵权行为的虚拟性。

（三） 网络侵权行为手段的技术性

与普通侵权行为相比，网络侵权行为手段具有一定的技术性。由于网络侵权行为需要在网络上操作，这就要求行为人必须具备一定的操作技能，否则就不能完成侵权行为，尤其是通过网络上的链接技术来实施的侵权行为，不是任何一个公民都可以操作的。

（四）网络侵权行为后果影响的广泛性和即时性

这一特点是由网络本身的国际性、开放性决定的。与普通侵权行为不同，网络侵权行为的影响力是广泛的、不易把握的。同时，网络侵权行为的后果具有即时性，即网络侵权行为一旦实施，就会立刻发生损害后果，而不像普通侵权行为那样，要经过一段时间后才会有损害后果的产生。

（五）网络侵权行为责任的难以认定性

首先，侵权行为难以认定。人民法院审理案件时，离不开证据的收集和认证。而在现实生活中，对网络侵权行为证据的收集往往具备一定的困难。网站每天都处于不断更新状态下，从而导致当事人收集证据的难度增加。其次，侵权行为地难以认定。由于网络侵权行为的实施有可能涉及多个环节和程序，导致网络侵权案件中可能会存在多个侵权行为实施地。同时，对侵权结果发生地的认识也难以下结论。普通侵权行为的结果发生地，通常是指侵权行为的后果所在地。如果按照这样的推理，网络侵权行为很有可能造成遍及全国或全世界的后果，那么网络侵权行为的结果发生地，就应该是整个国家或整个世界，这显然不能成立。

二、网络侵权的归责原则

（一） 一般情况适用过错原则

2003 年 12 月 23 日，最高人民法院颁布了修改后的《关于审理涉及计算机网络著作权纠纷案件适用法律若干问题的解释》。根据该解释第 5 条和第 6 条的规定：如果网络内容提供商明知信息源提供者通过网络实施侵犯他人权利的行为，应与该信息源提供者承担共同侵权责任。由于要求网络内容提供商承担侵权责任的前提是"明知"，因此适用过错责任原则确凿无疑。

如果网络内容提供商不知道信息源提供者的行为侵犯了他人的权利，但在权利人提出确有证据的警告后，则意味着网络内容提供商开始"知晓"侵权行为的存在，若此时网络内容提供商仍不采取措施消除或减轻侵权后果，也应与该信息源提供者承担共同侵权责任，此时还是以"知晓"为要件，应适用过错责任原则。如果网络侵权行为人（这里主要指网络内容提供商）不知道信息源提供者实施侵犯他人权利的行为，权利人也没有提出确有证据的警告，则网络内容提供商不承担侵权责任。

（二）特殊情况可以适用无过错责任归责原则

网络侵权案件由于技术上的原因，受害人很难举证证明侵权人的主观过错，而被告要证明自己的无过错却很容易，无过错责任原则有利于维护权益人的合法利益。但适用无过错归责原则应注意三个方面的问题：其一，无过错责任原则的适用必须有法律的明确规定，不能随意扩大适用；其二，适用无过错责任，受害人不须证明加害人的过错，加害人也不能通过证明自己无过错而免责，但原告应证明损害事实及因果关系；其三，我国实行的是有条件的、相对的无过错责任原则，在出现某些法定免责事由时，有关当事人也可全部或部分免除其民事责任。[1]

三、网络侵权责任的认定

笔者认为，尽管网络侵权纷繁复杂，我们仍然可以从网络上的侵权主体出发理清头绪，确定各侵权行为主体应承担的民事法律责任。在具体的网络空间中，网络行为人大致可以分为互联网内容服务商 (ICP)、互联网接入服务商 (ISP)、网络信息获取者三大类。

（一）ICP 的侵权责任认定

网络内容提供者是组织、选择信息供公众上网访问的人，他们可以完全控制网页上的信息，公众一般只能浏览或下载而无法改变其提供的信息，作为利用网络直接实施侵权行为的人，其行为认定应是毫无疑义的，应当根据我国《民法通则》及相关法律的规定承担侵权责任。最高人民法院《最高人民法院关于审理涉及计算机网络著作权纠纷案件适用法律若干问题的解释》第 5 条规定："提供内容服务的网络服务提供者，明知网络用户通过网络实施侵犯他人著作权的行为，或者经著作权人提出确有证据的警告，但仍不采取移除侵权内容等措施以消除侵权后果的，人民法院应当根据民法通则第一百三十条的规定追究其与该网络用户的共同侵权责任。" 由此可以看出，对于网络内容服务提供者的侵权行为，我国现行法律适用的是过错责任原则，主观上没有过错时就不构成侵权。我国目前的现实状况，仍应以促进经济和信息网络的发展为首要目标，不宜对网络服务商的责任规定得过于严格，否则将影响信息产业的发展。

（二）ISP 的侵权责任认定

美国官方曾举例，ISP 好比是雇主，因为他要从雇员的行为中获利，所以就应当对雇员的侵权行为负责，即使他已经警告过雇员不要去侵害他人。虽然许多 ISP 也在其服务中警告网民要遵守规矩，但如果网民出事了，ISP 仍然要为之承担责任。但 ISP 却不这么认为，他们也举出有力的例子，ISP 如同房东，他虽然从房客处牟利，但他不能随便搜查房客的房间，也不对其行为合法性与否负责。

最高人民法院于 2000 年 11 月颁布的《关于审理涉及计算机网络著作权纠纷案件适用法律若干问题的解释》，在关于侵权构成和责任承担的规定中，贯彻的便是过错归责原则。它没有简单地以网络中介服务提供者是否是实物设施提供者来确定其是否侵

---

[1] 钱明星，温世扬等.国家司法考试辅导用书(第3卷)[M].北京：法律出版社，2007:308.

权，而是根据他们在侵权中的作用以及不同情况作了区分。该解释第 4 条规定，"网络服务提供者通过网络参与他人侵犯著作权行为，或者通过网络教唆、帮助他人实施侵犯著作权行为的，追究其与其他行为人或者直接实施侵权行为人的共同侵权责任"。该解释的第 6 条、第 7 条也有类似规定。

一般而言，对于怠于履行监控义务或行使审查编辑权的网络中介服务者，可认定其主观上具有过失。但如果网络服务提供者能够证明自己即使尽了全部的注意义务也无法阻止损害结果发生，则可以免除侵权责任。当然，对于网络服务提供者的责任应规定适度，过于严格或过于宽松，都不利于网络服务业的发展和保护权利人的权益。

（三）网络信息获取者侵权责任的认定

网络信息的获取者，是为了自己的生活、办公、生产而使用计算机信息的自然人、法人或者其他组织，其获取信息的目的在于最终实现该信息对于使用者自身而言的"使用价值"，而非"交换价值"或"添附新的价值"。在网络侵权行为中，网络信息获取者一般应适用过错责任归责原则，但在特殊情况下应适用无过错责任归责原则。

就"下载"而言，其造成的损害结果就是影响了版权作品的正常使用及版权人的经济收益，而导致这种结果的行为就是未经版权人允许又未向其支付报酬，并且不属于合理使用及法定许可的非法使用行为，这种行为本身就存在过错，用过错责任原则就足以对其进行制约和规范。而属于合理使用及法定许可的使用行为，是不会对版权人造成损害的，也就无需用什么归责原则来约束。因此，采用过错责任原则，既符合网络发展要求，也有利于保护网络信息获取者的合法权益。在某些特殊情况下，网络信息获取者即使没有过错也应承担侵权责任。比如，国家机关或国家机关工作人员在执行职务（如法院或其工作人员非法查询他人的存款）中侵犯他人的合法权益；违反环保规定，污染环境损害他人合法权益（如从网上下载并播放音响信息，进行噪声污染）。

由于网络侵权行为自身的特点，其案件性质、产生的损害结果比一般的侵权行为复杂和严重得多，影响更为广泛，难以控制，受害人依法请求保护和赔偿的难度也越来越大。可见，为避免在网络侵权领域出现对受害人保护力度不够的情况，有必要调整现有的法律制度，更好更准确地保护权利人权益，以进一步促进网络事业的健康发展。

【参考文献】

[1] 马涛. 试论互联网上侵权案件的管辖权 [J]. 山东省农业管理干部学院学报，2005(5).

[2] 宋红波. 试析网络侵权的归责原则 [J]. 苏州城市建设环境保护学院学报（社科版），2002(4).

[3] 韩红云. 从国际法看国家对网络的管辖 [J]. 网络法律评论，2001(00).

[4] 刘欣燕. 试论网络侵权案件管辖权的确定 [J]. 信息网络安全，2005(6).

武汉东湖学院论文集

浅析夫妻债务清偿及执行问题

武汉大学东湖分校法学院　　刘　丹

夫妻债务的清偿与执行，应当在分清属于夫妻共同债务还是夫妻个人债务的基础上进行。我国目前的立法体系下，除当事人能举证证明法律明文规定的例外事项外，其他债务都推定为夫妻共同债务。浙江省高院针对出台了《浙江省高级人民法院关于审理民间借贷纠纷案件若干问题的指导意见》(以下简称《省高院审理民间借贷指导意见》)，其中的相关规定重视保护债务人配偶一方利益，将超出家事代理权的夫妻债务推定为个人债务，这给审判和执行实践都带来了较大影响。本文试从比较该规定与现行我国的立法和司法解释的角度，分析了夫妻债务清偿在执行中存在的问题。

一、目前我国关于夫妻债务清偿案件的规定和处理评析

（一）简析《婚姻法司法解释（二）》第 24 条规定

根据《婚姻法司法解释（二）》第 24 条，从举证责任的分配来看，在此类案件中，如果夫妻一方希望将该债务作为个人债务用个人财产偿还，则必须举证证明下列情形之一：或者能证明债权人与债务人明确约定为个人债务，或者能证明第三人知道债务人与其配偶实行约定财产制。前一种举证实务中很难，债权人希望在还款时能更有保障，不会主动做出这样对自己不利的约定；对债务人来说，希望更多取得对方的信任而顺利借款，也不会主动做出这样的承诺。后一种举证同样很难，就我国目前婚姻家庭的国情来说，约定财产制是夫妻双方之间的事情，并且属于比较私隐的信息，第三人很难知晓，即使实际知道，也很难举证。因此，在现行法律和司法解释的框架下，债权人较之于债务人来说，其利益更受保护。

（二）简评浙江省《省高院审理民间借贷指导意见》第 19 条

2009 年，浙江省高级人民法院下发《省高院审理民间借贷指导意见》，该意见第 19 条规定："婚姻关系存续期间，夫妻一方以个人名义因日常生活需要所负的债务，应认定为夫妻共同债务。日常生活需要是指夫妻双方及其共同生活的未成年子女在日常生活中的必要事项，包括日用品购买、医疗服务、子女教育、日常文化消费等。夫妻一方超出日常生活需要范围负债的，应认定为个人债务，但下列情形除外：(1) 出借人能够证明负债所得的财产用于家庭共同生活、经营所需的；(2) 夫妻另一方事后对债务予以追认的。不属于家庭日常生活需要负债的，出借人可以援引合同法第四十九条关

于表见代理的规定，要求夫妻共同承担债务清偿责任。援引表见代理规则要求夫妻共同承担债务清偿责任的出借人，应对表见代理的构成要件承担证明责任。表见代理的证明责任，适用最高人民法院《关于当前形势下审理民商事合同纠纷案件若干问题的指导意见》第 13 条的规定。"

按照《省高院审理民间借贷指导意见》第 19 条规定，夫妻一方除一般家事代理范围内的债务以及两个例外规定外，都应认定为个人债务。认定标准的改变，将对债权人和夫妻一方的利益产生重大影响。审判实务中，按照《婚姻法司法解释（二）》第 24 条的规定，发生在婚姻关系存续期间的债务，原则上都认定为夫妻共同债务。有的法官总结："凡适用第 24 条处理夫妻债务的，鲜有债务人配偶免除责任的判例。"但如适用《省高院审理民间借贷指导意见》第 19 条的规定，可以预见将有大量的此类债务都会被认定为夫妻一方的个人债务，因为要求出借人证明借款人负债所得的财产用于家庭共同生活、经营所需或者承担表见代理颇为困难。司法的政策从以前偏向保护债权人利益转而偏向了保护夫妻一方的利益。

二、对夫妻债务清偿及其执行问题的分析

浙江省高院出台的这一规定，其初衷是为了避免在立法中过于袒护债权人利益而导致的一系列不公的情况出现，但是此规定在立法原理和实际适用上均有值得商榷之处。

（一）夫妻债务的分担设定与夫妻法定财产制度的原理不相契合

我国的夫妻法定财产制为婚后所得制，即婚姻关系存续期间夫妻一方所得和双方共同所得的财产除特有财产外，均归夫妻双方共同共有。这一财产制的优点在于其承认家务劳动的价值，肯定夫妻协力，符合婚姻的伦理本质和我国文化传统。"共同财产制的机能，系使夫妻个人的财产，结成公同共有性的一体，而产生同进退不可分的关系。因此，配偶之一方，为婚姻之共同生活，要有将其全部财产为他方牺牲之心理准备；尤其妻就夫之债务，应负清偿之责。如此一来，夫妻对外之债务关系简化。"因此，共同债务推定有其合理之处，较能契合我国的法定财产制。而适用《省高院审理民间借贷指导意见》第 19 条的规定，则将大部分债务都推定为夫妻个人债务，并不符合夫妻在婚姻生活中的权利义务相一致原则。

（二）夫妻个人债务的执行存在难题

在民事执行实务中，执行法院经常遇到夫妻共同财产的执行问题，如登记在被执行人夫妻名下的共有房产，如果执行依据确认为夫妻共同债务，则可以对共同财产采取查封、拍卖等执行措施，即使执行依据仅确认夫妻中一方承担金钱给付义务，只要该债务发生在夫妻关系存续期间，依据《婚姻法司法解释（二）》第 24 条，实务上就推定该债务为夫妻共同债务，同样可以对共同财产进行处置。但若按照《省高院审理民间借贷指导意见》第 19 条将债务性质认定为个人债务后，执行法院将面对一系列复杂的问题。

我国《婚姻法》没有明确规定夫妻个人债务的清偿规则。《1993年离婚财产分割司法解释》第17条规定，个人债务以个人财产清偿，但是对于无个人财产或个人财产不足以清偿时应当如何清偿，并没有具体规定。理论上说，夫妻共有是典型的共同共有。共同共有以共有关系为前提，为了维持共同关系的稳定性，在共同关系存续期间，共同财产通常是不允许分割的。

但是，根据《物权法》第99条规定，共同共有人只有在共有的基础丧失或者有重大理由需要分割时才可以请求分割。据此，有两个问题有待探讨。

其一，夫妻共同财产的析产必须要离婚或者有"重大理由"方可。那么在执行程序中，在夫妻未离婚的情况下，偿还债务人财产是否能作"重大理由"的解释，从目前的立法和司法解释来看还不明确。

其二，《物权法》第99条限定了夫妻共同财产分割的请求权只能是夫妻一方。由于债权人不具有该请求权，因而夫妻一方的个人财产不足以偿还个人债务的情形作为分割共有财产的"重大理由"就失去了意义。《物权法》实施后，债权人是否可以根据《查封规定》第14条规定代为提起析产诉讼即成疑问。如果不允许债权人代为提起析产诉讼，则被执行人夫妻关系存续期间分割共同财产将只剩下由共同共有人协议分割或共有人提起析产诉讼这两条途径，当被执行人外出避债，或下落不明时，执行法院即使面对大量的夫妻共同财产，可能也难以处理。

就我国目前婚姻家庭的实际情况来看，夫妻财产共有的观念仍占有主导地位，特别是在小城镇和广大农村地区，夫妻财产混同，不加区分，在这种情况下，法院判决由夫或妻一方单独清偿其个人债务，执行起来确实难度很大。

（三）虚假诉讼仍大量存在

《婚姻法司法解释（二）》第24条将婚姻关系存续期间的债务推定为夫妻共同债务，过于袒护债权人一方的利益，也有其当时的制定背景，"从夫妻作为一方与其他债权债务人关系而言，原则上将其作为一个共同体……对遏制夫妻将家中财产大部分分给一方，将主要债务分给另一方恶意避债等行为是有好处的"。学界认为，《婚姻法司法解释（二）》所订立的认定夫妻共同债务的标准，体现了最高院对债权人的过度保护和对配偶的不信任。

笔者推测《省高院审理民间借贷指导意见》第19条起草的直接动因，是在于近几年来沿海地区虚假诉讼现象频发，特别是在离婚案件或离婚案件一方当事人为被告的财产纠纷案件中，离婚夫妻一方为了尽量多的分得夫妻财产，利用《婚姻法司法解释（二）》第24条的规定，虚构债务或者与第三人恶意串通夸大债务数额，损害离婚另一方的合法权益，第19条可能正是基于这一考虑而制定的。一方面，这一规定严格了对夫妻共同债务认定的标准，改推定共同债务为推定个人债务，由债权人对借款人超出家事代理权范围的债务构成表见代理承担连带责任，从而达到保护夫妻一方，遏制虚假诉讼的目的。但另一方面，对《婚姻法司法解释（二）》第24条规定的债权人利益保护甚弱，要求出借人证明借款人负债所得的财产用于共同生活、经营所需，或者举证证明符合合同法关于表见代理的规定，同样对债权人比较苛刻，所以导致司法实践中，另一类虚假诉讼即夫妻恶意串通诈害债权人的现象仍然大量存在。

综上所述，夫妻债务的确定和执行，还是应当以推定共同债务为原则，具体案件则应当从债务产生的原因、当事人的举证、查明事实等多方面综合分析，加以区分。

【参考文献】

[1] 最高人民法院民事审判第一庭关于适用《中华人民共和国婚姻法》若干问题的解释（二）的起草说明 [A]. 最高人民法院民事审判第一庭 . 最高人民法院婚姻法司法解释（二）的理解与适用 [C]. 北京：人民法院出版社，2004.

[2] 余延满 . 亲属法原论 [M]. 北京：法律出版社，2007.

[3] 唐雨虹 . 夫妻共同债务推定规则的缺陷及其重构 [J]. 行政与法，2008（7）.

[4] 裴桦 . 也谈婚内共同财产分割——兼评最高人民法院《关于适用婚姻法若干问题的解释（三）》（草稿）第 15 条 [J]. 法律适用，2010（1）.

浅议我国保安处分的刑事立法化

武汉东湖学院法学院　　杜　慧

　　保安处分是以社会防卫为目的，代替或补充刑罚而适用的刑事制裁措施。在西方具有悠久的历史。本文首先通过对保安处分历史演进的介绍，对保安处分进行了正确定性定位的评价，进而分析了我国保安处分的刑事立法化在现今已具备了充分的理论根据，应根据我国社会的实际，建立起适合我国国情的保安处分制度。

　　本文所要分析的是现代刑事政策视野中的保安处分，即是以社会防卫为目的，代替或补充刑罚而适用的一种刑事制裁措施。我国刑法典要将保安处分纳入其中，首当其冲的是要对其进行正确定性定位的评价，使人们摒弃过去极"左"思潮干扰下的对保安处分的全盘否定，从而便于根据我国国情，审视是否可以采取扬弃式的"拿来主义"为我所用。

一、保安处分的历史演进及其在我国的现状

　　保安处分是现代刑罚理论由报应刑向教育刑转化的结果，是刑法理念革故鼎新的理论结晶。就其字表意义看，它含有为了确保社会和行为者本人安宁而行处分之意。[1]作为一种刑法思想，保安处分萌芽于古罗马法。在古罗马法中，就有关于疯狂病发作状态下，杀害其生母的成年人应如何处分问题的讨论。作为一种刑法理论，保安处分发端于18世纪末叶德国刑法学家克莱因的保安处分理论的提出。克莱因认为，在刑罚之外，对行为者的犯罪危险性加以评量，其危险性不属于恶害性质时，可科以保安处分。[2]其后，在刑事实证学派的推动下，保安处分思想得到广泛传播，其中李斯特根据其社会防卫论提出了改善处分理论。这一理论加强了保安处分的理论基础，对保安处分制度完整体系的建立具有重要意义。作为一种刑事政策和刑法制度，保安处分勃兴于20世纪。自1926年在布鲁塞尔召开的国际刑法协会会议通过了"将来的刑法典中必须有保安处分的实体规定"的希望性条款以来，保安处分制度在各国刑事立法中得到广泛地确认，并被视为刑法人道化、规范化的标志，成为现代刑法和刑事政策上最重要的问题。

[1]　刁荣华.现代刑法基本问题[M].台湾：汉林出版社，2001:814.

[2]　甘雨沛，何鹏.外国刑法学（下册）[M].北京：北京大学出版社，1999:601.

我国不存在西方式的保安处分制度。长期以来，我国正统法学理论对保安处分基本采取否定和排斥的态度，究其原因发现问题主要是来自于观念上。1933年，纳粹统治下的法西斯德国制定了《关于危险的惯犯》、《关于保安矫正处分》和《关于保卫人民的国家》等一系列保安处分法令。这些法令打着"强化民族精神"、"捍卫国家利益"等幌子，无限制地扩大保安处分的适用范围，放宽保安处分的适用条件，把保安处分利用来进行种族清洗和政治迫害，从而极大地玷污了保安处分教育改善人预防再犯的美好初衷，一度使保安处分这一代表刑法科学化、人道化和现代化的矫正处遇制度名声扫地。[1] 由此导致我国不少人认为"由于种种原因，我国的民主和法制建设还相当落后，司法实践中滥用权力、侵犯人权的情况还相当严重，在这种环境下匆忙地迎来保安处分将十分危险" [2]，担心会引发人权危机。诚然，保安处分所蕴涵的维护秩序的法制价值，所追求的以社会为本位、以防止社会不受犯罪侵害为己任的价值取向，与以强调人权为内容的刑法保障机能的确存在着相互对立的一面，但是，这并不意味着我国保安处分刑事立法化的工作也与人权保障精神相左。不能从人权保障的角度得出我国保安处分刑事立法化的否定性结论，其所谓"匆忙地迎来保安处分将十分危险"之说，并无充足理由。因为"在我国现行法律体系之中，没有保安处分之名，但却有保安处分之实" [3]。我国现行法上存在的各种保安措施，是基于重在保护国家法益和社会法益以期最大限度地实现社会利益之前提下制定的，个人法益只是在配合前两者的巩固及实施的情况下而显居其次，这种格局难免带有浓厚的过分偏颇的国家主义色彩，其人权含量必然受到一定限制。因此，笔者认为，在刑法中设专章规定保安处分，将政府需要承担的涉及人身自由和限制财产权的社会福利及社会教育功能纳入刑事司法权管辖范畴，而不是行政司法管辖。这是我国进一步实现人权保障的重要措施，对于防卫社会与保障人权都具有重要意义。

二、我国保安处分刑事立法化的理论根据

随着我国刑事法治的进展和刑法学学术水平的提升，保安处分刑事立法化已成为我国一个无可回避的选择。在当前我国社会，保安处分刑事立法化已具备了充分的理论根据，这主要表现在两个方面。

（一）保安处分刑事立法化是刑事制裁多元化，防卫社会机能的客观需要

随着经济的发展和社会的进步，犯罪现象和犯罪人的情况日趋错综复杂，作为犯罪的正式反应方式的刑事制裁手段，应当与犯罪现象和犯罪人情况的这种复杂性相适用，这就要求刑事制裁的多元化。刑事制裁多元化不仅要求刑法典设计的刑罚种类多样化，而且要求把保安处分纳入刑法典，作为刑罚方法的必要补充。我国自刑法典颁布至今，司法机关预防犯罪的方式基本上是单一地依赖于刑罚，结果是犯罪率与刑罚

[1]　陈涛平.保安处分的诱惑与风险[J].法学评论，1989（5）.

[2]　赵秉志等.中国刑法修改若干问题研究[J].法学研究，1996（5）.

[3]　苗有水.保安处分与中国刑法发展[M].北京：中国方正出版社，2001:171，173.

量以正例关系螺旋式上升。这就要求立足于现代刑法科学的目的刑主义，转换刑事政策思想，本着教育改善的目的从刑罚之外去寻找更有效的社会措施。因而从此意义上说，保安处分对防卫社会具有重大的意义。它不以惩罚报复为宗旨，而以教育改善罪犯使之重新复归社会从而防卫社会为目的。由此可见，保安处分刑事立法化既可以弥补刑罚功能的不足，又可以替代刑罚适用，反映了现代刑法典刑法制裁多元化的客观需要，是防卫社会机能的必然要求。

（二）保安处分刑事立法化是完善我国保安处分制度保障人权的需要。

我国现行法律法规规定了多种具有保安处分性质的保安措施，尽管其种类不同，实践中适用数量也很多，但在总体上看都存在着许多问题和缺陷。具体可以概括为以下"六大不足"，即法定化不足、司法化不足、程序化不足、系统性不足、改善性不足和制约手段不足。[1] 这些缺陷的存在使得我国现行保安措施尽管在形式上和现代保安制度具有相似性，但在内在旨趣和价值取向上却大相径庭，同时也使现行保安措施没有形成一个较为完整的具有内在逻辑关系的保安处分体系。因此，要建立现代保安处分制度，一方面要将现代刑事政策思想和刑事法理念，特别是通过教育改善罪犯，使之重新复归社会而预防犯罪、防卫社会目的的理念注入保安处分制度之中，使之不仅具有保安处分之名，而且具有保安处分之实；另一方面，就是要对分散地规定在行政法律、法规的保安措施经过必要的筛选分类，将其中能够适用于犯罪行为或刑法规定的危害行为的保安处分集中统一地规定于刑法典中，使之系统化、法典化，成为辅助刑罚适用的实现刑事责任的重要方式，发挥其教育改善罪犯、防卫社会的固有机能。

三、建立适应国情的保安处分制度

根据我国国情，笔者认为，意大利刑法中的保安处分专章所采的结构体例值得我国借鉴。时下我国司法界对保安处分还相当陌生，而意大利刑法中的保安处分专章，采取了包括通则和事实上的"各则"规定的立法，其最大的优点就在于方便适用。而这正是我们应予设定的，具体营造此项法律时的基本立法思想原则。

此外，笔者认为，在我国保安处分刑事立法化的实际运作过程中，有以下两点需要缜密考虑。

首先，在保安处分刑事立法化之前，我们要弄清保安处分刑事立法化过程中要否保留行政法上的保安处分。从中外刑法以及行政法律法规规定的保安处分和保安措施的实际情况看，保安处分实际上分为行政法上的保安处分和刑法上的保安处分。行政法上的保安处分不以犯罪行为或其他危害行为的实际发生为适用前提，而刑法上的保安处分，则必须以被处分人实施了犯罪行为或者刑法规定的危害行为为适用前提，当今世界许多国家规定的保安处分大多数都属于刑法上的保安处分。这与我国现存在的保安措施属于行政性的保安处分截然相反。但是笔者认为，在我国保安处分刑事立法

---

[1] 甘雨沛.比较刑法大学（下册）[M].北京：北京大学出版社，2000:1150.

化过程中，并非要将所有的现存保安措施都纳入到刑法的制裁体系，而是要将那些与公民的人身权利和财产权利直接相关的处分措施，从行政制裁体系移向刑事制裁体系，即在刑法典中作出专章的规定，并由人民法院掌握；同时将其他与公民的人身和财产权利只有间接联系的处分措施，继续留于行政立法中，由行政机关去适用。

其次，我们要弄清保安处分刑事立法化后，应如何正确处理刑罚与保安处分的关系。有关这个问题一直存在着一元论与二元论之争。笔者认为，保安处分有利于弥补单一刑罚之不足，它们在功能上存在着有机的互补性；同时，保安处分不可能代替刑罚的安抚、惩罚、威慑等功能，两者理应有所区别，因而二元论是可取的。现行二元制模式有三种，即并科主义、择一主义和代替主义。并科主义一般是刑罚和保安处分两种制裁方式并行宣告，原则上先行刑，之后认为已无执行保安处分的必要时，可免除保安处分的执行。择一主义，又称选科主义，即在两种制裁方式中酌情选科一种，另一种则免予执行。代替主义即保安处分代替刑罚执行，但并不绝对代替，根据被执行者的人身危险性和社会危险性情况，如认为有必要时，仍执行刑罚。[1] 笔者认为，我国刑法完全没必要自我局限于哪一种主义，而可根据我国保安处分所适用的对象和类型，选用不同的主义。如我国刑法中对犯罪人适用保安处分时，可以仿效宣告上的并科主义和执行上有条件的择一主义建置保安处分制。很自然，对于犯罪人以外的人适用保安处分时，不存在与刑法并科或选科的问题，而只需适用保安处分防止其初犯即可。

---

[1]　屈学武.保安处分与中国刑罚改革[J].法学研究，1996（5）：67.

武汉东湖学院论文集

公司法趋同问题下对我国公司法
的修改与完善的探讨

武汉东湖学院政法学院　　冯　玥

　　本文通过探讨我国公司法修改的时机、条件及基本原则，参考发达国家和地区的公司法立法例，结合我国社会经济实践，拟从公司类型的合理化、法律内容的精细化、法律性质的兼容化、公司治理的多边化、公司运营手段的电子化以及公司诉讼的可诉化等方面对我国公司法提出合理的修改建议。

　　进入 21 世纪以来，世界各国均着手进行公司法的现代化改革，正视国内经济运作中存在的问题，以期对经济全球化和一体化进行立法上的呼应。在全球化的视野下，我国公司法的现代化或者说现代化的公司法的命题是否完成，这仍然是一个值得进一步研究的课题。本文拟分析对比各国或地区公司法的现代化进程，并采取批判和变革的态度，探讨我国现行公司法修改的条件和时机，以及公司法修改的基本原则和基本思路，试图为我国公司法的现代化提出相应建议。

一、我国公司法已具备修改的时机和条件

　　对我国来说，时至今日，距离 2005 年新修订的公司法已经实施了六年，世界整体经济形势发生了重大的变化，全球化竞争态势加剧，知识经济风起云涌，信息技术日新月异，公司法中的一些不完善和落后之处也逐渐暴露出来。为了适应世界经济一体化的发展趋势和我国经济生活中新的变化，我们需要对现行公司法进行认真、全面、深刻和系统地反思和检讨，考量如何对公司法进行进一步的修订和完善，以顺应现实社会经济生活的需要。我们以为，目前我国有关公司法的理论研究极为繁荣，可谓硕果累累，公司法的理念也越来越先进；并且新公司法实施六年以来，有了极为丰富的实践经验，修改公司法的时机、条件已经成熟，有必要进一步推进公司法的现代化，以加快我国公司发展壮大、融入和参与世界竞争的步伐。

二、我国公司法修改的基本原则

（一）法律体系的协调性原则

2011 年 3 月 10 日上午，全国人大常委会委员长吴邦国在十一届全国人大四次会议第二次全体会议上庄重宣布，中国特色社会主义法律体系已经形成。这个有中国特色的社会主义法律体系要求不同层次、不同效力的法律法规符合统一、系统、分层的科学要求，共同构成一个完整的统一体，成为中国特色社会主义法律体系的有机组成部分。在中国特色社会主义法律体系的大框架内，我们应当审视法律、法规相互之间的协调性和衔接性。公司法的修订与完善也应当注重与我国现行商事法律、法规，尤其是企业法律、法规之间的协调和统一。

（二）全球化和本土化相结合原则

在我国，公司制度本身就是舶来品，现行公司法的许多制度都大量借鉴和吸收了西方先进的公司法制度，但我们在大胆移植相应制度时却是盲目和囫囵吞枣式的，仅局限于对制度表面的引进，而忽视了制度的构建要适应本国现实的土壤，以致出现水土不服。对此，施天涛教授尖锐地指出，"中国立法者给公司开出的药物几乎是一应俱全的大杂烩"。[1]

（三）稳定性和灵活性相统一原则

法律的稳定性和变动性都应当是法律的内在属性。因此，即使 2005 年新修订的公司法是一部先进的商事法律，但也并不意味着社会经济生活中出现的任何公司法上的新问题都能够依靠其得以解决。因此，我国公司法应当具有一种宽容的胸怀，能够与时俱进，建立并保持一种能够使其规则顺应社会变化而变化的机制，使商事法律具有相应的适应性和灵活性。为适应世界经济一体化的客观形势，我国公司法的修改应当着眼于那些技术性较强、能够与世界各国公司制度相协调的领域，在此方面，欧盟的公司法值得借鉴。

三、我国公司法修改和完善的基本思路

（一）法律内容的精细化

尽管 2005 年公司法的修订是一次大的修法，修订后的新公司法在体系上相对更加精确合理，内容上也更符合现代公司立法理念，但是纵观世界各国或者地区的公司法条文，我们发现，我国公司法仍然显得较为粗糙，很多规定简单地一笔带过，在司法实践中也产生了亟待解决的争议问题。国外发达国家或地区相对比较成熟的公司法，都是尽量在立法时就使公司法的内容全面、合理，以尽可能满足社会经济实践生活的需求，也避免可能产生的争议。如日本 2005 年新公司法除附则外包括 979 条，英国 2006 年新公司法共 1300 条，而一部《中华人民共和国公司法》仅 219 条，只及日本公

---

[1]　施天涛.新公司法是非评说：八、二分功过[EB/OL].清华法学网，2011-06-30.

司法条文数的1/5强。相较于发达国家和地区的立法例,我国公司法的内容过于原则性,在一人公司、关联交易、派生诉讼、董事及监事的忠实义务和勤勉义务的认定、公司僵局等若干方面的规定均显得单薄。随着社会经济的进一步发展,我国公司法中的遗漏和弊病也逐渐显现出来。

(二)法律性质的兼容化

公司法是一般公私法融合的法律,既有私法的性质,亦有公法的性质。这并不意味着公司法的性质就由此发生了改变,公司法仍然是私法领域的法律规范,是重点保护及规范私的权利和利益的法律。因此,有必要重新梳理公司法,对其中的任意性规范和强制性规范进行合理厘定。本文仅简单列举如下。

第一,对于发起方式设立的股份有限公司,在规范上应当赋予其更多的自治空间,因此在诸如股份转让上,应允许其在章程中设置股份转让的限制,股票转让也不限于依法设立的证券交易场所或者按照国务院规定的其他方式;在公司治理上,对于股东人数较少或者规模较小的非公众性的股份公司,不硬性要求必须设立董事会或者监事会,可仅设立执行董事或者监事,还可以取消强制性召开股东大会的规定。

第二,对于中小型公司,更应当拓宽其意思自治的空间,允许其对章程内容进行选择和取舍,制定具有特色、富有个性的章程,而不是在公司法中明确限定绝对必要记载事项,应当允许其公司治理结构更加灵活。

(三)公司治理的多边化

分析公司治理的历史演变可以发现,公司治理一直是在公平和效率之间进行着价值判决和路径选择。不论是单一股东控制的公司治理理论,或是董事会中心公司治理理论,似乎都很难解决大股东、控股股东利用其掌握的股本肆意侵害中小股东的事实。资本多数决的实质是以抽象的资本平等理念掩盖了股东之间权利义务的实质不平等。[1]本文以为,我国在修改公司法时,应当考虑如何建立起公司多边治理体制下的激励机制与约束机制,以促进公司的持续健康发展。如完善董事会决策制度,要求董事在做出决策时不仅要考虑他们提出的决策建议对现有的和过去的雇工的影响,还要考虑对公司顾客和债权人的影响,以及公司作为存续的实体提供货物、服务、雇佣机会和雇佣利益以及其他的对其营业所在社区贡献的能力。

(四)运营手段的电子化

关于电子信息化的规范,我国《合同法》中已有所体现。我国在证券市场上的做法就充分体现着高度信息化社会的要求,如无纸化交易、利用互联网披露上市公司信息、证券的网上交易等。此外,2004年我国还专门颁布了电子签名法。为了迎接信息化社会的挑战,扩大股东对公司事务的参与程度,提高公司运作的效力,我国公司法也应当重视公司运作中电子化及互联网信息技术的运作的规范,具体在对诸如公司文件的电子签名、股东查阅及复制公司的电子文件、股东大会或者董事会会议的召集通

---

[1] 汪青松,赵万一.股份公司内部权利配置的结构性变革——以股东"同质化"假定到"异质化"现实的演进为视角"[J].现代法学,2011(3).

知、表决权行使的电子化、会计报表公示的电子化，还有股东网络投票等方式、程序、规则以及效力等问题上制定出明确的规范，使公司法能够体现互联网环境下鲜明的时代特征。

（五）公司纠纷的可诉化

新《公司法》仍然是采用了转型时期立法宜粗不宜细的指导思想，法条规定简单，可操作性差。可诉性差一直是我国法律规定中不可回避的无奈现实，司法适用上必然产生极大的困惑和难题，有时候不得不借助于司法解释的力量。

例如，公司法人格否认制度。为了充分保护债权人的合法权益，公司法有必要将公司法人格否认制度规定予以具体明确，可结合中国的实际情况，采取列举方式规定公司法人格否认的情形，包括公司资本的显著不足、公司与股东人格的混同、母子公司之间的过度控制等问题，使该规定有着具体明确的参照标准，同时应当采取概括方式，使该条规定不丧失根据社会经济发展而进行调整的灵活性。

再如，公司的社会责任问题。本文以为，为增强公司社会责任的可诉性，有必要将其予以具体化、规范化，这可以从几个方面进行构建，如公司承担社会责任的义务界定、公司承担社会责任的主体范畴、公司社会责任的实现机制以及公司违反社会责任的法律后果等。

四、结语

公司是市场经济中最为重要和活跃的市场主体，是基本的市场经济的微观基础。我国的公司法在将来修法时，应该考虑到在经济全球化背景下，世界范围内商事法律的相互借鉴、吸收、趋同、融合现象，跳出未经分析、调研和消化就直接移植发达国家的先进制度的怪圈，使我国公司法成为一部个性鲜明、体现强烈时代特色的法律。

浅析行政权网络监督的特点

随着互联网的产生和发展，网络监督成为对行政权力监督的一种新兴形式。社会公众对行政权进行网络监督主要是通过微博、政府信息公开平台以及网络论坛等相关途径，这也使网络监督呈现出许多新兴的特点。

社会公众借助网络这一媒介对政府行政部门及其工作人员的行政行为所进行的监督，我们称之为行政权的网络监督。当前，越来越多的公众通过网络来表达对政府政策或某些政府行为的看法，发表意见，抑或是提供信息、介入支持，使某些公众关注的事件得以解决。这些事件屡见不鲜，最早可以追溯到 2003 年的"孙志刚事件"。

2003 年，原籍湖北黄冈的孙志刚被广州市政府执法机关以三无人员的理由收押，拘禁期间被收容所员工殴打身亡，此事件经媒体曝光后引发各方关注。虽然官方声称为收容所员工犯罪的个案，却引发了国内对收容遣送制度的大讨论，最终政府颁发新法规，废除了广泛被认为是有弊端漏洞、并有违宪指责的收容遣送制度。2008 年出现的一波三折的"华南虎照"闹剧，将陕西省林业厅卷入了舆论的风口浪尖。2009、2010 年这两年，更像是民意爆发年，相继出现了"躲猫猫事件"、"钓鱼执法事件"、"江西宜黄拆迁事件"等重大的社会公共事件。这些事件共同的特点是：第一，都直接或间接通过网络被关注，并最终成为社会公共事件。第二，都涉及政府行政部门。比如"孙志刚事件"中的广州某收容所，"华南虎事件"中的陕西省林业厅，"躲猫猫事件"中的云南省晋宁县看守所，"钓鱼执法事件"中的上海市某区交通行政执法大队，"宜黄拆迁事件"中的宜黄县政府等。第三,都是公众通过网络对事件进行积极地评价、建议，甚至是积极参与，使事件得以公平、公正、公开的解决。比如在"江西宜黄强拆事件"中，其事件全程被《凤凰周刊》记者以微博形式现场直播，从而被全国网友获悉和关注。新华社、中央电视台等中央级媒体也对此进行了报道，一时间，社会公众在对钟如奎一家安全担心的同时，也开始了对相关部门和责任官员的声讨追问。同样，在"躲猫猫事件"中，网民自发成立了"躲猫猫事件调查委员会"，还在网络上公开了调查委员会的调查报告，开了全国之先河。尽管该调查委员会是民间自发形成的，其合法性也受到多方的质疑，但不可否认的是，公众的积极参与对于该事件的解决起到了不可忽视的作用。对此有专家称，这标志着素有议政传统的网民，开始从虚拟空间走向现实世界，网络民意正从隐性走向显性。而社会公众借助网络媒介监督行政权的运作有多种途径并呈现不同的特点。

行政权网络监督方式多种多样。比如，按照监督时使用的互联网技术和手段的不同，有人将其分为"人肉搜索型"、"网络曝光型"、"网络讨论型"等。本文拟从社会公众获取网络信息和沟通交流的途径入手，总结行政权网络监督的主要方式，并分析其特点。

据中国互联网网络信息中心的数据统计，截至 2011 年 6 月底，中国网民规模达到 4.85 亿，仍为世界第一。互联网普及率为 36.2%。这样庞大的网民群体是行政权网络监督的重要基础。当前，社会公众通过网络对行政权的运行进行监督的主要途径主要有三种。

第一类是微博。据数据显示：中国微博用户数量从 2010 年底的 6311 万爆发增长到 2011 年 7 月的 1.95 亿，半年之间，高达 208.9% 的增幅使之成为用户增长最快的互联网应用模式。微博，是微博客（MicroBlog）的简称，是一个基于用户关系的信息分享、传播以及获取平台，以 140 字左右的文字更新信息，并实现即时分享。就网络监督而言，微博最主要的特点就是其便捷性和强大的信息发布功能。微博在字数上的限制减轻了博文创作的工作量，可以轻松交流和传递信息。微博具有强大的即时通讯功能，这对于一些大的突发事件或引起全球关注的大事，如果有微博客在场，利用各种手段在微博客上发表出来，其实时性、现场感以及快捷性，甚至超过其他所有媒体。微博在网络监督方面的特点主要表现在两个方面。首先，通过微博对行政权进行监督，打破了政府权力的控制，使公民的言论自由得到了最大限度的实现。微博的匿名性、便捷性和强大的信息交互功能，都使网络监督更加直接、深入和有效。社会公众通过微博能够无所顾忌的讨论和批评政府及官员的行为，这会促使政府积极提升公信力，维护政府的形象。其次，微博能够推动公共决策协商模式的确立。微博为公众提供了一个讨论社会公共事务的平台，在这个平台中，公众可以对社会公共事务发表不同的看法，形成的民意对政府的立法、决策和执行必会产生一定的影响。网络是公民表达民意的重要渠道，也是政府了解社情民意的重要窗口，政府决策方式逐渐从以政府为绝对主导的模式，转变为政府主导、民众参与的协商决策模式，这也从另一个层面上形成了对行政权力的监督。

第二类是政府信息公开平台。本文所指的政府信息公开平台主要是指我国各级政府建立的电子政务网站、官方微博、注册的实名博客等互动交流平台。信息公开，是指中央政府或地方政府，根据私人或社会团体的请求，依照法定程序将其行政管理的不涉及保密的信息公开宣布，或者允许查询和查阅。信息公开，一般是以宪法精神中的知情权为法理基础，它依据从行政机关得到的信息，使对行政的公正参与和监督成为可能。美国是行政信息公开制度较为全面的国家，其 1967 年开始实施的《情报自由法》，主要的立法目的就是强化民主参与和防止行政腐败。我国从 2000 年起也开始逐步推行政务公开。2000 年的《政府工作报告》中指出，"要积极推行政务公开，鼓励人民群众依法对政府及其工作人员进行监督，并发挥舆论监督的作用"。党的十七大更明确指出：要健全民主制度，丰富民主形式，拓宽民主渠道，依法实行民主选举、民主决策、民主管理、民主监督，保障人民的知情权、参与权、表达权、监督权。2007 年，国务院公布了《中华人民共和国政府信息公开条例》，自 2008 年 5 月 1 日起开始施行。《条例》从基本原则、公开的范围、公开的方式和程序、监督和保障等方面进行了明确的规定。《条例》的颁布对推进社会主义民主法制建设、加强对行政权力的监督、更加有效地防治腐败，起到了非常重要的作用。在以上背景下，各级政府信息公开平台纷纷建立。当前，行政机关将主动公开的政府信息，通过政府公报、政府网站、新闻发布会以及报刊、广播、电视等便于公众知晓的方式公开。这其中，通过计算机网络形式获得信息的方式最为普及。各级政府除了建立网站集中公布政府信息外，目前更是通过建立官方微博的方式及时快速的传递政府信息，网民也可以第一时间了解政府的工作发展，并提出相关的意见和建议。政府信息公开平台在实现行政权网络监督方面的最主要特点表现在监督途径的官方性。政府信息公开平台都是由各级政府部门建立，社会公众通过在相关平台上发表意见、披露信息、曝光问题，往往都能得到最权威和最官方的回复和解决，这具有其他网络监督形式所不具有的优势。

第三类是各类网上论坛等虚拟社区。中国互联网络信息中心《中国互联网络发展状况统计报告》显示，2011 年上半年，网络论坛/BBS 的用户规模开始呈现负增长的状况，较之去年下降了 2.8%。尽管如此，网络论坛等虚拟社区仍然是社会公众进行网络监督最传统的工具。虚拟社区是由一批网民自动聚集并相对固定在一定的网络空间进行如信息发布、言论交流等活动的场所。网上论坛等虚拟社区对行政权的网络监督具有以下特点。第一，相对的固定性。按照社会学者的解释，虚拟社区也具有实在社区的要素。比如有一定的活动区域，如各网站开设的 BBS、聊天室、网上论坛、网上沙龙等；有一定数量固定的人群，人与人之间有着频繁的互动，如聊天、发/跟帖子、咨询与求助、发表言论等。这种相对的固定性能使社会公众对某些政府行为进行长时间的跟踪讨论，对问题的探讨也会相对深入。正因为如此，有一些地方政府甚至聘请一些专家长期驻扎论坛，为网民提供咨询，进行互动。第二，论坛中的网民对热点事件的参与性、监督性更强。对于网上热点事件，一些网民不再满足于仅仅参加网上的议论，而是要到现场看个究竟。比如，在 2007 年重庆"最牛钉子户"事件中，"强国论坛"网民"任我赢"赶到拆迁现场，从 3 月 21 日至 23 日，通过笔记本电脑和数码相机，向论坛发帖 40 多条，照片 20 多张，记录和报道了拆迁现场的情况。再比如在湖北的"邓玉娇案"中，一些论坛中的网民组成"公民观察团"前往巴东，了解真相，表达关注。论坛监督行政权运行的信息容量也非常大。由于某些帖文的内容都是网民自己耳闻目睹的，没有媒体报道的一些程式化语言，因此更能得到网民的关注和信任，在一定程度上与传统媒体的报道分庭抗礼。

行政权的网络监督有其产生的必然性，也具有许多传统监督方式不具备的优势和特点，能够充分保障公民监督权的实现，因此要进一步加强行政权的网络监督。

【注释】

[1] 本文所讨论的仅指享有公民权的社会公众对行政权的网络监督，不包括传统新闻媒体对行政权的网络（舆论）监督。因为在我国，新闻媒体的舆论监督并不是独立的媒体力量依照法律对政府进行自主监督，而是依照当前政策需要而进行的一种自上而下的媒体监督，本质层面上还是一种体系内监督。这种监督受制于诸多政治环境的影响，本身也存在许多需要解决的问题，在此本文不做探讨。

[2]http://baike.baidu.com/view/2473281.htm

[3] 康薇. 论网络舆论对行政权权力的监督 [D]. 长沙：湖南师范大学，2010.

[4]、[7] 中国互联网络信息中心. 第 28 次中国互联网络发展状况统计报告 [EB/OL]. http://www.cnnic.net.cn/dtygg/dtgg/201107/t20110719_22132.html

[5]http://baike.baidu.com/view/1567099.htm

[6] 尤光付. 中外监督制度比较 [M]. 北京：商务印书馆，2003.

语言 · 文化

试论语境与言语交际的关系

武汉东湖学院外语学院　　李　萃

语境由客观因素和主观因素组成。客观因素包括大至社会环境、自然环境，小至时间、地点场合、对象以及文章中的上下文等；主观因素包括语言使用者的目的、身份、思想、性格、职业、经历、修养、爱好、性别、处境、心情等。言语交际就是对语言的具体运用。人们的一切言语交际活动都是在一定的环境中进行，并受这个环境的影响和制约。言语交际的环境包括社会环境、自然环境、交际场合及交际双方的有关因素，以及言语表达时的眼神、表情、手势、姿态等。言语交际双方根据交际目的、动机所选择的话语都必须适合交际环境，都必须与形成交际环境的主客观因素相协调。离开了一定的交际环境，忽视了它们之间相互依存的关系，人们的交际活动就会中断，社会交际就无法进行。

一、语境对言语交际的制约作用

在交际过程中，语境对于交际话语的表达和理解具有明显的制约作用和语义上的补充作用，这就要求交际双方都得把握好交际环境，力求说（或写）、听（或读）都能与之相吻合，方能收到预期的表达效果。这样，在言语交际中，发话者就不得不根据具体的语境来选择合当的言语表达方式进行交际。语境对言语交际有着制约作用。

（一）语境对声韵的选择

翻开我国的古典文学作品，许多都饱含着声韵成分。文人们在用韵过程中是选用阴声韵，还是阳声韵或入声韵，与语境有着密切的关系。如严武的《军城早秋》："昨夜秋风入汉关，朔云边月满西山。更催飞将追骄虏，莫遣沙场匹马还。"这首诗押的是阳声韵，阳声韵是以鼻辅音结尾的韵，读来铿锵悦耳，慷慨激昂。当它被用作韵脚，在诗中反复回环时，必令人振奋，给人鼓舞。因而当语境为浩然正气、英勇豪壮、慷慨悲歌时，文人们常选用阳声韵。可见，语境有异，用韵就不同。

（二）语境对词语的选择

当词语进入具体的言语交际活动时，它所具有的语义往往是非常丰富、又非常复杂的，有语言本身的意义，有环境给予的意义，如情境义、词外义和联想义等。从具体的语境中产生的主义我们称之为"情境意义"，即所谓的"言外之义"、"弦外之音"。这些意义只能从词语的具体语境中去领略，从前后文中去联系，用情感去感受，从关系中去推究，从共同的经验的联想中去体会。可见，词义对语境有着极大的依赖性。反过来，语境对词语必然有着选择性，并不是每一个词语都能走进某一特定的语境的。

（三）语境对句式的选择

汉语中有各种句式。人们选用句式的好坏与是否适合语言环境有着密切的关系。孤立的一个句子（不管它是何种句式），如果离开了特定的语言环境，是很难说用得好不好的。事实上，同一个意思，到底选用哪一种句式好，还是应该放到具体的语言环境中比较过后才知道的。例如："荷塘四面，长着许多树，蓊蓊郁郁的。"（朱自清《荷塘月色》）这是一个定语后置的句子，也是一种倒装句式。如果把这个句子改写为"荷塘四面，长着许多蓊蓊郁郁的树"（所谓顺装句），那就显得平淡无味了。因为在这句的前边，写了荷塘边曲折的小煤屑路的"幽僻"，夜晚的"寂寞"，后边又写了若是遇上没有月光，便是"阴森森的"景象。为了与上下文相配合，渲染周围环境的气氛，突出当时当地的情景，选用定语后置的句式是很有必要的。

（四）语境对语体的选择

由于人类社会生活的复杂性，在不同的社会活动领域内进行交际时，就对语言的使用提出了特定的要求，经过社会交际实践，就形成了一系列运用语言材料的特点和风格，这就是语体。语体大致可以分为：口语语体和书面语体。口语语体可再分为：一般语体、亲昵语体、客气语体、恭敬语体、权威语体等；书面语体又可分为政论语体、文艺语体、科技语体、应用语体等。实践告诉我们，在语言交际中，一定语境中的主客观因素在一定的言语活动中互相关联、互相补充，并协同一致地制约着语言形式的选用。换句话说，也就是语境对语体的选择直接影响着表达效果。

二、言语交际对语境的制约又有着能动的适应情况

受话人要根据特定的语境来决定以什么样的方式、怎样去理解发话人的语言本义或语用意图。自然语言的不规范性是一个普遍存在的问题。可以说，在所有的情景会话实例中，很难找到一个交际形式完全符合语言学家所框定的例子。但是为什么交际参与者还能达到交际的目的呢？这是由于语境制约着受话人对交际符号的接收和理解，使其达到对发话人的语言本义或语用意图的心理认同。言语交际对语境的这种能动适应主要体现在几个方面。

（一）从语境获得词语的特殊意义

离开交际环境而孤立存在的词语，只是抽象、概括的语义，也就是我们通常所说的词典所释的意义。但是一个词一旦进入了特定的交际环境之后，便具有了交际环境所赋予它的一种特殊意义。如"火"这个词，《现代汉语》里的注释为"物体燃烧时所发的光和焰"。当"火"作为独立词句进入交际环境时，会因交际环境的不同而产生不同的意义：如夜行者突然喊一声"火"，所表达的是"前面有人家，有落脚的希望了"的意思；而当两位抽烟的伙伴拿出烟来，其中一人按着自己的口袋说"火"，所表达的

意思是他那里有火柴。

（二）从语境了解词语的感情色彩

词语中有不少包含感情色彩的词，但这些词的感情色彩并不是固定不变的。在特定的交际场合，词语有时会改变原来的感情色彩。如"朋友"一词，本是中性词，"你真够朋友"这句话，当说话者用一种非常满意的语气和神态说出来，就是褒义词；而当说话者手指着听话者的鼻子，用一种气愤的语气说出来时，这个"朋友"就成了贬义词。

（三）通过语境消除歧义、确定词语意义

由于词语的多义性以及句子结构上的一些原因，有时一个句子可以有两种或两种以上的解释。若没有具体的语境，就很难确定它们的意义。例如"这孩子不会讲话"，既可以表示这孩子有生理缺陷，是个哑巴；也可以表示这孩子说话不知高低轻重，使人听了不舒服。

（四）通过语境推断句子具体信息

任何一种语言都有一些笼统的表达方式。例如汉语的"老规矩"本身只有一个笼统的意义，即"和往常一样"。然而不同的语境，它的具体含义就不一样。当孔乙己对酒店伙计说这句话时，对方的理解是"来一碗酒，一碟茴香豆"；当一个正直的老干部指示他的秘书如何处理行贿者送来的礼品时说这句话，对方的理解是"原封不动地退回去"。

（五）通过语境推断句子言外之意

有时人们并不把心里的话照直说出来，而是用别的说法向对方暗示。例如甲本来是想让乙关上窗子，可是嘴上却说："这屋子真冷！"乙根据语境（如外面正在刮风下雨，甲身上的衣服很单薄，窗子是敞开着的，等等）进行推断，就可以明白甲的意思是要他把窗子关上。

总之，语境总是同人们的言语交际密切相关，并且相互依存，它既制约着表达一方的言语行为，又为交际对象正确理解话语的内容补充情境意义。因此，我们在人际交往中，就要把言语交际和具体语境紧密结合起来，充分发挥语境在言语交际中的作用。

武汉东湖学院论文集

武汉东湖学院论文集

语块教学策略在高校英语专业口语教学中的应用

武汉东湖学院外语学院   周健

　　语块是英语的基本语言单位，也是英语学习的基本单位和理想单位。语块教学可以提高口头交际的流利性、语言使用的正确性、交际的得体性。本文阐述了语块在高校英语专业口语教学中的优势，并重点就语块在口语教学中的应用给出了几点建议。

一、引言

　　语块好比语言的预制块，它是语言的半成品，是储存和输出的理想单位。同时，语块有较固定的语法结构限制，稳定的搭配意义和特定的语用环境。因此，语块教学法在英语语言技能的教学实践中有着其他教学方法所没有的优势，对提高学生的英语应用能力具有重要意义。

二、利用预制语块教授口语的理论基础

　　语块教学的语言理论源于语料库语言学研究，其中尤以纳廷革（Nattinger） 和 德卡里科（DeCarrico）（1992）的著作影响最大。他们主张语言的流利程度不取决于学习者大脑中储存了多少语法规则，而取决于语块储存的数量，语块是人们流利表达自我的基础（Nattinger & DeCarrico， 1992：24）。

　　麦肯博格（Mctenberg）也强调了语块学习的重要性，他指出大量操本族语者的语言都是程式化的。实质上，本族者之所以语言表达流利，是因为他们大脑中储存了许多可供随时提取使用的、关键领域的语言程式。而对儿童在自然状态下学习使用语言模式的研究，更是证明了预制语块是学习语言时，特别是早期阶段的学习和记忆单位。儿童在反复和成功地使用了某些相同的模式后，就从中概括出来一些语块的构造规则，从而形成了语言能力中的语法能力，而作为语块的那部分，则作为整体存储在心理词库中（Nattinger & DeCarrico，1992：24）。

　　在成年人的口头交际中，一种常见的情形就是，人们在一定的社交语境中也使用了大量的预制语块。预制语块按不同的语用功能范畴类别存储在一起，使用者根据交际语境的需要，整体提取使用，从而达到正确性和流利性的统一。因此，纳廷革和德卡里科（1992）认为，一种语言的正常使用，就是对这些预制语块进行选择，然后将

这些语块串联起来的过程。)

语料库语言学家雷诺夫（Renouf）和辛克莱（Sinclair）（1991：26）以及波利（Pawley）和塞德（Syder）（1983：119）的研究也证明了这一点。他们认为，那些出现频率高、不同程度词化的词串成了英语中基本的语言单位。爱腾博格（Altenberg，1991）发现，大约70%的日常口语都是由预制语块构成的。

路易斯（Lewis，1993）认为，词汇是语言的基础，由于人们认为语法是语言的基础，而掌握语法系统是有效交际的先决条件，因此，词汇在语言教学中被误解了。他还认为，语言应被视为语法化的词汇而不是词汇化的语法。他同时还主张，任何以意义为中心的课程大纲，其主要组织原则之一应该是词汇。这里，他所主张的词汇包括预制语块。

综上所述，纳廷革和德卡里科（1992），路易斯（1993：95），爱腾博格（1991:108），波利和塞德（1983），考伊（Cowie，1992）对预制语块，以及利用预制语块进行语言教学的研究，对儿童语言习得模式及规律的研究，以及语料库语言学的研究，都为利用预制语块法教授口语奠定了语言理论基础和语言学习理论基础。

三、语块学习的意义

据统计，中国学生在由母语迁移引起的词汇搭配错误中，34.14%是由知识错误引起，42.17%是由知识缺乏引起（范烨，2002：19）。如果采用语块教学法，则可以避免这些问题。

（一）语块教学法有助于改善流利程度，提高选词的地道性

衡量二语交际者的语言应用能力包括两个方面：一是接近本族语的流利，二是接近本族语的选词能力。就前者而言，以语块为单位的编码方式可以帮助交际者从记忆库中提取现成的语言表达形式，最大限度的降低了编码成本。同时，由于不同题材的文章都有许多套句子框架，以及可供选用的、表达观点的起承转接的语块形式，熟悉和掌握了这些语块的形式和用法，便可以加快语篇组织的速度。另外，从经典文章中习得的语块可以为文章增色添彩，避免许多生硬的汉语式表达。尤其在即兴的口语活动中，使用一定量的语块可以为说话者赢得时间，也可以改善交际者的流利程度。接近本族语的选词，是指第二语言学习者能像本族语者说话那样地道。尽管很多学习者可以达到接近本族语的流利程度，但却很难达到接近本族语的选词能力。在语言表达系统中，词汇的选择空间非常大，而被人们认可的只是其中几种，而本族语者对特定语境中当前使用的词汇的敏锐性是二语学习者很难比的。因此，掌握大量的词汇语块技能，有助于学习者达到本族语者的选词能力。

（二）语块教学法可有效地防范母语干扰

过去的词汇教学中，学生和老师都没对反应词汇知识深度的典型常用语块予以足够的重视。学生的语言学习仅限于背诵单词表，这很容易错误地把英语的一个单词和汉语的一个单词简单地等同起来。例如"This is an empty house"；"a long mcment ago"；"living level"等错误，都是由于母语的负迁移以及孤立背诵单词造成的。因此，在讲授词汇时，教师应首先意识到语块是理想的词汇教学单位，要帮助学生识别规范和非规范的语块，养成以语块为基本单位来记忆和使用单词；按照词汇意义进行搭配，而不是停留在孤立的单词上。例如可以告诉学生，"an empty house"表示"空寂的、没有家具没人居住的房子"，而"空着的、无人居住的房子"应该表达为"a vacant house"；尽管"a moment ago"的意思是"刚才"，但"很久以前"应该表达为"a long time ago"；"生活水平"实际上是指"生活环境"或"生活标准"，所以应该表达为"living condition"或"living standard"。教师要通过列举不同语境的句子，使学生明确：一个单词的意义是和其他单词的意义组合在一起时存在的，脱离了搭配语境是无法掌握一个单词的完整意义的。

四、语块在英语口语教学中的应用

（一）在单词学习中操练和积累语/词块

路易斯认为，应该有意识的在口语表达中去运用一些词块，而不是仅依靠一个一个的单词来表达自己的思想，这就提示要在教与学的过程中增强词块意识。教师首先自己要有较强的词块意识，其次才能较好地有意识地去培养学生的词块意识。学习新的单词时，要学习与其搭配的词块，而不是孤立地学习单词。

（二）在复述短文的过程中提取和使用语/词块

学生的英语词汇理解和记忆并没有多大问题，问题是如何在使用时尽快将所需词汇从大脑中搜索出来，并能恰当使用。教师要通过各种方式训练学生提取和使用词块的能力，使学生在词块运用中提高口语表达的准确度和流利度。比如可以要求学生选用指定的语块复述短文，训练学生提取和使用语块的能力，促进语块知识转化成语块能力。

（三）创设和运用情境的语块教学

在英语口语教学中，老师可以先设计场景，布置任务，然后导入词块，并将语块根据交际需要进行分类和总结，在运用之前向学生讲明语块中的可变与不可变的部分以及其适用的场合，以免错误地导入词块。之后，老师还要让学生理解语块中所包含的文化内涵，既可以增强学生的文化素养，又可以加深学生对相应语块的理解，方便存储和记忆，为口头输出打下坚实的基础。其中，最为关键的一环还是学生能在创设的环境中认真地操练，进行角色扮演，成为课堂的主体。如老师创设的情境为：邀请外国友人参加一个生日派对。根据需要，先引入一些相关的词块，发出邀请：Tomorrow's my birthday, I've got a party, would you like to come? I'm wondering … are you free tomorrow? 还可以补充一些与生日相关的词块：at birth（出生，诞生），give birth(to sb.sth.)（生孩子，产仔）。另外，值得一提的是，老师还要特别强调对发出邀请的应答要符合本族语者的交际惯例，要有礼貌。接受邀请：Thank you, I'd love to; Thank you，that sounds great. 拒绝邀请：Sorry，I'm afraid that…; I'd love to，but…. 若采用：No，I can't 这样直接而机械地回答来拒绝邀请则有可能冒犯对方，达不到交际目的。接下来就是让学生去灵活地利用这些词块在创设的情境中去表达自己的思想。在学生自由地进行角色扮演的过程中，老师也可以参与进去，同时做好监督工作，保证相关词块在所创设的情境中得到切实地运用和掌握。

（四）鼓励和激发语块的自主学习

首先，许多学生学外语的动机仍然是为了考试，其次，心理障碍也是制约学生口语能力提高的原因之一。理查兹（Richards，J.C.）和罗杰斯（Rodgers，T.S.）曾说过，流利的口语无法传授，而只能靠学生自己习得。这就需要老师通过各种各样的途径和形式来培养和增强学生学习词块的兴趣，如在课堂中多多导入与学生的学习、生活等各方面息息相关的词块，并将其融于情境教学之中等。有了兴趣，学生就能自主地去学习词块，不论是在学习其他英语科目时，还是在平时阅读英语报刊杂志或听英语广播时，都可以运用词块知识帮助自己去理解和学习相关的知识，与此同时也可以收集和整理大量的相关词块，将其按情境分类存储记忆，并在平时的口语表达中积极主动地去运用词块，以此提高自己的口语表达水平。

【参考文献】

[1] Altenberg B. On the Phraseology of Spoken English：The Evidence of Recurrent Word-combinations[M]. Oxford：Oxford University Press，1998.

[2] Cowie A P. Multi-word Lexical Units and Communicative Language Teaching[A]. London：Macmillan，1992.

[3] James R Nattinger，Jeanette S DeCarrico. Lexical Phrases and Language Teaching ［M］.London：Oxford University Press，1992.

[4] Lewis M. The Lexical Approach ［M］. England：LTP，1993.

[5] Pawley A，Syder F.Two Puzzles for Linguistic Theory：Native-like Slection and Native-like Fluency[M]. London：Longman，1983.

[6] Renouf A，Sinclair J. Collocational Frameworks in English[M]. London：Longman，1991.

[7] Richards，R Schmidt. Language and Communication[M]. London：Longman，1983.

[8] 范烨. 关于中介语对话的研究报告 [J]. 外语界，2002（2）:19—24.

从文化的角度浅析大不列颠民族的性格特点

武汉东湖学院外语学院　陈丽琼

英国文化的独特魅力之处在很大程度上来自于她的和缓、平稳、渐进的发展方式。和世界上其他国家一样，英国的民族文化特色和她独特的发展模式，也都是在长期的英国历史中形成的，同时，英国独特的地理环境和气候特征也对大不列颠民族温婉稳重的性格形成产生了积极的作用。这是个与中华民族一样，有自己文化魅力和民族尊严、让人肃然起敬的民族。本篇论文的主旨在于分析英国的民族性格特点和文化特色及其形成原因，并试图分析这种发展模式和文化特色的优势及其不利因素对英国的影响和对我国社会主义现代化建设事业的启示。

一、大不列颠的民族性格特点和文化特色概略

一谈到英国，我们通常会立刻想到什么？世界一流、令人神往的牛津大学和剑桥大学；稳重含蓄的民族性格；幽雅从容的"绅士风度"；曾经的"日不落帝国"的辉煌；在今天的政治舞台上统而不治、有名无实却仍然颇受民众关注的王室；文坛巨匠莎士比亚；保存得完好无损的古建筑；清新美丽的田园风光……其实这些就已经可以反映出英国的民族文化特色在人们头脑中留下的大致的印象。系统地说起来，英国的民族文化特色还表现在很多方面，如："崇尚科学及大胆的创新精神"；"强烈的民族怀旧感"；"民主公平的竞争意识"和 AA 制；"爱护自然的良好习性"；"信仰多元化"；"崇尚个人自由"；"发达的旅游业"等。

在世界各民族中，英国算得上是一个典型，它体现着一种独特的发展方式——英国发展方式。这种方式以和缓、平稳、渐进为主要特色。即使对世界事务不甚了解的人，也会有一种模糊的印象，即英国是一个稳重的民族，它注重实际而不耽于空想，长于宽容而不爱走极端，在世界历史的长剧中，属于英国的惊心动魄的场面着实不多见。

但正是这个不爱走极端的稳重的民族，为现代世界奠定了好几块基石：英国最早实现工业化，成为近代大工业的开路先锋，从而把全世界推进到工业时代；英国最早实行政治变革，为西方资本主义的民主制度树立了样板；英国的科学精神和经典理论丰富了人类的精神宝库，其求实与理性的态度奠定了现代科学思维的基础工业……这些事实促使人们去思考：一个在北海骇浪中颠簸漂浮的小岛国，人口不过数千万，国土、资源都有限，如何会率先闯进现代文明的大门，成为现代世界的开路人？笔者认为，

答案（至少是部分答案）应该到英国历史发展的文化模式中寻找。

二、大不列颠民族性格和文化模式溯源

和世界上其他国家一样，英国的民族文化特色和现代英国都是在长期的历史中形成的。在历史之初，英国本土不断地被外族入侵、征服，民族之间的抗争也从未间断，1215 年，贵族阶级的代表为维护自身利益向国王呈递了被认为是现代英国自由民主基础的大宪章，国王在武力威胁下被迫求和而在大宪章上盖上自己的印鉴；到中世纪，英国与法国进行了旷日持久的"百年战争"，随后的长达 30 年之久的为争夺王权而展开的"玫瑰战争"，其最终结局是获胜的亨利·都铎通过娶仇家女儿而将两个家族联合起来共统天下……这些重大的历史事件既造就又折射出了不列颠民族独特的民族性格特点和文化特色，同时，这些历史事件加上其他的因素，如岛国的地理环境、终年温和湿润的海洋性温带阔叶林气候等，都对铸就英国民族的性格和文化特色产生了不可磨灭的影响。

现代英国民族最突出的几个特点都是在英国特有的历史发展道路中逐渐形成的，是冲突的双方在长期的斗争中相融的结果，都充分体现了在冲突中融合的基本特点。缓缓的历史长河看似平静，但平静中又包含着滚动的激流。例如，英国的君主立宪制是王权与议会在长期的冲突与斗争中形成的；现代经济与社会体制，包括工业化与福利国家，则是"追求财富"与"追求平等"在尖锐的斗争中达成的平衡；"信仰"与"理性"的交锋，导致在现代民族的思维方式中，"理性"虽是主导，"信仰"却也有一席之地，英国的官方信仰即国教，也是新教与旧教冲突的结果，是"新"、"旧"两者折衷的融合；"绅士风度"是社会中下层"向上流社会看齐"的结果，也是被塞进了部分中下层价值观念倾向的贵族精神的延续，也就是说，它是融合了各阶层价值取向的一种民族风度。总之，激进与保守的冲突造成和平渐进的发展道路。

"在传统与变革的冲突中，走相互融合的道路，这是英国文化模式的显著特色。"（马啸原，1982：112）这种发展方式、文化模式是英国特定历史、地理条件和国际环境共同作用的产物。它在英国确曾起过推动社会发展的作用，推动英国率先敲开了现代文明的大门。

三、辉煌之后接踵而至的窘境

然而文化上的灿烂辉煌无法奄盖目前英国经济上逐渐衰落的趋势，事实上，英国人引以为傲的文化特色在英国的经济发展史上也一直起着双刃剑的作用。例如，举世闻名的英国人的"绅士风度"，一方面要求人们坚持公平合理的竞争原则，言行处事尽量抑制感情色彩，而让理性来主宰一切，弘扬坚忍不拔、勇往直前的"约翰牛精神"和强烈的爱国主义精神等；另一方面，人们所崇尚的"绅士风度"却又不可避免地导

致了整个社会包括工业家们对工业经济态度的冷淡，在教育方面则是对工业和技术的忽视和对"高雅"的追求，文学、艺术、哲学、诗歌被看做是上等人必备的素质。这种心理状态对仍在工商业中工作的人有着极大的影响，"我们应该认识到，一个绅士从来不过分努力，他们对事情并不非常在心"（马丁·威纳，1981：131）。"这种不努力工作，对事情满不在乎的习气，实在是贵族遗风之再现，它在企业界蔚然成风，对英国经济造成重大影响。"（钱乘旦、陈晓律，2003：311）

这种悲观的前景不能不使英国的有识之士开始从各方面寻求此种衰落的原因。在下列原因的背后不难看出，英国独特的民族性格和文化特色曾经使它锐意进取、遥遥领先，如今也正是这样的民族特色使它盛极而衰、步履维艰。

其一，英国在管理方面缺乏职业精神。英国大中学生的佼佼者不太愿意进入工业界，却更愿在伦敦商业银行或政府机构中任职。这一方面是受传统的名誉地位观念的影响（不难看到绅士风度的影子），另一方面也是出自经济上的考虑。由于英国工业界待遇较差，造成了大量的人才外流。

其二，英国工会的力量过于强大。工会曾在英国的工业发展中起过积极作用，但现在已出现问题。工会为保护本团体工人的利益，不仅仅反对雇用非工会的成员，而且反对采用任何可能危害现有工人就业的新技术。这样，强大的工会势力成为技术进步和提高劳动生产率的障碍。

其三，"福利病"。英国独特的福利制度为社会提供了一个安全阀和稳定器，但同时又产生了很多弊病。

四、发人幽思的复兴之旅

如何才能最终摆脱已经笼罩着英国达半个世纪之久的衰落阴影？问题的解答似乎并不简单。作为世界上第一个创造了工业文明或说是现代文明的民族，英国的兴起主要是依靠源于清教革命的资本主义精神，也即是一种创造性的工业精神。"然而，令人悲哀的是，这种工业精神今天已被自己创造出的成果消磨掉了。西方经济学家有一个悲观的估计，即一个民族的对外贸易顺差达到国民生产总值的4%时，这个民族就要盛极而衰。达到这个指标后，大量过剩的极为丰富的物质财富将使整个民族过上悠闲富足的生活，从而导致人们丧失艰苦创业的工业精神。这是否是一种历史规律尚不得而知，但其中无疑包含着某种有价值的预见。"（钱乘旦、陈晓律，2003：316—317）

诚然，今天的大不列颠的形象依然不失为一个让人敬仰、风度不减当年的"绅士"，然而，要如何永远驾驭住自己创造出的成绩而不被这些成绩所征服，如何头顶昔日荣耀的光环走出今日的困境，这却不仅仅是依靠"绅士风度"来包容一切矛盾就能快刀斩乱麻解决得了的问题，同时，这也是每一个处于顺境的民族都应深思的问题，这不仅仅是阿诺德·约瑟夫·汤因比先生，也不仅仅是英国历史与文化留给人们的启示。且让我们满怀信心地期待着这个有着独特魅力的民族重整旗鼓吧，如同我们满怀信心地期待着自己祖国"大国崛起"之梦的实现，相信不朽的历史可以赋予我们自信和他信的理由。

【参考书目】

[1] 钱乘旦，陈晓律 . 英国文化模式溯源 [M]. 上海：上海社会科学院出版社　四川人民出版社，2003.

[2] 李群 . 英语国家概况 [M]. 北京：东方出版社，2001.

[3][英] 阿诺德·约瑟夫·汤因比 . 历史研究 (中文版中册)[M]. 上海：上海人民出版社，1986.

[4] 马啸原 . 近代西方政治思想 [M]. 云南人民出版社，1987.

[5][英] 马丁·威纳 . 英国文化与工业精神的衰落 [M]. 美国：企鹅出版社，1981.

浅析英语写作教学中的"结果法"与"过程法"

武汉东湖学院外语学院 李 群

本文通过分析"结果法"和"过程法"这两种截然不同的英语写作教学方法，针对这两种方法对英语写作教学实践的利弊，提出只有在教学中将二者有机结合，才能实现英语写作学习的两大功能，达到最理想的教学效果，并有助于我们去进一步思考和探索英语写作教学的改革思路。

一、引言

瑞姆斯（Raimes，1983）提出了写作的两个功能：为学语言而写作和为学写作而写作。前者指的是学生通过写作，对所学的语法知识点、句子结构、单词等加深印象，更好地掌握和巩固已学知识。同时，英语写作给学习者提供了一个超越自己所学的语言知识的机会。写作是一个表达自己的观点，动手、动脑的过程，也是强化学习，并将所学知识用于交际的过程。正常人都会说一种语言，但相当多的人却写不出像样的文章。因为学习语言不仅仅是学习对语言的使用，而最终是为了表达思想，进行交际。作为英语的学习者，就算语法知识掌握得再牢固，遣词造句再熟练，如果不懂得如何布局谋篇，不懂得如何处理句子与段落、段落与篇章的关系，那么就无法有效地表达作者的思想。威多森（Widdowson，1978）认为："写作时，我们不只是写出一连串的英语句子，我们用句子构成一个篇章。"我们不是在简单地编写，而是通过语言将我们的观点表达出来，并合理地组织起来，使读者能更好的理解我们心中所想，相信或接受我们所说的观点。英语写作也同样具备这两个功能：我们一方面通过写作来巩固我们所学的英语语言知识，另一面则是通过写作来传达我们的思想，表述我们的观点，达到交际的目的。

二、"结果法"与"过程法"

在国内的英语写作教学中，"结果法"长期处于统治地位。在课堂教学中，教师处于主导和控制地位，先讲授写作要点，分析文章类型和题材结构等；然后，学生按照所规定的条条框框练习写作，就所给题目模仿范文写出一篇尽量完美的作文，然后由教师批改。这种教学法的理论基础是行为主义理论，认为教学过程就是教师给予刺激、学生做出反应的过程，学生通过模仿、操练来提高写作技能。而在四、六级等英语等级考试的推动下，这种情况就更为严重。为了应付考试，学生往往忽视对英语基础知识的积累，一味地背诵写作模板、经典例句等来保证得分。同时，教师在教学中为了迎合学生的需要，也会将教学的侧重点放在模板的讲解、特定词句的模仿上，只注重写作的最后结果，而忽视了如何培养和提高学生语言思维的能力。在这样一种生硬注入的教学中，学生的学习是被动接受的，没有主动地创造和探索，写出来的文章内容空洞无物，结构生搬硬套，毫无吸引读者之处。

为了弥补"结果法"的不足，20世纪70年代开始，出现了对"过程法"的研究。"过程法"认为写作是交际的过程，其理论基础是交际理论。当我们写作时，就是在试图与他人交流。过程教学法就是把写作的重心放在学生的写作过程上，而这个过程至少可分为五个阶段，即：写前阶段、起草阶段、修改阶段、定稿、教师终端反馈。"过程法"把教师支配一切的课堂写作活动变为以学生为中心的活动，教师的角色由主宰者变为同等身份的写作者、批评性的读者、教练和编辑，其责任是努力使所有的写作活动成为一种协作性的学习过程，而每个学生都能亲身参与到写作活动中去。在"过程法"中，写作过程的及时反馈有助于学生把想表达的意思精确地表达出来，可以不断发现并纠正错误，并从反馈者那里得到启发，学到新东西，不断加深对主题的认识，最终提高英语写作能力。

三、"结果法"与"过程法"的利弊

在"结果法"为主的英语写作教学中，整个写作过程都是在老师的控制下完成，学生非常被动，不能积极投入写作交流中，没有自由创作的空间。因而，学生所写的文章往往严格按照模板或特定的步骤来完成，缺乏独特的见解。教师评语是唯一的评价标准，而在教师批改后，大部分学生都只关心分数的高低，而忽视了写作的真正目的。但是，"结果法"正体现了瑞姆斯 (1983) 提出的写作的两个功能之一，即为学习语言而写作。因此，"结果法"的应用不可以一概而论，在中国英语写作教学中，"结果法"有着它的优势。(1) 对英语基础相对薄弱的学生有极大的帮助，在教师对句子、段落和文章布局的讲解下，学生可模拟练习，提高自己对英语基础语言知识点的掌握；(2) 某种程度上，"结果法"比较适用于中国课堂，通过对基本知识的详细讲解、练习来提高学生的写作技能，这正符合我国大多数英语测试中对写作能力的要求。(3) 有利于教师在课堂上的安排。在"结果法"中，由于教师在课堂中占有主导地位，因而能很好地掌握课堂，保证教学任务的完成。

"过程法"以交际理论为基础，一直受到英语学习研究者的好评，其优点可列举如下。(1) "以学生为中心"，大大提高了学生学习的积极性。"过程法"通过讨论、修改等步骤，加强了学生之间的交流，学习者的思维得到了扩展，推动了学生学习的主观能动性。(2) 体现了英语学习的目的，即交际，这也是瑞姆斯 (1983) 提出的写作功能之一，为学写作而写作。"过程法"重视学生对事物的见解、表达，在整个写作过程中，学生可加深自己的认知过程，并通过用英语写作来达到"交际"目的。(3) 评估方式的多样化，激发了学生的学习兴趣。当然，"过程法"也有一定的局限性，比如过于强调写作过程而忽视了学生基础知识的培养；给教师带来了课堂的不可预见性及操作难度等。

四、"结果法"与"过程法"的结合

为了实现写作的两个功能——为了学习语言而写作和为了学习写作而写作，在实际的课堂教学中，我们既不能只采用传统的"结果法"，也不能一味地只强调"过程法"。写作与语言知识密切相关，要提高学生的英语写作技能，必要前提无疑是加强英语基本功的训练，学生确实需要语法结构，需要模仿，需要提高各种写作技巧。但是，写作又是一个复杂的过程。在"过程法"为主的课堂教学中，学生的主观能动性能得到最大的发挥，而讨论、修改等步骤，能够帮助学生加强交流、扩展思路，并能体现英语学习的目的是为了达到交际。因此，教学法无所谓好坏之分，只有扬长避短才能达到其教学目的。针对基础阶段的教学实际，可尝试将二者有机地结合，即在学生英语写作学习的初级阶段，课堂教学应以"结果法"为主导，"过程法"为辅；而当学生的语言知识有了一定的基础后，英语写作的课堂教学就可以逐渐转向以"过程法"为主。

学习英语写作的最终目的是尽善尽美地表达作者的思想。要清晰、准确、有效地表达观点，就必须先对英语的基础知识有一个较好的掌握，也就是说要对英语写作的文稿格式烂熟于心，对于词、句的选择和使用能随手拈来，对于展开段落的各种方式以及各种题材的语言特色都了如指掌。

因此，在英语写作学习的初级阶段，在课堂教学中，教师应以"结果法"为主，详细讲述英语的语言知识点，要求学生进行大量的模仿、训练，进而帮助学生巩固他们对英语语言点的掌握。这也跟瑞姆斯提出的写作的两个功能之一的"为学语言而写作"是相一致的。

当学生对英语基本功的掌握积累到一定的程度，可以大量进行整篇文章的写作时，英语写作的课堂教学就应以"过程法"为主，应强调以学生为主的英语写作课堂教学，提高学生学习的积极性，让学生意识到写作是一个过程，需要确定目标、打开思路、收集素材、选择适合的词汇与语法结构、完成初稿、反复阅读、修改、编辑。同时还要以各种不同的方式来对写作的完稿进行评估，以激发学生对英语写作学习的兴趣。这跟瑞姆斯（Raimes,1983）提出的写作功能之二的"为学写作而写作"也是相一致的。

五、结语

在英语写作教学中，只有将"结果法"与"过程往"两者结合，才能实现英语写作的两大功能。在基础阶段，学生英语写作水平相对较低，尚缺乏扎实的语言基本功，因此，课堂训练时重点应在提高语言表达能力上，先从简单的遣词造句再到段落写作，由易到难，循序渐进，逐渐积累写作技巧，即采用"结果法"。而到了英语写作学习的更高级阶段，课堂教学应转向侧重于整个篇章写作的"过程法"，提高学生的积极性，鼓励学生独立思考、用英语表达自己的思想，并通过及时的反馈，使学生能不断地发现并纠正错误，提高学生的笔语交际能力，从而达到最理想的课堂教学效果。同时，对这两种教学法的探讨，也有利于我们进一步思考和探索英语写作教学的改革思路。

【参考书目】

[1] Raimes，A．Techniques in Teaching Writing[M].Oxford:Oxford University press，1983.

[2] Widdowson，H．G．Teaching Language as Communication[P]．1978.

[3] 陈玻．教学模式与写作水平的相互作用——英语写作"结果法"与"过程法"对比研究 [J]．外语教学与研究．2005(6).

[4] 陈立平，李志雪．英语写作教学：理论与实践 [J]．解放军外国语学院学报，1999(1).

[5] 李森．改进英语写作教学的重要举措：过程教学法 [J]．外语界，2000(1).

[6] 张吉生，周平．英语写作教学中的"结果法"和"过程法"的对比研究Ⅱ [J].外语与外语教学，2002(9).

朗读对提高英语专业学生英语听说能力的作用

武汉东湖学院外语学院　　石　玉

本文分析了朗读对提高英语专业学生英语听说能力的重要作用和朗读应注意的几个问题，提出了加强英语专业朗读教学的途径。

英语是一门有声语言，而读是学习语言的重要途径之一。通过熟读、背诵，使书面语言内化为自己的语言，才能有效地提高理解、运用语言的能力。实际上，语言界的许多语言学家们早就注意到并提出了通过朗读和培养语感而增强听、说能力的观点。美国布朗大学教授特瓦德尔的"五段学说"之一即为"重复"：为了使学习者准确地记住所学的语言材料，便让学生不断地重复、反复地读，直到能背诵为止。中国英语界的许多著名学者和教授也非常重视朗读法。有的学者、教授亲自撰文阐述朗读对于语感形成的重要性，有的还根据自己当初学习英语的体会，介绍学习经验（包括朗读经验）。上海师大外文系陈冠商教授指出："背书是我国学习语文的传统方法。我觉得，我们学习英语必须背诵一定数量的英文名作，名作背诵多了，就逐步养成了语感。"为此，他还特地编著了《英语背诵文选》，供英语学习者使用。《外国文学作品选》的主编周煦良教授也指出："朗读可以使书面语暂时活起来，使我们的唇、舌、喉真正发挥声音器官的作用。这样通过听觉和视觉，将使语言留在脑中的印象鲜明生动得多，也深刻得多。正因为如此，小时背熟了的文章，过了几十年，往往还能脱口而出。"

一、朗读有助于提高"听"的能力

我们英语专业的学生来自全国或全省各地，方言较重，在听收音机、磁带或收看教学片时，经常会出现由于自己的发音与英美人不同而反应不过来的现象。若养成朗读的良好习惯，学习过程中学生遇到生词时，就会自觉不自觉地去翻字典或向发音好的同学或老师寻求帮助；在进行听力训练时，就会特别留意词的发音，从而达到正音的目的。发准了音就再不会出现写是一个词，听则是另一个词的现象了。

学生在英语学习活动中，获得的语言听力材料是短时记忆，如果仅仅是依靠听，他们很难准确无误地辩听出同音词、近音词，过去式、过去分词及语流中音的省略，更不能辩听出连续、爆破、升降调等朗读技巧带来的朗读效果，从而影响了对听力材料的领会和理解；反过来，如果在英语专业教学中始终贯穿朗读教学，学生就会把习得的朗读技巧牢牢地贮存在脑海里，在进行听力学习时能迅速提取出有用的信息，从而更好地提高听英语的效率。因此，朗读能很好地服务于英语听力，听力水平的不断提高又为"说"打下良好的基础。

二、朗读有助于提高"说"的能力

通过正确的朗读，做到发音准确、语调流畅，加上词汇的丰富和信息的积累，学生便可迈进"产出"的过程，可以做到"有感而发"了，如瑞福斯（Rivers，1985:125）所指出的，丰富词汇的习得是使用外语的基础，没有大的词汇量，我们就不可能使用自己学过的结构和功能从而达到可理解的交际，口语流利与否取决于词汇量习得的多寡。由于汉语同英语发音的舌位和口腔肌肉牵动的位置不同，经常朗读还有助于训练舌头和口腔肌肉的灵活性，以便于在交谈时能够较轻松自如地脱口而出。

三、朗读应注意的几个问题

（一）正确发音

必须懂得每一个音素是通过哪些发音部位的作用形成的，学会按照正确的方法运用发音器官的各个不同部位。我们应当知道，英语有一套与汉语很不相同的语音体系，学习中既要重视汉语没有的元音和辅音，要下功夫去掌握它们的正确发音方法，又要注意那些听起来似乎像某些汉语的发音，如〔i〕、〔u〕、〔t〕、〔d〕、〔∫〕〔t∫〕等。

（二）读准音节

英语音节的构成方式较汉语更灵活多变，这也是我国学生学习英语语音的困难所在。在汉语普通话中，除鼻音 ŋ(ng) 可出现在音节末尾外，其余音节全是由"声母 + 韵母"（"辅音 + 元音"）构成，少数情况仅由元音构成。而英语的音节除此两种构成外，更多的情况是由"元音 + 辅音"或"辅音 + 元音 + 辅音"构成，并且两个或多个辅音连续出现的现象大量存在。切不可在这些辅音之间加上元音，如把 class 读成〔k la : s〕，也不可在音节末尾的辅音之后加上元音，如把 taste 读成〔teisti〕。

（三）语速适中

速度也是朗读中的一个难点。英语的正常速度是约 300 音节 / 分。在朗读中掌握一些必要的技巧，如连读、不完全爆破、同化等，不要一味追求语速。要知道错误的语音重复的次数越多，错误的习惯越是根深蒂固。快速和流畅要建立在正确的语音和必要的朗读技巧的基础之上。

（四）语调正确

汉语是声调语言，而英语是语调语言。不同类型的英语句子，在表达不同的情感时，都有一定的调式，通过语句重音、音高的变化和节奏等因素体现出来。因此，在掌握了音素和单词的正确发音之后，还必须学习和掌握正确的语调，特别是摆脱讲汉语时每个字所占时间大体均等的习惯，才能学会地道的英语。

四、开展英语专业朗读教学的途径

（一）树立正确的教学理念，发挥教师的引导作用

英语专业教师在教学中应适当地给学生补充一些有关语音及朗读技巧等方面的知识，使学生的朗读活动能有正确的理论作指导；要让学生了解一些语音方面的知识，掌握如何运用声音来表情达意。通过朗读运用声音来表情达意就是指停顿、快慢、高低、重读、语调的变化与表达作品思想感情的内在联系。如人物对话中，闲谈、絮语要慢读，争辩、畅谈要快读；表达兴奋、喜悦、活泼、明快的心情要声音响亮；表达沉痛、悲愤、安静、迟疑的情态要声音幽沉；表达坚定、果断、豪迈、庄严的思想感情多重读；表达幸福、温暖、欣慰、体贴的情怀多轻读。教师在范读时，若能处理好顿歇的长短、节奏的快慢、声音的高低、语势的轻重和语调的抑扬，就能使学生与作者和作品产生共鸣，从而使他们的情绪受到感染，精神得以升华。

（二）利用多媒体及网络教学环境，让英语专业学生多接触有声材料

现阶段广泛使用的多媒体和网络为朗读教学提供了有利的教学环境。节奏、语感的形成非一日之功，除了要有一定的理论知识作指导外，还要长期大量地接触有声材料，多听多模仿。美国语言学家克拉申（Krashen）说过，可以理解的输入（comprehension input）和情感过滤（filter）是语言习得中最重要的因素，即如果模仿、朗读的东西正确可理解，则在会话实践应用时就是正确而且可理解的。多媒体及网络可为学生提供鲜活的语音和视觉材料及语言环境，可让学生感受和模仿地道的英语，有些语音现象如连读、同化、失去爆破等，都可以在以口语体为特征的语言材料中出现。熟悉这些现象，了解他们的变化，可以使学生的发音更地道。语言环境可加深学生对语言的理解，对提高学生的听力理解水平和会话水平很有帮助。

（三）开展丰富多彩的朗读活动

英语专业教师应多组织活动，帮助学生创造学习语言的环境。如英语绕口令、朗诵比赛可以帮助学生学习语言、运用知识；英语短剧表演能激发学生学习英语的积极性和主动性；英语演讲比赛和辩论赛可以提高学生的思辩能力和分析能力。朗读并非是英语教学的最终目标，但是朗读活动却可以提高学生的听说能力，并引发学生学习英语的兴趣。

（四）重视背诵和默写

根据 Bialystok 的语言模式理论可知，背诵可以加强知识的巩固，能够将原本的显性语言知识转化为隐性知识（即我们通常所说的语感）。在一般情况下，语言材料的吸入量愈大，语言能力提高的就愈快。背诵是强化语言输入不可忽视的一个环节，英语专业教学也应重视背诵。英语专业教师在教学中也可以选取重点篇章和段落让学生背诵，在平时的测验中还可增加一道默写题，以激发学生学习的主动性和积极性。

（五）指导学生写读书心得

文字是声音的载体，把优美的声音及有声语言所表达的思想感情用文字的形式记录下来，让更多的人欣赏和享受是语言文字的基本功能。英语专业教师应从培养学生的写作能力出发选择朗读材料，在范读时引导学生体会作者遣词造句的技能和表达思想的方法，在教师范读、学生朗读之后，教师应不失时机地引导学生写一些相关内容的读书心得及书评之类的文章，通过朗读使学生的口语、写作能力都得到提高和发展。

五、结论

总之，在英语专业教学中要重视朗读训练，课堂内外要有意识、有目的、有步骤地指导学生朗读和背诵一些段落，这对于提高英语专业学生听说能力是大有裨益的。

【参考文献】

[1] 况常兰 . 朗读在英语学习中的重要性 [J]. 成都电子机械高等专科学校学报 ，2001(2) .

[2]Rivers. W， M. Temperley. A Practical Guide to the Teaching of English as a Second or Foreign Language [M] . NewYork: Oxford University Press， 1985.

[3] 束定芳， 庄智象 . 现代外语教学 [M]. 上海外语教育出版社， 2004.

[4] 孙航 . 英语教学中应重视朗读 [J]. 山东电大学报， 2000(2).

提高大学英语教师综合素质的研究

武汉东湖学院外国语学院　　熊　丽

　　教师自身的素质是决定大学英语教学质量的一个非常关键的因素。本文结合新的形势，提出了大学英语教师应从教育理念、教学与测试方法、英语基本功、科研、知识结构、计算机水平等几个方面提高自身的素质。

一、引言

　　长时间以来，人们一直在探求一种"高效"的英语教学模式，以解决中国现在的"费时低效"的英语教学问题。尤其是中国加入世界贸易组织（WTO）后，市场对人才的素质、能力等方面的要求，特别是对外语水平的要求进一步提高，能否运用流利的外语与外界交流已成为考察一个人工作能力的重要指标。在这种情况下，外语教学改革正成为教育改革的热点。目前，外语教学改革的焦点大多集中在修订大纲、课程设置、教材改编、新的教学法的引进和学习策略、学习心理的研究上，而对教师的自身素质却研究不多。事实上，教师作为教学改革的实践者、参与者，其自身素质直接关系到改革的成败。原教育部副部长吴启迪在《在大学英语改革试点工作视频会议上的讲话》指出，推动教学改革，教师是关键。桂诗春教授也指出，培养外语师资是我国发展外语教育的头等大事。所以，进行大学英语教学改革，提高英语教师的素质至关重要。笔者认为，应从几个方面提高教师的素质。

二、更新教育理念

　　要培养学生的创新精神和创新能力，教师必须更新教育理念。陈旧的教育理念把学生作为被动的受教育者和知识接受者，从而严重影响了学生创新能力的发展。能否改变现有的教学模式，调动学生对英语学习的积极性，不仅取决于大学英语教师专业素质和职业水平的提高，更取决于教师对现代教育理念的理解和把握。目前，许多教师的现代教育理念意识薄弱，教学模式陈旧，已经阻碍了大学英语教学质量的进一步提高。新的教育理念强调语言是工具，语言教学应该以学生为中心。教师的教育理念应该如何实现转变呢？首先，教师应该意识到，语言教学目的是让学生掌握这门语言、使用这门语言。因此，教师应致力于学生实践能力、创新能力的培养，而不仅仅是语言知识点的传授。其次，把以教师为中心转变为以学生为中心。教师在课堂上扮演组织者、引导者、帮助者的角色，让学生拥有充分表现自我、运用语言的机会，使学生主动参与课堂教学。最后，教师在课堂上要有训练学生学习策略的意识，让学生发掘出对自己有益的学习策略，学会学习。大量的研究已经证明，学习策略的使用有助于学生的学习，并能促进学习自主。

从以上几点来看，大学英语教师自身仅仅具有扎实的语言基本功是远远不够的，他们更需要的是对现代教育理念的理解，对应用语言学、教育心理学和课堂教学管理的把握，以及调动学生学习兴趣和培养其自主训练的能力。唯有如此，才能调动学生的积极性、主动性和创造性，才能进一步提高大学英语的教学质量。

三、 恰当的教学方法

恰当的教学方法是外语教师素质结构中不能忽视的一个重要方面。传统教育理念下的讲授法，其结果是教师在课堂上讲得很多，学生笔记也记了不少，然而学生使用语言的能力并没有多大提高。具有新的教育理念的教师，他们在课堂上变教师讲授的"一言堂"为双向交际式的"多言堂"，他们会想尽一切办法来激发学生的创新能力和用英语表达的欲望，鼓励学生多运用外语进行表达，而不是看学生记了多少笔记。为提高学生外语的表达能力，外语教师可采用诸如"情景教学"、"任务教学法"、"主题教学"和"交际教学"等行之有效的方法。要灵活运用这些方法，就要求大学外语教师一方面要具备外语教学法方面的知识，另一方面要勇于实践，在实践中找出符合学生自身实际的教学方法。

四、 进一步加强英语基本功

英语教师具备较高的英语水平应是勿庸置疑的，但实际情形并非如此乐观。部分英语教师的英语水平不高是一个客观存在的事实，这既有其自身的原因，如学历偏低、缺少提高学习的动力等；也有客观的原因，如大部分教师任务重、压力大，缺少学习时间等。扎实的英语水平和技能对于大学英语教师来说，其重要性是毫无疑问的。教师是教学活动的组织者和实施者，过硬的听、说、读、写、译能力是教师出色地完成教学任务的基础，是有效提高学生交际能力和综合素质的条件。而要达到这一点，教师要有强烈的终生学习意识。社会在不断变化，只有不断学习才能跟上时代发展；还要坚持学习，如经常收听外文广播（BBC、VOA 等）、多与外籍人士交流、阅读原版英文报刊杂志、多参加各种翻译培训和比赛等。这些都是巩固和提高英语基本功的有效方式。如有可能，有关部门要创造条件，让大学英语教师进行更深层次的学习，如进修、多听名师的学术讲座等。建议国家教育部门尽早建立类似于香港"教师语言能力基准测试"的考试制度，定期对英语教师进行英语水平测试，以促使教师加强基本功的训练。

五、 建立合理的知识结构

新世纪的外语教师的知识结构应该是复合型的，即既要懂外语，也要懂 1—2 门其他专业知识；既要有扎实的英语基本功，又要用应用语言学的理论和实践来武装自己。传统的英语教师除了英语，对其他的学科知识几乎一无所知，他们的水平常常局限于经验主义，不能上升为理论。这样的教师既不能让学生满意，也不适应新时代的要求。

对一名大学英语教师来说，建立合理的知识结构可以从以下几个方面着手。第一，完善应用语言学、教学方法论、教育心理学、翻译理论等知识的积累。英语教师应该用先进的外语教育理论武装自己，指导自身的教学实践和科研工作，并在实践中不断地反思、完善自己的教学。例如，对人本主义理论、社会建构主义理论的学习，对学习者学习过程理论和"反思性从业者"的了解，无疑都会对大学英语教师的教学工作和科研实践起促进作用；第二，学习一些其他应用学科的知识，如法律、外贸等。英语教师所接触的课文题材非常广泛，经常涉及到经贸、法律、旅游、地理等方面，如果不对这些知识有所学习，光依靠英语理解其字面意思是不准确的。

六、 提高计算机水平，应用多媒体为教学服务

随着计算机技术的迅猛发展，多媒体技术已在大学英语教学中得到广泛应用。作为一名 21 世纪的高校外语教师，如果在工作中不能有效地利用计算机和计算机网络来获取、存储、处理自己所需的信息，将很难适应时代发展的需要。就像李观仪教授所说，英语教师要不忽视多方面的新时代信息，那就要通过网络之类的现代教育技术，广泛接触当今社会文化、政治经济、历史地理、哲学法律等诸方面的信息资源，这样不仅提高了语言水平还开阔了眼界。

多媒体技术的应用给外语教学带来机遇的同时，也给广大的外语教师带来了挑战。绝大多数的大学英语教师对计算机辅助外语教学持积极态度，90%以上的大学外语教师认为计算机在辅助外语教学中可以扮演比较重要或者非常重要的角色，但他们对采用计算机辅助外语教学却有一定的畏难情绪，主要原因是他们自身的计算机水平低，以至于不敢使用。因此，有关部门很有必要对广大外语教师进行普及型的现代教育技术培训。同时，教师们也要加强计算机知识的自我学习。

七、结束语

进入 21 世纪，社会更迫切需要的是具备英语应用能力的人才，我们的大学英语教学对此负有不可推卸的责任。在诸多影响大学英语教学质量的因素中，教师自身的素质是不容忽视的一个关键因素。虽然大学英语教学质量的提高涉及到各方面的因素，但大学英语教师自己首先要意识到提高自身素质的重要性。为了提高大学英语的教学

质量，培养出更符合时代需要的人才，大学英语教师要勇于迎接新世纪的挑战，努力不断地提高自身各方面的素质，做到与时俱进。

【参考文献】

[1] 陈国崇 . 新世纪大学英语教师面临的挑战与对策 [J]. 外语界，2003（1）：48—53.

[2] 刘润清，戴曼纯 . 高校英语教师科研素质调查 [J]. 外语与翻译，2004（2）：34—41.

[3] 桂诗春 . 我国外语教育的根本出路 [J]. 中国外语，2004（1）：10—13.

[4] 李观仪 . 以人为本，更有效地发挥现代教育技术对英语教学的促进作用 [J]. 外语电化教学，2004（4）：1—3.

[5] 马俊波 . 大学英语教师计算机水平及使用计算机辅助英语教学现状的问卷调查 [J]. 外语电化教学，2003（1）：55—60.

试论网络语境下传统媒体的多维救赎

武汉东湖学院传媒与艺术设计学院　刘云龙，欧阳梓薇

新技术革命在带来网络传播便利的同时，对传统媒体无疑形成特有的巨大冲击与严峻挑战。因而一些学者专家认为，传统媒体不仅将在不会太长的时期内被网络媒体取而代之，而且也会造成传统媒体从业人员的忧虑和恐慌。事实表明，在深刻而不可逆转的多媒体技术革命的背景下，我们只有重新建构其观念和知识维度，使缺乏必要资源的个人和群体广泛接触信息，才能分享以信息为基础的社会的各项服务，从而对置身网络语境下的传统媒体进行一场前所未有的多维救赎。本文试图对此作一粗浅论述，以期探讨这场救赎的目标意义。

一、当下传统媒体的现状析要

网络语境之下，传统媒体的生存现状是我们首要关注的问题，这里以出版业为例进行分析。《2009—2010 中国出版业发展报告》提到：国内新闻出版业总产值突破 1 万亿元；日报出版总量连续 9 年居世界首位；年图书出版量连续 5 年位居世界前列。由此可见，我国的传统纸媒以厚积薄发的姿态大幅度发展着。一方面，这种反弹式的繁荣背后，又无可置疑的存在隐忧：首先，报纸传播模式的陈旧制约其跨越式发展，单一的直线型传播，导致传播范围受到一定局限，无法满足传者与受众增长的以快制胜的传播需求；其次，纸媒在传播内容上的分散性、薄弱性，又使信息发布的时间和空间受到限制，而纸媒的信息在一定程度上没有过多的注重整体的策划与规模；再次，传统媒体的创新性不强一直是难以突破的瓶颈，尤其纸媒只对新闻报道的事件负责，没有考虑到信息报道方式对受众的吸引程度；最后，多数报刊缺乏创新理念，没有自己的特色和主张，呈现人云亦云的原生状态，自然令受众失去了原有的兴趣。凡此种种，无异成为部分传统媒体凸显疲软衰退迹象的主因。另一方面，传统媒体的潜力还没有完全开发出来，它的前景还有难以估量的上升空间。那么，如何审时度势的在抗衡网络媒体的同时提升自己的实力，已是传统媒体面临的当务之急。

二、大众传媒与新媒体的一般比较

所谓大众传媒，就是传统媒体的代名词。借助科技的辅助，大众传媒的传播形式和内容逐渐丰满，走上了规范化、系统化、大众化的道路。然而就当下而言，并非人

们有了新的技术与传播方式，就意味着受众拥有了新的思维方式和生活方式。纵观传播史中的媒体演变，都与其所产生的时代背景相互吻合，也就是经济基础和生产方式决定了传播方式。中国国情参差不齐，受众对传播形式的需求短时间很难"一刀切"，因而大众传媒不可能毁于一旦，而新媒体也不可能在一朝一夕完成全辐射。我们完全可以细分受众的种类，以满足不同层次受众的要求。

中国是一个农业大国，农村人口现在约有 9.4 亿；真正长期居住在农村的农民大概是 7.5 亿。如此庞大的数字都是与网络传媒无法挂钩的存在。首先，在很多地区偏远生活贫穷的村庄，电视普及都还是一个遥远的梦想，如此情形之下现代媒体几无用武之地。其次，广播在广大农村地区仍旧担任着不可替代的重要角色，农民可以通过广播获取天气预报、重大的新闻、政府的信息。虽然说，这只是一种单向线性传播，但也是农民获得信息的重要渠道。

（一）广播事业的后劲尚足

现在，广播节目从制作到播报，其中的过程都较之过去简单明了，省去了很多麻烦，也可以第一时间向受众提供最好的新闻。播音稿的编辑工作一般在播报前 2—3 个小时开始，这样，如果有更新的资讯也可以随时替换进来。广播的传播速度仍占有压倒性优势。在突发事件的新闻现场，广播可以在第一时间播放新闻。另外，在有车一族中，广播仍是最普遍的媒介，拥有稳定的听众来源与绝对的收听率。广播在市场的占有份额是传统媒体仍旧焕发活力的一大例证。

（二）纸介质传媒仍具较强优势

作为更具代表性的传统媒体报纸来说，尽管它在媒体市场中已现颓势，然而报刊在一些发展中国家所起到的推动作用、所经历的技术变革的规模以及在全球的高度多样化是不可能低估的。纸质新闻拥有方便、低廉、易保存、可反复阅读的优势，而且报纸的信息质量和详尽程度也非一般新媒体可以相提并论。通过报纸的排版和设计受众可以轻易知晓每日新闻的重点和要点。况且作为古老的媒介，报纸的产业机构趋近成熟，从新闻的采编到发行，已形成一个完整的体系，不可能轻易撼动。

诚然，毋庸讳言，互联网的应用标志着一场真正的传媒革命，其意义远远超过的了单纯的技术巨变。网络媒体以强大的功能迅速占领了受众的市场，其发展趋势主要表现在以下几个方面：（1）传播过程的双向性增强，可以在最短的时间获得受众的反馈，具有交互性的优点；（2）网络可以说将报纸、广播、电视的传播功能集于一身多媒体化和媒介功能的融合；（3）媒介资源的丰富化、数字化以后，信息的传输质量更高、资源的容量更大；（4）信息传播全球化，信息全球化加快了文化产业向世界的开放，并使社会各阶层真正接触知识和信息。因为只有在允许人们普遍接触在网络上流通的信息和商业产品与服务的条件下，一种以知识为基础的全新社会传播态势才能够出现，所以网络扮演着传递战略性资源的重要角色。

但网络媒体在白云苍狗的时代中也有着致命伤，其问题主要有三。

1. 信息的海量性与信息的漂浮性并存

网络媒体克服了纸媒版面不足和广播放送有限的问题，其海量的信息消除了传播过程中的噪音。无论是新闻事件的报道数量还是新闻报道的相关资料保存容量，都十分巨大，在网络新闻传播的内容和历史资料方面也非常广泛。因其如此，大量的新闻分类不科学，编排不醒目，往往是大杂烩，一味求多、求全、求规模、求数量，乃至将信息本末倒置，重要的信息放在不显眼的位置，猎奇、不健康的信息放到重要位置。

2. 文本的深度性与文本的浅显性并存

网络新闻是兼具数据、文本、图像、声音的超文本结构，因而是立体的、多维的。文本的表现力也更甚于传统媒体，突破了传统媒介单纯的信息传递性质，给予受众更大的思考空间。可是大部分的网络新闻全盘复制传统媒体，基本上是报纸、杂志的"翻版"或"电子版"，重复性高。而网站自己发布的新闻还占不到十分之一的比例，且原创新闻质量低、差错率较高，缺乏专业的新闻素质。诸如此类的粗浅的新闻信息直接影响了受众对事实的判断和思考。

3. 人格的自立性与人格的走失性并存

网络是富于个人主义色彩的媒介，谁都有权利并有可能接近网络，信息传播的个人化使以往在传统媒体上无法实现的个人表达自由和言论自由的愿望得到了空前的满足。正因为网络世界拥有相对的言论自由，许多人沉迷在虚拟的论坛中无法自拔，更有甚者散布谣言、恶意中伤，破坏了网络秩序。

此外，网络传媒在中国起步较晚，发展并不成熟，尤其缺乏监管，导致有些网络信息误导和蒙蔽了受众。前些时国内著名的"盐荒事件"的始作俑者就是网民的谣言，其产生的不良影响动荡了人们的正常生活，最后不得不借助政府的调控而收场。面对繁杂的网络系统，各国政府往往只能束手无策，没能从控制而不是杜绝的泥潭中走出来。

三、传统媒体抗争与救赎的几点思考

（一）改革传统媒体是最核心的问题

一直以来，传统媒体都是借助行政资源进行发展，而没有充分利用市场资源。这说明传统媒体的市场主体不是企业，因而失去了和市场交流互动的联系。窃以为，让报业集团和出版社上市很有必要，这样一来，传统媒体与市场有机结合，既把握住了传媒动向，又有利于传统媒体不断深化创新。而且，只有拥有雄厚的经济实力才能开发创新，整合资源。反思现状可以发现，作为当下传统法媒体排头兵的报纸，其经营和运作互相分离的模式已不适用于当今的市场。一份报纸拥有专业的新闻水准是必须的，但怎样经营一份报纸使其达到经济利益的平衡直至盈利，这是首要问题。那么报业出版集团应作为经济组织来运作，这样就可以明确自身的计划和目标，以便于根据社会的需要不断更新，从而始终处在新陈代谢、发展变化之中。

（二）改革传统媒体发展方式实乃关键

根据公共关系学的原理来说，任何一个媒体都必须做好环境的监测和管理，强化环境意识，高度关注传统媒体自身所处环境的变化，分析造成变化的原因和趋势，及时采取相应的对策，增强自身适应环境变化的能力。在这里撇开外部环境暂且不谈，我们主要讨论媒体的内部环境：（1）充分发挥人才培育的文化功能，引进人才的同时，开发内部公众的智力资源；（2）完善内部的信息网络，减少管理的中间环节，尽可能地实现决策者与内部公众的直接对话和交流，确保信息的沟通；（3）引入竞争机制，提高工作的积极性和效率，更好地实现双方的共同利益。

（三）积极扩大受众群体是当务之急

显而易见，当下传统媒体的受众数量正走向萎缩。大众化的都市报很难满足以受众为主体的时代的读者。首先，传统媒体要相对准确地划定自己的公众对象，明确正在或将会对什么地方的哪些个人、群体、组织进行信息传播，需要得到哪些个人、群体、组织的认可和支持，并且有可能形成的相互之间的利益关系。因为受众本身在信息的选择和需求上是不断发展变化的，永远不会停留在一种状态上。只有那些真正了解并积极适应受众变化的媒体，才能赢得受众的认同。其次，将受众群体细致的进行分类，再次借用公共关系学的公众分类方法：根据受众在组织环境中的分布，可区分出内部和外部受众两类；根据关系的重要和影响程度，可区分出首要受众和次要受众；根据关系的稳定程度，可划分为稳定公众、周期受众和临时受众。

（四）对其品牌和形象建设进行科学的定位，尽力拉近与受众的距离

一是对媒体的品牌、形象建设制订切实可行的目标、计划和在各个阶段应重点采取的措施。利用一切有利的条件、时机、方式、手段，加强对品牌、形象的宣传和塑造，在必要时进行各种专题活动，如庆典、展览会、开放参观日、赞助和公益活动等，及时了解受众的想法并与之进行沟通。二是采取大范围重点覆盖、小范围集中覆盖的战略，针对不同的读者群发行不同种类的报纸，满足不同群体的需求。特别是在青年学生中可以加大宣传的力度，获得更多稳定的支持。在内容方面，纸媒的新闻要区别于网络新闻，做出实质性的突破，吸引流失的读者。

事实上，回顾人类传媒演化史可以发现，媒介革命的路径不是一种媒介彻底被另一种媒介替换的线性过程，而是新旧媒介交融互补螺旋式上升发展。对此，无论是马歇尔·麦克卢汉父子为了更好地描述媒介的演化轨迹，将"四定律"进而定性为"媒介从"，还是保罗·莱文森所概括的"四轮滚动演进"，其目的都是为了揭示媒介的演化从来就不是单一、直线式的，而是彼此交互递进的被放大、隐身、再现和逆转，从而形成众多媒介并存互补、协同发展的传播局面。由此看来，那种认为广播的出现将取代报纸、电视的出现将取代广播、互联网的出现将使广播电视出版诸媒体相形见绌或被取而代之的观点，都是不符合媒介的演进规律的。

综上所述，我们可以这样界定：传统媒体在未来相当长的一个时间内仍然可以焕

发活力，为信息的传播做出贡献，但前提必须是在迎接挑战中创造机遇，在开拓进取中实施多维救赎的抗争，以此促进传统媒体的改革、进步，完成网络语境下新的飞跃。

【参考文献】

[1][法] 洛特非·马赫兹 . 世界传播概览 [M]. 师淑云等译，北京：中国对外翻译出版公司，1999.

[2] 郭庆光 . 传播学教程 [M]. 北京：中国人民大学出版社，1999.

[3] 张涵 . 当代传播美学 [M]. 北京：中国书籍出版社，2010.

[4] 董天策 . 网络新闻传播学 [M]. 厦门：福建人民出版社，2004.

[5] 张克非 . 公共关系学 [M]. 北京：高等教育出版社，2007.

[6] 张涵 . 当代传播美学 [M]. 北京：中国书籍出版社，2010.

网络红人形象：网民关于小月月的幻想主题研究

武汉东湖学院传媒与艺术设计学院　　王　井

网络红人之类的相关文本出现在 2003 年痞子蔡的轻舞飞扬之后，这些文化产品除了本身带有浓厚的文化色彩之外，还具有独特的价值观和语义环境。本文希望借助欧尼斯特·G·鲍尔曼的幻想主题分析理论，分析网络红人小月月，以此观察网络群体的集结过程以及解析网络红人文化的形成趋势。一般团体的形成是基于精神层面上意义的共享，现实层面实践着共同的行为准则。本文研究发现，关键词在与小月月同类型的红人出现时被不断复诵，并在此基础上形成一定的贬义或中性的幻想类型，大众在对其批判时获得道德的优越感，并在类似红人的讨论中形成心照不宣的集体体验。此集体体验是网络群体集结的基础。

网络红人及相关文化产品的首次出现是痞子蔡的轻舞飞扬，此时属于文字时代的网络红人，非常感性。在图文时代，网络红人还是延续人格化特征，比如超男超女，这阶段红人一般有一技之长，有完整的故事结局。在宽频时代的网络红人，往往是被动的，被人曝光，有开放式的人物结局或人物的某个生活片段。本文以宽频时代的网络红人小月月为例，分析在网络社会和现实社会，群体叙事时的共享意义的形成。

2010 年 10 月 5 日，国内著名网络论坛——天涯社区上出现了一个直播朋友小月月雷人上海行的帖子。楼主蓉荣讲述了小月月及其所谓"男友小 W"来上海游玩，在两天一夜的时间内发生的无比复杂而又痛苦的经历。此贴一出，反响热烈。本文所指的网络红人体现在，从单独特指的某个人成为现在具有自身结构和一定语义环境的符号。

一、研究问题

本研究将运用符号融合理论和以此为基础的幻想主题分析法，来探寻网民对网络红人的态度和看法，通过考察网络社群中关于近期网络红人小月月及相关类型红人的幻想主题和语义视野来勾勒出网民心中的红人形象。

本研究将尝试找出以下问题的答案：

（1）网络社群中，网民构筑出了怎样的关于网络红人的幻想主题？

（2）这些幻想主题建构出怎样的语义视野？

（3）这些语义视野反映出怎样的网民态度和动机？

（4）影响这些幻想主题或语义视野背后的合法化机制是什么？

二、分析

幻想主题分析的三个分析方法包括幻想主题、幻想类型、语义视野三个分析单元。

（一）幻想主题

场景主题：在上海游玩时途经的各个地点、城市化的现场。场景线路基本是去上海看世界博览会的一日游的线路。

角色主题：外地人，一个在餐厅中不会点餐的外地人。主要人物三个，上海的主人公（新移民）、小月月（外地人）及陪伴男友。

行动主题 (action theme)：小月月的行为始终是带有发泄、暴露狂、无厘头的情绪，这种情绪被作者以一种癫狂和非正常的状态描述出来。

合法化机制 (sanction agent)：大众或者从对这个角色的批判中获得一种道德优越感，或者从这个角色离经叛道的行为中获得戏剧化的喜剧效果，或者因为自己没遇到这样的人而减轻自己在现实生活中的社会焦虑。从上面看出，幻想所描述的角色、场景、情节安排是从实际的团体情境延伸出来的。比如，场景安排游世博，就是在我们全国第一次举办世博盛会、全国人民一起游上海的大潮之下。贾君鹏的出现就是在现实中魔兽服务器关闭之时。

（二）网民幻想中的小月月类型

幻想主题分析的第二阶段就是幻想类型 (fantasy type)。一般而言，当某些幻想主题被团体反复提到，团体成员能详述其角色、背景与情节时，就构成了幻想类型。这些幻想类型使团体成员能以熟悉的模式共同理解与分析新的事件与经验，而不需要解释细节。本文的幻想类型就是自我暴露、违背一般社会行为准则的女性。

在对网贴的分析中发现，被网友反复复诵的词可以概括为：重口味、自恋、神经质等。同时，我们对天涯社区小月月直播原贴、人人网转帖和豆瓣网转帖的评论进行整理、分析，由此得出有直接接触行为的网民对小月月形象的关注点与相关评价，见表1：

表1 网民对小月月形象的关注点与两大幻想类型

关注点	类型	
	负面	非负面
肥胖、丑、当着外人裸露身体、用香蕉洗澡、穿紫色的内裤、吟诵葬花吟、自我褒扬、奥利奥、不断对小 W 进行性暗示、当着外人排泄粪便	极品、恶心、无语、好笑、猥琐、重口味、脑子有问题	思维方式与众不同敢于追求自己所爱不幸的人

❖ 其中负面评价占 80%；非负面评价占 20%。

（三）网民的语义视野

从网友的回帖中可以得出四种语义视野。首先，勇于追求所爱。例如网友"Eiilyun"：

和教主比，那些哥啊姐的妹呀弟的，都是浮云，都是浮云。其次，违背社会行为标准，惊世骇俗。例如网友"狮子女 yoyo"：看了神奇的小月月！（1）很佩服自己的忍耐力，坚持看下来了！（2）看了这个故事，真的想跟自己说，什么客户投诉啦，什么信用卡欠款啊，都只是浮云……再次，病态社会下不幸的人。例如网友"英语达人"：其实每个人身边都或多或少有几个极品，但爆人家隐私是极其不道德的行为！最后，像潮水一样涌入上海的不文明的外地人。

三、研究发现

（一）网民团体性的构成基础在于共同分享网络红人的语义视野

为了考察网民对小月月类型的网络红人是否形成了生活形态的语义视野，我们选择了武汉大学东湖分校新闻学院大三两个班的学生分别做了两次访谈。学生接触小月月形象分为直接和间接两种方式。直接接触的情况即是在网络上阅读过小月月故事的原帖或转载帖；间接接触的途径则比较复杂，可能是在网络上无意看到相关的内容、通过人际传播途径或者看到过传统媒体的报道与评论。访谈结果见表2：

表2　访谈对象心目中小月月形象

完全不知道	仅仅听说	比较了解	
		负面	非负面
美丽、有特殊才艺、有过人之处	肥胖、丑陋、自恋、粗俗、行为疯狂	同仅仅听说	与众不同

❖ 其中比较了解的人数大约占总人数的22%；从未听说过的占4%；剩下的74%表示听说过小月月，但并不了解。

❖ 在比较了解的类别中，进行负面描述的人占总数的40%，进行非负面描述的人占总数的60%。

最后，在进行语义视野的考察时，对于大多数学生来说，他们最显著的语义视野是"小月月是不道德的"，表现出的态度倾向于鄙视，这种论调背后是明显的道德审判。对其批评就是"不道德"。当问到是哪里不道德的时候，没有人能准确回答，只是大笑。大家一致认为不愿意成为这样的红人，网络红人身份认同度很低。不仅如此，部分学生强调自己会主动忽略关于小月月的信息，绝不参与传播并反感他人传播类似信息。

（二）网民共同体验的形成

首先，传统社会的语义视野是，男性是进取的、控制的。女性是依附的、照顾的。小月月这种类型的出现，明显颠覆了这种传统的共同体验。对这种颠覆的批评构成了我们的一种新的共同体验。

其次，传统中国文化讲究谦和好礼，认为做人应该低调谨慎，不要太过张扬。但是工业社会，信息爆炸，人们都担心自己会淹没在信息的海洋中，因此时刻需要表达，但传统文化的内心又在制约这种表达。所以，在某种程度上，网民是矛盾的，一方面，青年人内心需要表达，但是另一方面，根据以往的经验模式，他们又是反感这种主动表达的姿态的。

再次，关于表达的合法性，围观者对网络红人只是作为一个特立独行的样本来消费的，不会记得很长时间，认同度比较低。网民形成的共同体验是批判，语义视野比较负面，但网民面对这些网络人物所表现出的刻薄与情绪化让人惊愕。比如，芙蓉姐姐最早是作为一个反传统的独特文化符号出现，却不得不只身承担由其本身、网友和传统媒体所共同铸造的结果。

最后，关于幻想主题方法本身，笔者提出，在运用幻想主题分析与讨论网络红人文化时，希望从理论与社会实践上互相启发，以一种承接过去，具有历史性、结构性因素，看待以网络红人为代表的网络文化。

【参考文献】

[1] Barber， B. Jihad vs. McWorld: How Globalism and Tribalism are Reshaping the World. New York: Ballantine Books， 1996.

[2] Bormann， E. G.. Fantasy and rhetorical vision: The rhetorical criticism of social reality[J]. Quarterly Journal of Speech， Vol. 58 Issue 4， 1972(12)， 396—407.

[3] Bormann， E. G.. The Eagleton affair: A fantasy theme analysis[J]. Quarterly Journal of Speech， Vol. 59 Issue 2， 1973(4)， 143—159.

全媒体时代背景下新闻专业人才的培养模式

武汉东湖学院传媒与艺术设计学院　　郭　伟

当今社会新技术的迅猛发展改变了媒介生态，传统意义的新闻生产从采集、制作、发布等传播流程上都发生了深刻的变革。媒体融合所催生的变革不仅给传媒业带来了新的机遇与挑战，对新闻人才的培养也提出了全新的要求，如何为社会媒体培养高质量的"全媒体"型传媒人是中国媒体亟待思考的问题。本文通过分析传统人才培养模式面临的困境，探讨了全媒体背景下高校新闻专业人才培养模式创新的必要性，架构符合全媒体融合趋势需求的新闻人才培养模式。

随着以网络为代表的新媒体技术的快速发展，瞬息万变的信息时代从网络时代、多媒体时代、媒介融合时代到全媒体时代，已经打破了传统媒体长期固守传播领域的格局。当今信息行业的变革对整个社会的影响深刻，在中国传媒改革不断推进的大背景下，媒介的融合不仅给活跃的传媒领域带来新的挑战，也为传媒产业的发展带来新的机遇。

传统的新闻教育虽然应当坚守固有的理念，但面对媒体和社会的变革，单一的新闻教育模式已无法满足全媒体时代的形势需求，新闻教育显然也要因时而变，因此，新的新闻人才培养模式已成为近年来新闻学界和业界共同关注的焦点。

一、对"全媒体"的认识

"全媒体"在英文中为"omnimedia"，最早由美国一个名叫 Martha Stewart Living Omnimedia（玛莎 - 斯图尔特生活全媒体）的家政公司提出。全媒体的概念还没有在学界被正式提出，它来自于传媒界的应用层面。媒体形式的不断出现和变化，媒体内容、渠道、功能层面的融合，使得人们在使用媒体的概念时需要意义涵盖更广阔的词语，至此，"全媒体"的概念开始广泛适用。

在这个包括报纸、杂志、广播、电视、网络、手机等各类传播工具的"全媒体"时代，要如何培养出优秀的新闻人才，这对我们提出了更高的要求。

全媒体时代给新闻传播教育带来了深远影响，引发了以下三个变化：一是新闻传播主体发生了变化，新闻传播的主体不再被媒介机构所垄断，广大受众通过网络、手机等新媒介，拥有了传播话语权；二是新闻传播方式发生了变化，由单向传播转向双向传播，由媒介机构对大众的传播，转向一对一、一对多、多对多的复合交叉式传播；三是传播主体和传播方式的变化带来了媒介组织方式和信息管理方式的变化。

基于传统新闻业传统新闻人才培养模式最终都会面临着更为复杂的局面和强烈的变革诉求，因此，在全媒体背景下复合型的"全媒体"人才成为急需。可是，究竟什么样的新闻人才能称为"全媒体"人才？才具备在全媒体背景下进行多媒体融合的核心竞争力？

二、"全媒体"型新闻人才竞争力

"全媒体"型人才是指具备突破传统媒体界限的思维与能力，并适应融合媒体岗位的流通与互动的新闻传媒人才。

在媒介融合背景下，"全媒体"型的优秀传媒人需要对未来的媒介形态敏感，对人们的需求敏感，对新的媒介技术带来的生活变化敏感；需要有把握传播技术发展趋势的能力，进而理解媒介技术发展带来的媒介格局和社会生活的变化。只有具有把握媒介发展趋势的洞察力，才能在根本上具有整合媒介的把握力。在媒介融合的大趋势下，专业技能的界限亦被打破，具备跨媒体技能的"多面手"将成为未来新闻人才的首选。

在媒介融合背景下，媒介市场不再以媒介形态来界定，取而代之的是不同媒介品牌的媒介市场。坚持并加强培养复合型或专家型的人才，这是新闻教育者在长期的探索过程中总结出来的新闻人才培养模式，而这种模式在全媒体时代仍然有效，因为对"全能型"新闻人才的需要也是对复合型人才需要的一个方面。复合型主要是指知识结构的组成。新闻学生除了学习专业知识外，还要广泛涉猎其他领域的知识，才能适应报道不同领域信息的要求，避免产生以往新闻业界对新闻学生"上手快，后劲不足"的刻板印象。

三、全媒体时代的新闻教育模式

要培养"全媒体"型新闻人才，单一的新闻教育已无法满足社会实践的需求，需要在人才培养模式创新和途径优化上做功夫。为适应社会需求，有必要探索一种全新的新闻人才培养模式。

（一）要着力培养融合型的新闻专业师资

既懂新闻理论又懂技术，且具备媒体实际工作经验的师资很难在短期内打造，也不是高校单方面力量能够培养的，只能与媒介合作，共同培养。新闻教育与传媒业界融合有两种模式。

其一，可行之策是全力引进资深新闻编辑、记者担任教师或者客座教师，将其引进课堂进行教学；进一步加强与本地新闻媒介的联系，从一线记者编辑人员中引入适合从事新闻业务课程教学的人才，以迅速扩充新闻师资队伍，加强新闻教学与新闻实践的结合。以笔者所在单位武汉东湖学院传媒与艺术设计学院为例，该学院已与湖北日报报业集团签订合作意向，引进 14 名资深编辑、记者担任我院客座讲师，运用实践典型案例将他们的新闻操作方式与我院师生交流，开展相关研究，力求为有志于传媒事业的广大学生提供学习、实践的机会，通过学校与报社的共同努力，为社会培养一批有新闻理想、职业素养、社会责任感的优秀传媒人才。这种培养模式已在我国多数高校新闻专业中推广开来，并取得了一定成效。

其二，对现有的师资进行强化培训和提高。积极鼓励和引导教师走出去，参与传媒实践，教师就可以将理论运用于实践，把媒介最新技术、最新经验以及媒介融合发展的最新动向、趋势带到课堂上。在引入师资力量的同时，还应加强对现有教师特别是青年教师的培养，可采取在职攻读博士学位、进修学习等多种方式；对担任新闻业务课程的教师，还应该保证他们有一定的时间参与新闻实践。这样，就可以把媒体的最新技术、最新经验、最新理论以及新闻传媒发展的新动向、新趋势和新问题传授给学生，将教学与实践有机结合，从而使学生更好地与社会、业界接轨。

（二）要科学制定新闻专业的课程体系

新闻传播学科的培养目标、教学内容必须针对现代传媒与社会的需要而设定，新闻院系要加强对用人单位的调查，据此不断改进自己的教学方案。鉴于媒介融合这一发展大趋势，国内一些老牌新闻院校纷纷在自己的专业设置和课程体系上进行了调整。

全能型记者的培养，需要新闻教育与相关专业融合，这种融合可以通过跨学院合作来实现；还可以通过课题研究来培养，学生围绕专业、围绕当下的问题进行研究，有针对性地看不同学科的文章和书籍，从而培养其多学科的思维能力。基础专业课程充分利用新闻学院的学科优势资源，与新闻学专业的其他方向打通共享，而专业核心课程则将传统新闻学专业的基础性核心专业课程和基于数字与网络技术的新媒体专业课程相结合，力图通过这种课程体系的整合，培养具有融合媒体技能的新型新闻人才。

（三）"全媒体"型人才培养要深入媒体、加强实践

学校是研究各媒体传播效果和学习各媒体基本技能的最好地方之一，但新闻专业不仅仅是一个学科，更是一种职业。对于前沿的媒介先进技术，则可以通过实习来掌握更前沿的专业技术技能，我们应该鼓励更多的学生走出课堂，深入新闻实践。高校可以通过运用媒介融合视野来培养"全媒体"型新闻人才。

学校应创造条件让学生参与多种实践，把课堂新闻教学与社会实践活动结合起来。这就要求新闻专业的学生将课堂、校园与社会的实践活动互补、互促、互进，从而全面提高学生的实践能力。学校还应立足于新媒体与传统媒体融合发展的客观变化，整合教育资源设计新的专业方向，同时为学生提供机会重点掌握一门传播技术，并了解其他媒介技术，让学生深入媒体，接触媒介发展新理念，了解传媒发展中的新问题，开阔眼界和思路，提高创新能力，提前融入媒体环境，以更好地适应媒介的发展。新闻教育若是能与它所对应的行业联系起来，那么，这对学生、高校和媒介来说都是一个共赢的局面。

因此，在媒介融合的大趋势下，在当今的全媒体时代，如何应对全媒体这个大环

境培养优秀的新闻人才是一个值得探讨的话题。新闻教育只有与时俱进，才能培养出适应媒体变革的新闻人才。也只有这样，才能有更加丰厚的知识底蕴、开阔的眼界以及多种技能，才能适应 21 世纪知识经济社会对媒体人才的高要求，而我们培养出的新闻人才也才能在社会激烈的竞争中立于不败之地。

【参考文献】

[1] 蔡雯，王学文 . 角度·视野轨迹——试析有关"媒介融合"的研究 [J]. 国际新闻界，2009(111) .

[2] 董广安 . 媒介融合背景下新闻传播人才培养的思考 [J]. 新闻战线，2009(4).

[3] 高钢 . 媒介融合趋势下新闻教育四大基础元素的构建 [J]. 国际新闻界，2007(7) .

[4] 孙凤毅 . 新闻专业复合型人才的培养模式探索 [J]. 中国记者， 2010(9).

[5] 吴闻莺 . 论媒介融合背景下的新闻传播教育创新 [J]. 新闻世界，2010(11).

[6] 刘杨，孟晓辉：《新闻专业人才培养模式的探讨》，《科技信息》， 2009(33) .

[7] 易海燕 . 全媒体战略下的媒介融合之路 [J]. 网络传播，2010(5).

[8] 胡芳 . 媒介融合环境考验新闻传播变革与人才培养 [J]. 中国广播电视学刊，2009(5).

社教节目娱乐化研究

武汉东湖学院传媒与艺术学院　李　婷

　　在现代社会里，提供文化娱乐是大众传播中必不可少，同时也是最为显露的一项功能。由于现代生活的紧张与忙碌，广大受众把使用大众媒介所得到的满足感，第一条便归结为娱乐和消遣的需要。本文以《职来职往》为研究对象，通过对社教节目的涵义和特点的阐释，肯定了电视娱乐化出现和存在的合理性与必要性。

一、社教电视节目概述

　　随着我国"科教兴国"战略的提出和实施，科教类电视节目渐渐进入人们的视野。从广义上讲，科教电视节目是一个比较宽泛的概念，与科学教育有关的电视节目我们都可以把它纳入科教电视节目的范畴。科教电视节目旨在传播科学思想和科学知识，注重科学发现的过程与科学精神的表现，通过讲述科学的探索过程，激发观众的科学情感。科教电视节目是由社教电视节目发展而来的，是社教电视节目的一种。本文主要以《职来职往》为例，研究社教电视节目娱乐化的现象。

　　社教电视节目，全称"社会教育电视节目"，是以面向公众进行社会教育、提高公众素养为宗旨的电视节目的总称。社教电视节目可以认为是电视百科，它内容广泛、形式多样，针对不同年龄、不同职业、不同文化程度的电视观众进行社会教育。社教电视节目旨在传播政策、法规、道德、科学、文化、生活等多方面的知识。

　　社教电视节目、新闻节目和文艺节目是构成电视宣传的三大支柱。社教电视节目包含的门类多种多样：知识性节目、服务性节目、课堂教学节目等。社教电视节目注重与观众的情感交流，并综合应用多种电视手法，开展潜移默化的社会教育。它作为社会教育的重要形式，是学校教育、家庭教育的一种补充。

　　社教电视节目的受众广泛，具有较大社会传播功效，被用来引导社会舆论、调节社会情绪、开展社会宣传。而观众则通过欣赏电视节目，获得情感愉悦和各种知识。因此，社教电视节目具有较为全面的社会教育功能。

　　《职来职往》是江苏卫视和中国教育电视台一频道联合打造、帮助求职者正确对待自己与职场、为多样的职场菁英提供就业机会的国内首档职场类娱乐真人秀节目。节目囊括各行各业、人生百态，通过行业达人和求职者之间的对话，反映当下最热点的行业话题并产生观点的碰撞；通过不同行业职位的人群、不同的思维与视角，展示社会的本来面目；通过理性、客观、全面、真实的分析，展示真正的职场。

二、社教节目娱乐化的涵义及特点

所谓社教电视节目的娱乐化，就是借鉴故事片等其他叙事艺术的手法和技巧，用讲故事的方式，综合利用各种电视手段，生动活泼地向观众传播知识。社教电视节目娱乐化的健康发展和电视媒介的良性运作，对社教电视节目在当前社会语境中的发展和地位，具有十分重要的意义。

我国古代伟大的教育家孔子提出过"寓教于乐"的思想，他深知在愉悦的心情下学习会取得更好的学习效果，而被逼迫着学习却不一定有多少效率。近阶段，欧美等国也有学者提出了"娱乐—教育"（Edutainment）的概念。英国媒介教育专家大卫•金翰认为："EdutainInent 一种混合型的，紧紧依靠视觉化的学习材料，以某种叙述或类似游戏的、较少说教的方式展开的学习类型。"娱教技术强调探索发现中的乐趣，注重学习者好奇心的满足。集教育性与电视特性于一身的社教电视可以说是娱教技术的具体形式之一，娱教技术也为社教电视的娱乐化提供了依据。

（一）以"新"、"奇"、"趣"吸引眼球

当今时代是信息时代，对受众有吸引力的传播者说服效果更好。注意力表达的是人们的兴趣、爱好、愿望、关心等，它属于个人的潜在意识倾向。传播者的吸引力主要包括以下一些因素：可爱的、外观好看、与受众具有相似性的或受众未知的。这二者相互呼应，说明令人愉悦的趣味性内容符合受众的兴趣爱好。正如 Discovery 探索频道的副总裁所说："不管你是黄种人、黑种人还是白种人，不管你是亚洲人还是欧洲、非洲、美洲人，都会有好奇心，这是一种人类的普遍心理。"

可以想象，社教电视节目如果仅将枯涩难懂的科学道理或知识用空洞的画面堆砌在受众面前，是不会获得青睐的。因此在当今电视环境下，社教节目的切入点一定不能过于高深、脱离受众，而是要浅入深出、让理论知识通过娱乐化的载体自然流露出来。在这一点上，《职来职往》是将娱乐元素融入节目的完美典范。节目中 1 对 18，规则好玩。该节目一改传统求职类节目的古板，据节目制片人马浚益介绍："以往的求职类节目相对而言都比较高端，而且节目中的嘉宾们都太过严肃，像是古板的考试。而《职来职往》中的基本规则是一个求职者要面对 18 个来自不同行业的面试官的问答，根据获得认可人数的多少，获得相应不同的职位，9 名以上可以自己挑选百家企业就职，9 名以下就只能从在场对自己感兴趣的面试官的企业挑选，很有游戏的感觉，而且在这个舞台上，求职成功的几率要比平时一对一面试大的多，18 个面试官，只要能够让其中一个人认可自己，就有机会找到工作。"这样的节目无不是把"奇"、"趣"作为卖点。

（二）"明星化"的主持人

主持人的明星化是消费时代的语境下品牌效应的必然结果。节目主持人作为传

播者与受众之间的桥梁和纽带，担当着"舆论领袖"这一媒介角色。在崇拜心理的作用下，这位领袖的吸引力和号召力越大，其意见也就越被视作是权威的。"名人效应"此时成为了一种人格化的品牌，其本身就是娱乐化的看点、就意味着畅销。而大众媒介正是利用了商业领域中的推销手法，通过受众对明星主持人的认识和肯定，进而上升到对媒体品牌的信任。比如凤凰卫视的迅速崛起就不能不与它的明星化战术有关。

在娱乐元素呈现多元化的渗透状态的今天，社教电视节目也有效地借鉴了这种手段。《职来职往》中企业高管变身职场明星，担任场上18位面试官的企业高管无疑将成为最具看点的人物之一。对于挑选面试官的标准，马浚益介绍："2010年电视荧屏的特点就是'民星'越来越多，只要具有个人魅力，就能受到观众欢迎，我们挑选企业高管时，除了其在自己职业领域里身经百战外，能用犀利的眼光能全面扫描求职者的缺点，并能一针见血的指出求职者身上的问题，发表出独到的观点，同时也要具有鲜明的个人特色，他们也将在《职来职往》这个舞台上被打造成职场明星，改变大家对于面试官的传统印象。"18位企业高管被包装成亲近大众的职场明星，他们的学识、口才、气质和魅力给观众留下了深刻的印象，这些人也随之成为了品质和收视率的保证。

另外，节目中还有一位职场分析师，对此马浚益表示："这个角色在场上很重要，而职场分析师就是站在一个客观的角度对求职者给予正确的引导，他还能够告诉观众们应该如何去求职，上《职来职往》成为一个求职教材。"据了解，《职来职往》的这名职业分析师名叫潘力，他从业20年，历任国内多家知名企业管理岗位，拥有丰富的人员招聘和团队领导经验，特别擅长于对年轻员工的激励和培养。

（三）具有冲击力的视听效果

视觉文化促使阅读主体大众化，这是因为视觉符号的直观、浅白拆除了对普罗大众的"文化门槛"。视觉文化的普及使阅读行为发生了根本的转变，以往的读书被现在的读图所替代。

电视之所以成为人们爱用的增长知识的工具，就在于电视鲜活的视听效果具有易读性。社教电视节目表现的内容以抽象的、理性的居多，这对其画面和声音的结合也提出了更高的要求。

社教电视的画面要体现科学美。美是无处不在的，只要你有一双发现的眼睛。镜头作为人类眼睛的延伸，可以引领人们体验这种审美感受、培养受众更高层次的品位。声音是科教节目的兴奋剂。《职来职往》中就运用了一些音乐，比如嘉宾进场插曲 Mercy Mercedes《All We've Ever Known》、求职成功插曲《我相信》、求职失败插曲《隐形的翅膀》，既符合节目的场景，也为社教片增添了不少趣味性。

三、结论

如上所述，社教电视节目娱乐化是电视发展到当前阶段的必然结果，是电视的传播特性、生存环境和文化背景选择了娱乐化，是受众的接受心理选择了娱乐化。然而，社教节目娱乐化并不意味着媚俗甚至摒弃科学的严谨性，而是注重把要传播的内容以更加轻松、更加吸引人和易被人接受的方式表达出来；是社教节目不再以"精英文化"的代表自居，而注重调动受众的积极性和参与性，并力争在"愉悦"的气氛中达到传播知识的目的。因此，在承认娱乐给教育带来了新活力的同时，我们也要注意过渡娱乐对于严肃的科学信息的消解作用，平衡好二者之间的关系。

【参考文献】

[1] 沈丹丹．科教电视节目的传播观念和教育观念研究 [D].武汉：华中师范大学硕士学位论文，2006.

[2] 温海涤．中国电视节目娱乐化研究 [D].长春：东北师范大学硕士学位论文，2008.

[3] 陈龙，陈一．视觉文化传播导论 [M].上海：上海三联书店，2006.

[4] 杨建军，胡蓉．教育电视节目的审美观照 [J].内蒙古电大学刊，2011(1).

[5] 姜照君．具有中国特色的科教电视节目创作道路刍议 [D].济南：山东师范大学硕士学位论文，2006.

略论朱元璋的科举观

武汉东湖学院传媒与艺术设计学院　黎晓莲

　　八股文作为科举时代最后一种博采众长的文体，其源流较为复杂，其成熟定型的时代大约在明成化年间。在此之前，明朝开国皇帝朱元璋及其谋臣策士在审视历代科举制度和科举文体的基础上，本着"科举取士，务得全才"的取士标准和尊崇儒学的指导思想，将学校教育与科举考试联系起来，制定了一系列关于考试标准、考试内容、考试方式、考试评议、考试监督和管理的制度。这些制度和政策对成熟的八股文体的产生起到了很大的催生和奠基作用。本文即从八股文入手初步梳理朱元璋的科举观。

　　关于八股文的创始权问题，一直是学术界争论的焦点。现在的学术界一般倾向于明成化年间，很多学者已经详查考证过，明初的科举制度是朱元璋在群臣谋士的策划下，根据明朝建立后的特殊情况，将宋元以来的科举制度略加改动而成，并非朱元璋或者刘基之发明。洪武年间，科举考试的主要文体也不是八股文，而是宋元经义经疑，经义和经疑虽然有以后八股文形成之要素，但是还不是明清时代的八股文。另外，朱元璋开国以后十多年，关于历朝选拔人才的方式如荐举制和科举制还徘徊不定，科举考试复而又停、停而又复，对科举取士心存怀疑。所以，我们只能说，雄才大略的朱元璋和其谋臣策士在审视以往 1000 多年的社会发展过程中，吸取了最能体现他的人才理念和治国方略的积极因素，在取士策略上博采众长，择优而取，对以往科举文体向八股文的过渡作出了不可磨灭的奠基和拓展工作。虽然如此，却也不能说八股文乃朱元璋或者其他某某人所制定。从隋唐律赋、宋元经义到明清八股文，这中间是一个渐进的发展过程，由此，从洪武到成化的这七八十年时间，特别是朱元璋的人才理念和治国方略尤其有必要略加审视，从中或许可以发现八股文流变问世的契机。

　　面对饱经战乱、千疮百孔的新生政权，朱元璋在进行一系列政治、军事、经济、文化改革后，如何选用并控制儒士就成为当务之急。他非常明白"虽有至圣之君，犹以用人为重"（《明太祖实录》卷一百四十七）的道理，特别器重儒士，想把天下英才皆网罗于自己麾下，认为"为天下者，譬如作大厦，非一木所成，必聚材而后成。天下非一人独理，必选贤而后治，故为国得宝，不如荐贤"（《明太祖宝训》卷 5）。鉴于以往的荐举制和科举制之利弊，朱元璋在其谋臣的支持下，着手考虑如何建立一套培养、选拔自己所需要的士人的制度，所以针对考试标准、考试内容、考试方式、考试评议、考试监督和管理等进行了一系列改革，并最终建立了不同于以往历朝历代的科举制度，同时催生了主宰明清 500 年间士人举子命运的八股文的诞生。大致说来，朱元璋的科举理念有如下几点：

1. 在荐举制和科举制的徘徊中，最终确立科举取士

从元末战争到明朝建立之初，朱元璋基本上延用荐举征辟的方式发掘人才、任用官吏。虽然也网罗到了像范祖干、叶仪、许元、宋濂、刘基、叶琛等谋臣名士，但其弊端日生，拉关系、走后门的舞弊现象大量出现，所选才士名不符实，多鱼龙混杂、空疏无用、滥竽充数。于是，朱元璋于洪武三年庚戌（1370 年）5 月，首开科举，以图用一种比较客观科学的方式取士，但是效果甚微。由于元朝儒士地位低下，使得研习程朱理学的人大为减少，以致所录取士人学问浅薄，总体素质不高，让人大失所望，他曾经抱怨："朕以实心求贤，而天下以虚文应朕。"可见一斑。首开科举的失败，让朱元璋暂时罢停科举、再行荐举，同时对科举取士之弊陋作了重新审视。朱元璋再行荐举达 10 年之久，这期间靠它也确实选拔了大量的治国良才，但荐举制早已失去其行使的社会基础，虽几经补救，但治标不治本，荐举制已经走向了它的尽头。在对一系列前元人才的血腥清洗运动之后，朱元璋最终确立了为培养自己人才的科举制度，包括学校教育制度、考试制度等。

关于朱元璋行荐举、立科举，又罢科举、行荐举，最终又确立科举的心路历程，后世多有人论及，如"高皇初意，欲专选举，罢科目。盖明鷙才行与暗索文艺者，虚实自殊。其后卒专意科目者，恐将来选举之弊，有更甚于科目。科目虽未足灼见，贤良亦徒取其公云耳。奈何更有以私徇之，如后来所闻，人言所见，间形诸摘发者。呜呼！国家以社稷苍生重寄，求人若饥渴，患情伪之不易核，不得已而辟其末路于艺文，特欲借诵法先圣之门，希幸获有德有言之彦"。这些论述虽不无偏颇，但也中肯肇。而且从八股文的发展历程来看，确立科举取士的原则也是各种科举文体能够融通汇总的前提条件，只有在此前提下，八股文方有破茧而出的可能性。

2. 尊崇儒学的考试原则

朱元璋在徘徊于荐举制和科举制之间并最终确立科举取士的过程中，还有一个很重要的心理动机，即为了维持皇权的最高权威和最高主宰，为了维持大一统专制统治，大力推崇并宣扬儒家思想。

开国之初，朱元璋在日理万机之余，花费大量的人力、物力、财力去祭孔祀圣，"国朝崇尚儒术，春秋祭享先师，内外费至巨万，尊师之道可谓隆矣"（《明太祖实录》卷一五二）。同时大力宣扬儒家的"敬天"、"忠君"、"孝亲"思想，倡导举子研习经书，并颁之于学校教育。"颁《五经》、《四书》于北方学校。上谓廷臣曰：'道之不明由教之不行也。夫《五经》载圣人之道者也，譬之菽粟布帛家不可无，人非菽粟布帛则无以为衣食，非《五经》、《四书》则无由知道理。北方自丧乱以来，经籍残缺，学者虽有美质，无所讲明，何由知道？今以《五经》、《四书》颁赐之，使其讲习。夫君子而知学则道兴，小人而知学则俗美，他日收效，亦必本于此也。'"（《明太祖实录》

卷一三六）就连洪武年间的法律文书《大诰》，也是严格按照儒家伦理道德和纲常名教思想体系所颁制，也是明襄政府规定的科举士人必读书和必考内容，如"诏科举岁贡命题于《大诰》中科取"。

儒学在明朝科举考试中具有至高无上的地位，自从洪武颁定之后，几成祖制，"自永乐中命儒臣纂修《四书大全》，颁之学官，而诸书皆废"。儒家经书成了科举考试中唯一的内容和要求，而且对儒家思想的理解不能离开程朱传注的规范，此皆为朱元璋巩固封建皇权、排除异端思想、保持士人举子思想纯正的有效武器。与此同时，各级学校也都自觉地把儒学放在了首要位置，至明代中叶以后，科举课业除儒家经典之外别无其他内容。由此，这种以尊崇儒学的科举考试思想与教学制度，直接导致士人举子只读经书只做时文，进而直接催生了恪遵传注、代圣贤立言的八股取士的理念和考试方法。同时，这种思想的统一和纯正要求也达到了朱元璋通过科举考试培养绝对忠诚与服从的人才的目的，最终导致王朝的长治久安和和谐发展。如方苞所言："制艺之兴七百余年，所以久而不废者，盖以诸经之精蕴，汇涵于四子之书，俾学者童而习之，日以义理浸灌其心，庶几学识可以渐开而心术归于正也。"

3. 取士标准及教育考试思想

朱元璋科举取士的目的是选拔思想纯正的确实有治国经邦之能的全才，所谓"科举取士，务得全材，但恐开设之初，骑射书算未能遍习，除今科免试外，候二年之后，须要兼全方许中选。于戏！社科取士，期必得乎全材，任官惟能，庶可成于治道"。朱元璋所要网罗的人才必须文武兼备、才德并重。《明太祖实录》卷七十九载洪武六年2月，上谕中书省臣曰："朕设科举以求天下贤才，务得经明行修、文质相称之士，以资任用。"在这样一种取士思想之下，朱元璋制定了多种综合测评的考察方法和取士制度，如《明太祖实录》卷二二记载："其应文举者，察其言行，以观其德，考之经术，以观其业；试之书算、骑射、以观其能；策之经史时务，以观其政事。应武举者，先之以谋略，次之以武艺。俱求实效，不尚虚文。然此二者，必三年有成，有司预为劝谕民间秀士及智勇之人，以事勉学，俟开举之岁，充贡京师，其科目等第各有出身。"《明太祖实录》卷五二记载："其中选者，朕将亲策于廷，观其学识，第其高下，而任之以官，果有才学出众者，待以显耀，使中外文臣，皆由科举而选，非科举者，毋得与官。"所以，在明朝建立之初，所谓科举取士讲求综合考试与综合标准，不像后来专以八股取士，既看重德、业、能力、政事、谋略、武艺的考核，又看重经术文字和骑射书算的技能考察。

明初科举开始，这种全材思想一直在实践中贯彻实行，而且朱元璋规定"科举必由学校"（《明史·选举志一》）、"非科举者，毋得与官"。他将学校与科举联系起来，初步设立了学校培养人才以供科举选官的构想，"学校之设，本以作养人材，究理正心，期有实效……若其言有可取，仍命题考试文字，中式者，不次擢用"（《明太祖实录》卷一四六）。据此，洪武年间朱元璋大体上构建了科举考试与学校教育以及考试内容、考试方式和录取标准的框架，为明代科举制度的成熟和八股文体的诞生作出了必要的疏通和奠基工作。

【注释】

[1] 古今图书集成·选举典（第 6 卷）[M]. 北京：中华书局，1934.

[2] 查继佐. 罪惟录·志（卷一八）[M]. 科举志. 北京：商务印书馆，1936.

[3] 顾炎武. 日知录集释（卷一八）[M]. 四书五经大全. 长沙：岳麓书社，1994.

[4] 龚笃清. 明代科举图鉴 [M]. 长沙：岳麓书社，2007：668.

[5] 王世贞. 弇山堂别集（卷八一）[M]. 科试考（一）. 北京：中华书局，1985.

网络舆论传播中的政府与传媒合理关系之建构

武汉东湖学院传媒与艺术设计学院　魏正聪

一、互联网是社会舆论的放大器

舆论是公众关于现实社会以及社会中的各种现象、问题所表达的信念、态度、意见和情绪表现的总和。它具有相对的一致性、强度和持续性。舆论一旦产生，就会对民众的思想、意识及有关事态的进程乃至社会发展产生影响，并成为一种重要的社会控制力量。

20世纪90年代以来，互联网媒体迅速崛起。中国互联网络信息中心（CNNIC）《第25次中国互联网络发展状况统计报告》显示，截至2009年12月30日，中国网民规模已达3.84亿人，较2008年底增长8600万人，年增长率为28.9%。利用手机等进行移动互联成为我国互联网用户的新增长点。截至2010年6月底，在我国8亿手机用户中，手机网民有2.77亿人，占比近2/3；近5000万人只使用手机上网。预计到2013年，移动应用商场开发者将达到200万个，月活跃用户超过1亿个、下载规模达到10亿次。

互联网的舆论影响力日益加强。审视近年来发生的多起媒介事件，从"孙志刚"到"山西黑砖窑"、从"周老虎"到"躲猫猫"，网络成为民众表达自身诉求、参与公共事务的重要渠道，并通过舆论合力，影响政治决策。例如孙志刚事件导致了国家收容政策的废除和救助政策的出台；汶川地震中公众对救灾物资使用的担忧和质疑促使了监管政策的推出。

二、互联网舆论传播对政府管理的挑战

互联网舆论传播对政府管理造成了巨大冲击。

首先，这种冲击表现在网络舆论监督的超时空。报纸、广播、电视等传统媒体，自身有着清晰的行政区划。政府可以通过控制信息来源和传播渠道实施舆论监控；还可以通过通报批评、任免管理人员等行政手段对传媒施加压力。但是，网络传播的主体是个人化、多元化的，信息来源是跨区域、超时空的。一个地区内的事务可能引发全国范围的讨论；一国内部的事务可能引发世界范围的讨论。如果政府和传统主流媒体不及时发表意见，公众就会从众多的网络媒体传播渠道获悉新闻消息，并发表他们的见解，改变舆论监督格局。

其次，这种冲击来自于网络舆论监督的"无记名投票"形式。大部分情况下，互联网的接触和使用都是匿名形式。越来越多的网民热衷于通过这种隐匿身份，对那些自身利益或者是自己所关心的各种公共事务，包括突发事件、社会热点问题、政府决策、公众人物言行等，发表意见和看法。这不仅使网络舆论表现出主体平民化和言论自由化、多元化倾向，也导致网络信息真假混杂、理智和非理智交错的局面，给政府的舆论监管带来难度。

最后，这种冲击是网上舆情与网下实践的联动。随着网络对社会生活的全方面渗透，网络舆论正成为影响巨大的控制力量。如果引导不善，负面的网络舆情将对社会公共安全形成威胁，形成群体性事件。

面对互联网舆论监督带来的冲击和挑战，如何适应新媒体时代的舆论发展形势、制定舆论引导的新策略和新方法，已成为当前政府管理工作中的一项十分紧迫的任务。

三、服务、公开、协商——网络舆论传播中的政府与传媒之关系建构

传播手段本身并不能天然带来民主、自由、进步，但它的确为打破和重组现有话语格局提供了工具和契机。在互联网舆论传播中，政府与传媒的理想关系该如何建构？"服务"、"对话"和"协商"都应成为关键词。

（一）服务——完善舆论平台

胡锦涛总书记在 2008 年 2 月 23 日主持中共中央政治局进行第四次集体学习时也强调，"扎扎实实推进服务型政府建设，全面提高为人民服务能力和水平"。建设服务型政府无论是从执政党的角度，还是当政政府的角度，都已达成共识。

政府在互联网舆论监管中，应进一步强化"配给者"角色，突出服务功能。

第一，完善互联网基础设施建设。近年来，中国的网络基础设施建设取得的进步令人瞩目。国务院新闻办公室发布的《中国互联网状况》白皮书说，1997—2009 年，全国共完成互联网基础设施建设投资 4.3 万亿元人民币，建成辐射全国的通信光缆网络，总长度达 826.7 万公里，其中长途光缆线路 84 万公里。到 2009 年底，中国基础电信企业互联网宽带接入端口已达 1.36 亿个，中国 99.3％的乡镇和 91.5％的行政村接通了互联网，96.0％的乡镇接通了宽带。但是，同其他国家相比，我国的互联网发展仍有很大差距。据世界经济论坛 (World Economic Forum)2008 年对全球 127 个国家和地区的互联网基础设施建设情况进行的综合评估显示，中国排名第 57。就国内发展情况看，东部和中西部、发达地区和欠发达地区的互联网发展也存在明显落差。进一步完善基础设施建设，促进互联网的普及，这是互联网舆论监督的前提。

第二，打造公众参政议政的公共平台。互联网是执政为民、改进工作的新渠道。每年的全国人民代表大会和中国人民政治协商会议期间，通过网络征求公众意见为完善政府工作提供了有益参考。政府应逐步完善公众参政议政的平台，收集民意、传递民声，实现政府与公众的良性互动，推动社会的民主进程。

第三，建立互联网舆情汇集与分析机制。"舆情是舆论生成前的一种特殊形态，它是群众的心理、情绪、意见、要求的一种综合表现。"掌握舆论的话语权，就应当时时检测舆情，准确进行舆情分析和判断，及时回应与疏导网上言论，化解舆论危机，避免网络舆论演化为群体事件，酿成公共危机。

（二）公开——推动舆论传播

信息公开是舆论监督的基础。对于伊曼努尔·康德及其追随者而言，解放的基础是启蒙，而启蒙的基础是公开——即与同社会市民自由交换关于世界和关于社会关系的观点，以到达真理和自由选择，共享道德共同体。"外部本质的理性知识的真相和道德规范的有效性都只能由'共感'的检验建立起来，而后者的确定要在经过公众的讨论和争议之后；外部约束在剥夺人们公开交流思想的自由的同时，也会拿走他们思想的自由。思想的自由是我们在公民生活的重负中保留的一份珍贵财产，只有它才能为我们提供战胜这种环境中所有邪恶的方法。"公平、正义、合理性理念只有在经常性、公开性的交往中才能形成理性共识。《中华人民共和国政府信息公开条例》的颁布和实施，正是出于这样的目的。

当前，互联网是公众接收信息的重要渠道之一。信息的公开化和透明度，有助于促进公众对政府的信任与理解。温家宝总理 2006 年 3 月 14 日在答美国记者有关互联网管制问题时，援引美国老报人赛蒙·斯特朗斯基的话——"要讲民主的话，不要关在屋子里只读亚里士多德，要多坐地铁和公共汽车"。"作为人民的政府，应该接受群众的民主监督，也包括在网上广泛听取意见。"2008 年，胡锦涛总书记在做客人民网时，称互联网是"思想文化信息的集散地和社会舆论的放大器"；"互联网这么重要，因此必须要运用，必须要跟网民有这种结合"。

正所谓"防民之口，甚于防川"。外部约束在剥夺人们公开交流思想的自由的同时，也会拿走他们思想的自由。而思想的自由是我们在公民生活的重负中保留的一份珍贵财产，只有它才能为我们提供战胜这种环境中所有邪恶的方法。为此，一方面，我们要敢于直面网络媒体的挑战，通过网络媒体搭建起一个有利于党和政府与人民群众交流、对话的互动平台。另一方面，必须善于利用网络媒体，及时发布党的立场和理念；利用受众接受信息的"首因效应"，以"主流舆论场"作用"民间舆论场"，影响舆论的走向。

（三）协商——促成社会共识

社会要作为一个统一的整体存在和发展下去，需要社会成员对该社会有一种"共识"，即对社会方方面面、林林总总的问题持有大体一致的观念和倾向。"任何一个社会集体中的成员，如果不是仅仅靠武力结合在一起，就必须遵守公共道德规范，这种公共道德规范促使自由的个体归属于一个特定的集体——在这个集体中就像在家里一样——这样，具有成员资格的人们就会对它忠心耿耿，而在对公民身份的最终考验中，他们会准备以为国献身的方式使个人利益服从于公共利益。"

社会共识不是自然形成的，也不是政府强加的，而是多方协商的结果。"统治集团的支配权不是通过操纵群众取得的；要取得支配权，统治阶级必须与对立的社会集团、阶层以及他们的价值观进行谈判，（对话）谈判的结果是调停。"

在形成社会共识的过程中，大众传媒起着重要的中介作用。"从最初的写作经验开始，媒介经验对于自我认同以及基本的社会关系组织，都已经造成深远的影响……"乔治·格伯纳曾将"公开发表"（亦即大众传媒的主要活动）看成是一种"私人的认知体系超向公共认知体系的转变"，这种转变创造出新型的集体思想。这种观点的不言之意是，"认同"是通过大众媒介有组织的广泛共享的信息中取得的。

胡锦涛总书记在中共中央政治局 2007 年 1 月 23 日下午举行的第三十八次集体学习中强调，要加强网络文化建设和管理。而网络文化价值观的形成，同样需要官方话语与民间话语"协商"、对话和互动，最终达成推动社会发展的社会共识。

网络媒体在彰显民意民声、推动民主进程等方面释放出巨大能量，成为公众参政议政、表情达意的新型公共领域空间。面对网络舆论监督的冲击，政府管理应把握"宜疏不宜堵"原则，本着"服务"、"对话"和"协商"之态度，着力构建政府与媒体的合作关系，使网络舆论监督向着更积极、更健康的方向发展，从而推动社会发展，促进民主进程。

【注释】

[1] 陈力丹 . 舆论学——舆论导向研究 [M]. 北京：中国广播电视出版社，1999:11.

[2] 中国网事 . 四大热词折射中国互联网发展新走向 [EB/OL]. 新华网，2010-08-20.

[3] 中国投入大量资金建设基础设施促进互联网普及应用 [EB/OL]. 新华网，2010-06-08.

[4] 郑保卫，邹晶 . 试论当前我国舆论引导的新策略 [J]. 新闻业务交流 .2007(6).

[5][英] 尼古拉斯·加汉姆 . 解放传媒现代性 [M]. 李岚译 . 北京：新华出版社，2005:76—77.

[6][英] 尼古拉斯·加汉姆 . 解放传媒现代性 [M]. 李岚译 . 北京：新华出版社，2005:14.

[7][英] 尼古拉斯·加汉姆 . 解放传媒现代性 [M]. 李岚译 . 北京：新华出版社，2005:14.

[8][英] 尼古拉斯·加汉姆 . 解放传媒现代性 [M]. 李岚译 . 北京：新华出版社，2005: 285.

[9] 李岩 . 媒介批评 [M]. 杭州：浙江大学出版社 .2005:44.

[10][英] 丹尼斯·麦奎尔 . 麦奎尔大众传播理论 [M]. 崔保国，李琨译 . 北京：清华大学出版社，2006：92.

浅谈低碳概念在建筑设计中的应用

武汉东湖学院传媒与艺术设计学院　涂　芳

低碳经济时代势不可挡。在技术层面上，低碳经济要求我们为建筑行业建立一个低碳的能源系统、低碳技术体系和低碳产业链。改变高耗能的生活方式，采用先进的节能手段打造绿色建筑，这是今后建筑业发展的必然趋势。

与低碳发展相关的中国建筑节能工作已走过了 20 多年的历程，建筑节能与绿色建筑已逐步推广开来，正进入快速发展阶段。一方面，节能建筑和绿色建筑虽然初期投资可能会高，但其全寿命周期内的成本及运行费用较低，具有较高的性价比，总体能节约资源、保护环境和减少污染；另一方面，来自全球的减排压力和市场竞争压力等因素，使得低碳发展的商机格外诱人，绿色建筑相关行业的减排动力正逐步显现出来。

一、低碳理念

低碳其实就是一种最自然的生活方式，就好像我们所居住和工作的地方，如果可以不需要人工制造气温，尽量自然通风，自然采光，这样的生活环境才是完整的，才称得上是低碳的。

低碳理念的核心在于加强研发和推广节能技术、环保技术、低碳能源技术，并建议建立"亚太森林恢复与可持续管理网络"，共同促进亚太地区的森林恢复和增长，增加碳汇，减缓气候变化。

二、低碳概念在建筑设计中应用的原则

中国发展绿色建筑，应基于以下原则。

第一，"因地制宜"的原则。"绿色"概念源于可持续发展思想，本身就强调实事求是和因地制宜，因此，因地制宜可以说是中国绿色建筑发展的核心理念。中国幅员广大，气候条件、地理环境、自然资源、城乡发展与经济发展、生活水平与社会习俗等差异巨大，对建筑的综合需求因此而不同。这就要求在技术策略上要考虑"因地制宜"。

因地制宜的原则体现在不是每一套系统在任何气候条件下或不同类型建筑中都适用。例如在北方采暖地区，采暖是建筑节能的重要方面。因为冬季室内外温差大(20℃)，

因此通过加强保温、减少室内热量的散失是降低采暖能耗、保证冬季室内舒适热环境的关键。但是对于南方地区,空调是建筑能耗的重点。由于夏季室内外平均温差比较小,降低空调能耗的关键是减少进入室内的太阳辐射,以及尽快把室内热量向室外散发,保温好反而不利于室内热量的散发,遮阳才应该是降低空调能耗的关键。即便是外墙,隔热设计(如通风外墙、浅色表面等)也比保温更加重要。因地制宜还有一个重要的理念,就是不要盲目的照搬国外技术,或生硬地采用某种技术。

第二,"全寿命周期分析评价(LCA)"原则。绿色建筑不仅强调在规划设计阶段充分考虑并利用环境因素,施工过程中确保对环境的影响最小,还关注运营阶段能为人们提供健康、舒适、低耗、无害的活动空间,拆除后可以把环境危害降到最低。可以说,绿色建筑就是要求从建筑的全寿命周期角度,通过合理的资源节约和高效利用的方式,建造低环境负荷下安全、健康、高效、舒适的环境空间,实现人、环境与建筑的共生共容和永续发展,全面达到"四节(节能、节地、节水、节材)—环保(保护自然环境与资源,保障建筑室内外环境质量)"的目标。

例如,对于保温材料(如聚苯板、挤塑板和发泡聚氨酯等)的选用,应该从全寿命周期角度,分析对资源、能源的消耗和对环境的影响。其原因是,传统聚氨酯保温生产中的发泡过程采用CFC-11作发泡剂,其中的CFC物质对臭氧层有破坏作用。采用CFC-11作发泡剂时,保温增厚到一定厚度之后,不一定能通过运行阶段的节能而抵消该保温本身生产、使用、报废过程中所带来的负面环境影响。也就是说,不能单纯强调增加保温厚度,却忽视了发泡剂生产、泄漏过程中的环境影响。

第三,"全过程控制(Process Contro11)"原则。在绿色建筑实施的各阶段中,上一阶段(如设计阶段)的思想能否在下一阶段(如施工、规划阶段)得到有效贯彻,这对于绿色建筑理念能否真正实现至关重要,特别在中国当前的建筑业水平下更加值得重视。例如,近五年来国内外相继建设完成的一些绿色建筑,其实际运行性能以及"节能、节水、节材"等指标与设计目标相比,均存在不同程度的差异,究其原因,是施工阶段中和运行调试、管理中没有贯彻设计意图,或者说存在控制环节的缺失。在当前中国各地建筑设计、施工、管理水平存在差异的情况下,基于全过程控制、分阶段管理的绿色建筑思路尤其重要。

三、建筑设计的低碳发展技术

我国正处于城镇化和工业化的快速发展时期,既有建筑总量和每年新建建筑面积都很大,而能够达到建筑节能标准的比例却很低,造成能源的极大浪费,但节能潜力也很大。因此,积极开发和大力推广建筑节能新技术,在改善人们居住环境的同时降低建筑能耗水平,建设节约型社会,对保持国民经济持续发展、缓解能源的供需矛盾,具有十分重要的现实意义和长远的社会意义。采取周密、有效的建筑技术措施可以降低 2/3—3/4 的建筑能耗。

住房和城乡建设部从 2009 年起已着手制定《建筑节能三年规划》，预计一旦规划出台，节能材料在国内的应用也将逐步实现。

节能新型材料主要来自三部分：外墙、门窗、屋顶。

（一）外墙节能技术

在建筑中，外围护结构的热损耗较大，外围护结构中墙体又占了较大比重，因此外墙外保温就成为建筑节能的主产品。对于以保温为主的地区，外墙外保温不仅合理，而且适用，发展较快。外墙节能技术主要包括以下几种。

（1）反射隔热涂料。这是在铝基反射隔热涂料的基础上发展而来，通过选择合适的原料和配方等，制得高反射率涂层反射太阳光来达到隔热目的。薄层隔热反射涂料是这类涂料的代表。（2）阻隔性隔热保温涂料。这是通过低导热系数和高热阻来实现隔热保温的一种涂料。（3）辐射隔热涂料。这是通过辐射的形式把建筑物吸收的太阳能以长波形式发射到空气中，从而达到隔热降温的效果。将不同的隔热保温涂料和保温材料组合，是外墙外保温的发展趋势。

（二）门窗节能技术

门窗是最容易造成能量损失的部位，这就对外维护结构的节能提出了比较高的要求。目前，对门窗的节能处理主要是改善材料的保温隔热性能和提高门窗的密闭性能。

(1) 框料。目前，节能窗的框架类型有很多，如断热铝材、断热钢材、塑料型材、玻璃钢材及复合材料等，其中，断热铝材节能效果比较好。因此，应继续加大对铝材的技术开发力度，以得到最优的节能窗框。

(2) 玻璃。节能玻璃包括玻璃镀膜、玻璃着色和中空玻璃，即用物理或化学镀膜工艺，改变玻璃表面的热反射特性，将太阳辐射直接反射回去，从而提高玻璃的遮阳隔热性能。其中，低辐射玻璃（又称 Low-E 玻璃）可反射太阳能波段的热辐射，从而有效地控制玻璃的遮阳性能，同时也明显降低玻璃的传热系数，是以后开发的重点。

（三）屋顶节能技术

在寒冷地区的屋顶设保温层，常用的技术措施是在屋顶防水层下设置导热系数小的轻质材料（如膨胀珍珠岩、玻璃棉等）用以保温；也可在屋面防水层以上设置聚苯乙烯泡沫。目前最受推崇的是利用智能技术、生态技术来实现建筑节能的愿望，如太阳能集热屋顶和可控制的通风屋顶等。

四、推广低碳建筑应用技术

近年来，中国科技部在相关科技规划中，已经对节能和清洁能源、可再生能源、核能、碳捕捉及封存、清洁汽车等具有战略意义的低碳前沿技术开发进行了部署，并加大了投入力度。低碳技术是实现我国城市低碳发展的核心，是提升未来城市竞争力的关键，也是摒弃发达国家老路和旧的技术模式，实现我国城市跨越式发展的途径。

我国在低碳技术领域的自主创新能力正在快速提高，一大批成熟的低碳技术正在得到推广和应用，新的更有效的低碳技术正在国家的大力支持下研发出来并得到产业化应用，但核心关键技术依然没有解决，低碳技术仍以中低端为主。因此，只有通过科技进步和新技术的推广，才能促进低碳产业向高科技高附加值发展。由于低碳技术前期投入较大，而其发展又对整个社会经济的溢出效应作用较大，所以在低碳技术研发前期，政府应该起主导作用。低碳产业在自主创新的同时，需要加强与国际的接轨，以促进国际技术合作与转让，争取尽快掌握和推广低碳技术。除此之外，主要的挑战在于如何跨越低效型法规框架、如何克服可行性经济模式的缺乏、资金不到位和既得利益等因素造成的阻碍，从而将这些措施付诸实行。

五、结　论

低碳经济的核心是能源技术和减排技术创新、产业结构和制度创新以及人类生存发展观念的根本性转变。因此，在建筑规划设计、建造和使用过程中，应采取合理有效的建筑节能技术，考虑整个生态系统的协同合作，建立建筑低碳节能系统，并形成可循环持续发展的模式，才能有效解决城市发展中的各种问题。在能源危机的时代中作出建筑师冷静的思考，将是未来建筑设计应对环境与资源问题的必由之路。

【参考文献】

[1] [英] 布莱恩·爱德华兹.可持续性建筑 [M].周玉鹏，宋晔皓译.北京：中国建筑工业出版社，2003:41—78.

[2] 刑继俊，黄栋，赵刚.低碳经济报告 [M].北京：电子工业出版社，2010.

[3] 牛文元.中国新型城市化报告 2010[M].北京：科学出版社，2010.

[4] 中国城市科学研究会.中国低碳生态城市发展战略 [M].北京：中国城市出版社，2010.

微博传播中的使用与满足理论研究

武汉东湖学院传媒与艺术设计学院　　胡　蕾

微博作为一个集信息发布和交流于一体的网络平台，已成为家喻户晓的网络产品。本文以传播学中的使用与满足理论为框架，在分析微博特征的基础之上，探讨了"微博热"现象，同时对微博传播中把关人弱化现象提出思考。

一、微博的概念

微博，即微型博客 (Micro-blogging) 的简称，是 web2.0 时代新兴起的一种 SNS(Social Network Site) 形式，它是即时信息的一个变种，其最大的特点就是集成化和 API 开放化。微博用户可以通过移动设备、IM 软件 (gtalk、MSN、QQ、skype) 和外部 API 接口等途径向微博发布消息。

2006 年，埃文·廉姆开办的 Twitter 标志着微博的诞生。在中国，微博出现于 2007 年，主要集中于饭否、同学网、腾讯等专业型网站。2009 年 8 月，新浪涉足微博领域，开始内测。新浪微博借鉴其博客的扩张模式，以名人微博为切入口，上线后得到了快速发展。随后，搜狐、网易、人人网等门户网站相继推出了微博服务，微博成了各大门户网站的标配服务。

微博作为新兴的自媒体平台，受到网民的强烈推崇，用户数呈现出爆发式增长。至 2010 年来，在短短 14 个月内，新浪微博的访问用户规模已达到 1.2 亿人，活跃的注册用户数突破 6000 多万个。2011 年上半年，中国微博用户数量从 6311 万增长到 1.95 亿，半年增幅达 208.9%，手机网民使用微博的比例也从 2010 年末的 15.5% 上升至 34%。[1]

二、微博传播中的使用与满足理论

使用与满足理论是传播学领域关于大众媒介的效果与使用的理论，用以研究媒介和受众的关系。使用与满足是一种受众行为理论，该理论认为受众基于特定的需求动机来接触媒介，并从中得到满足。

当一个新媒体和内容出现时，通常人们首先关注的是它有什么用途，人们在什么情况下会使用它。因此，使用与满足理论往往是新媒体研究中最先使用的理论框架。

[1]　第28次中国互联网络发展状况统计报告[EB/OL].http://baike.baidu.com/view/6139540.htm.

对于微博这样一个新型的服务网站，它的使用同样可以用使用与满足理论来解释。

（一）微博传播中的使用理论

1. 传统"使用"，使用"媒介信息"

美国社会学家 E·卡茨被认为是"使用与满足"的"现代时期"的最主要的代表人物之一。E·卡茨在其著作《个人对大众传播的使用》中首先提出该理论，他将媒介接触行为概括为一个"社会因素＋心理因素—媒介期待—媒介接触—需求满足"的因果连锁过程，提出了"使用与满足"过程的基本模式。[1]

E·卡茨曾经谈道："受众成员主动利用媒介内容，而不是被动接受媒介的控制，因此，它所假设的并不是媒介与效果之间的直接关系，而是推定受众成员能够利用信息，他们对信息的利用也会影响到媒介效果。"很显然，E·卡茨认为受众利用的是"媒介内容"，是"信息"来满足人们的个人需求，也就是他所提出的"使用与满足"理论中的"使用"，使用的是媒介信息。

2. 微博传播中的"使用"，使用"媒介信息"和"媒介本身"

微博最大的优势是微博用户可以通过各种终端上传不超过 140 个字符的消息，而该用户的"关注者"也能及时看到该消息并发表评论，同时，该用户也可以通过微博看到他所关注的其他用户所发布的信息。这就冲破了一定的技术限制，扩大了微博的使用人群，不拘束于时空条件，使得信息的流通更加方便快捷。

微博传播内容的多元趋势明显。网络是以光、磁等物质为存储介质，以数字为存储和传播形式的时间和空间可以无限延伸的媒介载体。这种特质决定了网络的海容性，它有足够的空间容纳任何信息，140 个字符的限制也决定了"碎片化式的写作是传统博客系统化、长篇大论写作之外的一个写作天地"[2]。

微博传播效果的时空延伸无限。微博不仅与电脑技术相连接，而且与手机技术相连接，可以真正实现随时随地"织围脖"。140 字，只需移动拇指就可实现编辑和发送。在微博时代，人人都是自媒体，信息的传播不再以媒体为中心，而是以传播者或话题为中心。惊人的流通速度、庞大的粉丝群体，可以在瞬间形成强大的舆论力量，这就为微博信息的传播效果提供了技术支持。同时，微博平台的互动性和开放性也可以让不同的声音得到表达，增加了新鲜的观点、加深了信息的深度，为微博信息传播提供了强大的动力。

微博传播中，微博用户既充当了媒介内容的生产者又充当了媒介内容的消费者，使传者和受者的角色能够自由转换。受众不只是受众，同时也是传播者，他使用的也不仅仅是媒介信息，同时使用的还有媒介本身。微博用户使用微博媒介提供的各种信息，实际上就是使用了媒体本身，受众由传统的"使用媒介信息"向"使用媒介信息"与"使用媒介本身"相结合的方式转变。

（二）微博传播中的满足理论

根据使用与满足理论，受众接触媒介是为了满足他们特定的需求，而能否在使用过程中得到心理满足，这直接影响着受众对媒介的期待。受众主动选择微博这一媒介，

---

[1] 郭庆光.传播学教程[M].北京：中国人民大学出版社，1999:183.

[2] 刘丽清.微博虽"微"足值道尔——微博特性之浅析[J].东南传播，2009(11).

并且形成一股潮流，说明使用者必然从微博这种新媒体形式中找到了自己所需求的东西。

1. 环境监测需求

微博用户通过使用微博，可以获得与自己的生活直接或间接相关的各种消息，及时把握环境的变化。监测环境这也是人们使用微博的主要动机。微博以其即时性、便捷性取胜，可以在任何时间发布海量信息。140 个字符的限制,也大大缩短了阅读所需的时间，能让人在最短的时间里了解到所关注的信息，为人们获取外部信息提供了极为便捷的通道，这恰好满足了受众的"使用与满足"心理。就像 Twitter 的发明者杰克·多尔西对微博的评价:"它的氛围感更强，你基本上是在一堵墙上涂写，如果谁想看，就可以看到。"

2. 人际关系需求

根据德国哲学家于尔干·哈马贝斯提出的公共空间 (Public Sphere) 概念，微博是具有虚拟社群 (Virtual Community) 属性的公共空间。哈马斯认为，公共空间是"介于私人领域和公共权威之间的一个领域，是各种公众聚会场所的总称，公众在这一领域对公共权威和其他共同关注的问题做出评判"。[1]微博为受众提供了自由表达和信息共享的公共空间。在这个公共空间里,受众可形成人际交往,满足社会归属需求。因此，微博成为了拓展人际网络的平台，在这个平台上，受众根据同嗜性，选取与自身具有共同兴趣的关注对象，建立联系，形成社会环。受众一旦遇到问题，就能够从社会环中获得支持。

3. 自我实现需求

微博同传统媒体相比，在言论表达上降低了门槛，在面对突发事件时，每个人都能成为"新闻播报员"，这种互动式的新闻传播无疑强化了受众的主体地位。微博页面上设有"关注"和"粉丝"的计数，在自由发布信息的过程中，受众能获得关注与粉丝，而关注度越高，受众发布的信息就能被放在显著的位置，更加能为传播者增添人气，这样，受众所能感觉到的"虚拟权力"也就越强。这种所谓的"虚拟权力"无疑能使人获得极大的被尊重感，满足其自我实现的需求。

4. 心绪转换需求

在现代社会的快节奏生活中，人们的压力越来越大，而压力累积到一定的程度，人们就必然会寻求一定的途径来进行纾解和宣泄。微博的即时通讯功能极为强大，受众可以在任何时候将所闻所想用短消息的形式发布到微博上，随时随地与好友交流，抒发感慨或者发泄不满情绪，而无需像写传统博文那样深思熟虑，这样更有助于放松自己，转移现实中的压力。另外，在微博中，每个人通过添加关注都拥有一个好友圈，在这个虚拟的空间内，受众不需要面具，心理学家曾表示:由于看不见对方，人们便相对不会压抑心里真实的感觉。这种意识的超越能让人有跳出现实的刺激感和轻松感，能更为真实地展现自我和朋友畅所欲言，暂时摆脱现实生活中的烦恼。

---

[1] 喻国明.微博价值：核心功能、延伸功能与附加功能[J].新闻与写作，2010(1).

三、微博使用与满足中存在的隐忧

微博作为一个信息发布的平台，其信息质量也因其信息发布的随时随意性而受到质疑。因为在微博上发表信息相当容易，并且发布的内容大多是唠叨，琐碎的小事，从而促使了"无聊"信息的增长，使人们再次淹没在信息的汪洋之中，很难从中找到高质量的信息。《魔鬼经济学》的作者史蒂芬·列维特说道："在微博中，有价值的信息占到的比例仅为 4% 左右。"[1]

在微博传播中，传播主体由单一的专业新闻记者变成了多元化、草根化的普通微博用户。任何注册有微博客的用户都可以随意地发布信息，这些普通的微博客用户，他们不可能像新闻记者那样有新闻专业主义的内在要求。在微博传播过程中的"把关人"角色发生了变化，新闻的采集者与加工者合为一体，所以这两个把关过程也就合二为一了。这时候的"把关人"从内涵到外延，都不同程度的发生了变化。相比较传统的"把关人"，微博客的"把关人"更多的是考虑到个人的因素，对把关的外部因素考虑的比较少，所以对微博客的把关人来说，自律显得特别重要。

作为一个新兴事物，尽管微博的出现只有短短的三年，但微博以其超乎寻常的发展速度、跨国界性的影响效应，吸引了社会各界的关注。微博的出现，无疑体现了时代精神和社会进步。但是新兴网络互动模式的开发和出现不应仅只是网络传播技术的一次大变革，为了更好地实现技术发展与社会发展的融合性和谐效应，需要在社会各界的广泛参与下、在政府正确有力的制度规范引导下，充分发挥新媒介的自身优势，趋利避害，以实现微博的健康发展。

【参考文献】

[1] 刘兴亮.微博的传播机制及未来发展思考 [J]．传媒观察，2010(1)．

[2] 刘海龙.大众传播理论：范式与流派 [M]．北京：中国人民大学出版社，2008．

[3] 葛文君，李丹丹.微博与传统博客的比较 [J]．青年记者，2010(2)．

[4] 孟波.新浪微博：一场正在发生的信息传播变革 [EB/OL].http：Hblog. sina. tom. cn ／ S ／ blog 4734304f0lOOhlVd htm.

[5] 许卓.微博客的传播优势及发展前景探析 [J]．今传媒，2010(1)．

[6] 郭庆光.传播学教程 [M].北京：中国人民大学出版社，1999．

[7] 孙卫华，张庆永.微博客传播形态解析 [J]. 传媒观察，2008 (10).

---

[1]　胡泳，胡尧熙.IX微博客：一场互联 网革命 的先 兆[EB/OL]. http: //www. 21com. neffnewsinfo. aSp. id=6493&Cid: 10352300.

系列广告在品牌形象传播中的作用

武汉东湖学院传媒与艺术设计学院　　洪　英

本文围绕系列广告在品牌形象传播中的作用来展开论述，阐述了什么是系列广告，系列广告的特征，进而深入地论述了系列广告在微观上的广告效果，以及在宏观上提升品牌形象、增强品牌魅力、保持品牌的青春活力及让产品品牌的定位更加深入人心的作用。因此，我们应该善于运用好的系列广告来传播品牌，提升品牌形象。

单一的广告想要成功地树立品牌形象，首先需要有良好的创意、设计和制作，还需要有相当长的时间的培养。提高广告的出现频率似乎是唯一可以加深消费者印象的办法，但是消费者很容易就丧失新鲜感，再看就会生厌，再好的广告创意在广告效果上也会变得不那么好。因此，广告主通常的做法就是变换广告形象、广告风格和广告主题，用新的广告形象来代替已经成功了并且还不断有使用价值的形象，结果会导致有时候所有的付出半途而废，浪费大量的人力和物力。这也是广告界及相关广告人一直在思考的问题，即什么样的广告能使品牌形象在传播中的效果更好一些？系列广告以其独特的创意主题和表现的"多样化"、"多量化"，往往能起到事半功倍的效果。

一、什么是系列广告

系列广告是指在同一媒体或不同的媒体上轮番传播的一组广告，而这一组广告是基于同一主题或同一风格而发展的超过一种以上的创意表现。[1]如闻名世界的绝对伏特加酒平面系列广告。系列广告与单一的一则广告相比具有创意的延续性、时空的扩展性、多种媒介项目的差异性，也正因为如此，它远比单一广告在品牌传播中的效果更持久、更有效。

二、系列广告的特征

（一）系列广告的设计特征

系列广告设计有着变化与统一的基本特征。在广告启动之初，根据投放需要把一个完整的创意整体里的各个组或单位细分为若干组小单元，每组单元仅为整个创意的一个部分，并包含一则广告应具备的完整广告语素。以平面广告为例，语素包括图形、

---

[1]　参见[美]汤·狄龙.怎样创作广告[M].刘毅志译.北京：中国友谊出版公司，1991.

文字、符号、色彩等。每个单元既要保持内在联系，又要形成相对独立且有特定意义的画面。我们可以这样理解，创意发源于灵感，并沿着线性思维纵向、横向、逆向或放射性发展，从而延伸出若干种可能，选择其中有构图造型可能的一些线索发展完善成为画面。整套设计应体现出点、线、面三位一体的整体关系，系列的局部如同一棵大树上的叶片，虽然角度、姿态、形状、色彩等具体细节各异，却有着大致相同的结构和组织形式。[1]

（二）系列广告的表现特征

系列广告创意空间较大，表现形式五花八门，概括起来大致有多方位展示、层次递进、悬念升级等几种基本形式。

1. 多方位展示

多方位展示有利于客观、全面地展示产品，加深人们对它的认识，从相对理性的角度获取认知。这对于知名品牌产品更新换代或使企业文化广泛外延的诉求来说，应是一种首选形式。多方位展示系列形式留给设计者的发挥空间较大，适用范围较广，是系列广告最常见的表现形式。

2. 层次递进

层次递进是把理性诉求按照时间、空间或逻辑等关系拆解为若干层次，如同完成电视剧情一般逐一展开画面，信息传达明白到位，具有不可逆性。这样的设计对新产品推广最为实用。每种新产品进入市场，首先要引起人们的注意力，进而得以展示自己，这是一个"哗众取宠"的过程。从"哗众"的轰动效应到"取宠"的最终实现，系列广告的层次观念注重的是层次分明、详略得当。这种形式的系列广告难点在于衔接，如果系列中各单元各自为政，细节效果胜过总体印象，则算不上成功的系列广告。

3. 悬念升级

这类形式的系列广告往往有计划性地设置情节性语言，先展开出人意料的最富吸引力的场面，然后逐层剥去神秘感，情节也随之进入高潮。它与层次递进形式都属于叙事型系列，既像相声表演里的"抖包袱"，更像侦探剧的故事情节，扑朔迷离的线索伏笔使观众的好奇心急剧加强，急切期待结果出现。[2] 这期间，设计者往往欲擒故纵，将情节尽可能复杂化，采用无中生有、平地惊雷的手法来"吊足胃口"。这种形式适宜应用于竞争激烈、品牌特征不突出的项目。悬念类系列广告需要准确把握情节设计，并生动地传达出视觉效果，从而为情节营造一种特定的感性氛围。

三、系列广告的作用

将信息塑造成完整的传播形态，从而打动受众的心灵，这是系列广告的主要功用。相映成趣、互为补充、诉求单一、表达凝练的文字与画面，能吸引受众的注意力，产

[1] 参见[美]里斯·特劳斯.定位：头脑争夺战[M].王恩冕等译.北京：中国财政经济出版社，2002.

[2] 参见卫军英.广告策划与创意[M].杭州：浙江大学出版社，2001.

生和主题相关的感受以及戏剧效果。一套好的系列广告不仅可以改变产品的命运，还能够改变人们的生活。

（一）微观层次

从微观层次上看，系列广告有助于增强广告效果。系列广告通常采用分期分批的形式从不同的角度提供给消费者全新的信息，并保持风格的一致，这有利于对消费者进行反复的刺激，并保持每次刺激的新鲜感，以强化记忆，进而提高广告效果。持续一致的系列广告在与消费者沟通时，经常从最初的产生知晓或改变态度转变到一种提醒和维持，达到在看见由熟悉要素组成的新型系列广告，便能产生认同感和愉悦感的效果。[1]

（二）宏观层次

从宏观层次上看，系列广告在品牌形象传播中具有这几方面的优势。

1. 系列广告能让产品品牌的定位更加深入人心

作为从同一主题发展成的系列广告有自己的定位，定位是在消费者有限的需求心理空间寻找一个有效的位置。要做好广告，首先要了解消费者，消费者是理性兼感性的，呐喊式的单一的广告已不足以吸引、打动他们，相反，循序渐进、潜移默化的主体灌输，一般能引起共鸣。

2. 系列广告有利于保持品牌的青春与活力

品牌和产品一样，都有自己的生命周期。一个品牌要保持青春有很多种方法：创造新的符号，改变品牌定位，也可以推陈出新推出新产品，或者改变传播口号，或者更改品牌名称。种种方法的目的无非是想品牌形象不老化，魅力不减少。但是每一种方法都需要投入大量的人力物力，而且也并不是每一种方法都能成功。而系列广告同样可以使品牌保持青春活力，且它只需要一个核心的创意、一个统一的主题，就可以在不同的时期、不同的地点，针对不同的消费者采取不同的表现手法和表现方式，还可以延伸不同的创意表现。

几乎所有的长盛不衰的品牌，其品牌主张都在随着时代的变迁而不断地演化，例如畅销世界各地的可口可乐和百事可乐，他们有自己的定位，每年都根据这个不变的定位变换不同的广告词。

3. 系列广告有利于提升品牌形象，增强品牌魅力

大卫·奥格威认为，任何产品的品牌形象都可以依靠广告建立起来，广告创意的好坏直接决定了品牌形象的优劣。

首先，系列广告的"主题"是富有创意的。一个好的创意主题可以诞生许多在风格上一致的广告系列，你无法掌握它会变成什么样子，但它留给人们的是更多的想象空间。

其次，系列广告能通过统一的主题、相似的风格，从不同的角度，以不同的表现方法，通过不同的媒体，传达给品牌所定位的不同的广告人群。系列广告通过表现的多样、多量，通过广告的不断接触和想象的不断灌输，使受众更容易理解和接受广告

---

[1] 参见[美]杜纳亚科耐普.品牌智慧[M].赵中秋，罗臣译.北京：企业管理出版社，2006.

信息，从而使品牌形象得到不断的积累。

　　4. 系列广告有利于品牌文化的塑造与传播

　　广告不仅提供产品信息，同时也潜移默化地塑造一种品牌文化或者价值观念。文化的积淀、价值观念的形成不是一朝一夕的事情，很多系列广告的主体就带有文化的色彩和内涵，同时又由于系列广告的多样化，使得系列广告在文化积淀方面发挥了独有的优势。[1]系列广告的文化传播一般会出现两种结果。其一是文化渗透，这里最成功的例子莫过于前面提到的绝对伏特加系列广告。该系列广告有数百张之多，而每一张广告正是从一个创意点出发，以伏特加瓶子外形为设计元素展开联想，努力把自己的酒瓶子定格在全世界各国各民族悠久、优秀、为人熟知的文化象征上，创造出了很多既突出这些国家地方特色的文化，又使绝对伏特加的瓶子外形与其巧妙融为一体的成功案例，也打造了伏特加特有的品牌形象。其二，通过系列广告的不断灌输和标新立异，可以确立一种新的文化内涵，可以塑造新的生活方式和价值观念，从而塑造独有的品牌个性。

四、结论

　　系列广告不仅可以提供产品信息，还有利于提升品牌形象，增强品牌魅力，能让产品品牌的定位更加深入人心，有利于保持品牌的青春与活力，有利于品牌文化的塑造与传播。在现代社会，系列广告已成为品牌营销中的重要部分，能否在消费者心中留下关于品牌的系统印象，这对品牌的长远发展和近期利益都有着重要的意义。

【参考文献】

[1] [美] 汤·狄龙. 怎样创作广告 [M]. 刘毅志译. 北京：中国友谊出版公司，1991.

[2] [美] 里斯·特劳斯. 定位：头脑争夺战 [M]. 王恩冕等译，北京：中国财政经济出版社，2002.

[3] 陈培爱. 多媒体时代的广告创意思考 [J]. 新闻大学，2001（春季刊）.

[4] 卫军英. 广告策划与创意 [M]. 杭州：浙江大学出版社，2001.

[5] 张全金. 中外名牌与广告策划 [M]. 北京：中国广播电视出版社，1997.

---

[1]　参见[英]奥利弗·博伊德.媒介研究的进路 [M].汪凯，刘晓红译.北京:新华出版社，2004.

对新闻客观性的反思

——兼论新闻客观性与主观性的关系问题

武汉东湖学院传媒与艺术设计学院　　姚　娟

坚持新闻的客观性是新闻报道的基本准则。然而，新闻工作者的主观倾向却一直存在在新闻报道中。因此，我们既要承认新闻记者与媒体的主观倾向的存在，同时也不能放弃对新闻客观性的追求，即新闻报道要尊重客观事实，按照事物的本来面貌去反映新闻事件。

新闻的客观性，简单的说来，就是真实准确地反映事实，避免在新闻中出现个人偏见。坚持新闻的客观性是新闻工作者所遵循的基本准则，但真正操作起来，却困难重重。最关键的问题在于，要如何对待新闻工作者主观性倾向的渗入。

在新闻事件的报道过程中，很难避开新闻工作者的主观认识。首先，新闻事件发生之后，要通过记者的观察、思考，然后形成文字与受众见面，者整个过程中，记者的生活经历、知识背景、价值观念决定了其对新闻事件的理解程度；其次，新闻编辑是否采用新闻作品，也有主观选择过程。可见，新闻事实不可能真正还原。

新闻客观性与主观性的关系问题一直为新闻界所困惑。这一现象从武汉大学新闻学院的新闻学考研试题可见一斑。例如：2003年辨析题第三题，新闻的客观性就是报道上的主观完全符合客观；2004年辨析题第一题，客观性往往导致轻率肤浅的报道，成为媒体逃脱责任、寻求平衡的手段，因此，对于公众而言，它往往表现出负价值；2007年讨论题第一题，人无法做到完全客观，所以客观性原则就没有必要坚持。客观性原则是人理性精神的要求，体现了人的一般道德价值。这三题关注的基本上都是新闻客观性与主观性的关系问题。第一题通过对主观是否完全符合客观的辨析，考查了学生对新闻工作者主观性在新闻报道中地位的认识。第二题则考查了新闻客观性与舆论监督的关系，舆论监督就是媒体主观倾向的反映。第三题通过对坚持客观性的悖论来考查对主观与客观关系的认知。这些考题集中反映了新闻界对新闻客观性的重视以及其中存在的问题。

对于新闻客观性是否存在，学界也存在着不同的看法。黄旦教授在《新闻客观性三题》中说到，客观性是指意识到新闻报道中的"主观"，从而要求事实与价值分开的一种专业信念和道德准则；彭菊华则进一步指出："新闻报道的客观性指的是新闻报道按照新闻事实的本来面目如实反映的特性。"可见，学界承认新闻客观性在新闻学中的地位，新闻工作者用"客观性"表明其报道的可信性，从而提高自己的专业地位。《中国新闻工作者职业道德准则》也规定："采写和发表新闻要客观公正。"当然，也有不少学者否认新闻客观性。传媒学者黄平曾谈到："报纸呈现的世界，往往只是编采人员'拙劣主观'采集的'客观切片'。所以只谈客观，不能保证新闻的品质和风格；必须要以健全的主观条件来准确掌握客观。"贝尔纳·瓦耶纳在《当代新闻学》中也持相似的观点，他说："的确，做到客观性是很难的，也是自相矛盾的，因为从根本上说来，人们报道什么事情，这本身就是思想的产物，必然会有报道者智力的介入，因而也就必然包含个人的系数在内。"

新闻的客观性是否存在？要弄清这个问题，逻辑起点在于追溯新闻客观性的历史溯源。新闻客观性这一概念为西方新闻界提出，1900 年，美国联合通讯社提出"报道事实，而不报道意见"。

1923 年，美国报业编辑协会在《新闻规范》中对新闻的客观性作出规定。其中第五条是："中立——清楚区分新闻与意见的报道方式。新闻报道绝对不应掺杂任何形式的意见或偏颇。"

新闻客观性的提出与美国新闻史上"党派报纸的黑暗年代"相关，这个时期，资产阶级政党报纸由早先的反封建武器变成政党之间相互攻讦的武器，新闻的真实性被践踏。比如，托马斯·杰弗逊上台后，《里奇蒙记录报》就制造谣言，对他的私生活进行诽谤，以致这位总统悲叹："现在报上所刊登的全不足信，真理一旦落到这些肮脏的机关报上，也就成了可疑的东西。"由此可见，新闻的客观性主要是针对新闻的失实而提出的职业规范。对于新闻客观性内涵的理解。美国著名学者丹尼斯·麦奎尔的解释最为准确。他的论述是："当媒体或新闻工作声称他们是客观时，他们或多或少都意味着下列诸项情形：（1）他们在搜集和呈现（报道）新闻成品时，概以事实为主展开的是正确、真实的报道；（2）对于新闻事件，平衡、平均地处理一个论题的各方面是不变的原则。"结合新闻客观性的提出背景和丹尼斯·麦奎尔的解释，可以得出这样的结论：新闻客观性的重点在于新闻的真实性和公正性两个方面，也就是记者要以事实为主，展现正确真实的报道，对于新闻事件，要平衡平均地处理各方面意见。

可见，如何看待新闻报道中的主观性，要以新闻记者是否能够公正、真实的报道新闻事实为准绳。

首先，从新闻的真实性来看，新闻记者的主观性对新闻真实性影响的程度也不同，最要警惕的是新闻记者故意造假的虚假新闻。我国每年都会出现很多虚假新闻，这类新闻五要素都全为虚构，混淆了公众的视听，影响了媒体的公信力。如 2010 年评出的"中国作协作家团入住总统套房"、"中国每年有 220 万青少年死于室内污染"、"炒蒜高手掷千万买走百斤金条"等十大假新闻，都属此类。这些假新闻毫无事实根据，为记者主观造假，与新闻客观性原则相违背。其次，新闻记者的主观性表现在自己生活经历、知识背景、价值观念对新闻报道的影响。杨保军在《新闻真实论》中指出："新闻真实的核心是指新闻与其反映的事实对象的符合性及符合程度，是实与真的统一。"但是，符合程度到底如何，并没有确切的标准。例如，曾有美国学者教授过一节丰富生动的新闻课：他让警察突然冲进正在上课的教室，然后让学生描述刚刚发生的场景，结果发现面对同一件事情，学生的描述竟然不一样。而这些不一样也正说明，人类认识的局限性决定了人类不能真实地描述客观世界。

从新闻的公正性来看，新闻记者与媒体的倾向难以避免。例如在"李刚事件"中，CCTV 播放了主角李刚痛悔流泪向受害者及全国人民道歉的画面；面对药家鑫杀人案，在"新闻 1+1"节目中，李玫瑾教授分析了药家鑫杀害张妙女士的行为，最终得出"弹钢琴强迫性杀人"的结论，并指出药家鑫的杀人行为有深刻的家庭教育和社会教育对孩子心理抚养缺失的背景，使 CCTV 背负了为药家鑫开脱之嫌。在这两件备受舆论关注的热点事件中，CCTV 因其表现出的不公正的主观倾向而遭到诟病。又如 2009 年的"邓玉娇事件"，在湖北省巴东县野山关镇雄风宾馆梦幻城工作的邓玉娇受到了当地官员邓贵大和黄德智的性侵犯，在情急之下邓玉娇刺死邓贵大、刺伤黄德智，此事一发生便受到各大媒体的关注和网民的声讨热议，舆论几乎呈一边倒——纷纷攻击淫官黄德智、邓贵大。由于此事造成的影响极其恶劣，引起国家有关部门的重视，秘密组成了调查小组。这件事情明显是防卫过当，邓玉娇应该为自己的做法承担责任，可是由于媒体的不明事实的过分渲染，邓玉娇被封为烈女，网络上甚至出现《烈女邓玉娇传》、《侠女邓玉娇传》、《生女当如邓玉娇》等赞美文章。媒体的态度造成了不公平的正义。

以上分析可见，由于新闻记者与媒体主观倾向的存在，新闻的真实性与公正性都会受到影响。新闻的客观性与主观性的关系似乎很复杂，但实际上，有一些不可避免的主观倾向是不能归于客观性与主观性关系之中的。比如记者在写新闻过程中的采访、观察、思考，以及记者的生活经历、知识背景、价值观念对新闻的影响。至于新闻的倾向性也要有所区分，像"李刚事件"、"药家鑫事件"、"邓玉娇事件"，媒体的倾向确实导致了不公正。

因此，不要因为一些新闻报道中必然存在的主观倾向而放弃对新闻客观性的追求。只要新闻报道能尊重客观事实，按照事物的本来面貌去反映新闻事件，不能为了某种需要而给客观事物附加一些东西，歪曲甚至改造事实，新闻的客观性就能实现。

【参考文献】

[1] 彭菊华 . 新闻学原理 [M]. 北京：中国传媒大学出版社，2006：274.

[2] [法] 贝尔纳·瓦耶纳 . 当代新闻学 [M]. 北京：新华出版社，1986：36.

[3] 杨保军 . 新闻真实论 [M]. 北京：中国人民大学出版社，2006：13.

语调在英语演讲中的运用

武汉东湖学院外语学院　余　娟

提到演讲，我们都很熟悉。我们既被历史上的许多著名演讲感动过，也被现代社会中各类风格独特的演讲影响着。无论是闻一多先生为真理、正义而战的"最后一次演讲"，还是马丁路德金为争取平等、呼唤自由的"我有一个梦想"；无论是杨澜女士充满东方魅力的申奥演讲，还是奥巴马总统慷慨激昂的竞选演说，都让我们感受到演讲所承载的思想之深与语言之美。这就是演讲的力量。一个成功的演讲者能够激励千百万人，一次打动人心的演说能使人终身难忘。

对大学生而言，练习英语演讲是提高英语表达能力的有效方法，同时更是了解中西文化、培养思维能力的重要手段。当今社会是一个经济高速发展和人际交往频繁的社会，在倡导全球化的今天，我们大学生如果能掌握一定的英语演讲才能，就更能够便于我们与他人交流沟通，也会利于我们的学习和工作。但许多学生在用英语进行演讲时，不太会运用正确的语调（intonation）来表达思想。因此，本文着重就语调在英语演讲中的运用来进行探讨。

一、英语演讲中语调的分类

语调是语势的升降，即句子音调高低的变化。最基本的语调有四种，类似于我们小学时候学汉语拼音的分类。

（一）高升调（rising tone）

从句子开始到结束，声音基本上呈上升趋势。高升调常用于表示疑问、反问、设问等语气。

（二）降抑调（falling tone)

从句子开始到结束，声音基本上呈下降趋势。降抑调常用来表示肯定、感叹、自信、祈使等语气。我们常见的陈述句、感叹句、祈使句等一般都使用降调。

（三）平直调（flat tone）

从句子开始到结束，声音基本上没有明显的升降变化。平直调用于一般的说明和陈述，常在演讲中用以表示叙述和说明的语气或比较庄重和平静的情感。

（四）曲折调（inflected tone）

从句子开始到结束，声调呈现出高低变化，先升后降或者是先降后升。曲折调一般表示讽刺幽默和夸张的语气。

二、英语演讲中语调的功能

（一）意思分化功能

世界上没有哪一句话是用同一个声调说出来的，一句话的声调的高低抑扬如何配置，会使同一句话由于语调的不同而呈现不同的语气和意思。因为一句话除了有词汇意义以外，还有语调意义。所谓词汇意义，就是句中所用单词的意思，而语调意义则强调说话人用语调表示的态度和语气。同样一句话，由于语调不同会导致意思截然不同的情况。如：

对话 1

A:Daria，could I borrow some money?（你能借我点钱么）

B:Sorry?（↗）（升调说 sorry）

对话 1 中 Daria 用升调说"Sorry"，表示"I didn't hear you，Could you say that again，please?"这句话的含义表示："啊，什么？我刚没有听清楚，你再说一遍吧。

对话 2

A:Daria，could I borrow some money?（你能借我点钱么）

B:Sorry?（↙）（降调说 sorry）

对话 2 中 Daria 用降调说"Sorry"，表示我拒绝帮助或没办法借你钱。

（二）逻辑重音强调功能

我们在心情激动或情绪高涨的时候语调就高，而在低落的时候语调就低。因此，在演讲的时候，一句话中的相对语调的高低也会呈现不同的意思，特别是重音凸显的语调。一句话中的语调波峰一般都是重音所在，通过一句话中的重音强调，我们就可以了解演讲者或说话人的意思。如我们在读"I walk in the school"（我在校园散步）这句话时，由于强调的对象不同，语调也会发生变化。比较如下：

I（↗）walk in the school.（表示在场的其他人不在学校散步）

I walk（↗）in the school.（表示我只是在校园散步，隐含我可能不住在学校或暂时在学校，但等会要离开的意思）

I walk in（↗）the school.（表示强调我在校园里，不在学校外的意思）

所以，当我们在读同样一句话时，如果逻辑重音不同，语义也会有所变化。通过逻辑的重音的强调，我们不仅可以使句子的意义和感情更加明确，同时也可以使演讲时使用的声音因轻重不同而富于变化，这样能够更有效地增强演讲效果。

三、英语演讲中语调的把握

当我们在进行演讲的时候，如果演讲者使用的语调是抑扬顿挫型，他表现出的语气也自然是坚定有力，充满自信。如果演讲者能交换使用不同的语调并正确掌握重音和停顿的技巧，就能在演讲中充分表现出声音的魅力。

（一）句调的把握

演讲者一般要根据所演讲的内容设计一定的句调和重音的变化，在平时的练习中可以将演讲的内容录音，然后找出语调上哪里存在一定的问题，再有针对性地进行设计和练习，这样就能比较正确地把握自己比较擅长的语调。常见的总结模式如下。

（1）英语演讲中我们如果在列举数字和实例时，除最后并列成分用降调外，前面所有并列成分用升调。

如：I will illustrate the topic in the following three aspects，number one ↗，number two ↗ and number three ↘.

其含义表示接下来我将从三个方面来阐述这个话题，第一，第二，以及第三。在演讲的时候由于是在列举数字，所以第一第二用升调，第三就用降调表示。

（2）选择疑问句的语调可分成两个部分，用 or 连接。Or 前面的部分用升调，or 后面的部分用降调。在和听众进行互动时可以采用选择英文句的方式，比如

Is your choice right ↗ or wrong ↘ ?

Which do you prefer，hunting a job ↗ or having a further study ↘ ?

其含义表示你的选择是正确还是错误呢？其中正确部分用升调，错误部分用降调。同理，第二个例句表示你们更偏向哪一种，是找工作呢还是继续深造？ or 前面的部分找工作用升调，后面的部分就用降调。

（二）停顿的把握

由于语调的特殊性，演讲过程中需要我们对停顿有一定的把握，适当的停顿可以使听众的注意力集中，并且给听众思考的空间，使其能够真正融入到演讲中。同时，适当的停顿也可以使演讲者调整自己的呼吸和节奏，为其后的语调设置做好准备。例如 1984 年美国前总统尼克松访华时在人民大会堂的一段演讲：

Here is an excellent example， from former US President Ronald Reagan， speaking at the Great Hall of the People， in Beijing in April 1984:

I'm honored to come before you today， the first ／ American president ／ ever to address your nation ／ from the Great Hall of the People.

My wife，Nancy，and I ／ have looked forward to visiting the people ／ and treasures of your great and historic land ／，one of the world's oldest civilizations. We have marveled at Beijing's sweeping vistas，／ and we have felt the warmth of your hospitality ／ touch our hearts.

以上是尼克松 1984 年在人民大会堂演讲中的一段，第一句语速较快，第二句语速变慢并且停顿多次，这就重点突出尼克松总统想要强调的部分，即对东道国表示赞叹，对东道国的古老文化表示理解，这都是礼貌礼节上要求讲述的话。这样一番话，很快使本来陌生的冰冷的气氛融化开来，演讲人与听众之间的情感桥梁也就架起来了。

四、总结

演讲中掌握适当的语调变化不但可以烘托演讲的气氛，同时还可以传递出演讲者的真情实感。演讲者要根据演讲内容的实际语境，恰到好处的安排句调，合理安排升降调，从而表达出自己丰富的情感。

【参考文献】

[1] Lucas，Stephen E. The Art of Public Speaking[M]. Eighth Edition，NY: McGraw-Hill，2004.

[2] The Reader's Digest Association，Inc.Write Better，Speak Better[M]. New York. Pleasantville，1978.

网络新闻标题的特点

武汉东湖学院传媒与艺术设计学院　张彩霞

　　和传统媒体比较而言，网络传播具有多媒体化、超链接、信息海量、交互性、及时性等特点。以网络技术为基础的网络新闻标题具有区别于传统媒体的特点，在表现形式上，网络新闻标题具有多媒体化的优势，可以综合报纸、广播电视的优势进行全方位、立体化传播，同时，网络新闻标题的"题文分离"使得网络新闻标题以单标题居多，并且主要采用实题的形式。

　　新闻标题作为新闻的浓缩和精华，在传播信息方面具有不可替代的作用，而新闻标题在网络传播中的作用极为突出。网络信息丰富，这些海量信息通过超链接的形式整合起来，形成一个网状信息链条。网民打开网页，先看到的是一个个标题，然后通过点击标题，再看到相关的正文或图片。从这个阅读程序上来看，网络新闻标题是网民阅读的起点，也是网民获得新闻信息的第一步，一个好的新闻标题可以帮助受众快速准确理解新闻事实，起到画龙点睛的作用。据美国知名民意调查公司盖洛普的一项联合调查研究表明，"网民往往通过浏览标题来决定是否要阅读这则消息。参与调查的读者们阅读过56％的标题，相比之下，调查对象只读过25％的新闻报道正文。国内网民看新闻只阅读标题的比例则高达80％，点击网页详细看新闻的比例则不到5％"[1]。可见，网络新闻标题的作用大大超过了它们在传统媒体传播活动中的作用。

　　在网络环境中思考新闻标题问题，就不得不遵循网络传播的特点和规律。网络传播具有多媒体化、超链接、信息海量、交互性、及时性等特点，而以网络技术为依托的网络新闻标题在表现形式、传播功能、制作技巧上与传统标题都有不一样的地方。网络新闻标题的主要特点我们可以总结为以下几点。

一、多媒体化

　　首先，从传播信道而言，报纸是视觉媒介，主要通过文字和静止图片进行传播。广播是听觉媒介，通过声音来传递信息。电视是将文字、声音和动态画面结合起来进行信息传播，而以动态画面为主要手段。网络较之传统媒体的优势在于，它融合多种媒体的表现手段于一身，集中了报纸、广播、电视各自的优势，综合运用文字、图片、

---

[1]　刘凯.网络新闻标题的微观操作[EB/OL].人民网，2007-02-26.

声音、影像等符号来加强传播效果。为了发挥网络的多媒体优势，网络新闻标题也采用多元化的手段来提高点击率。例如

一架不明国籍飞机在我境内坠落 （新华网，2010-8-18）

这个新闻标题包括文字和视频两部分内容，文字部分对应一篇超链接新闻，点击之后就可以阅读相关内容，视频图标对应的是新闻视频资料。先用文字部分说明事实，再配合视频来增强现场感和形象感，由此形成多媒体组合形式的新闻标题。这样的标题发挥了网络的多媒体优势，使得网民对新闻的理解更加全面和形象。

文字与新闻图片的配合使用也可以达到吸引受众眼球的目的。以美国的《纽约时报》为例，它的主页上部通常是一则新闻图片配发的一条醒目的新闻标题，字体粗黑，是整个页面上最突出抢眼的部分。主页上的其他各分类新闻标题字体都加粗，而且标题极为简洁。

新闻图片幻灯是网络中的一种特有形式，其优势在于将新闻照片集纳在一起，以幻灯片的形式动态播放，从而形成页面的一个视觉中心。点击幻灯图片后进入的是新闻图片专题，用多张照片配上相关文字构成一个报道。这种报道形式可以使读者得到关于某一主题的完整、深入的印象和认识，丰富报道内容。幻灯的图片可以是同主题，也可以是不同主题，通常情况下分为自动播放和控制播放两种。以新华网为例，在主页头条新闻的下方就是图片幻灯，照片自动播放，而每幅图片配有一个新闻标题，用加粗大号字加以强调。

二、单行化

为了吸引读者，传统的报纸媒体在标题制作方面积累了丰富的经验。报纸消息标题一般采用多行题，有引题、主题和副题等几种。引题也叫肩题、眉题，排在主标题的上面，主要是起概括、提示或渲染等作用。主题是介绍和概括新闻中主要内容的标题，一般是实题，直陈事实。没有主题，整个标题就不能成立。副题也叫子题，一般排在主题下面，对主题进行说明、补充和解释。报刊中将引题、主题和副题配合起来组成多层标题，可以充分发挥标题的提示内容、吸引阅读和变化版面排列的作用。

但多行题一般不适合网络新闻传播环境。网络新闻的标题与正文是分离的，通过超链接手段与正文相连，这就决定了网络新闻是以标题点击的方式进入阅读的。为了浏览和点击的方便，也因空间节约的原则，网络新闻标题基本采用的都是单行标题。如果有引题和副题，它们和主题也都是放在一行，两标题之间用一个空格键隔开，如"今年国内汽车销量将达 1700 万　逼近美最高水平引争议"[1]，标题用一行展示，但实际上前句为主题，后句为副题。

---

[1]　今年国内汽车销量将达1700万逼近美最高水平.[EB/OL].http://news.sina.com.cn/c/2010-10-11/0109182_0300s.
shtml，2010-10-11.

单行标题也不能过长，否则易出现回行，影响整个网页的视觉效果。从阅读汉语的习惯来看，人们一次性的阅读一般在7—8个字左右，再长一些就需要加标点来换气，因而网络新闻标题控制在16—20字为宜，且最好用空格分成两部分，各部分由7—10个字组成。

单行标题具有简洁明了、美化版面的功能，但是也不得不舍弃一些主要甚至很关键的新闻事实，这是单行标题的劣势。

三、宁实勿虚

网络新闻标题以实题为主。纸质媒体的新闻标题有虚、实之分，实题以叙事为主，着重表现具体的人物、事件、动态、效果等，如《海南受灾人口273.88万死3人》（人民网，2010-10-11）；虚题较为抽象，是以说理、议论为主的标题，可以不必交代新闻要素，着重阐述道理、烘托气氛，如《温家宝欧亚之行述评：风雨同行　历久弥坚》（新华网，2010-10-11）。由于报纸题文一体的特点，报道和标题排在一个版面，即使是虚题，读者只要阅读后面的导语，新闻的主要事实也就一目了然。

目前网络媒体的新闻多采用的是实题，这是由于网络媒体题文分离的特点，使得正文和标题被分隔在不同页面，虚题会使得读者"不知所云"，也就会影响"点击率"。网络新闻标题的实题写作方式可以把事件的核心要素完全展现给受众，使得新闻信息直接直观，但是实题缺乏活泼和吸引力，标题比较生硬。网络只有部分评论文章采用虚题，或虚实混合，如：《特区，承载中国的梦想》（新华网，2010-9-6）、《中央全会备受瞩目：中国政治的新景象》（新华网，2010-10-11）。

四、题文分离

题文分离是网络新闻标题的一个重要特点，也是网络新闻和传统报纸新闻的一个重要区别。报纸版面上是"题文并存"的，标题和正文排在一起，读者可以从一条条消息中挑选自己感兴趣的内容来进行阅读。在网络传播过程中，由于网络版面的限制，新闻标题和正文被安排在不同的网页上。受众打开网络页面后，看到的是一个个新闻标题方阵，只有点击某一标题，才能链接到新闻正文。从形式上来说，网页新闻标题像是书籍目录，读者不可能像阅读报纸新闻一样，将标题和正文尽收眼底，如果新闻标题不吸引人，没有引发点击，传播过程就会终止。

新闻标题在网页上的排列方式主要有两种。一种是根据新闻的时效性排序，最新发布的新闻的标题排在最上面，后面的新闻依时间的近远依次排下去。由于操作的便利性，此种排列方式已经成为很多网站排列标题的主要形式。第二种是根据新闻的重要性进行的排序。最近发生的新闻未必就是读者最想了解的新闻，也未必就是最重要的新闻。而心理学的闪光灯效应告诉我们，重要的事情往往容易吸引别人的注意。因此，可把最重要的新闻排在前面，不太重要的新闻放在后面，从而发挥新闻标题的导读功能。

综上所述，以网络技术为基础的网络新闻标题具有区别于传统媒体的特点，在表现形式上具有多媒体化的优势，可以综合报纸、广播电视的优势进行全方位、立体化传播，同时，网络新闻标题的"题文分离"使得网络新闻标题以单标题居多，并且主要采用实题的形式。

【参考文献】

[1] 彭兰 . 网络传播概论 [M]. 北京：中国人民大学出版社，2001.

[2] 杜骏飞 . 网络新闻学 [M]. 北京：中国广播出版社，2001.

[3] 匡文波 . 网络媒体概论 [M]. 北京：清华大学出版社，2001.

[4] 雷跃捷 . 网络新闻传播概论 [M]. 北京：北京广播学院出版社，2001.

[5] 刘凯 . 网络新闻标题的微观操作 [EB/OL]. 人民网，2007-02-26.

武汉东湖学院论文集

网络广告的艺术形式与设计方法

武汉东湖学院传媒与艺术设计学院　　刘　慧

网络广告是目前通过网络技术平台流行的一种电子广告形式，是广大广告商推广过程中最受青睐的一种传播媒介方式。为满足广告商的需求和提高网络广告的审美性和品质，其艺术形式和设计方法就成为广告设计师的重中之重。本文全面通过形式美的法则，结合市场需求分析网络广告的艺术形式。

一、网络广告及其优势

网络广告是广告的一种形式，它与电视广告、报纸杂志广告、广播广告的传播媒体不同。网络广告是基于网络媒体进行传播和呈现的一种电子广告形式。

网民经常浏览的网页是最初的网络广告。当越来越多的商业网站出现后，广告商为了让消费者知道自己的网站，为了迎合消费者目前的生活和消费习惯，因此就需要一种可以吸引浏览者到自己网站上来的方法，与此同时，各家网络媒体也需要依靠它来获得更多利益。多重因素促使网络广告的发展势在必行。

一般来说，网络广告相比传统广告具有以下优势：一是覆盖面广，且不受空间和时间的限制；二是信息量大，广告主提供的信息容量不受限制，进入每一个广告的链接地址后，广告主可以宣传相当于很多广告的信息和说明，把自己的公司以及公司的所有产品和服务，放在自己的网站中；三是网络广告针对性强，网站浏览者成潜在用户的可能性大，留下的信息成为广告商的顾客数据库，为实施不同的广告宣传留下宝贵的资源；四是网络广告在网络上可以用图、文、影、音等多种形式传送多感官的信息，使客户能亲身体验产品、服务与品牌，让客户有身临其境的感受。

二、网络广告流行的艺术形式

网络广告形式多样是网络广告的一大优势，自出现以来其形式层出不穷。从早期的按钮广告、旗帜广告，发展到现今的邮件广告、插入式广告、漂浮广告、游戏广告、视频广告等丰富多彩的形式。网络广告形式的创新离不开技术的发展，原本受限制的动画目前是越来越丰富。利用 Flash 技术制作的各种大幅旗帜广告、弹出窗口广告、游戏广告等形式，其数据量小，且具有很好的画质，深受广告主和网民的欢迎。

（一）旗帜广告

旗帜广告是现今国内外网络广告的主要形式，它位于页面的视觉中心，分为横式和竖式两种。旗帜广告通常是使用 GIF 格式的图像文件，分为静态图形和多帧图像拼接为动画图像，动画图像相比静态图形更受广告浏览者的吸引，但由于数据量较大，一般只有简单闪动或滚动的旗帜广告。目前的主要动画形式是 Flash 动画，其数据量较小，可以制作出精美的动画效果。旗帜广告集动画、声音、影像和用户的参与于一体，富有表现力、交互性和娱乐性。

（二）按钮广告

按钮广告与旗帜广告的主要差别是其尺寸较小，一般为小图片或小动画，本身传达的广告信息非常有限。它的主要作用是吸引网页浏览者来点击它，从而链接到专门的广告页面或广告网站。按钮广告则不一样，按钮广告没有旗帜广告的尺寸大，即使浏览者不去点击旗帜广告，其本身传达的广告信息也较为丰富，广告信息的传达不完全依赖于浏览者的点击行为。

（三）漂移广告

此类广告为一在页面上游动的小图片或小动画，点击它可链接到广告页面或网站。这种广告由于在页面上不停地游动，可以引起浏览者的注意，但这种不停地游动也给浏览者浏览页面内容造成了很大的干扰，使浏览者产生抵触和反感情绪。

（四）悬浮式广告

当一则小型广告图片或动画置入页面的某一特定位置后，不论是否滑动浏览器右边的纵向滑条，广告始终保持在屏幕上的固定位置不变；不论你浏览页面的哪部分内容，广告会始终呈现在你的视线范围内，呈现时间越长，视觉印象也就更深。悬浮广告通常被放在页面两侧的空白处，这样既不影响页面内容的浏览，也达到了延长呈现时间的目的。

（五）弹出式广告

浏览者在登录网页时会自动出现一个广告页面或弹出一个广告窗口，这也称为画中画广告、跳出广告。弹出式广告像插播广告一样有各种尺寸，有全屏也有小窗口，其中，以占屏幕 1/4 左右的为最多；形式有静态和全部动态。因为弹出式广告的出现没有任何征兆，浏览者虽然可以自行关闭窗口，但是肯定会被浏览到。

（六）文本链接广告

文本链接广告是以一排文字作为一个广告，点击可以进入相应的广告页面。这是一种对浏览者干扰最少，效果却又较好的网络广告形式。有时候，最简单的广告形式，效果却最好。

（七）电子邮件广告

电子邮件广告具有针对性强、费用低廉的特点，且广告内容不受限制。它可以针对具体某一个人发送特定的广告，为其他网络广告方式所不及。费用上也比直邮广告低，且非常及时，只要根据浏览者提供的邮箱地址及其用户的年龄、职业、性别等相关信息，就能获取众多的用户邮箱地址。

（八）分类广告

分类广告是受报纸分类广告的启发而产生的一种网络广告形式，在形式上和报纸的分类广告专栏没有本质差别，也是将同类信息集中在一个分栏内，便于用户查找。但在功能上比报纸的分类广告强得多，每一个分类广告都设有超级链接，可让用户获得更详细的广告信息。在分类广告页面内还设有信息搜索功能，可以搜索到没有呈现在分类广告页面上的广告信息。

（九）关键词广告

近年来，人们已经习惯在 Google、Yahoo、百度等搜索资料，这使得关键词广告异军突起。关键词广告是搜索引擎技术在网络广告发布中的应用，当搜索用户键入关键词时，搜索结果页面上就会显示广告客户们的相应广告。

（十）赞助式广告

综合性网站和门户网站都设有很多栏目，提供新闻、论坛、娱乐、旅游等方面的信息和活动。和电视中赞助某电视节目的播放一样，赞助式广告对企业树立公众形象有很大的帮助，其形式分为节目赞助、内容赞助、节日赞助等。广告主可选择与自己企业相关的内容或栏目进行赞助，也可以对特定事件和节日开设的专题进行赞助，如"奥运会"、"三八妇女节与专题"、"母亲节专题"等。

（十一）互动游戏式广告 (Interactive Games)

在一段页面游戏开始、中间、结束的时候，广告都可随时出现。游戏网站可以根据广告主的产品要求为之量身定做一个属于自己产品的互动游戏广告。

游戏广告不是仅仅把含有广告信息的产品或品牌嵌入游戏环境中，而是让游戏的内容和主题与广告信息能产生直接或内在联系；还可把产品及相关信息作为进行游戏必不可少的工具、手段或角色使用。这种形式的游戏广告可以让消费者直接试用产品一般的广告效果，它完全控制着消费者的注意力，使消费者加深了产品或品牌的印象。

（十二）视频广告

网络广告视频是由网络视频服务商提供的、以流媒体为播放格式的、可以在线直播或点播的声像广告文件。

此外，还有类似于广播广告的网络声音广告，只要浏览者一打开网页，声音广告就会播放。鼠标广告也很新颖别致，广告文字随光标的移动而产生出各种形状和色彩的变化。有奖广告在网络上也比较流行，它通过诱惑吸引用户点击，只要点击到一定的次数，你就可以获得一定的电子赠券或奖品。

三、网络广告艺术形式的设计方法

网络广告通过视觉美吸引浏览者的点击，使他们产生点击的冲动，从而让广告信息在专门的广告页面或站点中去传达。这对广告设计师的考验极大，人们的审美愈来愈高，设计形式美的法则固然有规律可循，但需要结合市场的变化，而根据以上论述的网络广告形式设计完美的网络广告还需要注意很多方法。以下是根据教学经验和市场需求总结的网络广告艺术形式的设计方法。

（一）广告中的文字

文字是必不可少的元素，广告中绝大部分是通过文字传达信息的，如广告标题，精炼的广告语等。文字的字体、颜色、大小、排版都是与其他平面三维广告相呼应的。要清晰的表达广告内容，字体不要多，最好不要超过三种；标题加粗、方正的字体，正文就应该使用比标题弱的字体；还需要通过文字的色彩、大小对比、疏密关系来引导受众阅读并烘托主要内容，增强网络版面的美感。

（二）广告中的图形

图形比文字更直观，也是体现艺术性和设计性的元素。一张优美的图片所传达的信息更能实现广告的目的，感染力强。动态图形更能够吸引人们的眼球，通过速度、颜色、大小不同的组合方式实现产品。根据广告的需要还可以采用多种风格，有写实、卡通、漫画、装饰绘画等。

（三）广告中的声音

主要是在点击以后的特制广告页面中使用，一般是给广告动画配上背景音乐，有时也加上一些环境音响，使广告画面有声有色。

（四）广告中的视频

视频是近几年非常流行的广告视觉元素，它比以上几种元素更具有视觉冲击力。视频的感官刺激更直观，可以更强烈的吸引用户，其效力让人印象深刻，这取决于视频拍摄技术的提高，优质素材，再配以相应的音乐、绚丽的特效制作等，增强了无限魅力。

四、网络广告艺术形式未来发展趋势

网络带宽技术的进步为我国网络广告摆脱单纯的图片广告形式提供了机会，随着媒体技术的发展，音频、视频形式的网络广告不断推陈出新。我认为，在未来的网络广告中，艺术形式还会随着广告商的需求和受众的喜好不断的跟进，艺术表现力更强，形式变化无穷。

【参考文献】

[1] 谢开成，王波 . 网络广告设计与制作 [M]. 北京：清华大学出版社 .2005.

[2] 潘尚仕 . 网络广告设计与制作 [M]. 北京：高等教育出版社 .2009.

[3] 中华广告网 . www.a.com.cn.

[4] 杜俊飞 . 网络传播概论 [M]. 福州：福建人民出版社 .2004.

新视角洞察现代排球运动文化

武汉东湖学院基础课部体育教研室　张崎琦

　　本文运用文献法对排球运动文化的内涵、特征及排球文化在学校体育文化中的功能进行了探讨。排球运动文化的内涵可分为排球物质文化、排球制度文化、排球精神文化三个结构层面；排球运动文化的特征有传承性、时代性、民族性和公平性；在学校体育文化中具有凝聚性、示范性、教育性、娱乐性的功能。

一、排球运动文化及其发展

（一）排球运动文化的发展

　　排球运动随着社会的进步，从原始的简单排戏发展到内涵丰富、形式多样、打法两种。从广义上来说，排球运动文化隶属于体育文化，是人们通过从事或观赏排球运动，塑造自身的价值观、培养自身的道德情操与审美意识、围绕排球运动所创造的物质财富与精神财富的总和。从狭义上来说，人们以自身为活动对象，以排球为媒介，通过高跳、猛扣、前扑、鱼跃、滚翻等活动形式伸展四肢，从而强健躯体、愉悦精神、增强协作意识，形成一定的观念与价值取向，并形成以精神为核心的社会文化现象。排球运动文化作为映射着人类智慧之光的一种实际过程，它所产生的思想观念和知识、管理体系，所创造的技战术、规则、方法、手段、器械设备和传播所必需的组织、宣传机构等，已经在人类的社会生活中构成了独特的文化现球服饰、附属品标志产品等，它主要是指有关排球运动的各种物理环境和体育实物，是以物质为载体的形式存在。特别是西方国家化工工业的快速发展，更为排球运动文化的发展提供了物质上的保障。随着排球质地的不断翻新，我们也创造出了很多种排球，如软式排球、气排球、羽毛排球、海绵球排球等。除此之外，通过排球运动文化的演变和创新，运动者所表现出的健身行为更为热情、积极，技术表现更为复杂、精妙，相关的排球运动的体育科技、信息等文化因素也在不断迅速地发展。

（二）排球运动制度文化

　　排球运动的制度文化是人们在排球运动实践中形成的各种组织机构、训练与竞赛体制、场馆管理体制、技术规范规则等。制度文化层面的排球运动文化有多种表现形式，一是竞争方式的对等性；二是统一规则性，即为了保证活动顺利进行而产生的相互遵守的排球竞赛规则，它为运动者的运动方式和行为提供了规范化的要求；三是参与者的协作性，排球运动几乎都是在相互协作的情况下完成的，缺少任何一方则运动无法进行，因此，排球运动也为人们提供了社会交往与协作的机会；四是排球运动具有较为完善的组织机构和管理制度。为了促进排球运动家族健康、稳定地发展，我们建立了一套完备的组织机构，促使了排球运动文化在更大范围内的普及和拥有更广泛的群众基础。制度文化层面突出的表现是规则明确、公平竞争、评分客观。

（三）排球运动精神文化

排球运动的精神文化是整个排球运动文化的核心，它包括人们的排球运动价值观念、思维方式、道德规范，如体育观、生命观、健康观、健美观、竞技观、娱乐休闲观、文化观等。

在排球运动的发展进程中，欧洲大陆的启蒙运动、文艺复兴和宗教改革三大思想解放运动，为排球运动文化的产生、发展提供了意识形态上的基础。西方国家追求个体本位价值观，倡导法律平等以及倡导科学的理性、开放革新的文化等，这些都深深地影响着排球运动文化的建立和发展。同时，在排球运动中，场上的瞬息变化、结果的不确定性、竞争的优雅性、情绪的涨落性、健身的张弛性、雅俗的共赏性等，都丰富了运动文化本身的内容。排球运动文化不仅强调竞争者的充分平等、参与者的充分民主、竞赛条件的物理性分配，而且提倡排球运动技战术的创新。从日本女排发明勾飘发球、前臂垫球、滚动防守、跑动进攻等一系列技战术，到中国女排设计的"全攻全守"技战术指导思想的创新等，无不是通过其创新、文化理念更新的核心指导思想才能得以实现排球文化的革新。

由此可见，排球运动文化的创新与发展往往是由精神文化层面的不断创新而不断深化改革的过程，核心层的精神文化的创新始终起着决定性的作用。

二、排球运动文化的特征

（一）传承性

排球运动问世之初，是把娱乐游戏的萌动阶段从潜文化形态中剥离开来，逐渐向竞技对抗方向发展。排球运动一经产生就具有相对的独立性，就有其自身的发展规律和发展历史。排球运动文化伴随着经济的发展和社会的进步，具有历史的传承性，其传承过程就是弃旧扬新的过程，也是排球运动文化积淀的过程。这个过程是一个动态的过程，是相互吸收、不断综合化、协调而趋于和谐的过程。

传承、融合与改变不是一次性完成的，而是不断的进行的，因为排球运动文化的传播、冲突、分化是不断进行的，所以在不同时代都存在排球运动文化的整合现象。自1947年国际排球联合会成立后组织了一系列国际性的大赛，以世界排球锦标赛、奥运会排球赛、世界杯排球赛为代表的世界排球三大赛一直延续至今，并已形成传统。当前，排球运动已在世界230多个国家开展。通过排球运动文化融合因素的积累，使排球运动中有继承和发展价值的成分为人们所接受，这标示着排球运动文化在历史发展轨迹中所具有生生不息的恒久生命力。排球运动经历了一百多年的承袭，在演化与发展的连续进程中，已成为一种先进的文化而得到历史的认可，从而排球运动文化的传承性也被得以证实。

（二）时代性

排球运动作为一种文化现象是人类的一种社会实践活动，它的发展与社会的发展同步，与人类的经济水平有着根本的因果关系。生产方式的进步对排球运动的发展和变化起着决定性作用，同时也制约着各时代排球运动的性质、内容及特征。

在一百多年的的发展过程中，排球运动从嬉戏篮球胆的球戏中诞生，而这一时期也被定位为娱乐排球。到19世纪末，随着以电力技术为标志的第四次产业革命的兴起，经济迅速发展，排球运动是人们产生对娱乐和体育活动的需求凸现出来的必然产物。而到了20世纪中叶，大工业、大机器生产方式的时代大大促进了排球运动迅速向全球扩展，使排球运动的指导思想和理论体系化、技战术方法和手段多样化、组织管理规范化、规则严谨化、竞赛制度化，继而排球运动进入了竞技排球时代。到20世纪80年代，随着社会迈向知识经济时代，世界经济体系的主要形式是市场经济，为了满足市场的需求并被社会所接受，排球运动有了质的飞跃，全攻全守的整体排球技战术打法为排球运动走向社会化、商业化和职业化奠定了基础。同时，为了适应不同社会群体和环境条件的需要，各种运动形式的排球运动应运而生，形成了竞技排球和大众排球互相关联、互相依托、双轨共存的排球文化格局，显现出排球运动文化的时代性。

（三）民族性

每个民族的文化都是适应本民族的特点而形成发展的，都具有独立的民族性格和社会意识，并在一代又一代自我复制的历史渊源中不断承接外来影响而有所变异，逐步形成并充实本民族的文化积淀。国际排联是世界上最大、拥有会员国最多的单项体育运动协会之一。由于各国、各民族所处的地理环境、生活条件、文化水平、先天遗传等各种因素的不同，人体的形态、机能、素质、技战术发展水平和认识方法等也呈现不同的差异，形成了不同特色的风格和打法，体现了异质排球文化的不同社会形态遗痕，映出了不同地域特点。

排球运动先后出现了"力量排球"、"技巧排球"、"高度排球"等出自发挥民族自身优势的排球流派。在排球运动发展的历史进程中，初级阶段的特征是各流派之间的相争竞艳，而高级阶段的特征是共存和互补。各流派的不同战术体系在相互借鉴中，在保留和发展其精粹的基础上，逐渐趋向融合，使其鲜明的民族界线开始模糊，走向"全攻全守型排球"。

（四）公平性

现代社会的一个突出特点就是激烈的竞争性，人们不仅需要拥有竞争意识、竞争能力，更需要扮演各种角色的机会和公正公平的竞争环境。排球比赛为人们提供了一个公平竞争的场所。从客观上来看，体育的道德精神和竞赛规则保证了双方在公平合理的条件下展开攻防对抗，竞争者靠技巧和智慧取胜。从微观上来看，队员在规则允许的情况下，一号位到六号位的队员按顺时针的轮换，从传、垫、扣、发到拦网的技术，再从防守战术到进攻战术，队员可以在不同的位置发挥不同的作用，每一个位置对队员的技战术有不同的要求，队员在一场比赛中能够扮演不同的角色，对每一个队员来说，参与竞争的机会都是相等的。从这个意义上说，排球比赛为参与者提供了均等的竞争机会，培养了公平竞争的意识和在不同的竞争环境中的灵活应变能力，这是现代人在激烈竞争中必须具备的基本素质。

三、排球运动文化在学校体育文化中的功能

（一）娱乐身心的功能

随着现代社会生活节奏的加快，社会竞争不断加剧以及繁忙的学习生活使人感到十分紧张和疲劳，而且或多或少地产生焦虑、不安、抑郁等不良情绪，这些不良情绪是产生心理疾病的主要诱因。要消除疲劳、缓解心理压力，最好的处方是多参加诸如排球运动等体育活动，因为在排球运动中，人体内的肾上腺素分泌增多，脑啡呔含量增加，会使人体产生一种愉快的感觉。同时，排球运动等体育运动也为负面情绪提供了一个合理有效的发泄机会，使它们转移、升华进而得到消除。所以，排球运动文化具有娱乐参与者身心的功能。

（二）教育功能

体育本身是教育的一种形式，而学校的排球运动文化必然也具有对人的教育功能，只是它的表现形式往往是隐形的。排球运动需要参与者付出一定的体力、精力、智力，但它可以潜移默化地磨练人的意志，培养人顽强竞争的精神和坚持到底、永不放弃的品质，在不知不觉中发挥教育作用。

（三）示范功能

排球运动都是在一定的规则下有序进行的，在运动场上人人平等，都要接受规则的制约。无论是谁，一旦违反了规则都会受到处罚。因此，这给学生提供了一种示范规则的机会，也给他们提供了一个适应社会规范的环境。在这样的环境熏陶下，学生懂得了遵守规则的重要性，体会到违反它的代价，也就可以帮助学生树立规范意识，有利于他们日后的发展。

（四）凝聚功能

排球运动是一项集体项目，学生在进行活动中为了共同的目的而相互配合，共同努力，这一方面增强了群体凝聚力，另一方面使学生之间加强了心灵沟通，增进了感情，融洽了人际关系，培养了他们合作能力、集体主义意识和团队精神，而这种能力与意识将成为学生以后工作的重要经验。

四、 结语

排球运动经过一个多世纪的发展演变，已经完成了由最初的身体活动游戏，到现代体育项目，再到当代的一种体育文化现象的蜕变。排球运动文化作为一种多层次的、内容丰富的文化形态，它通过文化的传承性、公平性、时代性和民族性的特点以及排球运动的物质文化层、制度文化层、精神文化层的文化结构层面相互促进、互相关联、互相影响，并以其种种形式吸引着人们参与，展示着排球运动的深度和宽度。在学校体育中，作为一种体育文化现象，排球运动项目的娱乐功能、教育功能、示范功能、凝聚功能深刻地影响着参与者，同时为参与者提供了更加公平公正的竞争机会。培养他们在激烈竞争中所具备的基本素质，并为个性化的培养提供了很好的机会。人们喜欢排球，更多的是喜欢对这种文化现象的体验，以追求身心的完善发展。人们从事排球运动，更多的是体验到其中的文化价值和文化意义，实现的是现代人的文化观念和文化追求。

【参考文献】

[1] 朱波涌. 体育文化研究 [M]. 吉林：吉林文化出版社，2006：12.

[2] 易剑东. 体育文化学 [M]. 北京：北京体育大学出版社，2003：12—13.

[3] 周红律. 对排球运动社会学理论的探讨 [J]. 体育学刊，2001(1)：27—29.

[4] 苏玉凤. 排球文化的特性及社会价值探析 [J]. 南京体育学院学报，2004(4)：34—37.

[5] 虞重干. 排球运动 [M]. 北京：人民教育出版社，1999：20.

"立功立业"和"逍遥自在"

——浅谈中国文人人生观的特色

武汉东湖学院机电工程学院　汤平

儒、道作为中国传统文化中两类相异的经典，深深影响着中国文人人生观的建构。在这二者相互渗透的影响下，中国文人的人生观有着"立功立业"和"逍遥自在"两种鲜明的特色。

在强势话语——儒家思想和美学的影响下，中国文人人生观的形成必定都带有儒家色彩，但是儒家色彩并不能完全代表中国文人人生态度的全部。历史证明，多数中国文人的人生观并不能简单用非此即彼的一种美学思想来概括，而是在多种美学思想的影响下而形成的交融的产物。而庄子的"逍遥美学"作为道家美学思想的代表，则是其中除儒家美学思想外，对中国文人人生观影响较大的一种美学思想。因此，在这样的情形下，中国大多数文人的人生观有着"立功立业"和"逍遥自在"两者相交融的鲜明特色。

一、立功、立业——中国文人骨子里的人生追求

从汉武帝罢黜百家、独尊儒术后，儒家思想在我国很长的一段时间内都处于一种独尊的地位，并迅速成为封建社会的主流文化思想。在这样的大环境下，中国的文人们，无论古代还是现代，从小接受的就是儒家的孔孟之道，从小所受的也是"万般皆下品，唯有读书高"的教育观念，因此，中国的历代文人从小都不可避免地深受儒家思想和美学的熏陶，而这又必然对中国文人人生观的形成产生影响。

大多中国文人从孩童开始，就不可避免地攻读了儒家经典，自然也就潜移默化地接受了儒家的思想，这也自然使得他们的人生观中从小就会有一种积极上进、渴求功名、为民请命的念头在内。因此，在中国文人的人生中大多有过这一阶段，他们为了实现自己立功、立业的梦想，刻苦地攻读儒家经典，以此来领会所谓的先王之道，然后再以此来应付封建社会人才选拔的科举考试。可以说，只有儒家思想和美学才会让中国文人们有实现自己梦想、踏入仕途、平步青云的机会。对于中国古代的读书人而言，

只有入仕为官才可以实现人生的最高理想，即治国平天下。读书只不过是古人达到最高目的的手段而非目的，它是书生们登堂入室的门槛，而做官才是人生理想的最后实现。因此，古代文人为了实现自己的最高理想，往往会发愤图强，自强不息，为了有朝一日的"金榜题名"而"衣带渐宽终不悔"。即使淡然如陶渊明，潇洒如李白，他们的人生观中都不可避免地存在这一思想的烙印，而他们的人生轨迹也是如此。他们有过初入仕途的豪情满怀，也有过深陷其中、格格不入的无奈。但不管怎样，立功立业早已成为渗入他们骨子里的人生追求。这两位潇洒、淡然文人的这一违背他们内心的追求，只能说明儒家思想和美学作为中国的主流思想和强势话语，它对中国文人的影响是直接和显而易见的。而身在其中的中国文人们都不可避免地遵循着它的要求来规矩着自己的言行，同时以它为指导来规划和设计着自己的人生，因为在这种大环境下，立功、立业已经成为他们骨子里的人生追求和必然选择。

二、逍遥、自在——多数中国文人内心深处的人生追求

前面说到，儒家思想和美学在中国文人人生观的建构上有着重要的影响，但是，多数中国文人的人生观中还蕴含着其他的思想因素，他们人生的轨迹中也同时闪烁着其他思想的光辉。道家思想作为中国传统文化的另一流派，同样影响着很多文人的人生追求和选择。庄子作为道家思想的杰出代表，无论在中国哲学史上，还是在中国文学史上或中国美学史上，都有着重要的地位，几千年来备受关注。

庄子的美学思想集中体现为"逍遥游"。"逍遥游"本是庄子的"体道"理论，但是其中也蕴含着许多美学感觉，与美感论有很多相通之处。因此，本文将之称为"逍遥美学"。"逍遥美学"作为庄子独具特色的美学观点，深深影响着中国文化的发展，同时对中国文人人生观的形成也有着重要的影响。

"逍遥"一词出现于《庄子》中，除《逍遥游》篇之外，在庄子书中还有其他几处，列举如下：

（一）今子有大树，患其无用，何不树之于无何有之乡，广漠之野，彷徨乎无为其侧，逍遥乎寝卧其下。不夭斤斧，物无害者，无所可用，安所困苦哉！

（二）假于异物，托于同体；忘其肝胆，遗其耳目；反复终始，不知端倪；芒然彷徨乎尘垢之外，逍遥乎无为之业。彼又恶能愦愦然为世俗之礼，以观众人之耳目哉！

（三）古之至人，假道于仁，托宿于义，以游逍遥之虚，食于苟简之田，立于不贷之圃。逍遥，无为也；苟简，易养也；不贷，无出也。古者谓是采真之游……

据上例子可以知道，庄子所谓的"逍遥"主要包含有两个意义，一是纵任自得，如（一）、（二）所论；二是无为，如（三）所论。此外，从这几段话里也可以看出逍遥的特色，它是一种行为的表现，由庄子对于逍遥的诠释描写看来，庄子逍遥的功夫在"无为"，"无为"并非字面上意义的解读，不是什么都不做，而是不任意妄为。由上所论我们可以了解，庄子心目中的逍遥是要以安然自得且"无为而无不为"的态度，

来置身于人为的世界[1]。在庄子的观念里，如果一个人能顺着天地之正道、本性而行，而且能悠游于天地之间，则此人之生命是一种"无待"精神的呈现，也唯有此才能真正达到"逍遥"的境界。

很多中国文人虽然内心怀抱着儒家"安社稷，济苍生"的人生理想，并且希望通过此理想的达成来实现自己的人生价值。但是很不幸，中国封建历史兴衰的规律一次次的上演，中国封建官场的黑暗倾轧和许多士大夫的为官不仁让他们看清了社会的现实，还有，当这些身负责任感的文人们一次次积极的陈谏被当权者无情抛弃时，慢慢的，他们的理智取代了少年气盛，趋利避祸和明哲保身的念头开始在他们不再年轻的内心中浮现，这个时候，庄子所宣扬的"逍遥美学"无疑与他们内心的思想有了契合点。其实，他们的这种转变也是很多中国文人在看尽人生顶峰繁华和厌倦官场后的追求和选择，而且在一定程度上，逍遥、自在也是他们内心深处的人生追求。

如唐朝著名现实主义诗人白居易就是这样的例子。元和十年（815），当白居易以太子左赞善大夫之职上疏急请捕捉刺杀宰相武元横的凶手以雪国耻时，他的一片丹心被斥为宫官越职言事，并被诬以"伤名教"的罪名，被贬为江州司马。这次打击实在是很严重，成为白居易一生的重要分界线。从此，他由"安社稷，济苍生"，迅速地转为"逍遥自在"，决心做到"宦途自此心长别，世事从今口不言"（《重提》），"面上灭除忧喜色，胸中消尽是非心"（《咏怀》）。但是他并未选择辞官归隐，而是选择了一条"隶隐"的道路，一边挂着闲职，一边在庐山盖起草堂，与僧朋道侣交游，以求知足保和，与世无争。可以说，从此时开始，白居易作为儒家知识分子的立功、立业的特征开始渐渐消退，道家追求恬淡，特别是庄子所倡导的"逍遥美学"思想开始占据其内心。在此期间，为了排遣心中的苦闷，他开始寻道炼丹，企获不死之药。"药炉有丹应伏，云碓无人水自春。欲问参同契中事，更期何日得从容。"（《寻郭道士不遇》）他还想骑鹤升天、羽化成仙。"几年司谏直承明，今日求真礼上清。曾犯龙鳞容不死，欲骑鹤背觅长生。"（《酬赠李炼师见》）长庆三年，白居易知杭州。这时，他和道士交往频仍，谈玄论道，通宵达旦。"两鬓苍然心浩然，松窗深处药炉前。携将道士通宵语，忘却花时尽日眠。"另外，在此期间他写过一首《中隐》诗，反映了他此时的思想动态和人生追求。诗云：

"太隐住朝市，小隐入丘樊；丘樊太冷落，朝市太嚣喧。不如作中隐，隐在留司官。似出复似处，非忙亦非闲……人生处一世，其道难两全；贱即苦冻馁，贵则多忧患。唯此中隐士，致身吉且安；穷通与丰约，正在四者间。"

诗中有知足保和的惬意，有人生无常的喟叹，有韶华易逝的悲切，有豁达开阔的乐观，夹杂了庄子无为无不为，顺其自然、逍遥自在的观点。

从上可见，作为受过仕途打击的中国士大夫文人们，当他们看尽人生顶峰的繁华，当他们的一片拳拳丹心遭到当权者和现实的无情抛弃时，追求逍遥自在、远离仕途应该就是他们此时内心深处和聪明的选择，而文学作品中道家思想的彰显则是这种选择下的必然结果。因此，逍遥、自在成为大多中国文人在某一阶段内心深处的人生追求和聪明选择。

综上所述，庄子的"逍遥美学"同儒家美学一样，深深影响着中国文人的人生观。在很多中国文人身上，既有年少时争锋的刚勇与坚强，也有年老时避险知足的清淡与圆融。他们用这两种美学思想来对待现实和人生，给自己的立身处世以极大的回旋余地。事实证明，这个选择对于中国文人来说既可施展抱负、立功立业，又可独善其身、逍遥自在，可以说，正是如此，大多中国文人才形成了完整的人生观。

【参考文献】

[1]　陈望衡 . 中国美学史 [M]. 北京：人民出版社，2005.

[2]　陈鼓应 . 庄子今注今译 [M]. 北京：中华书局，2001.

[3]　王凯 . 逍遥游——庄子美学的现代阐释 [M]. 武汉：武汉大学出版社，2003.

[4]　潘运告 . 美的神游——从老子到王国维 [M]. 长沙：湖南美术出版社，2004.

信息 · 工程

心电和气压信号实时采集系统

武汉东湖学院电子信息工程学院　方　浩

本文设计了一种气压与心电动态采集系统，用于对气压和心电信号进行 24 小时的同步采集，进而揭示气压变化与心电信号之间的对应关系。一方面，为满足低功耗的需要，系统选用单片机 W78LE516 和 CPLD 相结合构造了控制电路；另一方面，为方便地进行存储容量的扩展，系统采用了读写速度快、功耗低的低电压外部数据存储器 CF 卡存储信号。鉴于后续研究工作的需要，我们对信号不做任何的压缩处理，以确保信号的保真度。

一、引言

　　心血管疾病是人类生命的最主要威胁，气象条件对人体生理病理变化以及疾病发生发展都有着重大影响。心电 (ECG， electrocardiogram) 信号是诊断心血管疾病的主要依据，因此，实时检测病人心电活动和周围的大气压力变化、设计自动采集存储病人心电和环境压力信号的便携式系统具有重要意义。为此，本文设计了一个气压与心电同步的数据采集系统。利用该系统对气压和心电信号进行长时间同步采集，可以直接分析气象要素中的气压要素对人体的心电信号产生的影响，进而较为详细地了解气压和人体健康之间的关系。此方法有别于国内外气象部门根据疾病发生实况资料与气象条件寻找相关关系的思路，使我们能够更加方便地了解人体生理参数与气象因素之间的直接对应关系。

二、系统整体设计方案说明

　　本设计的采集系统能够完成 24 小时全信息实时记录与分析。因为心电信号的频率范围为 0.05—100HZ，所以系统的采样频率不低于 150Hz；另外对于通道的选择，我采用了三导联，这样可以较全面直观地观察信号的变化。

　　本文的整机结构设计如图 1 所示，按其组成和用途可大致分为：

　　（1）基于 AD623 的输入通道：负责心电信号的采集，放大以及滤波；

　　（2）单片机 W78LE516：为系统的核心，执行 AD 转换、信号分析和数据存储和转储、显示等任务；

　　（3）64M 容量的 CF：满足了 24 小时心电图和气压值的存储；

（4）CPLD 的控制：实现良好的人机接口，用户通过键盘控制程序运行，采集、存储气压与心电信号；

（5）液晶：显示心电图和气压变化信息。

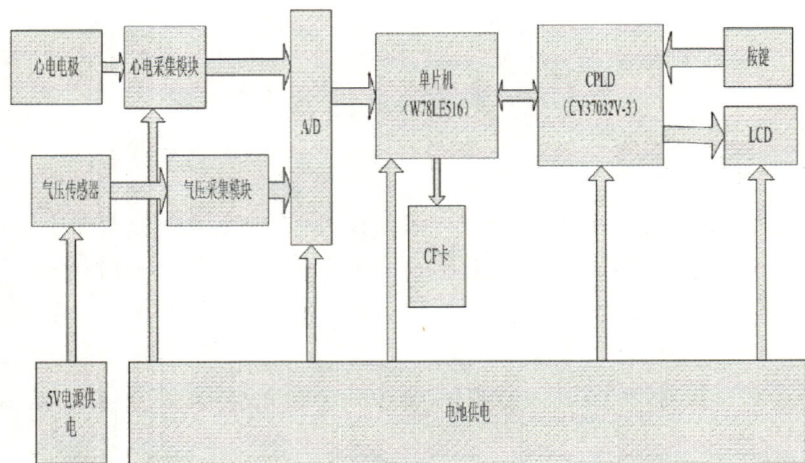

图1　硬件系统框图

三、系统硬件设计

（一）心电采集模块设计

人体心电信号是非常微弱的生理低频电信号，主要频率范围为 0.05—100Hz，幅度约为 0—4mV。而且心电信号中通常混杂有其他生物电信号，加之体外以 50Hz 工频干扰为主的电磁场干扰，使得心电噪声背景较强，测量条件比较复杂。

心电采集模块包括：

(1) 前置放大电路，将 2 个电极的信号进行差分放大，增益为 10 倍左右，右腿驱动电路去除人体携带的交流共模干扰；

(2) 二阶高通滤波电路；

(3) 二阶低通滤波电路，将心电频率取在 0.05—100 Hz;

(4) 50 Hz 陷波电路，去除 50 Hz 工频干扰

(5) 主放大电路，增益为 100 倍左右，实现总体 1000 倍左右的增益；

(6) 电平抬升电路，将信号调整到 A/D 转换器的输入范围内。

（二）气压采集模块设计

选用 MPX4115A 型恒压驱动的桥式硅压阻器件作为气压测量传感器。它具有成本低，性能优越，功耗低，长期稳定性好等优点。被测气压由压力传感器变换为电压信号，经分压进入到 A/D 转换器的输入范围内。信号输出到单片机，气压采集框图如图 2。

由于 AD 芯片的基准电压是 1.3V，最大电流驱动能力为 2.5mA。所以，在模拟端我进行了简单的分压用 1 个 10 K Ω 和 40 Ω 的电阻进行分压。

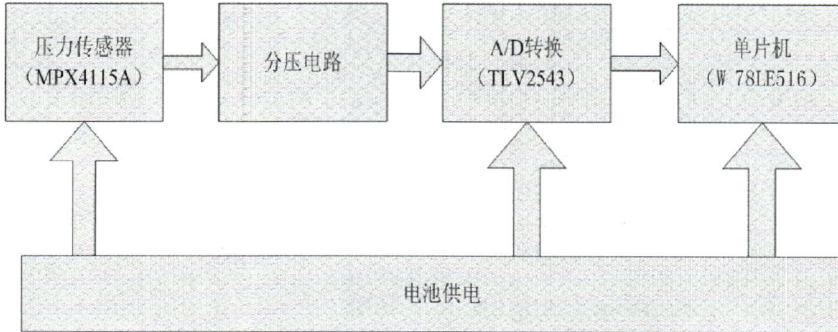

图2　气压采集模块原理框图

（三）控制模块

1. 单片机控制

硬件设计的核心是 W78LE516F 单片机，它是一种完全集成的混合信号片上系统型 MCU。

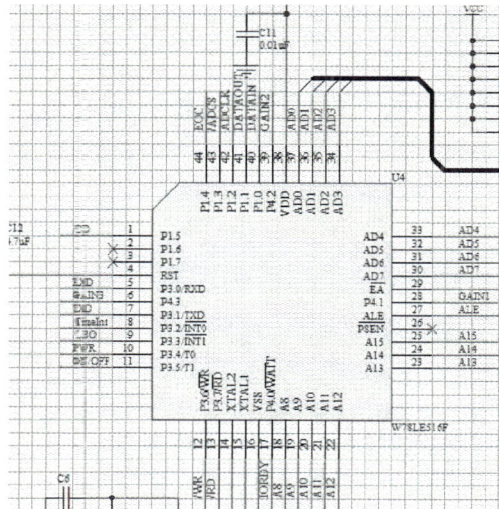

图3　单片机外围引脚图

从单片机的 I/O 控制口来看，它控制了经过 AD 转化后的数字信号、三个通道的增益、CPLD 的连接，以及通过并口访问静态 RAM W24258Q 的作用。

2. CPLD 的控制

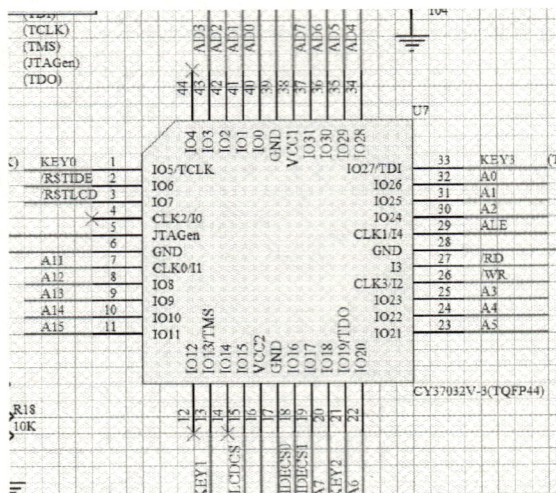

图 4　CPLD 外围引脚图

选用 CY37032V-3 用它来控制按键 KEY0 – KEY3（选通道显示，增益调整，开始计时，开关）、点亮 LCM 屏幕，它的特性具体见参考文献。

四、系统软件设计

系统的软件设计是系统设计的重要组成部分。在软件设计中，本文对记录仪的软件需求按功能进行了严格划分，将每一部分内容形成模块，最后再合成在一起。设计的系统软件总体结构如图 5 所示。

动态心电与气压记录仪的所有操作均由液晶显示屏幕给出中文菜单提示。开机后系统首先进行预处理，例如设置系统的工作状态、显示主菜单等，通过按键可以进行操作。在初始化模块中，进行基本信息的设置，例如各个定时器、单片机外围期间的配置等。同时还设置系统参数，例如 LCM 的初始化，预设的增益值等。

数据记录模块完成心电和气压数据采集，心电数据和其他信息被组织成符合 FAT16 要求的格式存储在大容量 CF 卡中。这样的记录格式可以使计算机直接读取记录仪中的心电数据文件。

软件采用 C 语言和汇编语言混合编程。采用 C 语言编程具有开发周期短、可读性强、可移植性强等优点。而汇编语言编程最大的优点是代码效率高，但不便于维护，开发周期长。混合编程语言以 C 代码为主体，汇编代码以 C 语言可以调用的函数或者内联代码的形式出现。应用层的软件主要用 C 语言实现，而与硬件相关的驱动软件主要由汇编语言来实现。采用混合语言编程可以把 C 语言的优点和汇编语言的优点有机地结合起来，这是目前嵌入式系统编程中最为流行的编程方法。

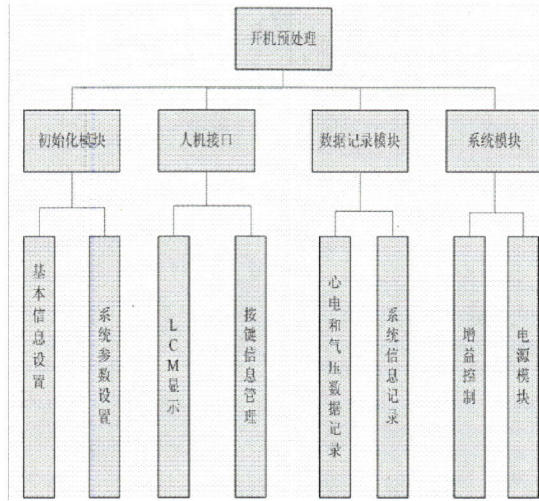

图5 软件设计控制模块

五、 总结

本文所设计的系统选用 WINBOND 的 W78LE516 型单片机作为主控芯片、CF 卡作为大容量存储器，功耗低，体积小，可以长时间连续同步记录气压与心电信号并存储所有信息，也可很方便地进行存储容量的扩展。根据所记录的数据，我们可以建立气压与心电信号之间的关联数据，进而探讨气压及其变化趋势对人体心电的具体影响。

按照我们设计的系统，以采样率为 200Hz，每个采样点分辨率为 12 位，在不压缩的情况下，1 个采样点占 2 个字节的空间，那么进行一天的连续记录所需要的空间为：

$$2 \times 200 \text{(bps)} \times 3600 \text{(s)} \times 24 \text{(h)} = 345600 \text{(B)} = 32.96MB$$

这样，我们只需一个 64MB 的 CF 卡，即可满足 1 天多的记录要求。

图 6 是根据存储的数据在 PC 的专用分析软件上的读取结果。

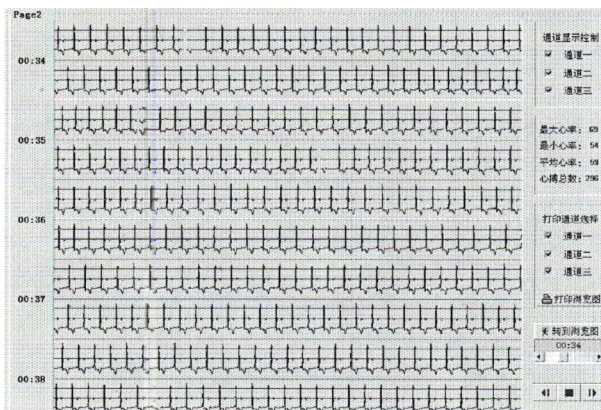

图6 记录的三个通道的心电和气压信号

武汉东湖学院论文集

【参考文献】

[1] 骆月珍 . 医疗气象预报中气象敏感因子提取的几种方法 [J]. 浙江气象，2003，24(2):17—20.

[2] Delyukov A， Gorgo Y， Comelissen G， et al. Natural environmental associations in a 50-day human electrocardiogram [J]. Int J Biometeorol， 2001(45):90—99.

[3] 袁少英 . 心电图诊断基础知识 [M]. 天津：天津科学技术出版社，1981.

[4] 吴建刚 . 现代医用电子仪器原理与维修 [M]. 北京：电子工业出版社，2005.

[5] 余学飞 . 医学电子仪器原理与设计 [M]. 广州：华南理工大学出版社，2000.

[6] 杨玉星 . 生物医学传感器与检测技术 [M]. 北京：化学工业出版社，2005.

[7]http://www.freescale.com/files/sensors/doc/data_sheet/MPX4115A.pdf.

[8] 杨金岩，郑应强，张振仁 .8051 单片机数据传输接口扩展技术与应用实例 [M]. 北京：人民邮电出版社，2005.

[9]http://chipdocs.net/datasheets/datasheet-pdf/Winbond-Electronics/W78LE516.html.

[10]http://pdf.dzsc.com/3BG/CY37512VP352-83BGC.pdf.

三本院校"电磁场与电磁波"课程教学方法初探

武汉东湖学院电子信息工程学院　　魏　纯

本文总结分析了"电磁场与电磁波"这门课程的特点，结合三本院校学生的特点，提出了该课程在教学中存在的问题，并给出相适应的教学方法。

一、引言

"电磁场与电磁波"是通信工程专业和电子信息工程专业一门重要的专业基础课，它以麦克斯韦方程组为基础，利用矢量分析、微分方程等数学工具来研究电磁场与电磁波的运动、物质的相互作用规律及其应用等。该课程是"微波技术"、"移动通信技术"、"光纤通信"、"射频电路设计"、"电磁兼容"等相关课程的基础课程，可见该课程在电子专业教育体系中的重要性。很多高校学生对这门课的反应是难学，表现为疑难概念多、内容抽象、公式多、容易混淆、计算难度大，对老师来说教好这门课也具有一定的难度。

三本院校是由普通本科高校按新机制、新模式举办的本科层次的二级学院，其生源水平参差不齐，随之而来的心理状态和追求的目标也与本一本二学生存在明显差异，这就给"电磁场与电磁波"的教学工作带来了很大的难度。常规的教学方法难以保证教学质量，因此，对"以人为本"、"因材施教"的教学方法的探索势在必行。

二、"电磁场与电磁波"课程的特点

（一）所涉及的内容厂

"电磁场与电磁波"课程所涉及的内容主要有：大学物理、高等数学、矢量分析、工程数学、数学物理方程与特殊函数等。在这些内容中，矢量分析、数学物理方程及特殊函数相对要难一些，因为它们涉及到复杂偏微分和特殊函数的计算，这些复杂的数学计算在"电磁场与电磁波"课程中出现的概率很高。因此，要学好这门课程，必须熟练掌握这些工具课程的基本概念、基本理论、基本运算和基本应用。

（二）概念多、抽象、难于掌握

"电磁场与电磁波"是在"大学物理"电磁场基础上拓展出来的一门基础学科，它具有很多新的概念、定律、公式。这些概念、定律、公式比较抽象，难于理解，如静电场的电容系数、自分布电容、互分布电容、虚位移、矢量磁位、标量磁位、镜像电荷、格林函数、有限差分法等，而这些概念的出现还伴随着复杂的计算公式，不管是理解、记忆、掌握，还是具体运用，都有一定的难度。

（三）公式多，推导复杂

"电磁场与电磁波"课程中所涉及到的公式，比本专业中任何一门其他专业基础课的公式都要多，表达式都要复杂，计算难度都要大。理论推导大多要用到矢量运算、微分方程、积分方程等数学工具，推导过程非常繁杂。如格林公式、亥姆霍兹定理、柱坐标或球坐标下的分离变量法、时变场公式的复数运算等，数学功底不好的同学，学起来就非常吃力。

（四）图形多，识别和绘制困难

"电磁场和电磁波"课程中涉及到大量的随时间和空间变化的场分布图，包括电场、磁场、等位线、电流线、梯度等，这些图形对应的函数表达式非常复杂，很多情况下在平面上画出场的图形非常困难，一般来说只有通过编程或专门的仿真软件才能做到。

三、教学中存在的问题

三本院校以培养应用型人才为主要目标，其发展离不开重点院校的扶持，课程体系大多照搬母体学校，但是由于生源情况不同，完全按照母体学校的方式进行教学是行不通的。因此在教学中不能采用和重点院校一样的教材及教学方法，而应该根据学生自身的特点进行探索，找出合适的教学方法。在开设"电磁场与电磁波"这门课程时，会遇到一些难题，而这些难题，一部分源于课程本身的特点，另一部分与学生的特点紧密联系。

（一）学生的数理基础薄弱

"电磁场与电磁波"以电磁学三大实验定律（库仑定律、毕奥—沙伐尔定律以及法拉第电磁感应定律）和两个基本假说（有旋电场及位移电流）为基础，归纳总结出麦克斯韦方程组，然后讨论静态场、时变场以及电磁波的传播与辐射特性，该过程需要大量的数学、物理基础知识。三本院校的学生入学时，分数相对较低，一些学生的高考失利可能正是因为数学或物理知识没有掌握好，对高中阶段必备的数学知识，例如复数知识、直角坐标系概念及三角函数公式等都比较模糊；还有的学生没有接触高中段的电磁学。另外，由于学校以培养应用型人才为目标，学生要学的课程比较多，同时要完成一定的教学实践环节，有的课程根本没有涉及，如场论、数学物理方程等。还有一部分学生对必须掌握的数理基础知识在大一时没有学好，因此对本课程教学必须用到的数理知识的储备不够。如此，学生基础没打牢，更谈不上用这些知识去分析问题和解决问题。那么，在教学方法上，教师应该注意到这一点，想办法在介绍课程的知识点之前，给学生补充一些数理的基础课，让学生不至于上课"听天书"。

（二）学生对经典理论普遍兴趣不高

三本院校的学生通常思想活跃、性格开朗、比较容易接受新鲜事物，他们关心自身的权利，注重自我，但耐控性较差。一些学生由于数理基础差，听课时的必备知识储备不够，新课听不懂，作业无法做，从而影响到下次课的教学效果。如此恶性循环，学生的学习兴趣迅速下降，个别学生开始厌学，出现课堂上开小差、睡觉甚至逃课的现象。在学习上，有的学生奉行实用主义，偏科现象严重，他们大部分精力会花在考级或考研相关的课程上，其他课程不会花很大功夫学习。而"电磁场与电磁波"这门课程在考研或找工作时，用得并不多，因此，部分学生在本课程上花费的时间相对较少。

（三）学生的自学能力普遍不强

现在的学生大多是独生子女，父母的宠爱让他们养成了以自我为中心的习惯，依赖性强，遇到问题不去积极思考解决之道，特别是在学习上，把希望寄托在老师身上，自己很少主动思考，自学能力较弱。学生的学习主动性不够，缺少独立研读教材、攻克科技难关的自觉性。另外，学生的学习普遍有功利思想，喜欢上有用的专业课，而对基础理论课重视不够，学习的主动性不够。这就需要教师在教学过程中，吸引学生的注意，提高课程的趣味性，引导学生主动学习。

（四）教学课时安排不足

为了培养宽口径、应用型人才，学校对电子类专业都进行了增设课程以及删减课时量的调整。"电磁场与电磁波"的课时也调整为50—60课时左右。在这么少的学时里，课程教学安排无法面面俱到，只能是在某些重点章节深入讲解，习题课时间也大幅减少，这也增加了教与学的难度。

四、教学方法的探讨

（一）结合学生特点对教学内容进行调整

针对学生基础薄弱的问题，可以适当的对课程内容做调整，安排几个学时的"矢量分析"课，补充讲解相关知识，做好前修课程与"电磁场与电磁波"课程的接轨。只有这样，才能使学生顺利地切入课程。

考虑到短课时、高难度，教师在教学内容上应删减一些与前修课程重复的内容和难度较大的知识点。结合学校培养应用型人才的目标，可以在教学中提高应用实例的比例。应用实例的加入不但可以丰富课堂内容，还可以将理论和实践应用很好地结合在一起，使学生加深对理论知识的理解，培养学生的工程实践素质。

（二）板书与多媒体教学相结合

由于"电磁场与电磁波"的某些问题涉及到大量的数学推导和复杂的计算，通过板书教学，容易实现学生的思路与老师的思路同步，课堂互动性好。虽然教学进度慢一点，但是能让学生更好地参与进来，提高学生学习的积极性，加深学生对知识点的掌握，课堂气氛非常好，学生思维活跃。

"电磁场与电磁波"教学仅靠板书的语言教学是不够的，因为书中涉及到许多的抽象图形，这些图形无法用语言来表达清楚它本身的含义。比如位移电流描述的变化的电场产生磁场和电磁波的传播等，如果我们利用 CAD 软件和 MATLAB 软件，将矢量线（电力线、磁力线）、等值线图等抽象概念形象的表达出来，那么一定会激发学生的学习兴趣，增强学生对这些概念的理解能力，加深学生对知识的印象，提高学生的学习效率。

（三）采用实例教学，让学生提高认识，激发兴趣

大部分学生只知道这是一门基础课程，对其应用于哪些方面不清楚，觉得课程不怎么重要，也没有兴趣学习。给学生列举出电磁场与电磁波在现实生活中的广阔应用，如军事电子对抗、雷达产品等，电磁兼容以及生活中常见的电磁辐射在将来许多行业中的应用等，让学生了解课程的重要性。俗话说，兴趣是最好的老师，让学生认识到课程的重要性后，如何激发学生的兴趣就成为课程教学中最重要的任务。尝试让学生从关注身边的电磁现象开始，例如被高压线半围住的小区很多人不愿意买，认为电磁辐射大，为什么？这种怀疑有道理吗？使用手机打电话的电磁辐射大吗？让学生对这些生活中遇到的电磁现象进行自由讨论，带着问题学习相关的理论知识，慢慢培养他们对本课程的兴趣，在兴趣上来后，学习也就变的容易多了。

（四）采用启发式教学，注重互动

在教学过程中，有些问题教师应引导学生主动去思考。如恒定电场与静电场的比拟，麦克斯韦方程组的重要物理意义，麦克斯韦方程组的适用范围，电场与磁场的关系，电与磁的对偶性，静电场与时变电场的特性，波动方程的命名，等等。教师要特别强调举一反三和创新思维的重要性，在课堂中增加提问、思考和对比，向学生提出一些具有灵活性的问题，甚至展开讨论，增加与学生的互动，并适时地对学生进行精神激励，发挥学生的主动性，使课堂生动活泼，还能使学生开动脑筋，对知识点进行综合归纳、触类旁通，加深对知识的理解，教师也可以及时地了解当前的教学效果。

（五）注重学生能力培养

教学过程中，教师应该重视对学生的能力的培养。知识的掌握固然是重要的，但对学生能力的培养更加重要。教师应通过启发式教学以及讨论式教学引导学生进行思考，促使其将书本的知识用于分析和研究实际问题，做到学以致用和活学活用；在讲授一个教学内容时，可以选取其中的一个典型例子重点讲解，其余的则作为疑问留给学生，让他们自己思考寻求答案，或者在讲解完一个知识点以后向学生提出一些和该知识点相关的实际问题让他们进行讨论。另外，在教学过程中培养学生的实践动手能力，可以鼓励学生在条件允许的情况下，制作一些和本课程相关的电子产品。

（六）提高教师素养，提升教师魅力

同一门课程，同样的教学内容，教师不同，学生的喜好程度也有明显的区别。无论是初中，高中还是大学，学生都会因为喜欢一个老师而喜欢一门课程，因此，教师应该对症下药，从知识素养等各方面提高自己，授课过程切忌千篇一律，背书式教学

更是糟糕。在枯燥的课程中，教师如果加入一些幽默的话语，或是幽默的音调，也可以改善课堂气氛。

五、结束语

"电磁场与电磁波"教学的初步实践表明，在电子技术与通信技术高速发展的今天，理论联系实际显得十分重要。在教学中除应着眼于知识的巩固与深化外，还应考虑联系物理工程背景，涉及一些具体的应用问题，使教学具有较强的实用性和启发性，增加趣味性，能吸收学生，并能为学生主动学习、独立思考和全面发展提供空间。另外，还应鼓励有能力有兴趣的学生积极参与一些应用项目的调研及开发工作，提高他们的综合实践能力。

三本院校的培养模式与重本院校及高职院校的模式截然不同，对课程的教学也应不同，要结合课程本身的特点和学生的特点及学习能力，改进教学方法，提高教学质量。

【参考文献】

[1] 谢处方，饶克谨. 电磁场与电磁波 [M]. 北京：高等教育出版社，2008.

[2] 王家礼,朱满座,路洪敏. 电磁场与电磁波 [M]. 西安：西安电子科技大学出版社，2003.

[3] 刘国庆，"电磁场与电磁波"课程教学研究 [J]. 中国电力教育，2008（12）：74—75.

[4] 梁振光 .MATLAB 在"电磁场"教学中应用 [J]. 电气电子教学学报，2004，26（3）：105—109.

《低频电子线路》负反馈放大器之教学探讨

武汉东湖学院电信学院　　姚　敏

负反馈在电子电路中应用广泛，对电路的工作性能有重要影响。正确判断电路中的反馈类别是非常必要的。本文结合教学实际介绍了如何正确、快速地判断反馈的类型、极性以及反馈组态，并与传统的判断方法作了比较与分析。

一、引言

几乎所有的由电子电路组成的自动控制系统都是建立在负反馈基础上的。负反馈技术是低频电子线路课程中的重点内容，也是学生普遍感到难学的内容，如何对反馈极性、类型及组态作出正确、快速判定，这是大部分学生都感到较为困难的。在此，本文就该内容的教学进行归纳和分析，提供本人在实践教学中采用的方法给广大师生参考。

二、反馈类型的判别

反馈类型分为直流反馈和交流反馈。相比极性和组态的判别，电路中的直流或交流反馈是比较好区别的。如果反馈电阻并联旁路电容，该电路就是直流反馈，因为交流信号全部通过旁路电容，反馈信号中只有直流成分。增加旁路电容 C 后，R_f 只对直流起反馈作用。如果反馈电阻串联隔直电容，该电路就是交流反馈，因为直流信号不能通过隔直电容，反馈信号中只有交流成分。增加隔直电容 C 后，R_f 只对交流起反馈作用。如果反馈电阻既没有并联旁路电容、也没有串联隔直电容，则说明反馈信号同时存在直流和交流成分，因此是交直流反馈。

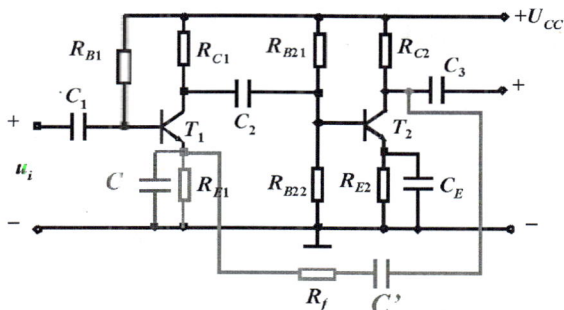

图1 交、直流反馈电路

三、反馈组态的判别

不同于很多教师先判断反馈极性，再判别反馈组态的常用分析顺序，我在教学中一般是先对组态进行考察，再判别极性。因为在极性判别中，需要分析反馈信号和输入信号是电流量相加减还是电压量相加减，而这需要根据反馈组态来判断。

在低频线性电路中，主要有三极管或以集成运放为核心元件构成基本放大电路。对于这两种反馈电路，判别方法也有区别。先分析以三极管构成的反馈电路。

（一）三极管为核心元件

1. 电压反馈和电流反馈

电压反馈或电流反馈取决于反馈支路是取样于电路的输出电压，还是输出电流。由此定义的常用方法有短路法，假设负载短路，使输出电压为零。如果反馈信号也为零，则表示反馈信号与输出电压成比例，因而属电压反馈；反之，若反馈信号不为零，则属电流反馈。但是真正操作起来，却不好判断，我在实际教学中是根据反馈信号在输出端的取样位置来判断。若反馈元件与放大电路的输出端同点连接，即直接取自于输出端，则该反馈是电压反馈，否则是电流反馈。以常见的共射极放大电路为例，若反馈信号从集电极流出，该电路为电压反馈，如图2所示；若反馈信号从发射极流出，则电路为电流反馈，如图3所示。

2. 串联反馈和并联反馈

串联反馈还是并联反馈取决于反馈信号与输入信号在输入回路中是以电压形式还是电流形式相求和。学生据此定义判断串联、并联反馈有较大困难。实际教学中，我采用的是更为直观简单的方法。若反馈支路与放大电路的输入端同点连接，则该反馈是并联反馈，否则是串联反馈。对于共射极电路，输入端是三极管的基极，如果反馈信号也引入到基极，则是并联反馈，如图3所示；如果引入到发射极，则为串联反馈，如图2所示。

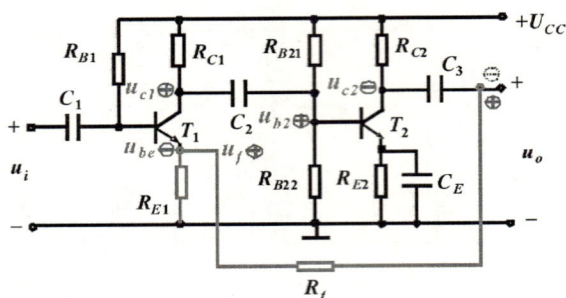

图2 电压串联负反馈

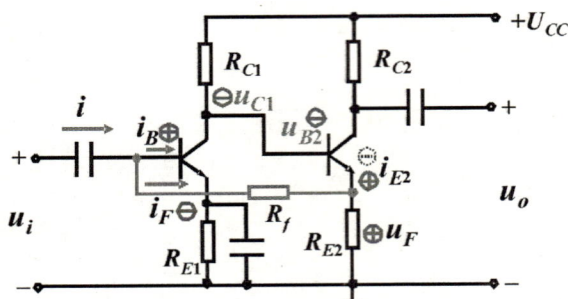

图3 电流并联负反馈

（二）集成运放为核心元件

1. 电压反馈和电流反馈

对于集成运放反馈电路，这里不再从定义出发来作判别，而是直接套用上述直观方法来分析。如果反馈支路和输出负载同时并接在集成运放的输出端，为电压反馈，如图4所示；如果反馈支路不是直接和输出端相连，而是通过输出回路的电阻间接取得，则为电流反馈，如图5所示。

2. 串联反馈和并联反馈

集成运放电路串、并联反馈判断方法同样可以套用三极管电路的同点连接法，如果原输入信号与反馈信号加在运放的两个不同输入端，为串联反馈，如图5所示；如果原输入信号与反馈信号加在运放的同一输入端上，则为并联反馈，如图4所示。

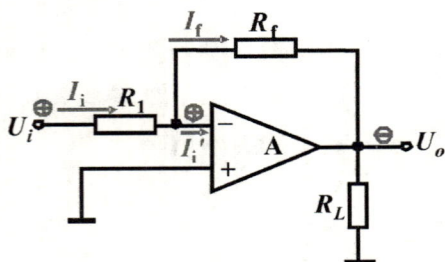

图4 电压并联负反馈

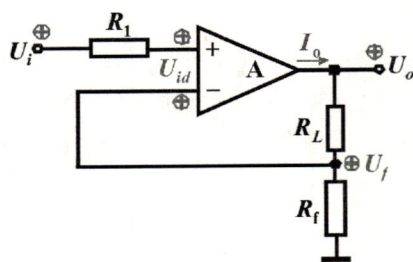

图5 电流串联负反馈

四、 反馈极性的判别

（一）三极管为核心元件

正确判别某一电路的反馈组态后，就可以进行反馈极性的判断了。这里采用瞬时极性法。与大多数教材介绍的瞬时极性法不同，我们不是从输入信号的变化着手，而是从输出端开始。假设输出端信号有一定极性的瞬时变化，依次经过反馈、比较、放大后，再回到输出端，若输出信号与原输出信号的变化极性相反，则为负反馈，反之为正反馈。瞬时极性法所判断的也是相位的关系。电路中两个信号的相位不是同相就是反相，因此若两个信号都上升，它们一定同相；若一个信号下降而另一个上升，它们一定反相。

1. 具体判别方法

采用瞬时极性法要分清楚反馈组态，如果是电压反馈，则要从输出电压的微小变化开始。如果是电流反馈，则要从输出电流的微小变化开始，即先假定电路的输出信号产生一个瞬时极性为正的变化，用符号 $\oplus$ 表示，再依次根据放大器各级输入端和输出端的相位关系，逐级推出电路各点的瞬时极性。判断时在输入端也要反映出反馈信号与输入信号的比较关系。如果是串联反馈，即输入信号与反馈信号是电压量相加减，如果是并联反馈，输入信号与反馈信号则是电流量相加减。以图 2 为例，当电路是电压反馈时，假设输出电压 U_o 增大，则 U_f 增大，由于是串联反馈，$U_{be}=U_i-U_f$ 会减小，由于基极和集电极的相位反相，U_{c1} 增大，U_{b2} 增大，U_{c2} 减小，输出电压 U_o 则减小。说明输出信号与原输出信号的变化极性相反，因此为负反馈。再以图 3 为例分析，当电路是电流反馈时，假设输出 I_{e2} 电流增大，则 U_f 增大，I_f 减小，由于是并联反馈，$I_b=I_o-I_f$ 会增大，同样由于基极和集电极的相位反相，U_{c1}、U_{b2} 减小，电路 I_{b2}，I_{e2} 则随之减小。说明输出信号与原输出信号的变化极性相反，因此也为负反馈。

2. 集成运放为核心元件

对于以集成运放为核心元件构成的反馈电路，我们仍然采用传统的瞬时极性法。假设在输入端加入一个瞬时极性为正的信号，再依次根据放大器各级输入端和输出端的相位关系，逐级推出电路各点的瞬时极性。如果是串联反馈，可以直接通过反馈信号的瞬时极性来判断反馈信号对原输入信号是增强还是削弱；以图 5 为例，输入信号 U_i 加在运放的同相输入端，当 U_i 瞬时极性为正时，可依次判断 U_o、U_f 的极性也为正，而差模输入电压 U_{id} 等于输入电压 U_i 和反馈电压 U_f 之差，可见反馈电压削弱了输入电压的作用，因此是负反馈。如果是并联反馈，则需通过电路各点的瞬时极性推导出流经反馈支路的电流流向，从而判断反馈信号对原输入信号是增强还是削弱。以图 4 为例，输入信号 U_i 加在运放的反相输入端，当 U_i 瞬时极性为正时，可判断 U_o 的极性为负，因而流经反馈电阻 R_f 的电流 I_f 是从左至右，可见 $I_i'=I_i-I_f$，净输入电流减小，为负反馈。

实际教学中必须解释清楚的是：（1）$\oplus$ 号不是表示电位的高低，而是表示输入的信号是上升的趋势；（2）对于电路中的三极管，如果是共发射极的状态，那么基极和集电极的相位是反相的，此时发射极和基极同相，而如果电路中是其他两种组态则基极和集电极不需要反相；（3）如果反馈信号不是送回到电路初始信号端，那这时三极管真正的输入信号应该是发射结两端的电压；假如这时的电路是集成运放，实际输入的量应该是运放的差模输入电压。

五、结束语

对于负反馈放大器电路，本文在常用的定义判断法基础上，介绍了实际教学中采用的快速、有效的反馈类别判断方法：（1）交、直流反馈的判断从电容和反馈电阻的连接关系判断；（2）串、并联反馈的判断从反馈量与输入量在输入端连接方式来判别；（3）电压、电流反馈的判断从反馈支路与输出信号在输出端的连接方式来判别；（4）反馈极性的判断应用瞬时极性法从输出量的变化开始分析，经过反馈、比较、放大又回到输出端。掌握了反馈电路各部分的独立判断，就很容易正确判断放大电路中的反馈组态并掌握负反馈对放大电路性能的影响。

【参考文献】

[1] 杨素行. 模拟电子技术基础简明教程 [M]. 北京：高等教育出版社，2006：224—235.

[2] 文亚凤. 放大电路负反馈组态的多种判断方法 [J]. 中国现代教育装备，2010，（91）3：85—86.

[3] 康华光. 电子技术基础（模拟部分）[M]. 北京：高等教育出版社，2005.

[4] 袁明珠.《电子线路》负反馈的教学探讨 [J]. 黑龙江科技信息，2010(8)：174.

船艇上排自动定位控制系统研究

武汉东湖学院电信学院　　何锡武

我们应用 PLC 控制和组态软件，设计完成了一种用于船艇上排作业的控制系统。该系统由水面控制台得到组态界面发出的指令，通过无线传输，控制水下液压支撑臂动作实现船艇的上排自动定位。我们通过现场调试和多船型的上排操作试验，证明了该控制系统的可靠和实用。

一、概述

船艇上排水下定位困难是船艇修理所、修造船厂长期存在的问题。近年来，随着船艇新船型的建设和发展，船艇线型设计越来越多样化，由于船型多、线性复杂，船艇上排放样和水下准确定位更加困难。针对目前船艇上排定位仅靠经验操作方式，进一步研究船艇上排自动定位系统，开发具有自动化程度高、技术先进、安全可靠、便于掌握和推广应用的新型船艇维修设备就成为船艇部队的迫切需求。

国内船舶修（造）船厂船舶上排大致有五种形式：一是利用船厂就近的自然平缓滩涂简易上排方式；二是利用修建标准的横向或纵向专用滑道设施设备上排方式；三是使用专用橡胶气囊上排方式；四是利用专门修建的干（湿）船坞上排方式；五是使用专用轨道小车设备接应上排方式。以上几种上排方式都是靠人工作业，并在随船轨道车上按船型靠人工用枕木放栏布墩，通过岸上起重机设备将船舶拖出水面，操作手段十分落后。

国外修（造）船厂船舶上排设施设备与我国基本相似，主要有利用自然岸滩上排方式、滑道随船轨道车上排方式、橡胶气囊上排方式、干（湿）船坞上排方式、滑道液压随船轨道车接应上排方式等。20 世纪 70 年代，法国海军率先采用部分先进技术用于船舶制造和上排修理，之后世界各海装大国纷纷效仿采用船坞式和气囊式上排设施。

本文在"船艇上排定位监测装置"研究成果的基础上，充分利用现有维修设施设备，解决相关技术难题，实现了船艇上排作业的水下自动定位。

二、系统组成

船艇上排自动定位控制系统，就是利用计算机测控和通讯技术，通过定位传感器检测船艇在随船轨道车上的位置状态，根据需要控制随船轨道车上液压支撑臂的开合，自动锁定上排船艇，实现上排船艇的自动定位，然后通过岸上起重机设备将上排船艇拖出水面至适当位置。

本系统分"岸上控制台"和"排上液压随船轨道车及其控制系统"两部分。操作人员通过操作岸上控制台的工业控制计算机，实现对整个船艇上排定位过程的全自动监测与控制，并且通过人机交互界面和远程无线数据传输，实时观察船艇上排定位过程中的各个状态信息和数据。

船艇上排自动定位系统分为岸上控制站、随船轨道车车体、随船轨道车上的液压系统和下位控制四部分。其中，控制系统分为由岸上控制站和随船轨道车上的现场总线控制系统、随船轨道车车体和随船轨道车上的液压系统构成的执行机构。

各部分系统图如图1，上位机可接受屏幕指令或控制台按钮指令，通过无线方式传递到PLC，PLC根据控制命令和现场船艇信号控制液压泵站电机和液压阀动作，实现船艇水下定位。

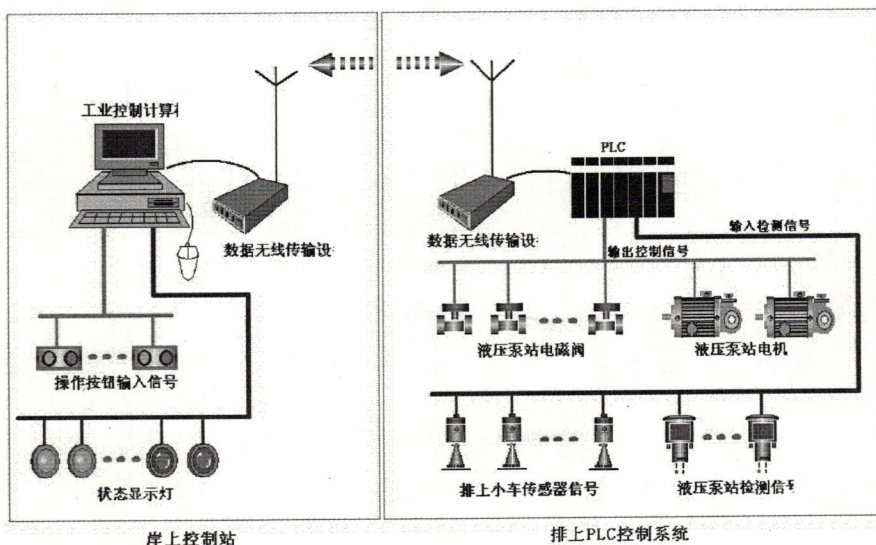

图1 控制系统部分结构图

（一）控制系统系统结构优化

控制系统是整个装置的灵魂，其性能的好坏直接关系到产品的实用性和可靠性。整个控制系统采用无线分布式结构，设岸上控制台和水下控制箱。岸上控制台是控制操作的人机界面，安装在操作室，主要控制功能由工控机实现。为满足系统功能扩展和上排操作系统功能扩展的要求，控制台予留有滑道大车控制接点。

水下控制箱按照控制台的命令完成对随船轨道车液压系统的具体测量和控制。所有上排的测量控制线较多，为了满足电缆快接的要求，系统设计改变原来的单 PLC 结构，采用分布式现场总线结构，由单一总线实现多控制和测量信号的传输。

（二）岸上控制站及控制系统程序设计

岸上控制站主要由操作台、工控机、无线发射设备、继电器、操作按钮和指示灯等组成，其核心是工控机。完成整个系统的控制程序运行和结果显示，是人机交互的接口，系统予留有滑道大车控制接口，并设置有应急按钮，以实现紧急停车。

自动化监控系统软件以 Windows XP 作为操作系统，采用性能强大稳定的 HMI/SCADA 工业控制组态软件 MCGS 作为工业监控平台。系统的实时数据库管理平台可以满足监控系统对数据的实时性要求。

船艇上排自动定位系统监控应用软件是整个系统控制的核心部分。操作人员在工业计算机监控画面上设置系统运行参数，点击系统运行按钮，整个船艇上排自动定位操作过程将在程序控制下自动完成，实现全程程序控制。操作人员可在监控画面上实时读取系统运行的状态参数，当出现非正常运行状态时，计算机监控画面上将有醒目的报警信息提示。系统的控制界面如图2。图纸上排为系统状态指示区，包括系统手自动状态、系统压力、液压泵启停、排车上下等信息。下面为控制命令区。中间部分实时显示船艇在水下的船体落位、液压支撑臂的动作和受力状态等运行信息，控制系统所采集的现场信号和控制输出都可以在此实时显示，操作人员也据此调整控制命令。

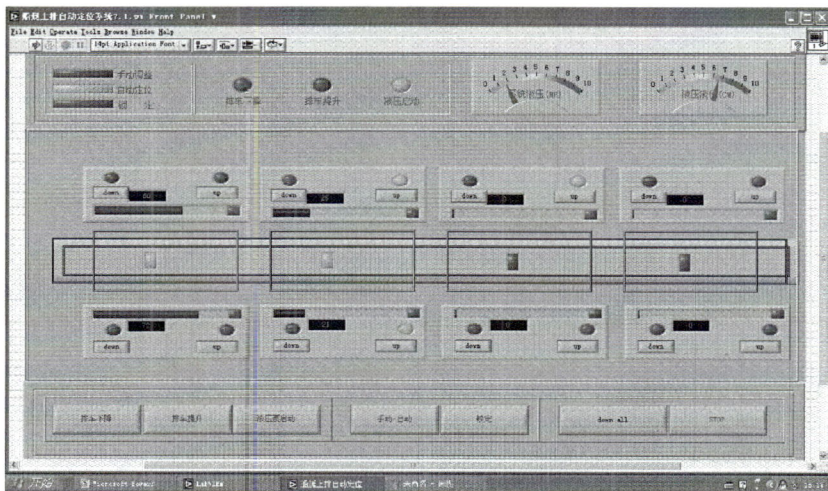

图2　上排定位系统操作界面

（三）无线通讯技术

采用无线传输技术可以减少现场布线工作量，节省系统成本，省却上排操作时多电缆收放的麻烦，还可以避免因现场操作过程中电缆被拉断或其他原因造成电缆故障，提高系统运行可靠性。

为确保岸上控制站与水下随船轨道车上控制系统之间无线数据传输的可靠性及快速性，无线数据传输设备采用深圳华夏盛公司 WDS SCADA 系列高性能无线数传电上排台。SCADA 电台系列是专业级的数传电台，它的设计采用了 DSP 芯片，有信道编码，前向纠错功能，产品的稳定性、可靠性、抗干扰性、传输速率远远超过普通数传电台。电台的工作范围在 2—50 千米之内，可以半双工、全双工、单工方式工作，收发同频或异频，EIA-232 数据接口。

（四）下位机总线控制技术

按照单一 PLC 控制结构，就会将各随船轨道车上的测量和控制信号全部引入 PLC 中，这样在各随船轨道车间将会有大量的连接线，增加上排作业准备工作量。如果单一 PLC 控制结构改为总线控制，在各随船轨道车增加控制接点，各随船轨道车间由统一的总线连接，就能提高信号的抗干扰能力，简化接线过程，使系统的可靠性得到提高。

系统采用标准 485 工业现场总线。485 工业线场总线由美国汽车工业提出，现在广泛应用于工业控制领域，已成为工业测量和控制领域的标准，其可靠性高，维护简单，单一总线内理论可接入接点数达到 255 个，实际在 100 个以上，无中继的情况下有效传输距离达到 1200 米。各控制站的控制程序框图如图 3。

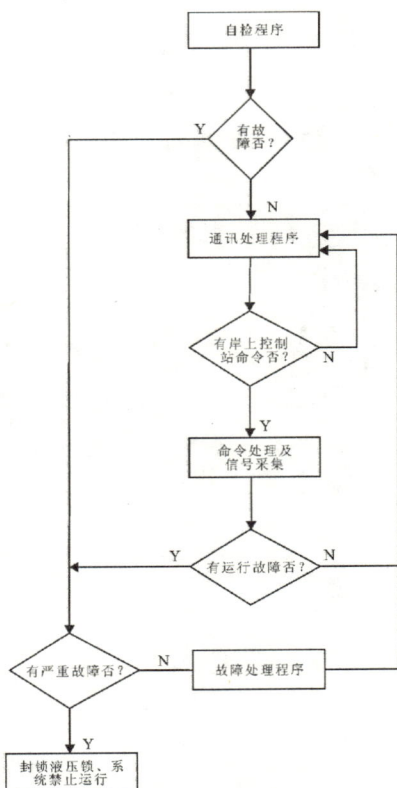

图3　PLC控制程序框图

三、现场复装和试验

2008 年 9 月，系统经出厂前的场内联调后，被运到中国人民解放军驻长江航务军代处船运大队修理所使用现场。经现场复装试验和调整，对液压油路重新进行了紧固密封，对在试验中发现的工控机的通讯模块问题也进行了更换。最后全部恢复到出厂性能，达到预期的要求。

进行现场试验后，我们发现了几处较大问题：一是水下控制箱渗水，达不到 10M 水下密封的要求；二是液压站安装位置不对，影响使用；三是压力传感器防护等级不够。为此,我们进行了全面的整改返工。经重新设计生产了水下控制机箱及其出现接头，液压油箱返厂该装，豆换压力传感器后，几项重要问题得以解决。

四、实船试验和试用

2009 年 3 月开始，在中国人民解放军驻长江航务军代处船运大队修理所进行实船上排试验,先后进行了 5 种船型的实船上排试验,检验了系统对不同线型船体的适用性。试验中，根据不同试验结果，我们对控制程序进行过多次较大修改，特别是对自动控制的启动条件、控制策略做了适应性的调整，最后都达到了比较理想的效果。

【参考文献】

[1] 范立春，李雪飞. 计算机控制技术 [M]. 北京：机械工业出版社，2009.

[2] 孙德宝. 自动控制原理 [M]. 北京：化学工业出版社，2002.

[3] 李其成，何锡武. 船艇上排定位检测装置应用 [J]. 中国水运，2004(3).

[4] 廖常初 .S7-200PLC 编程及应用 [M]. 北京：机械工业出版社，2009.

[5] 刘华波，王雪. 组态软件 WinCC 及其应用 [M]. 北京：机械工业出版社，2009.

武汉东湖学院论文集

基于 COM 的 Visual C++ 数据库访问机制研究

武汉东湖学院计算机科学学院　袁　琼

文章描述了基于 COM 的 Visual C++ 两种高级数据库访问技术 OLEDB 和 ADO 的机制，对二者的特点、性能、差异以及使用进行了探讨。

一、引言

Visual C++6.0 提供了多种多样的数据库访问技术——ODBC(Open DataBase Connectivity)、MFC ODBC(Microsoft Foundation Classes ODBC)、DAO(Data Access Object)、OLE DB(Object Link and Embedding DataBase) 和 ADO(ActiveX Data Object)。这些技术各有各的特点，但都提供了简单、灵活、访问速度快、可扩展性好的特点，可用于访问不同种类数据源。

MFC ODBC 和 DAO 是基于 MFC 的数据库访问技术，对较复杂的 ODBC API 进行了封装，提供了简化的调用接口，大大方便了数据库应用程序的开发。程序员不必了解 ODBC API 和 SQL 的具体细节，即可完成对数据库的大部分操作。不同的是，MFC ODBC 通过 ODBC 和 ODBC 驱动程序操作数据；而 MFC DAO 通过 Microsoft Jet 访问数据，具有更强的处理能力。MFC DAO 同 MFC ODBC 相比，具有的优势是：特别在处理 Microsoft Jet 数据库的时候，能够优化性能；与 ODBC、Microsoft Access Basic 和 Microsoft Visual Basic 兼容；提供对数据库操作的合法性判断；能够确认数据表之间的关系；具有更加丰富的操作模型。但是，MFC DAO 也存在一些缺点，例如运行中对象占用相对多的内存空间。

OLE DB 和 ADO 是基于 COM（Component Object Model）的数据库访问技术，是 VisualC++ 开发数据库应用中提供的新技术，比传统数据库访问技术更加优越。

本文主要介绍 OLE DB 和 ADO，对二者的数据库访问机制、技术特点、性能和差异，以及使用进行研讨。

二、OLE DB 数据库访问技术

OLE DB 比传统的数据库访问技术更加优越的是：它基于 COM 接口，对所有的文件系统包括关系数据库和非关系数据库都提供了统一的接口。与 ODBC 技术相似，OLE DB 属于数据库访问技术中的底层接口，直接使用它来设计数据库应用程序需要编写大量的代码。为此，Visual C++ 提供了 ATL 模板，用于设计 OLE DB 数据提供程序和数据应用程序。

（一）OLE DB 应用程序的结构

OLE DB 数据库应用程序的基本结构如下（图 1）：

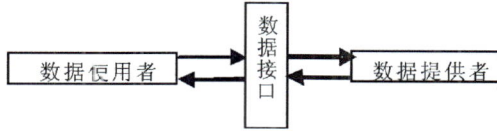

图1 OLE DB数据库应用程序的基本结构

当数据使用者需要对数据库进行操作时，数据使用者并非直接对数据源发出指令，而是通过 OLE DB 接口与数据库提供者进行交互。数据提供者从数据源取得所要查询的数据时，以表格的形式将其提供给接口，然后由数据使用者从接口取出并使用。

（二）OLE DB 对象

OLE DB 是由几种 COM 对象组成，包括 7 个基本的对象（枚举器（Enumerator）、数据源对象（Data Source Object）、会话（Session）、事务（Transaction）、行集（Rowset）、错误（Error）和命令（Command））。其中，每个对象又包含若干个接口，这些对象和接口的定义是依照 COM 模型制定的。

枚举器：用于搜寻可用的数据源。

数据源对象：包含与数据源连接的方法、产生会话。

会话：为事务处理提供上下文环境，生成事务、命令和行集。

事务：用于管理数据库的事务，将多个操作合并为一个单一的事务处理。

命令：用于对数据源发送文本命令。

行集：以表的形式显示数据，完成更新、插入、删除等操作。

错误：含有访问数据时产生的错误的信息。

OLE DB 应用程序的对象流程如下（图 2）：

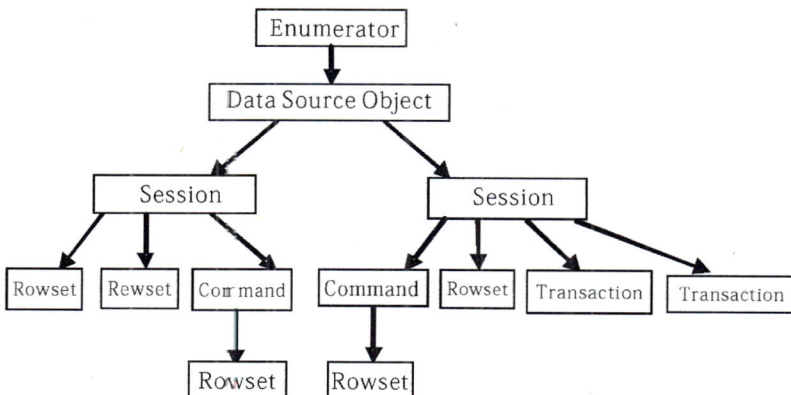

图2 OLE DB应用程序的对象流程

（三）ATL 模板

ATL 是 ActiveX Template Library 的缩写。ATL 是为 COM 应用而开发的，是一个产生 C++/COM 代码的框架。ATL 提供了一套基于模板的 C++ 类，通过这些类，可以很容易地创建一个小型的、快速的 COM 对象。使用 ATL 能够快速地开发出高效、简洁的代码，同时对 COM 组件的开发提供最大限度的代码自动生成以及可视化支持。

ATL 提供的数据库访问 COM 接口是对 OLE DB API 的包装，属于高级的数据库编程接口。ATL 提供的数据库访问 COM 接口主要是如下的几个类。

CDataSource 类：该类用于创建一个连接 OLE DB 客户程序和 OLE DB 供应程序的数据源对象，常用于向供应程序发送连接数据源名称、用户 ID 以及口令等属性，在属性建立以后，就可以调用该类的 Open 方法，打开一个通往 OLE DB 供应程序的数据连接。

CSession 类：该类对象表示了一个客户程序同供应程序的一次对话，通过该对象，可以得到一个命令、事务处理或者行集对象。

CCommand 类：该类对象处理数据的操作，可以处理参数化和非参数化的语句。

CRowset 类：该类对象代表了来自数据源的数据，用来包含和维护数据。

CAccssor 类：该类对象描述了存储在 OLE DB 用户程序的存储器，通常被定义为行集存储和传输数据，也能由供应程序控制把用户变量绑定到返回数据。

为了应用 ATL 模板类，必须使用 ATL Object Wizard 引入 ATL 产生的模板类。

（四）OLE DB 应用程序创建和访问数据库的方法

OLE DB 应用程序创建和访问数据库的方法有两种：

（1）以 MFC AppWizard(exe) 为向导建立应用程序框架，添加对 OLE DB 支持的头文件，然后使用 OLE DB 类进行数据库应用开发；

（2）以 ATL COM AppWizard 为向导建立应用程序框架，该框架直接支持 OLE DB 的模板类，不需要添加任何头文件。该方法的缺点是，只能为应用程序添加对话框资源，不能使用窗口资源，限制了应用程序的界面开发。

三、ADO 数据库访问技术

ADO（ActiveX Data Object）是 Microsoft 数据库应用程序开发的新接口，是建立在 OLE DB 之上的高层数据库访问技术。ADO 技术基于 COM，具有 COM 组件的诸多优点，可以用来构造可复用应用框架，被多种语言支持，能够访问关系数据库、非关系数据库及所有的文件系统。另外，ADO 还支持各种客户同 173 页服务器模块与基于 Web 的应用程序，具有远程数据服务 RDS（Remote Data Service）的特性，是远程数据存取的发展方向。

（一）ADO 同 OLE DB、数据库应用以及数据源之间的关系

ADO 同 OLE DB、数据库应用以及数据源之间的关系可以用下图来表示（图3）：

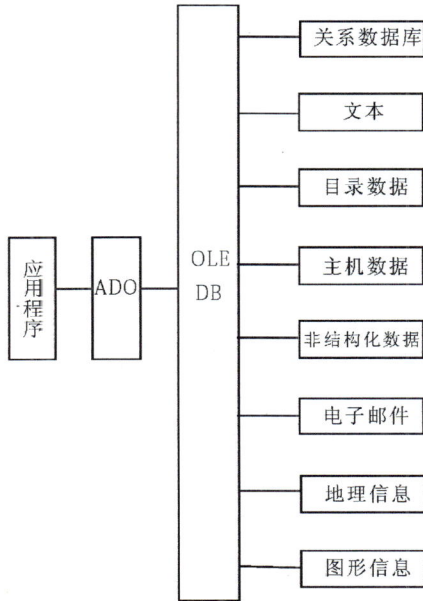

图3　ADO同OLE DB、数据库应用以及数据源之间的关系

（二）ADO 对象

ADO 中所提供的对象只用于数据应用程序。在 ADO 对象中使用了 OLE DB 服务提供程序和 OLE DB 数据提供程序所提供的接口和服务，ADO 对象的结构图如下（图4）：

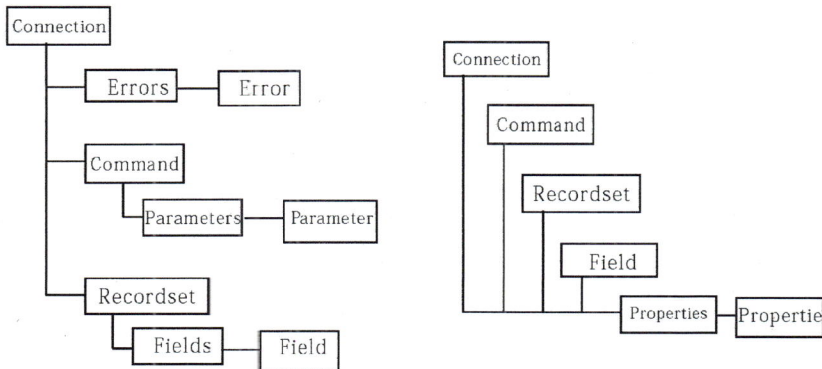

图4　ADO对象的结构

可以看出，ADO 模型包含了 7 种对象，4 种集合。

连接（Connection）对象：通过该对象操作数据源。

命令（Command）对象：使用该对象可以查询数据库并返回一个 Recordset 对象，执行一个批量的数据操作。

参数（Parameter）对象：Parameter 对象在 Command 对象中用于指定参数化查询或者存储过程的参数。

记录集（Recordset）对象：通过 Recordset 对象可以操纵来自数据提供者的数据，包括修改和更新行、插入和删除行。

域（Field）对象： Recordset 对象的一行由一个或多个 Fields 对象组成，为了修改数据源里的数据，必须首先修改 Recordset 对象各个行里 Field 对象里的值，最后 Recordset 对象将这些修改提交到数据源。

错误（Error）对象：Error 对象包含了 ADO 数据操作时发生错误的详细描述。

属性（Property）对象：Property 对象代表了一个由提供者定义的 ADO 对象的动态特征。

（三）ADO 访问数据库的方法及步骤

VisualC++6.0 为 ADO 操作提供了库支持，借助 import 宏将该库文件引用到工程里产生所有 ADO 对象的描述和声明，即可进行数据库应用开发。

ADO 访问数据库的方法及步骤如下。

（1）创建一个 Connection 对象。

（2）打开数据源，建立同数据源的连接。

（3）执行一个 SQL 命令。一旦连接成功，就可以运行查询了。可以以异步方式运行查询，也可以异步地处理查询结果，ADO 会通知提供者后台提供数据。这样可以让应用程序继续处理其他的事情而不必等待。

（4）使用结果集。完成了查询以后，结果集就可以被应用程序使用了。在不同的光标类型下，可以在客户端或者服务器端浏览和修改运行数据。

（5）终止连接。当完成了所有数据操作后，可以销毁这个同数据源的连接。

四、ADO 与 OLE DB 的比较

ADO 相比 OLE DB 具有的特点：

（1）便于使用；

（2）支持多种编程语言，包括 Visual Basic、Java、C++、VBScript 和 JavaScript；

（3）支持任何的 OLE DB 的服务器，ADO 可以操作任何的 OLE DB 数据源；

（4）不损失任何 OLE DB 的功能，ADO 支持 C++编程人员操作底层的 OLE DB 接口；

（5）可扩展性，ADO 能够通过提供者属性集合动态地表示指定的数据提供者，还能够支持 COM 的扩展数据类型。

五、结语

Visual C++ 提供的访问数据库新技术 OLE DB 和 ADO，由于它们是基于 COM ——组件对象模型，因此能够充分发挥 COM 标准的优势，不仅具有客户 / 服务器模型特性，还具有语言无关性，进程透明性和可重用机制。

OLE DB 对数据库的访问，不再基于关系型数据库，而是几乎适用于所有的线性模型；DAO 作为建立在 OLE DB 上层的自动化对象库，可以广泛运用于各种脚本语言，为脚本语言访问数据库提供了极大的便利。

OLE DB/DAO 以 COM 方式为数据库访问提供了一致的接口，被广泛运用于微软的各种产品中，必将会得到进一步的发展。

【参考文献】

[1] 夏云庆 .Visual C++6.0 数据库高级编程 [M]. 北京：北京希望电子出版社， 2002.

[2] 成功等 .VC 中几种数据库访问技术的比较与选择 [J]. 计算机应用研究，2002(2).

[3] 黄陇等 . 基于 MFC 的 VisualC++ 数据库访问机制研究 [J]. 计算机与网络，2003(15).

[4] 俞建等 . 数据库访问技术研究 [J]. 计算机与现代化，2004(10).

嵌入式高温沸腾炉控制系统设计

武汉东湖学院计算机科学学院　程学先

在原单片机高温沸腾炉控制系统基础上设计了采用 SPCE3200 精简开发板的嵌入式控制系统，从而加强了系统集成度，系统存储容量增加，传感器数据可以无线传入，同时采用液晶显示器显示工艺曲线，并允许通过触摸屏手工修改曲线，还增加了多媒体、通信等功能，使系统更加安全可靠，具有高适应性、易扩展性，有助于生产质量的提高。

一、引言

高温沸腾炉以煤粉为主要燃料实现工业现场所需高温。温度控制以煤和风两种手段为主，通过加煤使炉膛温度上升，通过加风使炉膛温度下降，二者结合控制温度变化以满足工艺需要。我们曾开发基于单片机的高温沸腾炉控制系统，对于提高生产效率与生产质量具有明显效益，但也存在问题：（1）很难使用数学模型来精确地描述整个燃烧过程，用经典 PID 控制无法满足工艺需要，采用模糊控制技术，又要求采集较大数量的参数且有较高精度，使用单片机有很大局限性；（2）某些场合需要采用无线数据传送方式，现有系统不能满足要求；（3）参数调整只能采用键盘加减方式，希望有可视化调整方式。采用嵌入式系统将提高系统性能。

二、硬件设计

系统输入信号包括炉膛温度、尾气温度、鼓风机风门位置（鼓风开度信号）、混合室温度、给煤机转速、鼓风风压、炉膛负压、引风风门开度及引风机开度信号；输出信号包括给煤变频器的模拟信号和变频器转速、鼓风开度、鼓风机电流、引风机电流、鼓风压力与炉膛负压控制等信号，及与上位机的通信信号。

实验系统选择凌阳 SPCE3200 精简开发板为系统控制模块，另外扩展 TFT 液晶接口模块（接 TFT LCD 触摸液晶屏）、无线传输模组、ZigBee、GPRS 模组、音频输出模块、USB 模块、看门狗电路、并行口扩展模块等，其结构如图 1 所示。

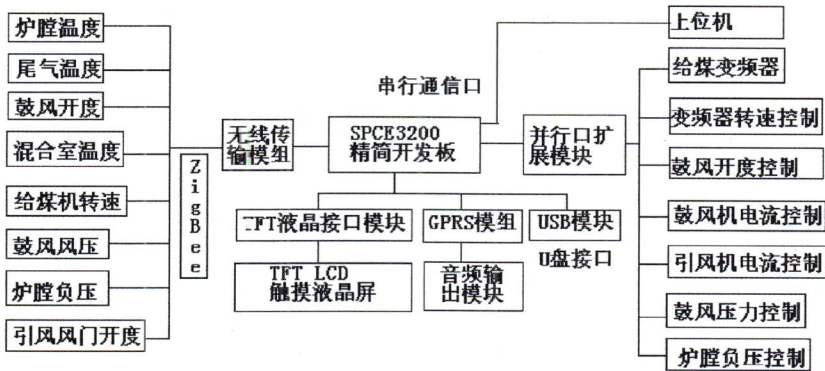

图1 高温沸腾炉控制系统硬件结构图

SPCE3200 精简开发板有 9 路 12 位的 ADC（A/D Converter），各路传感器采样信号经运算放大器放大后直接接各输入端；有双通道 16 位高速 DAC，分别用于控制信号与语音信号的输出；内置 SDDRAM 最大容量可达 16M 字节，能满足本设计对数据的存储需要；内置 UART 接口及 RS232 电平转换电路，能直接实现与上位机的通信。

TFT LCD，即薄膜晶体管液晶显示器，设计用于显示主要参数与控制量变化曲线，还可以以触摸方式修正曲线走向，实现可视化参数调节。

ZigBee 是一种无线网络协议，具有低功耗、易组网的特点。ZigBee 模组可以采用 SPI 方式与主控制器通信，也可以实现与无线传感器的无线互联。

GPRS 模组采用 SIM300 通讯芯片，利用无线移动网络实现语音传输和点对点数据传输；其内具备 TCP/IP 协议栈，可以直接利用它实现无线上网。模组使用标准的 UART 串行通信接口，可以与任何带有通用 UART 串行通信接口的控制器进行连接。它与音频输出模块协同工作可以实现与手机通信，当系统出现重大异常或有其他通信要求时可发送手机短信。

USB 模块提供与 U 盘接口，可保存控制过程中输入与输出数据，用于控制过程分析及控制参数的修正。

由于采用嵌入式结构，可以自成系统，独立性较强，也可以比较容易地整合到 ERP 系统或 CIMS 系统中。予设的对上位机的接口，可以方便地连接打印机或与企业管理系统相联系。

三、系统软件设计

系统软件基于 Linux 系统，应用 C++ 开发。

（一）系统软件模块构成

系统包括输入数据处理、输出控制计算、输出数据处理、显示与触摸数据处理、辅助程序等单元，详细模块构成如图 2 所示。

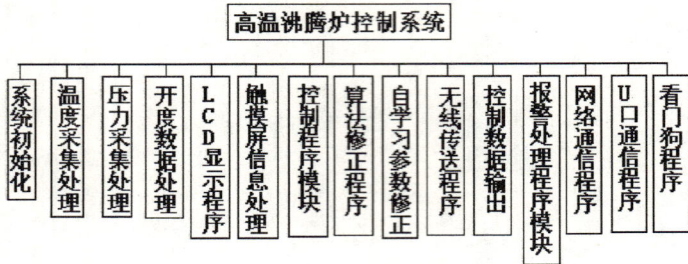

图2　系统软件模块结构

（二）控制流程

对于采集信号，先基于线性平均进行滤波；进而采用线性插值算法实现波形还原；对于不同的异常工作状态，采用不同的处理方式如图3所示。

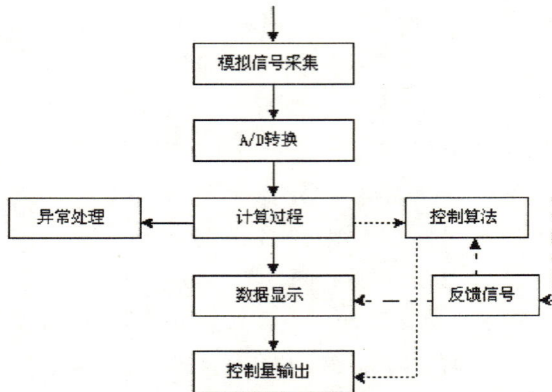

图3　控制流程

（三）控制算法

高温沸腾炉系统对安全性与燃烧过程的稳定性要求很高，温度过低、燃烧效率低，一旦熄火，将严重影响产品质量；炉温过高，燃烧煤粉会因结焦成块而影响生产的安全性。传统的控制算法是直接数字控制系统算法（DDC），可以实现多路调节，监控软件包括实时调度管理程序和中断管理程序，对于主要参数的自动调节采用多路调节和简单自动控制技术。这样的算法动态响应慢，对于惯性大、滞后时间长、存在高时变性的本类系统，无法保证动态品质。

模糊控制不需要建立被控对象的精确数学模型，是通过归纳操作人员和该领域专家的经验而建立的，算法简单、性能优良，有较强的鲁棒性。

程序流程包括对采集的信号量剔除干扰值、预处理、平滑处理等得到，作为判断依据，再对这些值做以下三项处理：（1）判断这些值是否已经超过临界值，做相应的异常处理；（2）将数值显示在显示屏上供用户参考；（3）计算输出量，并从对应的线路上输出。

其中，计算输出量是核心问题。许多数据表明，沸腾炉在炉膛温度从850℃左右上升到930℃左右区间，如果给煤与送风过程比较稳定，炉膛温度模型可以认为是一个线性模型。但850℃—930℃这个区间并非固定，稳定的条件也很难保证，因而实际系统一般是非线性的。

本系统初始使用仿人点动模型（趋势预测模型），认为温度变化是按照某一条曲线进行的，可以按照某一精度将曲线用若干条线段进行模拟。在人工控制状态下，操作人员在温度偏低时，选择多加煤或者多减风操作；当温度上升到达一定的值时，加煤量开始减少（或者开始逐步的加风）。例如，温度在850℃时，可能通过仪表输出15mA的加煤输出量，温度迅速上升；当温度上升到了900℃—910℃左右时，控制输出量可能就开始逐步从15mA减少到14mA、12mA、10mA，这样，在温度继续上升至在980℃—1000℃左右就不再上升了。模拟这一过程，在求解预期温度时，在数学模型上表现为针对不同的动作（加/减煤，加/减风）求解在某一时刻所属区间的线段斜率。炉内温度系统是多变量、多耦合系统，根据对现场数据的观察与分析，沸腾炉控制变量耦合关系如表1所示。

表1　沸腾炉控制变量耦合关系简表

	气压	炉膛压力	蒸汽温度
给煤量	弱耦合		弱耦合
引风量		强耦合	

图4是实测的一条控制曲线。

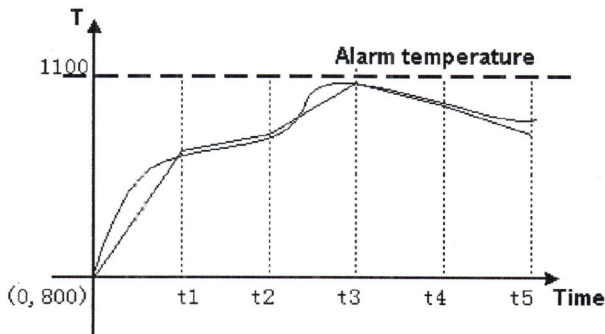

图4　仿人点动模型原理示意

如果我们设定温差（E）的变化范围为[—6，6]，将其上连续变化的温差量分为8个级别：NL：-6附近，实际温度远远低于目标控制温度；NM：—4附近；NS：—2附近；NO：比零稍小，实际温度与目标控制温度稍低；PO：比零稍大；PS：2附近；PM：4附近；PL：6附近，实际温度与目标控制温度高很多。

同样，选定给煤控制信号的变化范围为[—7，7]，将其上连续变化的给煤量（EC）分为7个档次：NL、NM、NS、ZE、PS、PM、PL。

根据实验与经验可以总结出如表2所示控制量（U）规则表。

表2　控制规则表：

$\dfrac{U\ E}{EC}$	NL	NM	NS	NO/PO	PS	PM	PL
PL	ZE	ZE	NS	NM	NL	NL	NL
PM	ZE	ZE	NS	NM	NS	NL	NL
PS	PM	PM	ZE	NS	NS	NM	NL
ZE	PL	PM	PS	ZE	NS	NM	NL
NS	PL	PL	PM	PS	ZE	NM	NL
NM	PL	PL	PL	PM	PM	NM	NM
NL	PL	PL	PL	PM	PM	ZE	ZE

根据该表，可以通过实验求得具体控制数据，并针对不同情况绘制相应曲线，形象地表现输入量与输出量之间的关系。系统设计了相应处理程序，允许用户经触摸屏在可视化环境下手工修改曲线，再通过逐渐逼近的方法，满足控制需求。

（四）异常处理程序模块

（1）热电偶的断偶报警。

（2）越限报警。

（3）自动控制失败自动跳出并转人工控制方式。

（4）自动复位。

（5）程序防飞处理。

四、结束语

本系统能满足高温沸腾炉的控制需求，具有如下特性：（1）系统有较高独立性，可以单独实施控制，也可以联网，可以进行系统整合，易维护、易扩展；（2）采用较大屏幕液晶显示屏可以显示当前与历史各分类曲线，可以人工修改曲线，利用自学习功能改变参数使能根据工艺需要实现更精确的控制，提高控温质量；（3）传感信息可以有线也可以无线接入，可以适应不同环境需求；（4）提供了多媒体功能，使系统有更高可用性。本系统可用于实际生产线，也可作学生学习参考。

【参考文献】

[1] 马明建，周长城．数据采集与处理技术 [M]．西安：西安交通大学出版社，2000．

[2] 李世勇．模糊控制、神经控制和智能控制论 [M]．哈尔滨：哈尔滨工业大学出版社，1996．

[3] 李少远，王景成．智能控制 [M]．北京：机械工业出版社，2004．

[4] 管晓春．基于凌阳SPCE061A 的嵌入式应用系统设计 [J]．电子产品世界，2008，187(2)．

Excel 软件在光偏振实验数据处理中的应用

武汉东湖学院基础课部物理教研室　　徐进霞，刘雅娴

本文介绍了 Excel 在光偏振实验数据处理中的应用步骤。Excel 用来进行光偏振实验数据处理不仅可以实现数据处理简单化，还可以准确作图，因此，掌握其应用，对于培养我校理工科学生利用计算机软件处理实验数据的能力以及他们今后的深造都大有裨益。

一、引言

光的偏振特性是光作为横波区别于纵波的一个重要特性，是波动光学教学中的一个重要部分。近 20 年来，随着线性光学、量子光学以及激光的飞速发展，对光的偏振特性的研究成为令人关注的焦点，对光的偏振特性知识的掌握也成为必需。但是，在实际教学中，学生对光的偏振特性接触的较少，不易理解。通过光学实验让学生掌握光的偏振现象是理论与实验相结合的好方法。光学实验中，对光的偏振现象研究的一个重要内容是利用激光功率计测光强验证马吕斯定律。传统实验数据处理的方法有一定的弊端，如果在处理过程中稍有不慎就不能正确反映物理量之间的关系，从而得到错误的结论。Excel 有数据分析和绘图两大功能，熟练使用它可以大大地提高效率，从而达到事半功倍的效果。

计算机作为信息时代的标志具有多种功能。利用计算机软件进行数据处理和作图是信息时代的要求，这就要求我们要及时调整教学内容，采用现代教学手段；对学生来说也是一个锻炼，可以让他们学会思考，提高学习兴趣，提高他们的计算机应用能力。

二、实验原理

某些晶体对两个互相垂直的光矢量振动具有不同的吸收本领，具有这种选择性吸收性质的晶体称为二向色性晶体。当入射光的振动方向与晶体的光轴垂直时，光被吸收而不能透过；当入射光的振动方向与晶体光轴平行时，光很少被吸收而能透过晶体。在塑料薄膜上涂敷一层二向色性的微晶，然后拉伸薄膜，使二向色性晶体沿拉伸方向整齐排列，把薄膜夹在两个透明塑料片或者玻璃片之间便成为偏振片。每块偏振片都有一个特有的偏振化方向，即当光波穿过它时，只允许光矢量的振动方向与偏振化方向平行的光

波通过，而光矢量的振动方向与偏振化方向垂直的光波则被吸收。因此，自然光通过偏振片后，就成为光矢量的振动方向与偏振化方向平行的偏振光如图1所示。

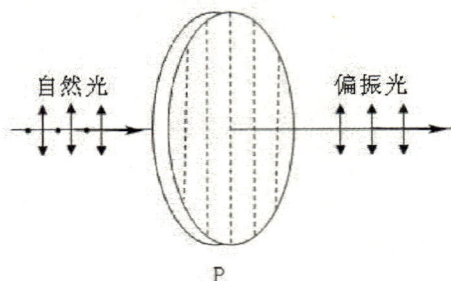

图1　偏振片的二向色性

若在偏振片 P_1 后面再放一偏振片 P_2，P_2 就可以检验 P_1 后的光是否为偏振光，即 P_2 起了检偏器的作用。当起偏器 P_1 和检偏器 P_2 的偏振化方向之间的夹角为 θ 时（如图2所示），则通过检偏器 P_2 的偏振光强度 I 满足马吕斯定律：

$$I = I_0 COS^2 \theta$$

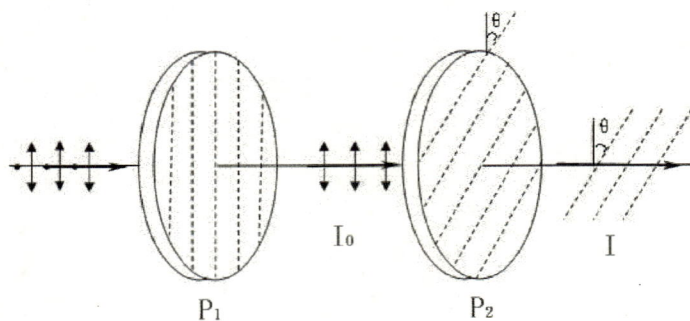

图2　起偏和检偏

式中 I_0 为通过起偏器 P_1 的透射光的光强。从上式可知，线偏振光通过检偏器 P_2 的透射光强 I 随 θ 作周期性变化。如果转动检偏器，透射光强随之变化：当 $\theta = 0°$ 时，透射光强 $I = I_0$ 最大；当 $\theta = 90°$ 时，会出现全暗的现象（消光现象），即 $I = 0$。本实验从 $\theta = 0°$ 开始旋转检偏器，记录 $0° — 180°$ 每隔 $10°$ 的光电流数据 I（功率计的示数）。

三、实验数据分析及讨论

传统的做法要求学生用坐标纸描点画图，不仅费时、费力，而且学生实验报告作图误差普遍较大。在作图时主观因素多随意性强，人为改变绘图比例缺乏对数据的进一步分析和处理，因此不能正确反映各物理量之间的关系。

针对出现的这些问题，结合实际，我们提出让学生用计算机来处理数据，即利用 Excel 处理数据。Excel 是一个多文档界面，是集数据处理和图形绘制为一体的软件。数据分析主要包括曲线拟合、排序计算、统计等各种完美的数据分析功能。

由马吕斯定律知，I 与 θ 之间是成余弦关系，只要由测量数据得出的 I- θ 关系图是余弦图像就验证了马吕斯定律的正确性。

下面我们分步骤讲一下利用 Excel 在光偏振实验中验证马吕斯定律的具体方法。

（一）数据输入

在“马吕斯实验验证”实验中测得输入数据如表 1。

表1　光强随着角度变化数据表

θ	0°	10°	20°	30°	40°	50°	60°	70°	80°	90°
I	2.23	2.08	1.88	1.59	1.25	0.87	0.51	0.20	0.06	0
θ	100°	110°	120°	130°	140°	150°	160°	170°	180°	
I	0.08	0.28	0.56	0.92	1.35	1.66	1.96	2.14	2.20	

打开 Excel，界面上出现具有多行多列的表格，在任两列中属于表格中的数据。

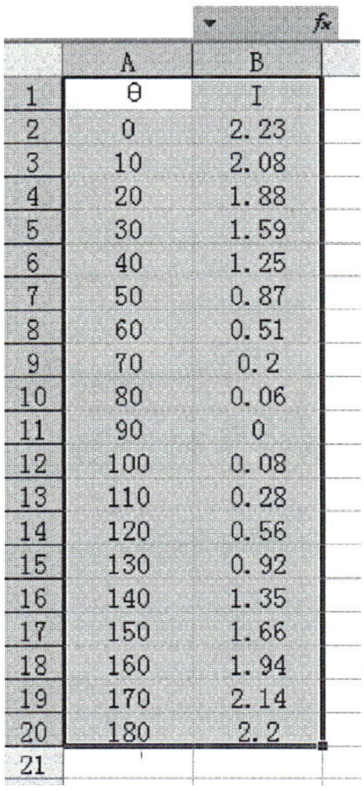

	A	B
1	θ	I
2	0	2.23
3	10	2.08
4	20	1.88
5	30	1.59
6	40	1.25
7	50	0.87
8	60	0.51
9	70	0.2
10	80	0.06
11	90	0
12	100	0.08
13	110	0.28
14	120	0.56
15	130	0.92
16	140	1.35
17	150	1.66
18	160	1.94
19	170	2.14
20	180	2.2
21		

图3　数据输入

（二）曲线绘制

描绘 I - θ 的曲线关系非常简单，选中“A”和“B”两列数据，点击菜单栏中“插入"，选择"图表"就会出现建立图表的向导，然后在图表类型中选择"XY散点图"，再在"子图表类型"中选择所需类型即可，如图5所示。

图5　描绘 I - θ 的曲线

然后点击"下一步"可以改变图表标题、x，y轴表示的意义等。如图6所示。

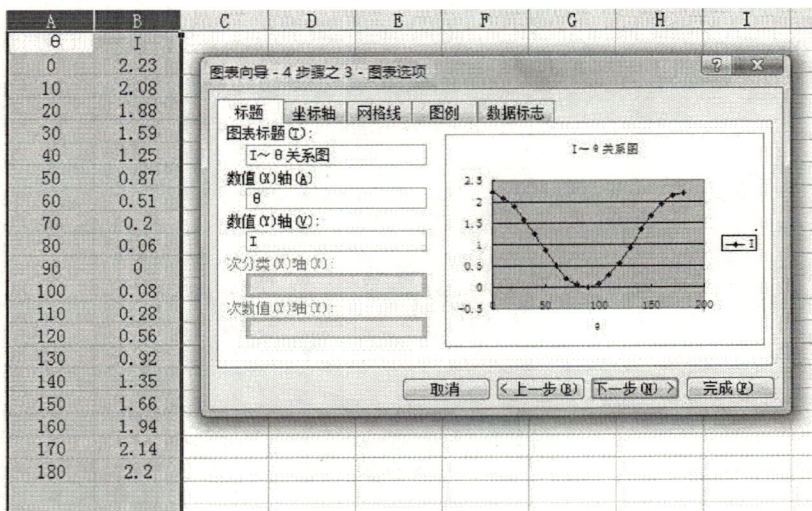

图6

最后得到I-θ关系图，如图7所示。由图可知I-θ成余弦关系，数据分布均匀合理，证明马吕斯定律的正确性，同时验证实验做的是成功的。

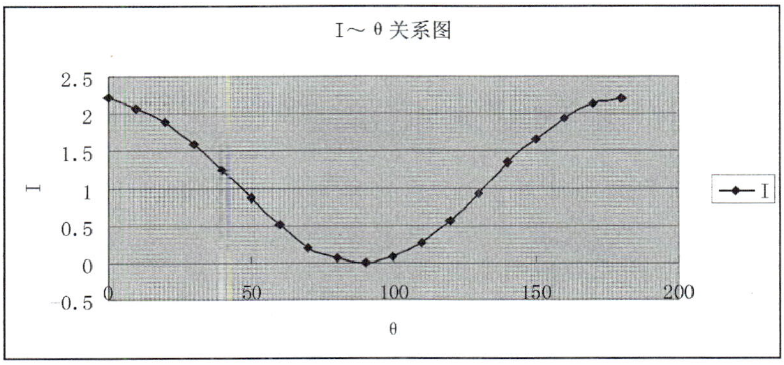

图7　*I - θ* 的曲线

四、结论

本文分步骤介绍了 Excel 在光偏振实验数据处理中的应用。用 Excel 来进行光偏振实验数据处理不仅可以实现数据处理简单化，还可以准确作图；对提高学生计算机应用能力、开拓视野、激发学生的创造能力，以及对今后的学习和工作都有大有裨益。

【参考文献】

[1] 原所佳 . 物理实验教程 [M]. 北京，国防工业出版社，2007.

[2] 柴成钢，罗贤清，丁儒牛等 . 大学物理实验 [M]. 北京，科学出版社，2004.

[3] 肖井华, 蒋达雅, 陈以方等 . 大学物理实验教程 [M]. 北京, 北京邮电大学出版社，2005.

必须学好 C 语言之研究

武汉东湖学院计算机学院　　黄兴鼎

　　C 语言是其他语言例如 C++、C# 和 Java 等语言的基础，学习其他语言必须学好 C 语言，而其他语言有关指针的操作等也需要结合 C 语言一起使用；C 语言功能强大，指针功能更是其他语言所没有的；对于机械自动控制，板卡驱动程序都要用到 C 语言编程；C 语言的嵌入式编程在物联网中也有非常独特的应用；占编程语言市场份额 2% 以上的只有约 12 种语言，C 语言所占市场份额总在前 3 名，其余 10 种语言多来源于 C 语言或者以 C 语言为基础；编程公司和通信公司等招聘程序员，基本都要考试 C 语言。

一、前言

　　我国大学教育规定，凡是理工科的学生必须学习计算机语言——C 语言，这是依据科学技术的需要，也是工业社会市场决定的，是正确之选。然而在日常教学中我们发现，许多学生不够重视 C 语言，或者重视程度不够，因而学习劲头不足，花的精力和时间不够；有的一听说 C 语言难学，就产生了畏难情绪，应付了之；有的抱着学校安排了这门课就来听，为了找工作多一个证，也考计算机二级，但是没有从根本上了解学好 C 语言的道理，动力不足，缺乏主动性。

二、C 语言和其他语言的发展历史

　　在 1972—1973 年间，美国贝尔实验室在 B 语言 (BCPL) 的基础上设计出了一种语言，取 BCPL 的第二个字母为名，即 C 语言，并用 C 语言重新改写了 UNIX 的内核。自此，C 语言的编译程序也被移植到 IBM 360/370、Honeywell 以及 VAX-11/780 等多种计算机上，并迅速成为应用最广泛的系统程序设计语言。

　　C++ 语言是 1983 年贝尔实验室对 C 语言进行改进和扩充，并引入"类"的概念构成的。后来，斯特朗斯特鲁普（Stroustrup）和他的同事们又为 C++ 引进了运算符重载、引用、虚函数、多重继承、模板等，使之更加精炼，并于 1989 年后推出了 C++ 2.0 版。

　　Java 去掉了 C++ 语言中的指针运算、结构、typedefs、#define、需要释放内存等功能，减少了平常出错的 50%，让 Java 的语言功能更精炼。Java 实现了 C++ 的基本面向对象技术并有一些增强，Java 与 C 和 C++ 直接相关，Java 继承了 C 的语法，Java 的对象模型是从 C++ 改编而来的。Java 编程涉及指针的编程必须结合 C 语言才能完成。

C# 是微软公司在 2000 年 7 月发布的一种全新且简单、安全、面向对象的程序设计语言，是专门为 .NET 的应用而开发的语言。C# 是由 C 和 C++ 衍生出来的面向对象的编程语言，它在继承 C 和 C++ 强大功能的同时去掉了一些它们的复杂特性（去掉了宏和摸版，不允许"多重继承"）。C# 看似基于 C++ 写成，但又融入了其他语言如 Pascal、Java、VB 等。

PHP 独特的语法混合了 C、Java、Perl 以及 PHP 自创新的语法。

基于 C 的 Python 是一种开放式的语言， 与其他的语言如 C、C++ 和 Java 结合的非常好， 常被昵称为胶水语言， 它能够很轻松地把用其他语言制作的各种模块（尤其是 C/C++）轻松地联结在一起。可扩充性是 Python 作为一种编程语言的特色。

Perl 也借取了 C 语言的特性。

从上可见，C 语言是其他语言例如 C++、C# 和 Java 等语言的基础，学习其他语言必须学好 C 语言，而且其他语言有关指针的操作等也需要结合 C 语言一起使用；C 语言功能强大，指针功能更是其他语言所没有；对于自动控制，板卡驱动程序大到机床，小到手机，无一不用到 C 语言编程。

三、C 语言及其他其他语言的市场份额

世界上有 100 多种计算机编程语言，在 TIOBE 计算机公司发表的每年每月程序市场占有率排名中，在编程工作中占市场份额在 2% 以上的只有约 12 种语言， 而 C 语言所占市场份额总在 1—3 名间， 约 17%—20%，其余 10 种语言多来源于 C 语言或者以 C 语言为基础。

TIOBE 计算机公司发表在 2010 年排名前 10 名的计算机语言表：

Position Apr 2010	Position Apr 2009	Delta in Position	Programming Language	Ratings Apr 2010
1	2	↑	C	18.058%
2	1	↓	Java	18.051%
3	3	=	C++	9.707%
4	4	=	PHP	9.662%
5	5	=	(Visual) Basic	6.392%
6	7	↑	C#	4.435%
7	6	↓	Python	4.205%
8	9	↑	Perl	3.553%
9	11	↑↑	Delphi	2.715%
10	8	↓↓	JavaScript	2.469%

51CTO 独家特稿 2011 年 7 月 Tiobe 编程语言排行榜正式发布。2011 年上半年的语

言发展走势以及市场占有率，C 语言及以 C 语言为基础的 Java、C++、C# 仍占据了市总份额的 50% 以上。

四、C 语言的特色与应用

（一）简洁紧凑、灵活方便

C 语言一共只有 30 多个关键字、9 种控制语句，程序书写自由，主要用小写字母表示。它把高级语言的基本结构和语句与低级语言的实用性结合起来。C 语言可以像汇编语言一样对位、字节和地址进行操作，而这三者是计算机最基本的工作单元。

（二）运算符丰富

C 语言的运算符包含的范围很广泛，共有 34 个运算符。C 语言把括号、赋值、强制类型转换等都作为运算符处理，从而使 C 语言的运算类型极其丰富，表达式类型多样化，灵活使用各种运算符可以实现在其他高级语言中难以实现的运算。

（三）数据结构丰富

C 语言的数据类型有整型、实型、字符型、数组类型、指针类型、结构体类型、联合体类型等，能用来实现各种复杂的数据类型的运算，并引入了指针概念，使程序效率更高。另外，C 语言具有强大的图形功能，支持多种显示器和驱动器，且计算功能、逻辑判断功能强大。

（四）结构式语言

结构式语言的显著特点是代码及数据的分隔化，即程序的各个部分除了必要的信息交流外彼此独立。这种结构化方式可使程序层次清晰，便于使用、维护以及调试。C 语言是以函数形式提供给用户的，这些函数可方便的调用，并具有多种循环、条件语句控制程序流向，从而使程序完全结构化。

（五）语法限制不太严格、程序设计自由度大

一般的高级语言语法检查比较严，能够检查出几乎所有的语法错误，而 C 语言允许程序编写者有较大的自由度。C 语言是一个开源组织的语言，其产物就是 LINUX。

（六）既具有高级语言的功能，又具有低级语言的许多功能

C 语言能够像汇编语言一样对位、字节和地址进行操作，而这三者是计算机最基本的工作单元，可以用来写系统软件。

（七）程序生成代码质量高，程序执行效率高

用 C 语言写的程序比用别的语言写的程序，相同功能的实现、代码行数更少，运行效率更快，一般只比汇编程序生成的目标代码效率低 10%—20%。

（八）适用范围大，可移植性好

C 语言有一个突出的优点就是适合于多种操作系统，如 DOS、WINDOWS、UNIX、LINUX 等绝大多数操作系统。同时，C 语言也适用于多种机型，在一种计算机上编写的程序，无须修改或经过很少的修改，就可以在其他类型的计算机上运行，其

他高级语言未必能做到这点。

（九）具有预处理功能

C 语言提供了预处理器，程序可以利用宏指令提高可读性和可移植性。

（十）具有递归功能

C 语言允许递归调用，在解决递归问题上具有独特优势。

（十一）具有自我扩展能力

（十二）应用广泛

C 语言可以用来开发许多系统软件和大型应用软件，如 UNIX，LINUX 等操作系统。

在软件需要对硬件进行操作的场合，用 C 语言明显优于其他高级语言。例如，各种硬件设备的驱动程序（像显卡驱动程序、打印机驱动程序等）一般都是用 C 语言编写的，可以实现底层的计算、移位和屏蔽等操作，可方便地提供汇编接口，是编程操作系统和嵌入性软件的良好选择。

在图形、图像及动画处理方面，C 语言具有绝对优势，特别是游戏软件的开发主要就是使用 C 语言。

随着计算机网络的飞速发展，特别是 Internet 的出现，计算机通信就显得尤其重要，而通信程序的编制首选就是 C 语言。任何有微处理器的设备都支持 C 语言，从洗衣机、微波炉到手机，都是由 C 语言技术来推动的。近来物联网风行世界， C 语言的嵌入式系统得到很好的应用，也使其稳排编程语言前列。

正因如此，几乎所有的软件公司、通信公司、高科技公司、甚至网络公式招聘程序员，无一例外都要考试 C 语言，而且 C 工程师的薪金在所有语言中是最高的。也正因为如此，学理工科的才必须学好 C 语言，学好了 C 语言，就如猛虎添翼，找工作就如鱼得水一样容易。

【参考文献】

[1] 百度百科 . 世界编程语言排行榜 [EB/OL].http://baike.baidu.com/view/2887496.htm#3.

[2] 杨国祥 .《C/C++ 程序员面试指南》[M]. 北京：电子工业出版社，2010.

[3] 戴晟晖，祝明慧 .《从零开始学 C 语言》[M]. 北京：电子工业出版社， 2011.

EJB 的事务编程及事务处理架构的分析

武汉东湖学院计算机科学学院　罗　旋

对于 EJB 在商业应用中经常用到的事务处理，J2EE 应用服务器提供了很好的支持。本文主要分析了 EJB 的事务编程方法和应用服务器的事务处理架构。

一、引言

提高软件系统的重用性和提高软件系统对应用需求变化的适应性，这一直是软件业关注的两大热点问题，而基于组件技术的出现，为解决这两个问题铺平了道路。CORBA，J2EE 和 .net 这三种都是基于对象级的远程过程调用技术的。J2EE 是在 CORBA 的基础上提出的针对企业级计算的分布式平台，它结合了 Java 的跨平台及对互联网良好支持的特性，并且定义了良好的架构。

Enerprise Java Bean（EJB）是 J2EE 平台中适用于企业计算的组件，组件的提供者只要是按照 J2EE 规范定义的 EJB 标准编写的 EJB，就可以运行在任何遵行 J2EE 标准的应用服务器（或者容器）中。EJB 技术的主要目标是为分布式的业务系统提供标准的组件体系结构。

二、EJB 的事务编程

尽管分布式事务处理是一个非常复杂的问题，但是由于 J2EE 应用服务器为我们提供了很好的"基础设施"，很多后台的处理都交给应用服务器完成，这样就可以将组件的编写人员从复杂的事务处理中解脱出来，从而专注于商业逻辑的编写。EJB 的编写者有两种事务边界划分方法可供选择。

（一）编程型事务划分

现有大多数系统都还是用编程型来划分事务边界。当使用这种方法的时候，你必须将事务的逻辑操作编入应用程序代码中，即应用程序自己负责一个事务的开始的声明和一个提交或者异常结束的声明。

组件首先应该通过命名服务 (JNDI) 实现对事务服务的透明访问。

例如下面的代码就是一个使用编程型的事务的示例：

```
try{
```

```
// 初始化 JNDI Context
Context ctx = new InitialContext();
// 通过 JNDI 获取事务服务
UserTransaction userTx = (UserTransaction) ctx.lookup ("javax.transaction.
UserTransaction");
userTx.begin();
// 执行业务操作
                    userTx.commit();
    }
catch(Exception e){
    // 进行出错处理
}
```

（二）声明型事务划分

声明型事务是首先由微软公司在微软交易服务 (MTS) 中提出的组件的事务策略定义方法。通过这种方式，组件的编写人员可以不用编写对事务的控制代码，而是让部署人员在部署阶段根据具体的应用情况，设置某些方法的事务策略属性。如果在部署阶段选择容器管理的事务，则每种方法有六种策略可供选择。

表 2-1 总结了在不同事务属性的情况下对事务上下文产生的影响。

表2-1　声明型事务划分表

事务属性	方法调用前的事务	方法调用中的事务	方法调用后的事务	说明
Reqired	T1	T1	T1	如果存在事务，则使用该事务
	无	T2	无	如果不存在事务，则新建事务，方法完成后，事务提交
ReqiredNew	T1	T2	T1	如果存在事务，挂起该事务，并创建新事务，方法完成后，提交新事务，恢复原事务
	无	T2	无	如果不存在事务，则新建事务，方法完成后提交新事务
Mandatory	T1	T1	T1	如果有事务，使用原事务
	无	错误	错误	如果没有，则出错
NotSupported	T1	无	T1	如果有事务，挂起当前事务，方法完成后，恢复原事务
	无	无	无	如果没有事务，则不使用事务
Supports	T1	T1	T1	如果有事务，则使用该事务
	无	无	无	如果没有事务，则不使用事务
Never	T1	错误	错误	如果有事务，则出错
	无	无	无	如果没有事务，则不使用事务

三、J2EE 应用服务器分布式事务处理架构

从上面我们看到，应用服务器为组件的事务处理提供了很多的功能，可以很大地提高开发效率，但同时也给开发人员带来了更大的迷惑。如果我们不对应用服务器分布式事务处理的架构进行分析，我们很难理解和利用好这些功能。

要分析应用服务器分布式事务处理的实现，我们必须熟悉整个应用服务器内部的组织架构。为了在企业计算中各种服务能达到最大限度的开放性和兼容性，美国升阳电脑公司（Sun Microsystem）定义了 J2EE 的开放规范，任何公司和组织都可以根据这套规范开发自己的应用服务器，而且可以保证和其他服务器甚至各种服务的兼容。

准切的说，应用服务器是集成各种服务包容器（包括 EJB、jsp/serlet 包容器）和各种服务的系统。这里所说的各种服务包括有事务服务、安全服务、资源连接服务、命名服务等。这些服务可以由各种中间件厂商提供，理论上只要它们遵循 J2EE 的规范，就可以和其他的服务器进行集成了。一般应用服务器的整体结构如图 3-1 所示。

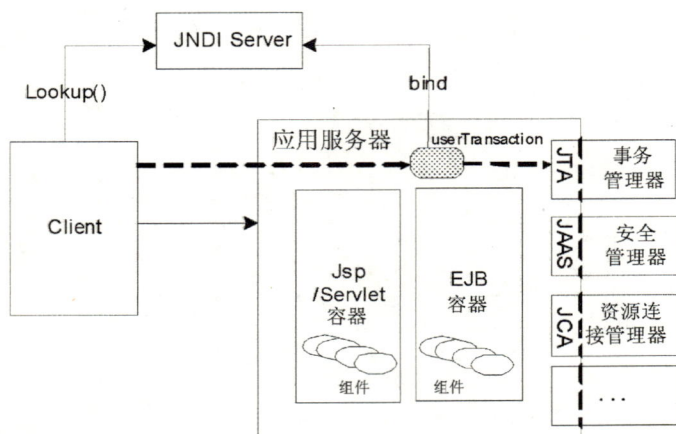

图3-1　应用服务器的整体结构图

从上图我们就能理解编程型事务划分和声明型事务划分中事务处理的工作机理了。当服务器启动后，会将实现 javax.transaction.UserTransaction 接口的对象绑定到 JNDI (Java Name and Directory Interface) 服务器上去，该对象直接和服务器的事务管理器交互。客户端需要与事务管理器交互时，只用通过 JNDI 查找到该对象就可以了，如编程型事务划分中：

UserTransaction userTx = (UserTransaction) ctx.lookup（"javax.transaction. UserTransaction"）;

声明型事务的工作原理是，当服务器端响应客户端请求，调用 EJB 实例方法的时候，取得当前方法的事务属性，然后根据表 2-1，决策如何与事务管理器交互。

应用服务器还要完成的一个重要的功能就是进行事务上下文的传播。客户端创建了事务上下文后，当其请求服务器端的调用时，客户端的事务上下文会自动传入到服务器端，而不论服务器端是本地还是远程的。如图 3-2 所示。

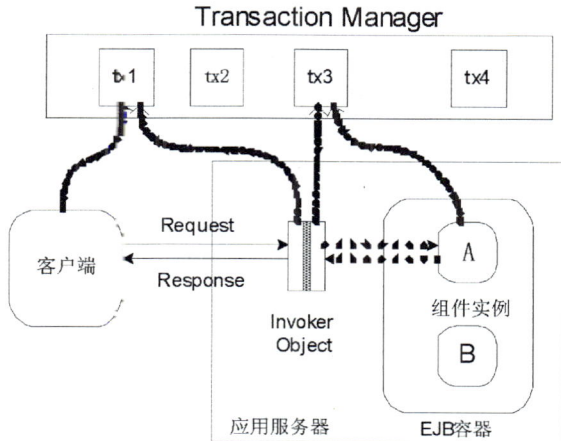

图3-2 应用服务器的整体结构图

应用服务器分布式事务处理的核心功能是由事务管理器提供的，事务管理器是实现分布式事务管理的关键，特别是对于大型的、广域的分布式系统，事务管理器一般还要提供事务级的安全验证、失败恢复、容错处理和负载均衡等功能。

四、小结

在某些应用中，J2EE 规范中定义的事务处理也有一些缺陷，如不支持嵌套事务、长串事务等其他事务模型，接口方法的事务属性对客户端和 EJB 开发者的不确定性。按照上述声明型的事务策略，组件方法的事务属性在部署其定义，这样的好处是增加了组件的灵活性，但是给客户端和 EJB 开发者带来的弊端是方法事务属性的不确定性。

【参考文献】

[1] 朱俊成等.《EJB 3.0 从入门到精通》[M]. 北京：电子工业出版社，2009.

[2] 吴克河，张雅，何霞. 基于 J2EE 的分布式事务技术的研究 [J]. 中国电力教育.2008（S3）.

[3] 韩学洲. 分布式事务处理模型研究 [J]. 南通纺织职业技术学院学报.2006（3）.

武汉东湖学院论文集

基于 ID 信息识别技术的管理信息系统的应用研究

武汉东湖学院计算机科学学院　　李　林

本文简要介绍了 ID 信息及其识别技术，开发了基于身份证 ID 信息的管理信息系统的模型，并简要介绍了该模型的开发方法，指出了该系统的广泛应用前景。

一、引言

管理信息系统（Management Information System，简称 MIS）是以计算机为信息处理手段、以现代化通信设备为基本传输工具、能为管理决策者提供信息服务的人机系统，是一个由人、计算机、通信设备等硬件和软件组成的，能够对管理对象（人和物）的信息进行收集、加工、存储、传输、维护和使用的系统。在管理对象中，通常有一种信息是不变的，相当于该对象的"身份证"，是一种相对稳定和唯一的编码——ID 号（英文 Identity 的缩写，是身份的意思，编码有时也称身份标识号码、序列号或帐号），可以用来标识和识别该对象。为提高管理信息系统对 ID 信息收集的快速性、可靠性和安全性，往往要借助于硬件设备才能完成该任务。因此，要开发该类型的管理信息系统的软件项目，就必须包含硬件模块的功能。本文主要以身份证的 ID 信息为实例，研究在管理信息系统的设计中采用 ID 信息识别技术的问题。

二、ID 信息与 IC 卡

在实际应用中，ID 信息一般存储在 IC 卡（Integrated Circuit Card）中。从应用的角度看，IC 卡可以分为金融卡和非金融卡两大类。金融卡又分为信用卡、现金卡（储蓄卡）和预付费卡。非金融卡的种类则比较多，如身份证、会员卡和社保卡等。从技术的角度看，IC 卡可以分为接触式 IC 卡和非接触式 IC 卡两种。在接触式 IC 卡上，IC 芯片有 8 个触点可与外界接触。非接触式 IC 卡主要由射频收发电路、天线及其相关电路组成。为了使用卡片，还需要与 IC 卡配合工作的接口设备 IFD（Interface Device），即"读写设备／读写器"。读写器通过 IC 卡上的 8 个触点或者射频电路向 IC 卡提供电源并与 IC 卡相互交换信息。读写器与计算机连接，信息就可以向计算机传输并存储在计算机上。

第二代身份证就是非接触式的 IC 卡。各政府行政机关、公安派出所、酒店服务业、金融、电信、邮政、机场、铁路和商业服务业等众多部门和行业，都陆续配备了相应的第二代身份证读卡器、第二代身份证阅读器，使得第二代身份证在现实生活中得到了广泛应用，极大地提高了工作效率。

三、ID 信息识别技术

（一）信息识别的物理过程

对于非接触式的 IC 卡第二代身份证，其工作原理如下：（1）读卡器将载波信号经天线向外发送；（2）卡进入读卡器的工作区域后，由卡中电感线圈和电容组成的谐振回路接收读卡器发射的载波信号，卡中芯片的射频接口模块由此信号产生出电源电压、复位信号及系统时钟，使芯片"激活"；（3）芯片读取控制模块将存储器中的数据经调相编码后调制在载波上，经卡内天线回送给读卡器；（4）读卡器对接收到的卡回送信号进行解调、解码后送至后台计算机；（5）后台计算机根据卡号的合法性，针对不同应用做出相应的处理和控制。

与接触式 IC 卡相比，非接触式 IC 卡无需插拔卡，避免了由于机械接触不良导致的各种故障，因而具有操作方便、快捷、可靠、寿命长等突出优点，特别适用于流量大的场合。

（二）信息识别的安全技术

在各种管理信息系统中，身份鉴别通常是获得系统服务所必需通过的第一道关卡。例如移动通信系统需要识别用户的身份才能进行计费；一个受控的安全信息系统需要基于用户身份进行访问控制等。因此，确保身份识别的安全性和正确性对应用系统的安全是至关重要的。

目前，常用的身份识别技术可以分为两大类：一类是基于密码技术的各种电子 ID 身份鉴别技术；另一类是基于生物特征识别的识别技术。接触式 IC 卡和非接触式 IC 卡均采用电子 ID 的身份鉴别技术。IC 卡可以向各种用户针对不同应用（如密钥、数字证书和口令）提供一个安全的存储和计算环境，而且由于 IC 卡的便携性，IC 卡在各种管理信息系统和电子商务应用中的安全用户身份识别方面有很大的应用前景。

对于软件项目开发而言，ID 信息识别技术是透明的，只需要 ID 信息识别的结果。

四、基于身份证 ID 信息的管理信息系统模型的开发

由于 ID 信息设备的多样性，本文仅以最常用的身份证为实例进行了管理信息系统的模型开发。该系统由三个模块组成：身份证信息读取系统模块、数据库模块和信息管理系统模块，如图 1 所示。

（一）数据库设计

身份证提供的个人信息有：姓名、性别、民族、出生、住址、公民身份证号码（ID

号）、签发机关、有效期限等。在数据库设计中，采用 Access 数据库，建立一个 Name 表，表的字段包括姓名、性别、民族、出生、住址、公民身份证号码（ID 号）、签发机关、有效期限等，字长按照身份证的规定进行设置。数据库的访问方式采用 ODBC 技术，在计算机中配置好数据源即可。

（二）身份证信息读取系统设计

该模块是整个系统开发成功与否的关键。由于硬件的接口函数是用 VC++ 语言编写的，所以管理信息系统开发选用的开发平台是 VC++6.0，并且各个模块的界面均采用对话框的形式。界面设计与运行的效果分别如图 2、图 3 和图 4 所示。身份证信息读取系统模块提供了单次读取和连续读取两种方式以方便使用。在图 3 中对部分信息进行了屏蔽处理。

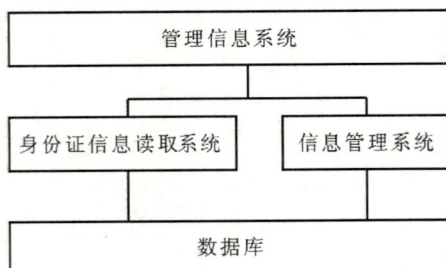

图1　管理信息系统模块

图2　管理信息系统主界面

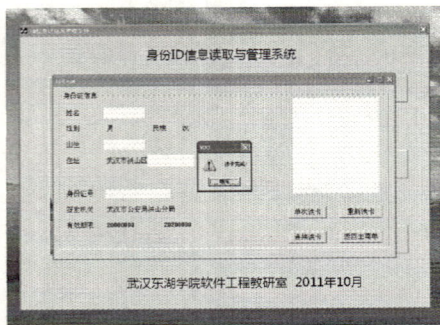

图3　身份证信息读取系统界面

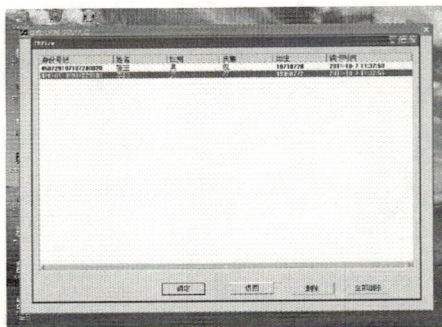

图4　信息管理系统界面

（三）信息管理系统设计

该模块的设计一般需要结合项目的实际需求进行，该模块就是传统的管理信息系统（只有软件部分的应用系统）。在设计该模块时，只提供了最基本的信息项目显示功能，如身份证号码、姓名、性别、民族、出生，地址信息就没有提供。另外，还添加了读取身份证的时刻，以便计时之用。在该模块中，只能对读取的身份证信息进行删除而不能进行任何修改。图 4 中所显示的信息是数据库中的样本信息，而不是读取真实身份证的信息。

五、结语

基于身份证 ID 信息的管理信息系统在学校可以得到广泛应用。在教师和学生的基本信息管理中，只需一次读卡，教师和学生的个人信息就能长期使用；在学生学习管理中，可以对学生进行考勤、学习和实验计时；在校园门禁系统中，可以作用通行证使用等。该系统具有成本低、通用性强、使用方便等优点。

基于身份证 ID 信息的管理信息系统的设计方法很容易推广到其他类型 ID 信息的管理信息系统的设计中，这对于软件开发而言，大大拓展了软件开发的范围。

【参考文献】

[1] 王爱英 . 智能卡技术——IC 卡与 RFID 标签 [M]. 北京：清华大学出版社，2009.11.

[2] 刘强 . 物联网关键技术与应用 [J]. 计算机科学，2010(6).

[3] http://shop.zte.com.cn/main/include/showemagazinearticle.jsp?articleId=28&catalogId=12165.

[4] http://sz.100ye.com/msg/16062893.html.

武汉东湖学院论文集

变频技术及其在热电厂节能降耗中的应用

武汉东湖学院工学院杭州热电集团能源技术服务有限公司　　左小琼，汪伟锋

随着我国工业的不断发展，能耗比居高不下，节能降耗成为企业发展的必须，因而变频技术作为一种节能降耗的措施得以广泛运用。本文首先介绍了变频技术的控制原理及节能原理，列举了热电厂水泵和风机的变频改造实例，详细介绍了变频的技术特点，利用各项数据说明了实施变频改造后的节能效果。随着变频技术的蓬勃发展，其在热电企业节能降耗中将发挥更大的作用。

一、引言

近年来，我国年工业生产总值不断提高，但是能耗比却居高不下，高能耗比已成为制约我国经济发展的瓶颈，为此，国家投入大量的资金支持节能降耗项目。杭州热电厂积极响应国家"十一五"关于节能降耗的要求，努力挖潜，通过各项技术改造，降低能耗、节约能源。其中，变频调速技术作为"节能降耗"的一种有效技术措施，它不仅可以降低能源损耗，还可以改善工艺、延长设备使用寿命、提高工作效率。

二、变频器的节能原理

传统的风机、泵控制为交流电机工作在工频，按额定转速转动，风量的大小由一个阀门来控制，如果要求风量很小，就使对应的风道阀门关小，这样风量很小的时候电机仍然工作在额定功率。采用变频，调节了变频器输出给电机的频率，用降低电机转速来控制风量，这样，即使将变频器使用的损耗包括在内也还是省电。风量、流量与转速是成正比的关系，动力和转速成 3 次方正比。电机的频率和电压降低，随之电机的转速下降，电流降低，从而消耗的功率也减小了（$P=UI$）。另外，采用再生制动单元可以将电机制动时产生的电能反馈给电网供其他器件使用，从而也可减少能源的流失。

三、变频器在热电厂辅机设备上的应用及效果

杭州热电厂为节约能源、降低能耗，进行了多项变频改造，如 #4 机组中继水泵的变频改造、化水系统 #4 除盐水泵的变频改造、二级除盐水泵的变频改造以及最近的 #4

炉引风机的高压变频改造等。这些变频改造项目的实施，节能效果明显，有效地降低了厂用电率。

（一）二级除盐水泵的变频改造

1.改造前的情况

\#1、#2 二级除盐水泵主要是对 #4 炉供水，自投产以来大部分时间 #4 炉的补水量偏小、流量非常低，供水母管压力在 0.8Mpa 左右。由于压力太大，运行中必须开启再循环阀进行再循环以降低母管压力，从而减轻对泵本体及母管的负担，能源损耗非常大，且运行不安全。

2.变频改造方案

\#1、#2 二级除盐水泵型号为 200s-95B，设计流量 245m³/h、效率为 74%，所配电机功率 750kW，电压等级 380V。此次变频器采用 ABB 公司的 ACS601-0100-3 变频器（设计了完整的通风冷却系统和防尘功能），变频控制原理见图 1（所有动力电缆的屏蔽层两端同时接地）。

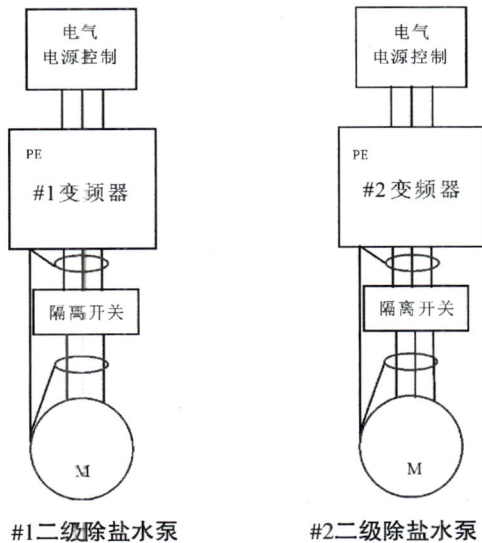

图1　变频控制原理图

为了提高系统的可靠性，保证在各种情况下变频器都能正常运行，本次技改采用了模拟量和开关量并存的冗余控制方式，以确保不失控。在系统正常时投自动，采用模拟量控制方式；当系统故障时（主要是 AO 故障、失电、断线等）投手动，采用开关量步进操作方式，利用变频器内置 PID，以母管出口压力作为反馈量来调节水泵的出口压力。

3.改造后的节能效益

选取 #4 炉正常运行日蒸发量在 4080t/ 天、除盐水量日均 960t/ 天的前提下进行测算对比，选取技改前 17 天的电量和技改后 17 天的电量进行比较。技改前每天的平均电能消耗为 1924.24kWH，技改后每天的平均电能消耗为 450 kWH，电量消耗见表 1 所示。

表1　电量消耗对比表（单位：kWH）

天	1	2	3	4	5	6	7	8	9
技改前	1882	1924	1900	1884	1922	1910	1892	1930	1914
技改后	325	425	520	500	415	420	430	425	420
天	10	11	12	13	14	15	16	17	平均
技改前	1943	1911	1908	1995	1943	1942	1930	1932	1924.24
技改后	420	490	490	490	425	465	495	495	450

从表 1 中我们可以看出，技改后日平均节电 1474.94 kWH，比技改前节电 76.63%，节能效益非常显著。该除盐水泵的变频改造是在原有运行环境和输出条件下，泵本体并未做改动，根据水泵参数的比例定律 $P' = P(n'/n)3$，即流量与转速成正比，轴功率与转速立方成正比，当转速（n'）降低时，电机所消耗的功率按 3 次方比例下降，所以可以通过变频器对电机频率的控制使转速下降，从而减少电机的功率消耗。原电机工频运行时除盐水母管管压在 0.8Mpa 左右，而改造后只要将管压控制在 0.45Mpa 即可满足除盐水的补给要求。按 #4 炉全年运行 250 天计算，一年可节电 1474.94×250=368725（kWH），以热电厂成本电价 0.35 元 / kWH 计，全年可节电费用为 12.9 万元。此外，电机改用变频控制，启动电流小，对设备冲击减小，每年对电机的维护费用也有所减少，同时保证了系统更安全地运行。

（二）#4 炉引风机高压变频调速改造

1. 改造前的基本情况

#4 炉引风机的型号为 1800ID-50，设计效率 83%，额定风量 250580m³/h、全压为 8591Pa；电动机型号为 YYK500-4，1000kW，额定电压 6kV，额定电流 112.9A，电机无调速装置；配置为两台。该引风机在设计选型时，风量富裕系数采用了美国的 ASTE 规范，即在计算校核煤种烟气量时的风量富裕系数取了 1.33，这使得两台引风机电动机功率由每台风量富裕系数为 1.1 时的 725kW 上升到 1000kW。在使用常规煤种时，即使锅炉到满负荷运行，引风机风量还绰绰有余。况且 #4 炉自 1997 年投运以来，其最高负荷很少有超过 190t/h（#4 炉额定容量 220t/h）的情况，经常是开一台引风机风量不够，开两台引风机则风量太大，用引风机进口挡板进行风量调整，又额外消耗了大量能量。4# 炉近几年的数据统计如表 2 所示。

表2　4#炉数据统计

名称 ＼ 时间	单位	2003 年	2004 年	2005 年
运行时间	小时	7675.02	7993.49	7240.29
锅炉蒸发量	吨	1052796	1159876	1138696
引风机耗电量	万千瓦时	676.95	785.24	794.81
电汽比	千瓦时/吨汽	6.43	6.77	6.98

从表 2 可得，引风机的平均单耗大约为 6.73 kWH/吨汽，且有逐年上升趋势，说明引风机效率在下降。

2. 变频改造方案

本次变频改造采用北京利德华福电气技术有限公司生产的 Harsvert-A06/130（适配 1000Kw/6KV 电动机）高压变频器两台，系统采用一拖一手动工/变频切换方案，甲、乙侧引风机分别配备一套工/变频切换回路。系统主电气原理如图 2 所示。

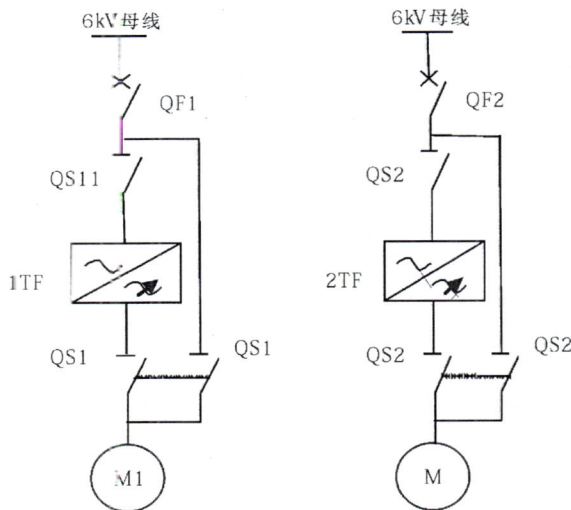

图2　系统主接线图

图 2 中 QF 表示高压开关、QS 表示隔离开关、TF 表示高压变频器、M 表示引风机电动机；QF 为现场原有设备，QS12 和 QS13 之间、QS22 和 QS23 之间均存在机械互锁关系，防止变频器输出与 6kV 电源侧短路。正常运行时，断开 QS13、闭合 QS12、QS11 隔离开关，#1 引风机处于变频运行状态；断开 QS23、闭合 QS22、QS21 隔离开关，#2 引风机处于变频运行状态。当机组运行过程中 #1 变频器（#2 变频器）故障时，系统联跳 #1（#2）变频器上口的高压开关 QF1（QF2）。锅炉由单台引风机变频运行维

持炉膛负压值，以确保系统运行安全。

引风机变频运行方式分为手动控制及炉膛负压 PID 调节自动控制两种。正常情况下，#1、#2 变频引风机同时投入运转，引风控制系统自动强制引风机入口挡板开度 100%，根据运行工况出口电动门全开，炉膛负压值由 PID 调节器通过控制引风机转速稳定炉膛负压。经改造后的引风机控制系统主要有以下特点：（1）效率高，能耗低，节能效益显著，性能价格比高；（2）启动转矩大、电流小，机械特性好；（3）系统动态响应速度快，调节线性度好，自动投入率高；（4）系统抗干扰能力强，操作方便、工作可靠；（5）采用移相干式隔离变压器进行输入侧隔离，多重化脉冲整流，系统对电网的谐波污染小、功率因数高；（6）具有极强的自诊断和保护功能，能够对短路、过热、过电流、过电压、欠电压、缺相等故障进行快速有效的诊断和保护；（7）系统内部采用单旁路技术，降低故障停机时间，提高单元故障下的带负荷能力；（8）采用完整的工 / 变频控制系统解决方案，从电气控制和锅炉调节等多层面确保锅炉系统安全和生产效能。

3. 改造后的节能效益

杭州热电厂 #4 炉引风机的变频改造工作于 2006 年 10 月 13 日全部完成投入运行。从 2006 年 10 月 13 日至 25 日，#4 炉蒸发量为 45922t，引风机的耗电量为 124560kWH，引风机的耗电率为 2.71kWH/ 吨汽，比改造前的引风机平均耗电率 6.74kWH/ 吨汽减少了 59.8%。按年平均 #4 炉蒸发量 110 万吨计算，年耗电可减少 460.3 万 kWH，按热电厂成本电价 0.35 元 /kWH 计，一年可节约电费 161.11 万元（理论计算值，具体根据锅炉年蒸发量定）。经济效益相当明显，节能效果显而易见！

四、结束语

随着变频技术的不断发展，变频产品也越来越稳定，技术和设备制造工艺也越来越先进。我国现在对节能降耗的要求日益提高，变频技术在生产领域得到广泛应用。采用变频调速后，除了经济上的直接效益外，还有许多间接经济效益：（1）可以消除大电动机启动对电网电压的波动影响；（2）可以消除大电动机大电流启动时的冲击力矩对电机的损伤；（3）采用变频调速延长了电机、管道和阀门的使用寿命，减轻了维修人员的工作，降低了维修费用；（4）提高了系统自动装置的稳定性，为系统的经济优化运行提供了可靠保证；系统的运行参数也得到改善，提高了系统效率。

随着变频技术的蓬勃发展，变频调速系统在热电行业及电力行业得以广泛应用，特别是高压变频技术的应用，对热电企业的节能降耗工作非常有利。近几十年来，风机、水泵的变频技术日益完善，变频技术必将在今后热电企业的节能降耗中扮演非常重要的角色。

【参考文献】

[1] 变频器工作原理 [EB/OL].CEC china 技术论坛 .

[2] 利德华福电气 . 变频通讯 .

[3] 变频技术的研究发展动向 [EB/OL]. 工程与变频网 .

武汉东湖学院论文集

PLC 和触摸屏在水电厂溢洪道控制系统中的应用

武汉东湖学院工学院　　吴红霞

本文介绍了施耐德 TSX PLC 和触摸屏在水电厂溢洪道控制系统中的应用，详细描述了控制系统现场控制站的硬件配置、软件组成及实现功能。实践证明，该系统设计合理，运行稳定、可靠，满足了生产的需要。

一、引言

近年来，随着计算机技术和电子技术的不断发展，各领域的自动化程度也在不断提高。可编程控制器 (PLC) 是一种专为工业环境而设计开发，以微处理器为核心，高度集成化的新型工业控制装置，它具有通用性强、可靠性高、抗干扰能力强、能适应恶劣工业环境等独特的优点，已经被广泛应用于工业生产的各个控制领域。触摸屏符合现在人机交换的习惯，显示直观，为现场监控带来了极大的方便。

溢洪道是用于泄流规划库容所不能容纳的洪水，保证坝体安全的开敞式或带有胸墙进水口的溢流泄水建筑物，是水库枢纽中的重要建筑物。本文就以水口水电厂溢洪道监控系统现场控制站为例，介绍 PLC 和触摸屏在实际中的设计与应用。

二、工程概况

水口水电厂是华东地区最大的水电厂，其溢洪道为河床式，布置在右岸河床。溢洪道两侧各设一个泄水底孔，其泄洪建筑物由 12 孔溢洪道表孔和 2 孔泄水底孔组成，12 孔溢洪道表孔泄洪弧形闸门均由液压启闭机操作，每套液压启闭机配置 1 套以 PLC 为核心的电气控制设备。该控制系统分现场手动、现场自动、集中控制三种控制方式，通过控制柜面板上的操作旋钮实现现场手动控制；通过 PLC 控制设备和触摸屏实现现场自动控制；采用 MB+ 网与防汛值班室操作终端通信，完成对 12 扇弧形闸门的远方监控功能，实现集中自动控制。无论处于何种控制方式下，启闭机均可全程或局部开启。

此外，溢洪道控制系统现场控制站通过 Modbus Plus 网络和溢洪道集控室内的电厂计算机监控系统进行数据通信，由电厂计算机监控系统完成对 12 扇弧形闸门的远方监测功能；利用水口发电有限公司内部以太网，将溢洪道现场运行数据远传至福州的水调中心，实现水调中心的远程监测功能。其系统结构如图 1 所示。

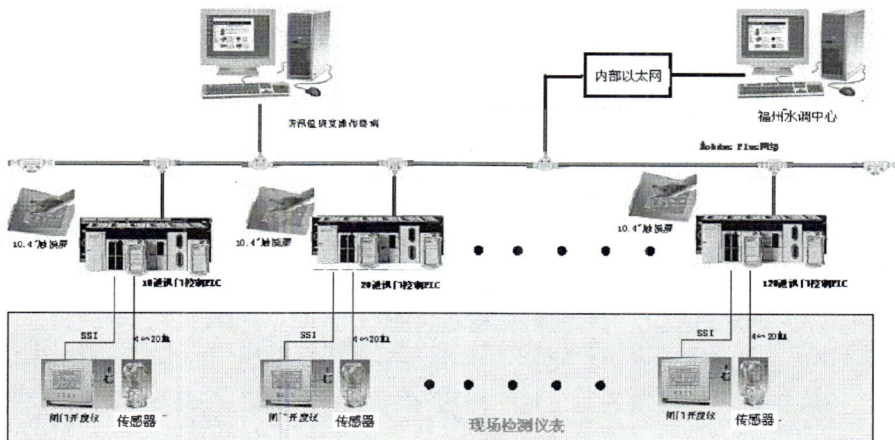

图1　系统结构图

三、现场自动控制系统硬件组成

现场可以实现手动和自动操作。现场手动操作是通过控制柜操作面板上的旋钮或按钮对电机、电磁阀等设备进行控制，以达到对泄洪闸门液压启闭机的启闭控制。现场自动操作无需任何人工监测，由 PLC 采集监测元件数据，程序自动完成开关门操作。

12 个现场站自动控制系统中的 PLC 均采用 Schnieder 公司的 TSX 系列产品，每个站配置相同，I/O 配置为本地站加远程 I/O 或扩展 I/O，网络通讯按 MB+ 网络配置。

另外，每个现场站还配备有现场自动操作平台——触摸屏，触摸屏通过 RS-485 与PLC 通讯采集数据进行显示，同时可由其发令实现控制功能，达到实时现场监控。本系统采用了法国施奈德公司的 MAGILES XBT-G 系列 5330（10.4" 彩色）TFT 触摸屏，触摸屏屏幕上能实时显示系统部分重要运行数据。

四、现场自动控制系统软件组成

现场站的软件采用通用化、标准化的系统软件，以及在此系统软件支持下开发的应用软件。应用软件满足液压启闭机和各种控制工况要求，并保证系统运行的安全性和可靠性，此外，还保证和满足与远方监控系统的通讯要求。整个系统以 PLC 为核心，采用模块化设计，主要分以下几个模块。

通讯模块：实现本系统与远方监控系统和触摸屏的通讯，传送闸门系统设备运行信息，并接收上位机和触摸屏送来的控制命令。其功能包括通讯建立和通讯纠错、通讯数据处理、通讯故障处理。

数据处理模块：实现对数据采集的分类、归纳、统计和计算等功能，对数据进行合理性、有效性检查，对不可用数据给出不可用标识，禁止系统使用；对所采集的数据进行通过操作命令复述、校核，操作闭锁条件的检查、系统硬件故障时屏蔽相应的操作功能，提供操作中断手段等，充分保证操作终端控制操作的可靠性。任何人机联系请求无效时显示出错信息，任何操作命令进行到某一步时，如不进行下一步操作（在执行之前）则自动或人工删除，这是为保证控制的安全可靠而采取的限制与保护措施。

数据采集模块：（1）开关量采集：主要通过 PLC 的 DI 模块采集接近开关状态、油位、方式选择、各种操作选钮的开关状态等信息。（2）模拟量采集：主要通过 PLC 的模拟量输入模块采集系统油压、系统油温。（3）数字量采集：主要通过 PLC 的高速计数模块采集闸门开度信息。

控制模块：PLC 接收到从上位机、触摸屏或控制柜操作面板送来的外部控制命令，执行相应控制，通过对电机、电磁阀等机构的控制，完成闸门的启闭动作。

显示模块：主要包括状态指示灯、报警装置控制、触摸屏显示对象的状态送显。

输出模块：主要包括 DO 模块输出以及给上位机和触摸屏的送显。DO 模块输出包括泵机启动、电磁阀动作、闸门关闭控制、闸门开启控制、补油、泄油、溢流阀控制、警笛报警等；给触摸屏和上位机的状态包括电磁阀状态、泵机状态以及模拟量等。

故障处理模块：（1）闸门运行故障保护：系统具有完备的闸门运行状态检测，如闸门开到位、关到位等位置检测开关，系统还配置有闸门开度仪实现行程检测，并且系统具有闸门启闭停止等操作功能。（2）液压系统故障检测：液压系统油位、油压、温度，可以在触摸屏和上位机动态显示。液压系统装有超压报警、失压报警、油温过高、油温过低、油位过高、油位过低、滤油器堵塞等检测接点，系统根据报警信号进行相应的处理（见故障分类表），达到保护目的。（3）电气部分故障检测保护：①电源检测：油泵电机主回路电压、电流显示，主回路掉电检测，控制回路进线电源检测，直流电源状态检测。②油泵电机驱动回路检测保护：启动装置状态检测，短路、过流、失压、缺相保护、过载保护等功能。③主要传感器类故障检测保护：开度仪传感器故障判断，极限开关保护等。④运行操作类保护：命令条件不满足，闸门运行超时等。⑤ PLC 自检故障报警：网络通讯故障，模块故障等。在故障处理模块中，程序根据以上监测状态加上所有闭锁条件，以保安全运行。

PLC 程序各子模块之间关系如图 2 所示。

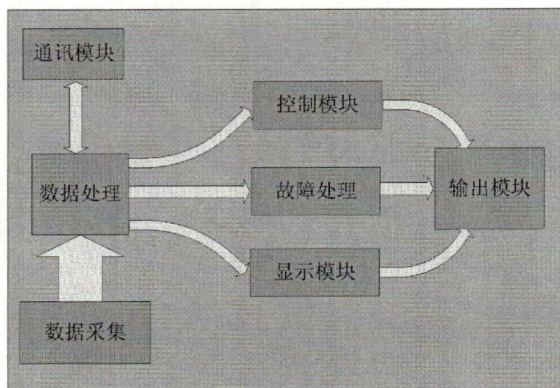

图2　PLC程序结构图

　　触摸屏监控系统软件采取模块化结构设计、可视化界面分层设计，操作时分层调用。在本厂现场监控系统中，通过触摸屏可设定闸门预置开度值，实现对闸门的启停控制，到达闸门预置开度后自动停止闸门；通过记忆接近开关的信号实时显示闸门主缸及副缸吊钩的相对位置；并在闸门停止时记忆并显示持门钩和空钩的位置，使得在下一次开启或关闭闸门时能正确地对闸门进行操作等。

五、结束语

　　该现场控制站自动控制系统以 PLC 和触摸屏为核心，具有高可靠性、高实时性、高逻辑处理能力的特点，并通过 MB+ 网络实现了 12 道溢洪道泄洪闸门的集中自动控制和远方监测功能。该系统运行近 3 年来没出现大问题，整套系统设计合理、先进，运行安全、可靠，维护方便，操作简便直观，深受该厂职工好评。

【参考文献】

[1] 方辉钦 . 现代水电厂计算机监控技术与试验 [M]. 北京：中国电力出版社，2004.

[2] 张良 . 水口水电厂溢洪道监控系统改造 [J]. 福建电力与电工，2006(3).

生命・化学

酪蛋白的纯化和初步鉴定研究

武汉东湖学院生命科学与化学学院

涂毅，龙尧尧，彭勃，汪越，范苏秦，曹军卫

从牛奶中分离酪蛋白的最佳工艺参数为：提取温度40℃，pH 4.8，乙醇用量20 mL/100 mL 牛奶。本文探讨了离子交换层析分离纯化酪蛋白的实验条件，以 pH 7 时洗脱效果较为理想；连续梯度洗脱分离出了五个峰值，电泳分析得知纯化五种蛋白质的 NaCl 浓度分别为 0.048mol/L，0.078mol/L，0.162mol/L，0.198mol/L，0.240mol/L，其中前两个浓度对应于洗脱 γ 和 β - 酪蛋白，且两种蛋白质的含量分别为 0.32g，2.01g。α 或 κ - 酪蛋白由于峰的归属不明尚无法确定含量，需其他实验方法作进一步鉴定。

一、前言

酪蛋白是乳中特有的，由乳腺上皮细胞合成的一组磷蛋白。酪蛋白中含有大量的磷和钙，以磷酸酯键与丝氨酸的羟基结合，含有少量己糖、氨基糖和唾液酸等残基。乳中酪蛋白分为 α - 酪蛋白，β - 酪蛋白，γ - 酪蛋白和 κ - 酪蛋白四种，它们各自都有不同相对分子质量和等电点的变异体。牛乳中 α - 酪蛋白约占 50%，等电点约为 4.1，分子量约为 23000；β - 酪蛋白约占 30%，等电点约为 4.5，分子量约为 24000；γ - 酪蛋白和 κ - 酪蛋白都只有很少一部分，γ - 酪蛋白约占 3%，等电点约为 5.9，分子量约为 31000；κ - 酪蛋白约占 10%，等电点 4.1，分子量约为 19000。

酪蛋白是乳中含量最高的蛋白质，与人们的生活也密切相关，需求量非常大，因此，确定一个好的分离提纯方法有着十分重要的意义。本研究的目的是对酪蛋白进行粗提后，通过不同的 pH、盐离子浓度等洗脱方式的优化来确定分离提纯酪蛋白的最佳条件。

二、实验部分

（一）材料与试剂

脱脂奶粉 (市售)，氯化铵，95％乙醇，SDS，考马斯亮蓝 G-250，DEAE-c 纤维素，Ampholine，牛血清白蛋白（BSA）等，均为分析纯。

TH-300 梯度混合仪 (上海沪西分析仪器厂有限公司 TH-300)，自动部分收集器 (

上海青浦沪西仪器厂 BS-100)，凝胶成像系统（Beijing Junyi-Dongfang Electrophoresis Instrument Co.，Ltd JYO4S 型）等。

（二）方法

1. 酪蛋白的粗提

（1）确定酪蛋白提取的最佳温度、pH、乙醇用量作为最佳提取条件。

（2）在最佳提取条件下提取酪蛋白样品。

2. 离子交换层析

将 1.5g 已处理好的酪蛋白粗制品溶液离心后取其上清液上样。

选择不同离子强度的洗脱液进行连续梯度或不连续梯度洗脱。我们使用了以下两种方案。

（1）把起始缓冲液配成分别含 0mol/L NaCl、0.22mol/L NaCl 和含 0.35mol/L NaCl 的洗脱液在不同 pH 下进行不连续梯度洗脱。

（2）选择最佳 pH 进行连续梯度洗脱。

3. 检测与鉴定

将有明显峰值的样品收集，进行 SDS-PAGE 电泳和等电聚焦电泳检测样品酪蛋白的组分；用考马斯亮蓝 G-250 法测定蛋白质的含量。

（三）结果与讨论

1. 酪蛋白的提取

（1）温度的影响

酪蛋白在牛乳中以酪蛋白磷酸钙的形式存在，随着温度的升高，酪蛋白胶囊之间热碰撞频率增加，酪蛋白容易相互结合成块。但温度超过一定范围后，蛋白质的次级结构遭破坏，静电斥力增加，这就使酪蛋白结合变得困难而不易结块，导致酪蛋白得率下降。由图 la 可知，最适提取温度为 40℃。

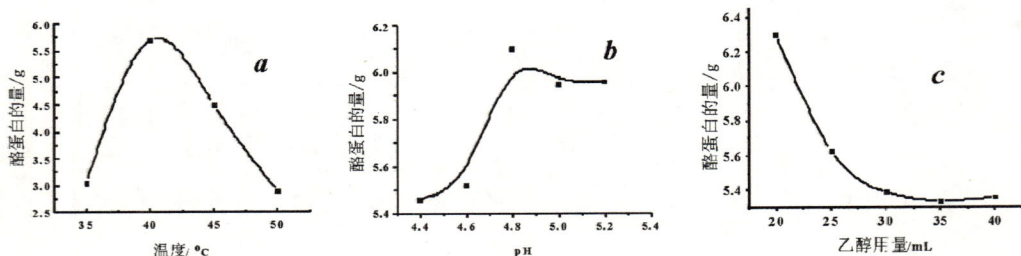

图1　提取条件对酪蛋白得率的影响（a：温度；b：pH；c：乙醇用量）

（2）pH 的影响

由图 1b 可知，当 pH 值增至 4.8 左右时，酪蛋白的量最大；pH 值继续升高，沉淀量会逐渐下降。其原因为蛋白质是两性化合物,等电点(pH 4.8)时酪蛋白的溶解度最小，会从牛奶中沉淀出来；偏离它的等电点时，酪蛋白胶粒静电斥力增大不易结合成块，提取量下降。

（3）乙醇用量的影响

由图1c可知，随着乙醇用量的增加，酪蛋白的提取量迅速减少。当用量达到30 mL 左右时，提取量逐渐趋于稳定。因此，最适用量取 20mL。

（4）最佳提取条件下提取酪蛋白样品

称取 12g 市售奶粉配成 10cmL 溶液，经过粗提得到 6.3g 酪蛋白粗提品，收率为 52.5%。

2. 离子交换层析

（1）不同 pH 下的不连续梯度洗脱

① pH 为 7 的不连续梯度洗脱。

依次采用 0mol/L、0.22mol/L 、0.35mol/L pH 7.0 的 NaCl 溶液洗脱，其中 69 管处的 A_{280} 达到 2.046，出现一明显峰值（图2a）。之后未出现峰值。

（a：pH 7；b：pH 6；c:pH 8）

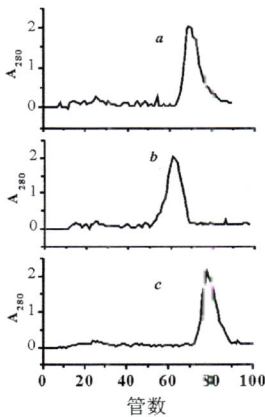

图2 不同pH的NaCl不连续梯度洗脱曲线　　图3 连续梯度洗脱曲线（a）与NaCl浓度梯度（b）

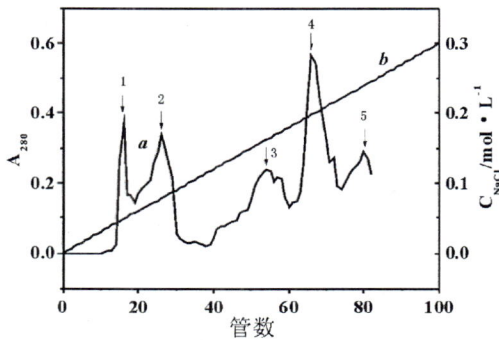

② pH 为 6 的 NaCl 洗脱液洗脱

将 NaCl 溶液的 pH 调为 6，其他条件不变。在 61 管出现一个明显的峰值（图2b），达到 2.035，之后再未出现峰值。为何出峰时间比 pH 7 时要早，这是由于酪蛋白等电点是 4.7，在 pH 为 7 时所带电荷要大，故洗脱下来更难一些。

③ pH 为 8 的 NaCl 洗脱液洗脱

换用 pH 为 8 的 NaCl 溶液洗脱，只得到了一个明显的峰值（图2c）。

由图 2 可知，在盐离子浓度不变的情况下，pH 的改变只会改变洗脱的难易，pH 为 8 时最难洗脱。考虑到出峰快慢可选择 pH 7 洗脱最合适。

（2）最佳 pH 下的连续梯度洗脱

洗脱速度为 0.5mL/min、洗脱缓冲液 pH 为 7，梯度混合仪两边盛放离子强度为 0 mol/L 和 0.3mol/L 的 NaCl 溶液进行洗脱。洗脱曲线如图 3a 所示，得到 5 个峰，编号为 1—5，洗脱浓度与管数之间的对应关系如图 3b 所示。5 个峰值所对应的 NaCl 浓度依次为 0.048mol/L，0.078mol/L，0.162mol/L，0.198mol/L，0.240mol/L。

3. SDS-PAGE 电泳

将 5 个峰值对应的样品进行收集，SDS-PAGE 电泳图谱如图 4 所示。

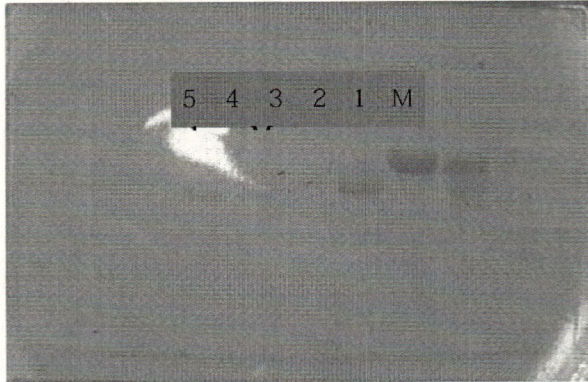

图4　SDS-PAGE电泳图谱

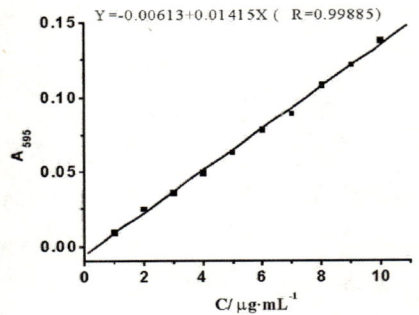

图5　考马斯亮蓝法工作曲线

（M 为酪蛋白的粗提品，1—5 泳道依次对应 5 个峰值的样品）

由图 4 可知，3、4、5 泳道对应的样品条带处于同一水平，考虑到没有其他蛋白质的影响，故它们的分子量相同，可能为同一种酪蛋白，且与 1 和 2 的条带明显不同，因此分离出了至少三种不同分子量的酪蛋白。

4. 等电聚焦电泳

通过等电聚焦电泳，测出峰 1 样品的 pI 为 4.9，峰 2 样品的 pI 为 4.7，峰 3、4、5 样品的 pI 都为 4.1。对比四种酪蛋白的等电点，推测峰 1 对应的是 γ - 酪蛋白，峰 2 对应的是 β - 酪蛋白，峰 3—5 对应的是 α 或 κ - 酪蛋白。

5. 考马斯亮蓝 G-250 法测定蛋白质的含量

用考马斯亮蓝 G-250 法作工作曲线，如图 5 所示。得到线性拟合曲线方程为

Y=-0.00613+0.01415X（R=0.99885）

可计算得 γ - 酪蛋白的浓度为 0.32mg/mL，β - 酪蛋白的浓度为 2.01mg/mL，α 或 κ - 酪蛋白由于峰的归属不明尚无法确定浓度。推测 12g 牛奶中的 γ - 酪蛋白为 0.32g，β - 酪蛋白为 2.01g。

三、小结

（1）分离酪蛋白最佳工艺：提取温度 40℃，pH4.8，乙醇用量 20mL/100mL 牛奶。

（2）离子交换层析 pH 7 时洗脱效果较为理想，但是几种酪蛋白未分离开，可能是离子浓度的大小影响了洗脱的效果。进行连续梯度洗脱分离出了 5 个峰值，电泳分

析得知纯化五种蛋白质的 NaCl 浓度分别为 0.048mol/L，0.078mol/L， 0.162mol/L，0.198mol/L， 0.240mol/L，其中前两个浓度对应于洗脱 γ 和 β - 酪蛋白，且两种蛋白质含量分别为 0.32g，2.01g。

（3） α 或 κ - 酪蛋白由三峰的归属不明尚无法确定含量，需其他实验方法作进一步鉴定。

【参考文献】

[1] 陆健 . 蛋白质纯化技术与应用 [M]. 北京：化学工业出版社，2005：26-27.

[2] 吴宪禹 . 蛋白质纯化实验方案与应用 [M]. 朱厚础译 . 北京：化学工业出版社，2010： 44—49.

[3] [美]D.R. 马歇克，J.T. 门永，R.R. 布格斯等 . 蛋白质纯化与鉴定实验指南 [M]. 北京：科学出版社，1999：249.

[4] [英] 特怀曼（Twyman，R.M.）. 蛋白质组学原理 [M]. 王恒樑译 . 北京：化学工业出版，2007：26—30.

[5] 王延华 . 蛋白质理论与技术 [M]. 北京：科学出版社，2005:36—46.

[6] [美] 弗鲁顿 . 蛋白质酶和基因 [M]. 昌增益译 . 北京：清华大学出版社，2005:13—18.

武汉东湖学院论文集

湖北省七姊妹山夏季鸟类多样性研究及生境分析

武汉东湖学院生化学院　　杨书香，吴　昊

2008年及2009年的6月至9月，我们对湖北省七姊妹山夏季鸟类资源进行了调查，共记录鸟类63种，隶属于8目22科。其中，古北界鸟类20种（31.7%），东洋界鸟类21种（33.3%），广布型鸟类22种（34.9%）。南北鸟类区系组成十分混杂，且地理型分布不明显。其中国家一级保护动物1种，国家二级保护动物16种，湖北省省级保护动物16种。结合保护区现状，我们分别对鸟类资源的保护与保护区的管理提出建议。

七姊妹山自然保护区属于鄂西南山区，地处武陵山余脉，位于湖北省恩施土家族苗族自治州宣恩县的东部，由七姊妹山、秦家大公山和八大公山3个大的山脊构成，是中国境内自然生态环境保持较好的地区之一。此地区生物多样性丰富独特，地形崎岖、山体突兀、山峰巍峨、峡谷幽深，非常适合南北候鸟常年生活，加之亚高山泥炭藓湿地与贡水支流的良好水资源环境，更为鸟类摄食饮水奠定了坚实的基础，因此，其鸟类资源十分丰富。

有关七姊妹山自然保护区鸟类多样性的研究从20世纪60年代开始。其中，华中师范大学等单位于2001年对保护区进行了调查，考察发现鸟类89种；国家林业局野生动植物检测中心等单位对保护区的鸟类资源进行调查，发现鸟类67种，记录到鸟类新记录19种。

一、自然概况

七姊妹山地理位置为东经109°41′30″—109°46′00″，北纬30°02′30″—30°05′15″，为云贵高原的东北延伸部分，境内地势表现为北东高而西南低，由于地表长期侵蚀风化，碳酸盐岩石广布，使得喀斯特地貌发育，其中盆地、丘陵、岗地、平坝星罗棋布，地貌类型丰富多彩。七姊妹山地属中亚热带季风湿润气候，并且随着海拔的变化，气候呈现明显的垂直差异。海拔800m以下的低山带四季分明、雨热同步，而海拔1200m以上的高山地带气候冷凉、雨热多变。七姊妹山的降水多集中于5—9月。

二、调查及研究方法

2008 年及 2009 年的 6 月至 9 月，根据鸟类的生活习性，我们采取彭宗林同志对七姊妹山鸟类习性的了解，制定出以下观测方案：以持续性调查（从清晨 6：00—8：00，下午 5：00—7：00）为主，夜晚聆听鸣叫声为辅；采用样线调查为主，定位观测为辅；望远镜（双目）观察为主，肉眼观测为辅的方法，记录鸟的种类、数量，以及对其生境进行描述。对相应的鸟类分类等级、种名及亚种名主要通过《中国鸟类野外手册》、《中国野鸟》、《中国鸟类图鉴》等一一查阅；对动物地理区系划分主要参考《中国动物地理》；对其居留型的确定主要参照《中国野鸟》、《湖南八大公山夏季鸟类名录及其多样性》、《后河国家级自然保护区鸟类资源调查》等。

三、调查结果及分析

（一）种类及区系分析

此次调查中共记录鸟类 63 种，分别属于 8 目 22 科（表 1），其中记录到鸟类新记录 9 种，分别是：雉科的黑颈长尾雉（Syrmaticcus humiae）、鹰科的黑翅鸢（Elanus caeruleus）、鸱鸮科的短耳鸮（Asio flammeus）、百灵科的凤头百灵（Galerida cristata）、云雀（Alauda arvensis）、角百灵（Eremophila alpestris）、鹟科的蓝矶鸫（Monticola solitaries）、鸦科的大嘴乌鸦（Corvus macrorhynchos）。另记录到国家一级保护动物 1 种，国家二级保护动物 16 种，湖北省省级保护动物 16 种。

所记录的 63 种鸟类当中，古北界鸟类 20 种（31.7%），东洋界鸟类 21 种（33.3%），广布型鸟类 22 种（34.9%）。区系组成南北鸟类十分混杂，且地理型分布不明显。根据鸟类的居留情况看来，记录的留鸟 40 种（63.5%），冬候鸟 9 种（14.3%），夏候鸟 10 种（15.9%），旅鸟 3 种（4.8%）。由此可见，留鸟是构成本区域鸟类组成的主体部分。

经调查发现，此次考察中并未发现涉禽与游禽，之所以如此的原因是该区域群山峻岭连绵起伏，加之河流湍急且细小，无法为以鱼类为主食的鸟类提供大量的食物来源。此地绝壁颇多，诸如珙桐大型群落、水青冈群落以及枫香群落十分丰富，灌丛部分也十分密集，所以大量的陆禽、猛禽、鸣禽与攀禽栖息于此，包括鸡形目、隼形目、鸮形目、雀形目等鸟类，而雀形目的鸟类更是独占此次调查种类的首位。

（二）鸟类群落与生境分析

根据山势水流与植被和鸟类的分布情况，可以将鸟类栖息地划分为乔木、灌木、林地、灌丛、村庄、山崖 6 种类型。

表1　湖北省七姊妹山鸟类名录

物种名称		居留型	分布型	生境类型	种群数量	保护等级
一、鸡形目	CALLIFORMES					
（一）雉科	Phasianidae					
1. 棕胸竹鸡	Bambusicola fytchi	留	东	灌丛	++++	省
2. 灰胸竹鸡	Bambusicola thoracica	留	东	灌丛	++++	省
3. 红腹角雉	Tragopan temminckii	留	东	林地	++++	II
4. 勺鸡	Pucrasia macrolopha	留	广	林地	++++	II
5. 环颈雉	Phasianus colchicus	留	古	林地	++	省
6. 黑颈长尾雉	Syrmaticus humiae	留	东	林地	++	I
7. 红腹锦鸡	Chrysolophus pictus	留	古	林地	++++	II
8. 雉鸡	Phasianus colchicus	留	古	林地	+++	省
二、鸽形目	COLUMBIFORMES					
（二）鸠鸽科	Columbidae					
9. 红翅绿鸠	Treron sieboldii	留	东	灌木	++	II
10. 珠颈斑鸠	Streptopelia chinensis	留	东	灌木	++++	省
11. 山斑鸠	Streptopelia orientalis	留	广	灌木	+++	
三、隼形目	FALCONIFORMES					
（三）鹰科	Accipitridae					
12. 黑翅鸢	Elanus caeruleus	留	古	山崖	++	II
13. 松雀鹰	Accipiter virgatus	留	广	乔木	+	II
14. 雀鹰	Accipiter nisus	冬	古	山崖	+	II
15. 苍鹰	Accipiter gentilis	冬	古	山崖	+++	II
16. 金雕	Aquila chrysaetos	留	古	山崖	+	II
17. 鹰雕	Spizaetus nipalensis	留	广	山崖	+	II
（四）隼科	Falconidae					
18. 游隼	Falco peregrines	留	古	山崖	++	II
19. 红隼	Falco tinnunculus	留	广	乔木	+	II
四、鸮形目	STRIGIFORMES					
（五）草鸮科	Tytonidae					
20. 草鸮	Tyto capensis	留	广	乔木	++	II
21. 领角鸮	Otus bakkamoena	留	广	乔木	+++	II
22. 灰林鸮	Strix aluco	留	古	乔木	+	II
23. 短耳鸮	Asio flammeus	冬	广	落木	++	II
24. 红角鸮	Otus sunia	留	古	乔木	+++	II
五、鹃形目	CUCULIFORMES					
（六）杜鹃科	Cuculidae					
25. 大杜鹃	Cuculus canorus	夏	广	乔木	+++	省
26. 小鸦鹃	Centropus bengalensis	留	东	灌木	+++++	
六、佛法僧目	CORACIIFORMES					
（七）佛法僧科	Coraciidae					
27. 三宝鸟	Eurystomus orientalis	留	广	灌木	+++	省
七、鴷形目	PICIFORMES					
（八）须鴷科	Capitonidae					
28. 大拟鴷	Megalaima virens	留	东	乔木	+++	省
（九）啄木鸟科	Picidae					
29. 大斑啄木鸟	Dendrocopos major	留	古	乔木	++++	
30. 灰头绿啄木鸟	Picus canus	留	广	乔木	++++	省
八、雀形目	PASSERIFORMES					
（十）百灵科						
31. 凤头百灵	Galerida cristata	冬	广	灌木	++++	
32. 云雀	Alauda arvensis	冬	广	村庄	+++	
33. 角百灵	Eremophila alpestris	夏	东	灌木	++++	
（十一）燕科	Hirundinidae					
34. 家燕	Hirundo rustica	夏	古	村庄	++++	省
35. 金腰燕	Hirundo daurica	夏	广	村庄	++++	省
36. 岩燕	Hirundo rupestris	夏	广	村庄	++++	
（十二）鹡鸰科	Motacillidae					
37. 白鹡鸰	Motacilla alba	留	广	村庄	++++	

续表

物种名称		居留型	分布型	生境类型	种群数量	保护等级
38. 黄鹡鸰	Motacilla flava	旅	古	村庄	++++	
39. 灰鹡鸰	Motacilla cinerea	冬	广	村庄	++++	
（十三）山椒鸟科	Campephagidae					
40. 长尾山椒鸟	Pericrocotus ethologus	夏	东	乔木	++++	
41. 短嘴山椒鸟	Pericrocotus brevirostris	夏	东	乔木	++++	
（十四）鹎科	Pycnonotidae					
42. 黄臀鹎	Pycnonotus xanthorrhou	留	东	灌丛	++++	
43. 绿翅短脚鹎	Hypsipetes mcclellandii	留	东	灌丛	++++	
44. 黑 [短脚] 鹎	Hypsipetes leucocephalus	夏	东	灌丛	++	
（十五）鹟科	Muscicapidae					
45. 红喉歌鸲	Luscinia calliope	冬	古	灌丛	++++	
46. 蓝矶鸫	Monticola solitaries	留	广	村庄	+++	
47. 橙头地鸫	Zoothera citrine	夏	冬	乔木	++	
48. 黄腹柳莺	Phylloscopus affinis	夏	古	乔木	++++	
49. 暗绿柳莺	Phylloscopus trochiloides	旅	古	林地	++++	
50. 冕柳莺	Phylloscopus coronatus	冬	古	乔木	++++	
51. 白眉姬鹟	Ficedula zanthopygia	冬	古	灌木	++++	
（十六）山雀科	Paridae					
52. 大山雀	Parus major	留	广	乔木	++++	
53. 绿背山雀	Parus monticolus	留	东	乔木	++++	
（十七）鸱科	Sittidae					
54. 普通鸱	Sitta europaea	留	古	乔木	++	
55. 绒额鸱	Sitta frontalis	留	冬	乔木	++	
（十八）伯劳科	Laniidae					
56. 红尾伯劳	Lanius cristatus	夏	古	灌木	++++	省
（十九）卷尾科	Dicruridae					
57. 黑卷尾	Dicrurus macrocercus	留	东	村庄	++++	
（二十）椋鸟科	Sturnidae					
58. 八哥	Acridotheres cristatellus	留	东	村庄	++	省
（二十一）鸦科	Corvidae					
59. 松鸦	Garrulus glandarius	留	古	灌木	++++	省
60. 红嘴蓝鹊	Urocissa erythrorhynchas	留	东	灌丛	++++	省
61. 大嘴乌鸦	Corvus macrorhynchos	留	广	村庄	++++	省
（二十二）文鸟科	Ploceidae					
62. 山麻雀	Passer rutilans	留	广	村庄	++++	
63. 黄喉鹀	Emberiza elegans	旅	古	灌丛	++++	

注：*：此地鸟类新记录①数量：+++++—数量极多，++++—数量多，优势种；+++—数量一般，为普通种；++—数量少，+—数量极少，为稀有种；②居留型：留—留鸟；冬—冬候鸟；夏—夏候鸟；旅—旅鸟；③分布型：古—古北界；东—东洋界；广—广布型，④I—国家一级保护动物；II—国家二级保护动物。

（三）亟待解决的生境保护与保护区管理问题

1. 保护区管理现状

七姊妹山自然保护区地处鄂西南偏僻山区，交通阻塞，信息封闭，人类长期活动较之其他保护区颇弱，因此该保护区的管理工作较之其他保护区更加容易开展。相对地，正是因为交通阻塞与信息封闭，使得当地村民的环境保护意识与生物多样性保护意识不够。但是在宣恩县林业局的大力宣传下，七姊妹山自然保护区村民的保护意识提高的效果十分显著，野生动物的种群密度也得以维持。由于专项经费、人员配置与技术力量的不足，这也使得保护区的管理存在一定困难。

2. 保护建议

（1）加大宣传教育力度、探索新方式。提高当地人民保护意识与责任心是进行保护的最根本途径。保护知识宣传是长期以来采用最为广泛也是最为经济可行的保护方法之一。但是目前传统的宣传方式也暴露出实际群众影响力低、目标受众分散等问题。因此我们建议，对不同社会群体在不同场合分开进行保护知识的宣传教育，如当地中小学可进行课堂教育；餐饮业从业者进行定期集中学习与考核；对于普通居民，发放宣传手册到每一户等。

（2）加强野生动物管理机构的建设，合理配置专业技术人员。规范野生动物的经营管理，取缔无证经营，科学有效地控制经营规模，在不破坏野生动物种群数量的基础上有效地开发野生动植物资源；完善执法网络、增强执法力度，并通过对交易市场严格的监管，从根源上有效地遏制偷猎盗猎等不法行为；设立专项基金，为有效保护鸟类资源提供条件，并且在加强科学研究的基础上，将研究成果汇报给政府决策部门，使其点对点式逐个击破。

（3）加强科学研究力度，增进对保护区动物生活习性等的研究，为进一步保护保护区物种多样性提供足够的科学依据。同时，对定期对保护区物种数量进行科学统计，掌握物种数量变化情况，并对濒危物种进行适当的人工培育，以遏制其数目的进一步减少。

【参考文献】

[1] 高武，崔爽，高云杉，王彩华. 野外观鸟手册 [M]. 北京：北京出版社，1999.

[2] 马敬能. 中国鸟类野外手册 [M]. 长沙：湖南教育出版社，2000.

[3] 郑光美，张词祖. 中国野鸟 [M]. 北京：中国林业出版社，2002.

[4] 中国野生动物保护协会，钱燕文. 中国鸟类图鉴 [M]. 郑州：河南科学技术出版社，1995.

[5] 张荣祖. 中国动物地理 [M]. 北京：科学出版社，1999.

[6] 王德良，辜娇峰，谷祺等. 湖南八大公山夏季鸟类名录及其多样性 [J]. 动物学研究 2005，26(2)：190—196.

[7] 于天宝，禹苗. 后和国家级自然保护区鸟类资源调查 [J]. 林业调查规划 2004，29(3)：34—42.

[8] 邓学建. 壶瓶山自然保护区鸟类多样性分析 [J]. 生态科学，1996，15(2)：43—46.

[9] 陈炜，宋卓彦. 国辉等. 武汉城市湖泊与城市湿地冬季鸟类资源及生境分析 [J]. 2007，32(5)：46—50.

[10] 冉江洪，刘少英，孙治宇等. 四川九寨沟自然保护区的鸟类资源及区系 [J]. 动物学杂志，2004，39(5)：51—59.

[11] 刘胜祥，瞿建平. 湖北七姊妹山自然保护区科学考察与研究报告 [M]. 武汉：湖北科学技术出版社，2006.

[12] 王德良，田连成，龚家林. 高望界自然保护区鸟类多样性研究和资源评价 [J]. 中南林学院学报，2005，25(1)：50—55.

工业硫酸亚铁的提纯工艺研究

武汉东湖学院生命科学与化学学院　赵业军，吴　俊，胡清华

本文以工业硫酸亚铁为原料，采用酸浸—还原—除杂—冷却结晶—干燥的工艺，制取医药级的硫酸亚铁。我们通过实验确定最佳的置换温度为60℃、初始PH值为2.8、置换反应时间为3h，并考虑滤液的循环使用，确定最佳的循环次数为1次；提纯的硫酸亚铁纯度达99%以上，钛离子含量低于0.0139%。

一、前言

七水硫酸亚铁（$FeSO_4 \cdot 7H_2O$）俗称绿矾，为淡蓝绿色晶体，分子量为278.03，比重为1.895—1.898。七水硫酸亚铁在干燥的空气中可风化脱水，生成白色的硫酸亚铁粉末；在湿空气中易氧化，生成棕黄色碱式硫酸铁。

钛白粉是一种重要的无机染料，我国大多数厂家均采用硫酸法制造。一般，每生产1吨钛白粉，副产硫酸亚铁3.5—4.0吨。钛白生产副产物废渣绿矾除含亚铁盐外，还含有Ti、Mg、Mn、Al、Si、Cu等各种杂质，不能直接利用，而且随地堆放不仅会严重污染环境，还造成资源的浪费。高纯度硫酸亚铁是制备超细氧化铁、磁性材料、氧化铁黄、饲料添加剂等的重要原料，随着工业的发展，对高纯度硫酸亚铁的需求量也越来越大。如何去除钛白副产物中的杂质，实现经济效益和社会效益的双重效益，也受到越来越多关注。

本实验以钛白副产物粗绿矾为原料，以最终产品达到医药级硫酸亚铁为目标，通过分析原料和产品中硫酸亚铁和钛质量含量的变化（表1），研究了酸浸时的最佳反应温度、初始pH值、最佳反应时间等因素的影响；同时为了减少废水的排放，探讨了滤液的循环使用次数的影响。

表1　医药级硫酸亚铁中$FeSO_4 \cdot 7H_2O$和钛含量指标[3]

项目	指标
$FeSO_4 \cdot 7H_2O$ 含量 /%	≥ 98.5—104.5
钛 /%	≤ 0.02

二、实验材料与方法

（一）实验仪器、试剂和材料

实验仪器：pH 计，恒温水槽，紫外可见分光光度计（sp-1901，上海）等。

试剂包括硫酸，磷酸，聚丙烯酰胺，过氧化氢，还原铁粉，二氧化钛，硫酸铵，高锰酸钾等。（以上药品均为分析纯）

硫酸亚铁：工业级，主要成分见表 2。

表2　原料用工业硫酸亚铁主要成分表

成分	质量含量（%）
$FeSO_4 \cdot 7H_2O$ 含量 /%	84.0—87.0
钛 / %	0.3—0.4

（二）实验方法

称取适量的工业硫酸亚铁与三口烧瓶中，溶液浓度为 70g/L，加入硫酸调节溶液的 pH=2.8，向其中加入工业硫酸亚铁质量 1% 的还原铁粉，恒温反应，控制反应温度在 70℃—90℃。

水解完全后，趁热抽滤。将滤液趁热转入干净的三口烧瓶中，加入少量絮凝剂（聚丙烯酰胺），通入氧气，恒温 50℃搅拌 10min。趁热抽滤。

将滤液转入烧杯中，放冷至室温后，放入冰水浴中结晶。结晶后过滤、干燥。实验工艺流程图如图 1。

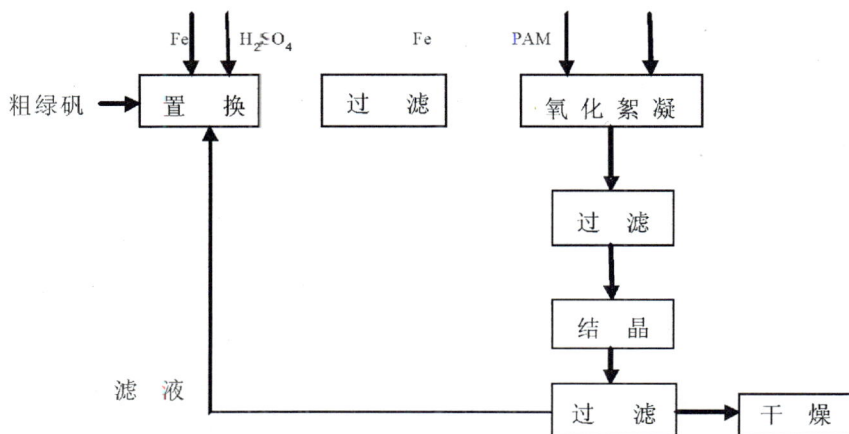

图1　硫酸亚铁提纯工艺流程图

（三）分析方法

1. 高锰酸钾滴定法测 Fe^{2+} 含量

准确称取一定量 (m) 试样，置于250ml锥形瓶中。用50ml水溶解，加入10ml1:1硫酸和4ml1:1磷酸。以 $C(1/5KMnO_4)$ 约0.1mol/l 标准溶液滴定至终点，记录消耗标准溶液体积V。计算公式如下：

$$FeSO_4 \cdot 7H_2O(\%) = \frac{5CVM}{m \times \frac{5.000}{100} \times 1000} \times 100$$

2. 紫外可见分光光度法测 Ti^{2+} 含量

配制0.2mg/ml的钛标准溶液。用紫外分光光度计测量钛离子的含量然后与 TiO_2 标准曲线进行对比， TiO_2 标准线见图2所示。

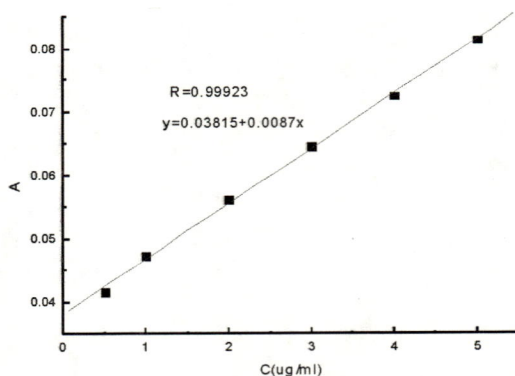

R=0.99923

y=0.03815+0.0087x

图2. TiO_2 标准曲线

三、实验结果讨论及分析

（一）反应时间对产品纯度的影响

通过控制反应温度为70℃，pH=2—3，测定不同反应时间对产品纯度的影响。结果如图3所示。

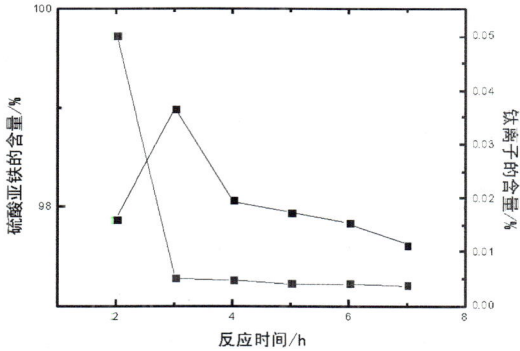

图3. 反应时间对产品纯度的影星

由图 3 知，反应时间为 3h 时，$FeSO_4 \cdot 7H_2O$ 质量含量在医药级范围内。因此选择反应时间为 3h。

（二）反应温度对产品纯度的影响

通过控制反应时间为 3h，PH=2—3，测定不同反应温度对产品纯度的影响。结果见图 4。

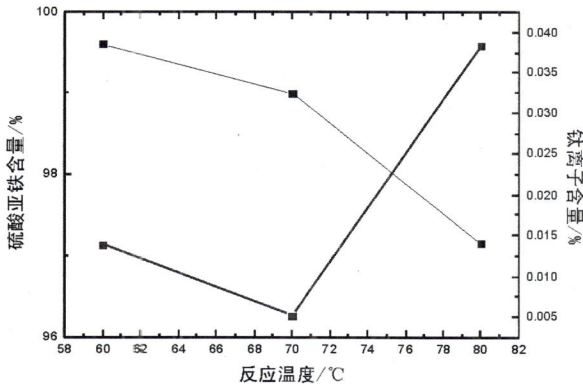

图4. 反应温度对产品纯度的影响

由图 4 可知，随着反应温度上升，产品中硫酸亚铁质量含量下降，而钛离子含量则在 70℃以上时不降反升，综合考虑后确定反应温度为 60℃。

（三）反应溶液初始 pH 值对产品纯度的影响

通过控制反应温度为 60℃，反应时间为 3h，测定不同 pH 对产品纯度的影响。结果如图 5 所示。

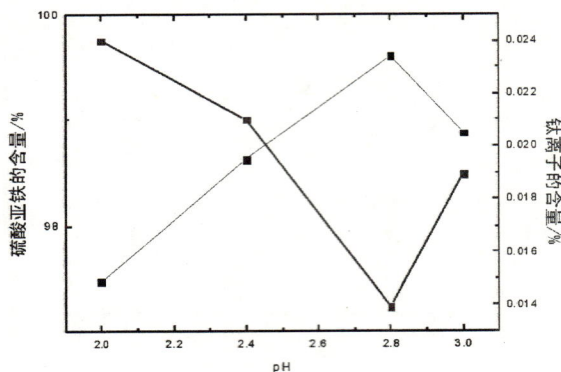

图5. 初始pH对产品纯度影响

由图 5 知，pH 值为 2.8 时产品中硫酸亚铁含量最高，而钛含量较低。因此选择反应溶液的初始 pH 值为 2.8。

（四）滤液的循环使用次数

表3　滤液的循环次数对产品纯度的影响

	1	2
FeSO$_4$·7H$_2$O（质量分数 /%）	104.86	112.26
Ti（质量分数 /%）	0.0163	0.020

由表 3 知，当滤液循环使用 2 次时，产品中钛含量超过 0.02%。因此滤液可以循环使用 1 次。再次使用时可将滤液先进行稀释，然后再进行使用。

四、结语

利用此流程提纯硫酸亚铁，最佳的反应温度为 60℃，反应时间为 3h，初始 pH 为 2.8。通过该流程使制取的硫酸亚铁的纯度达到 99% 以上，钛离子的含量低于 0.0139%，上述指标达到医药级硫酸亚铁规定的标准。滤液可循环使用一次。

本实验中对结晶过滤后的滤液直接使用，未经过稀释，因此由于滤液浓度过大，只能使用一次。可考虑将滤液稀释再进行使用，这样就可以循环使用多次，从而减少废水排放量。

【参考文献】

[1] 席美云，张克立，余劲租等 . 湿化法制备超细氧化铁的研究 [J]. 化学世界，1992，(4)：183—186.

[2] 宁云金，王统理 . 用副产硫酸亚铁生产优质氧化铁 [J]. 应用化工，2005，34（10）：653—655.

[3] 谢全模，胡文方，张莉等 . 废渣绿矾精制高纯度硫酸亚铁的研究 [J]. 河南化工，2007，24（11）：33—35.

[4] 水处理剂 . 硫酸亚铁 [S]，中国，2006，GB10531-2006.

[5] 罗敏 . 紫外可见分光光度法测定聚酯纤维中二氧化钛含量 [J] 河北化工，1991，(1):144—146.

FePO$_4$·2H$_2$O 纳微结构影响因素分析

武汉东湖学院生命科学与化学学院　　马晓玲，喻抄亮

　　磷酸铁锂作为一种理想的锂离子电池正极材料，具有原料便宜、能量密度高、性能稳定、对环境友好等特点，也因此成为当今世界研究的热点。本文以 LiFePO$_4$ 的前驱体 FePO$_4$·2H$_2$O 作为研究对象，改变 CTAB 的量及不同的 Fe:P，合成不同形貌和尺寸 FePO$_4$·2H$_2$O，通过 X 射线衍射（XRD）和扫描电镜（SEM）等方法，对所得样品的晶体结构、形貌、粒径大小等进行对比分析，结果表明 CTAB 与水的量之比为 14g:200ml， Fe:P 为 3.0g:3ml，水热反应 24h，合成所得 FePO$_4$·2H$_2$O 晶体结构和形貌粒径最佳。

一、前言

　　锂离子电池研究始于 20 世纪 80 年代，是在锂电池和二次锂电池的基础上发展起来的。近年来，锂离子电池以年均 20% 的速度迅速发展。目前已在开发重量比能量密度为 180w·h/kg，体积比能量密度为 360 w·h/l，充放电次数大于 500 次的高能量密度二次电池。锂离子电池常用的正极材料是 LiCoO$_2$、LiNiO$_2$、Ni-Co-Mn 三元素锂氧材料，其容量密度高， 但安全性差， 作为动力电池材料存在极大的安全隐患。较安全的正极材料有 LiMn$_2$O$_4$、LiFePO$_4$、LiVPO$_4$，这些材料的研发有很大进展。橄榄石型 LiFePO$_4$ 具有 170 mAh/g 的理论容量和 3.5 V 左右的对锂充放电电压平台，自 1997 年 Padhi 等首次报道该材料可被用作锂离子电池正极材料以来， 引起了广泛的关注和大量的研究 。正交晶系橄榄石型 LiFePO$_4$ 是目前最有潜力的正极材料之一，具有成为下一代正极材料的前景。针对目前存在的离子扩散率低及电子导电性较低的问题，本论文借助近期在材料制备及实验手段等方面的最新进展，确立研究内容为合成 LiFePO$_4$ 前躯体 FePO$_4$·2H$_2$O 并对其进行表征，将不同样品的测试结果进行比较和分析及对结果做出理论性解释。

二、实验部分

（一）实验药品及仪器

六水合氯化铁	FeCl₃·6H₂O，国药集团化学试剂有限公司，A.R
磷酸	H₃PO₄，国药集团化学试剂有限公司，A.R
一水合氢氧化锂	LiOH·H₂O，国药集团化学试剂有限公司，A.R
无水乙醇	C₂H₅OH，国药集团化学试剂有限公司，A.R
真空手套箱	Super(1220/750)，MIKROUNA 公司
恒温鼓风干燥箱	DHG-9023A，上海圣欣科学仪器

六水合氯化铁　　　　$FeCl_3 \cdot 6H_2O$，国药集团化学试剂有限公司，A.R
磷酸　　　　　　　　H_3PO_4，国药集团化学试剂有限公司，A.R
一水合氢氧化锂　　　$LiOH \cdot H_2O$，国药集团化学试剂有限公司，A.R
无水乙醇　　　　　　C_2H_5OH，国药集团化学试剂有限公司，A.R
真空手套箱　　　　　Super(1220/750)，MIKROUNA 公司
恒温鼓风干燥箱　　　DHG-9023A，上海圣欣科学仪器

（二）材料的制备

（1）称取 14.0005gCTAB，倒入一洁净烧杯，加入一粒磁石再用量筒量取 200ml 的去离子水倒入烧杯，加热搅拌 30min，可见其完全溶解。

（2）称取 3.0005gFeCl₃·6H₂O 立即加入烧杯中（FeCl₃·6H₂O 吸水严重，难以准确称取），溶液变为橙黄色，测得其 pH 为 4.0 左右。

（3）持续搅拌，30min 后量取 85%H₃PO₄4ml，逐滴加入。溶液在滴加中慢慢变为无色透明，测得此时 pH 为 1.7 左右。

（4）60min 后转移至水浴锅，在 90℃ 水中保持 24h。

（5）取出离心，异丙醇洗三次、 水洗三次在 100℃环境中烘四小时,得白色固体。

三、结果与讨论

（一）不同 CTAB 的量对 FePO₄·2H₂O 形貌的影响

表3-1　反应体系各物质的量

CTAB（g）	H₂O（ml）	FeCl₃·6H₂O（g）	H₃PO₄（ml）	时间（h）
14.0005	200	3.0005	4	24
7.0006	200	3.0022	4	24
4.0005	200	3.0015	4	24
0.7008	200	3.0009	4	24

图 3-1 是各样品的 X 射线衍射图，由图可知水热法可以制备结晶性能良好纯相的 FePO₄·2H₂O 晶体。这样的结构有利于在碳热还原过程中锂离子向晶粒沿 c 轴直线排列的正交橄榄石结构的 LiFePO₄。综合比较 a、b、c、d 四个样品发现，样品 a 的衍射峰尖锐与卡片的吻合度更好一些。

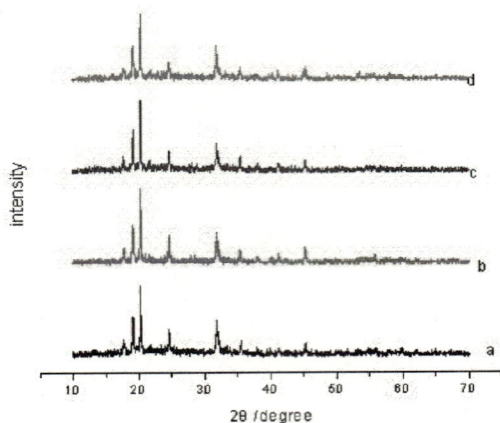

图3-1　不同CTAB的量对合成FePO$_4$·2H$_2$O的影响

从图 3-2 中可以看出，随着 CTAB 量的增加，图中片状晶体更明显。对比 24h 和 148h 电镜图可以看到，后着的片状晶体直径更大一些，因为随着水热时间的增加导致了少数颗粒尺寸增大。

（a，14.0005g；b，7.0006g；c，4.0005g；d，0.7008g）

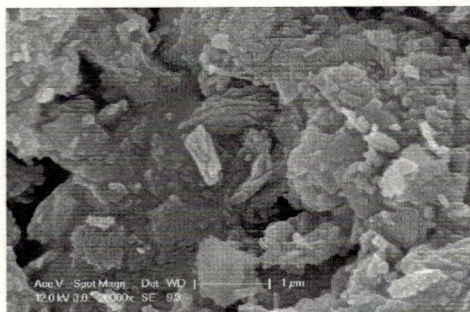

（a）CTAB14.0005g 反应 24h

（b）CTAB14.0005g 反应 148h

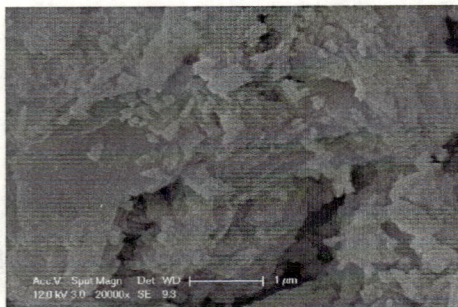

（c）CTAB7.0006g 反应 24h

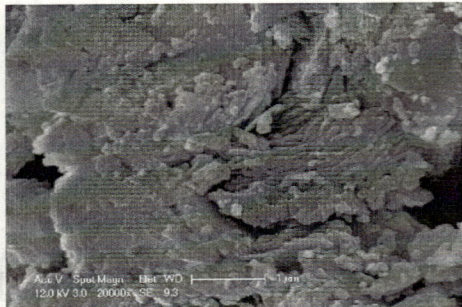

（d）CTAB0.7008g 反应 148h

图3-2　不同CTAB量制备的FePO$_4$·2H$_2$O SEM图

武汉东湖学院论文集

（二）不同 H_3PO_4 的量对 $FePO_4 \cdot 2H_2O$ 形貌的影响

由上一节可知，100ml 水中溶解 7.0gCTAB 时对生成的 $FePO_4 \cdot 2H_2O$ 形貌是最好的。

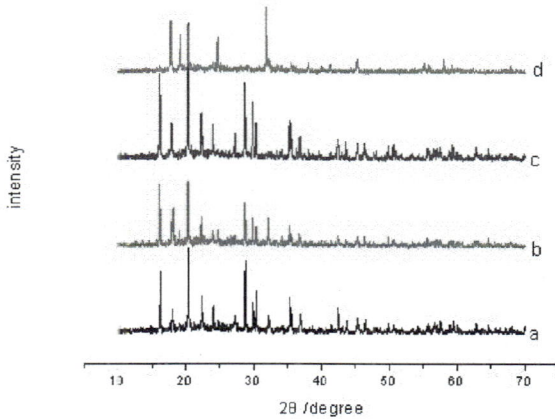

图3-3　不同 H_3PO_4 的量对合成 $FePO_4 \cdot 2H_2O$ 的影响的XRD图

（a，1ml 磷酸；b，2ml 磷酸；c，3ml 磷酸；d，4ml 磷酸）

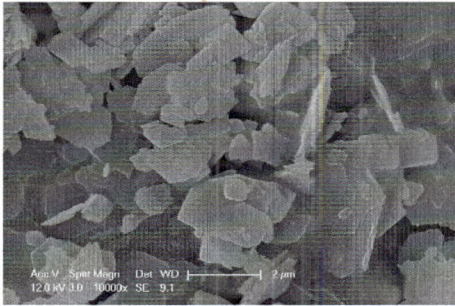

（a）磷酸 3ml 反应 24h

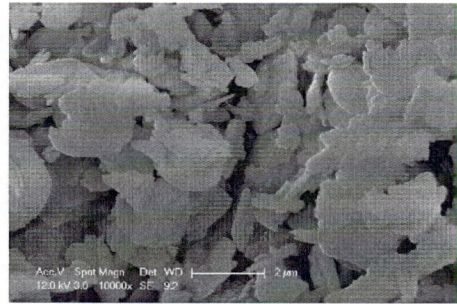

（b）磷酸 1ml 反应 24h

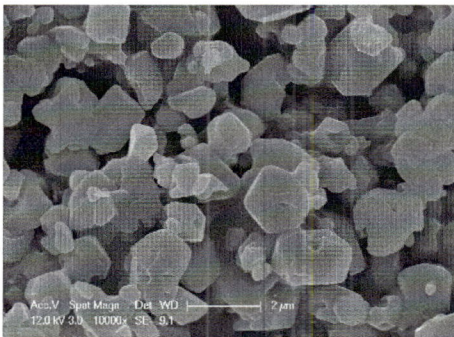

（c）磷酸 2ml 反应 24h

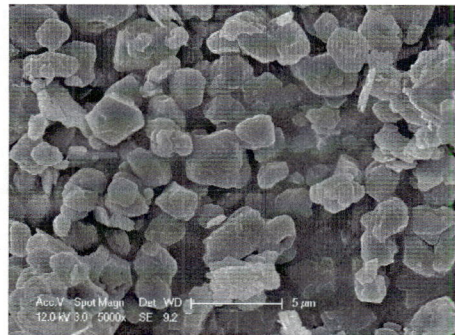

（d）磷酸 2ml 反应 72h

图3-4　加入不同 H_3PO_4 量制备的 $FePO_4 \cdot 2H_2O$ SEM图

从 XRD 图中可知，加入 1ml、3ml 与加入 2ml、4ml H_3PO_4 所得的结果有明显的不同，可见酸浓度的不同使得产生的杂峰也不相同。对比标准卡片，当加入量为 3ml 时吻合度最好，其峰的位置与形状最为接近。再对比其对应的电镜图可以发现，四张图的结晶都非常的好，结晶完整且大小尺寸也都控制在 1—2μm。这样既有利于锂离子的扩散，也能增强其抗电解质液的溶蚀能力。a、c 两种浓度时合成的 $FePO_4 \cdot 2H_2O$ 均为片层，而 b 则为团聚状颗粒，增加其反应时间至 72h 其团聚现象也没改变，且经多次验证其结果依旧。我们在此推测，铁磷比对形貌的影响存在一个如正弦曲线般的起伏变换，具体结果有待进一步验证。

四、结论

（1）利用溶液法可以合成具有片状纳米级的前躯体 $FePO_4 \cdot 2H_2O$。

（2）利用水浴法合成 $FePO_4 \cdot 2H_2O$ 时，随着 CTAB 量的增加片状晶体更明显，对比 24h 和 148h 的电镜图可以看到后着的片状晶体直径更大一些，因为随着水热时间的增加导致了少数颗粒尺寸增大。

（3）CTAB 与水的量之比为 14g:200ml，Fe:P 为 3.0g:3ml，水热反应 24h，合成所得 $FePO_4 \cdot 2H_2O$，X 射线衍射（XRD）和扫描电镜（SEM）结果表明晶体结构和形貌粒径最佳。

【参考文献】

[1] 汪群拥，尹占兰 . 锂离子电池研究的进展及应用前景 [J]. 西安：陕西师范大学继续教育学报，2005，22(2)：101—105.

[2] 吴宇平，万春荣，姜长印等 . 锂离子二次电池 [M]. 北京：化学工业出版社，2002：24—27.

[3] 郭炳焜，徐徽，王先友等 . 锂离子电池 [M]. 长沙：中南大学出版社，2002：1—3，10—15.

[4] 黄可龙，王兆翔，刘素琴 . 锂离子电池原理与关键技术 [M]. 北京：化学工业出版社，2008：4—8.

[5] 罗文斌，李新海，张宝等 . 锂离子蓄电池正极材料 LiFePO$_4$ 的合成研究 [J]. 电源技术，2004，28(12)：748—750.

[6] 韩绍昌，薄红志，陈晗等 . LiFePO$_4$ 合成工艺的优化 [J]. 湖南大学学报（自然科学版），2006，33(4)：94—96.

[7] 张静，刘素琴，黄可龙等 . LiFePO$_4$ 水热合成及性能研究 [J]. 无机化学学报，2005，21(3)：432—436.

[8] 马广成，丁士文，李贵等 . 正磷酸铁的合成及其性能的研究 [J]. 河北大学学报自然科学版，1993，13(4)：54—57.

[9] 黄学杰 . 锂离子电池正极材料磷酸铁锂研究进展 [J]. 电池工业，2004，9(4)：174—180.

[10] 马广成，丁士文，李卫平等 . 磷酸铁的合成及性能研究 [J]. 涂料工业，1998，(12)：8—10.

分子荧光法测定饮料中 Vc 的含量

武汉东湖学院生命科学与化学学院　李田霞，朱华，殷吉昌

Vc 又名抗坏血酸，是维持机体正常生理功能的重要维生素之一。本文采取分子荧光分析法测定饮料中的 Vc 含量。该法是基于 Vc 被 Cu^{2+} 氧化为脱氢抗坏血酸（DHAA），DHAA 进一步与苯甲酸及十六烷基三甲基溴化铵产生荧光协同增敏作用，然后采取标准曲线法进行分析。

一、前言

维生素又名维他命，即维持生命的元素，是维持人体生命活动所必须的一类有机物质，也是保持人体健康的重要活性物质。维生素在体内的含量很少，但不可或缺，如果长期缺乏某种维生素，就会引起生理机能障碍而发生某种疾病。维生素一般由食物中取得，Vc 在水果和蔬菜中含量丰富，在氧化还原代谢反应中起调节作用，缺乏它可引起坏血病。

Vc 的测量方法有紫外分光光度法、液相色法谱、原子吸收和分子荧光等。本文采用分子荧光法对饮料中的 Vc 含量进行了分析。荧光分析法 (fluorescence analysis) 灵敏度高，选择性好，样品用量少且操作简便，因此，在卫生检验、环境及食品分析、药物分析、生化和临床检验等方面有着广泛的应用。

二、实验部分

（一）主要仪器

Fluorescene Spectrophotometer（F-2700）；　pH 计（SHP-3D）；电热恒温水浴锅；玻璃恒温水浴锅（SYP）。

（二）主要试剂

$CuSO_4$、十六烷基三甲基溴化铵（CTMAB）、维生素 C：分析纯。

统一葡萄多、统一鲜橙多、农夫 30% 果园果蔬：市购。

（三）原理

Vc 本身不发射荧光，本实验是基于 Vc 被 Cu^{2+} 氧化为脱氢抗坏血酸 (DHAA)，DHAA 进一步与苯甲酸及十六烷基三甲基溴化铵产生荧光协同增敏作用，通过对体系

荧光强度的测定进行维生素 C 的定量分析。

（四）实验方法

在 25mL 比色管中依次加入 0.6mLCuSO$_4$ 溶液、2.0mL 十六烷基三甲基溴化铵溶液、2.0mL 苯甲酸溶液、一定体积的 Vc 标准溶液、5.0mL pH=6.0 的 NaOH- 邻苯二甲酸氢钾缓冲溶液，用蒸馏水定容，摇匀。在 35℃恒温水浴中加热 30 min，将溶液流水冷却至室温，在激发波长 301nm、在发射波长 404nm 处，测量荧光强度 I_f。

三、结果与讨论

（一）激发光谱和发射光谱的测定

在 25mL 比色管中依次加入 0.6mLCuSO$_4$ 溶液、2.0mL 十六烷基三甲基溴化铵溶液、2.0mL 苯甲酸溶液、3.0mLVc 标准溶液、5.0mL pH=6.0 的 NaOH- 邻苯二甲酸氢钾缓冲溶液，用蒸馏水定容，摇匀。在 35℃恒温水浴中加热 30 min，将溶液流水冷却至室温，分别在 280—350nm、350—450nm 内扫描得到激发光谱和发射光谱，如图 1 所示。

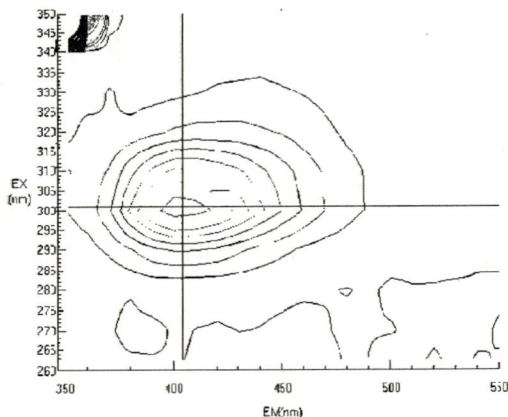

图1　标准Vc溶液的荧光光谱（3D图）

从图 1 中可看出，当激发波长为 301nm、发射波长为 404nm 时，体系的荧光强度最大，故本实验选择激发波长为 301nm、发射波长为 404nm。

（二）加热温度

配制浓度为 6μg/ml 的 Vc 溶液，分别在 25℃、30℃、35℃、40℃、45℃下的水浴中加热 30 min，将溶液流水冷却至室温，反应 30min 后，测试各体系的荧光强度 I_f。所得结果见图 2。

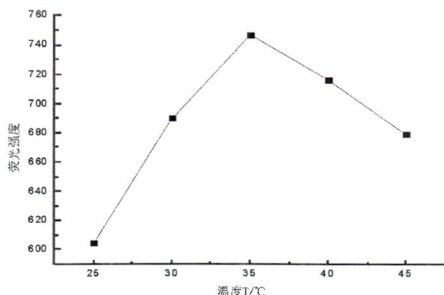

图2　溶液在不同温度下的荧光强度

结果表明，当加热温度为 35℃时，既有利于提高体系反应速度，荧光强度最大，又不使产物结构受到破坏。因此本实验选用加热温度为 35℃。

（三）加热时间

配制浓度为 6μg/ml 的 5 瓶标准溶液，在 35℃加热温度下，分别加热 20min、25min、30min、35min、40min 后，测试出各体系的荧光强度 I_f。结果如图 3 所示。

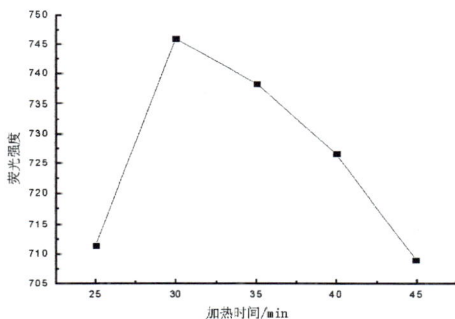

图3　加热时间与荧光强度的关系曲线

结果表明，在水浴中加热 30min 后，体系荧光强度达到最大值且相对稳定。因此本实验选用加热时间为 30min。

（四）缓冲溶液

溶液的 pH 值对体系荧光强度有较大的影响，实验测试了不同 pH 值对体系的荧光强度的影响。采用 6μg/mL 的标准溶液，在 35℃加热温度下加热 30min 后，测量各溶液在 pH 值为 5.0、5.5、6.0、6.5、7.0 下的荧光强度 I_f。结果见图 4 所示。

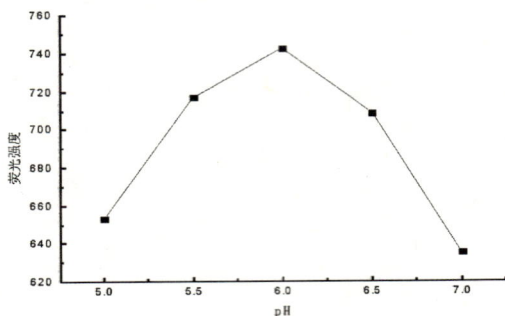

图4 溶液的pH值与荧光强度的关系曲线

由 pH 值—荧光强度的曲线可知，当 pH 值为 5.9—6.2 时，荧光强度 I_f 达到最大值且比较稳定。因此本实验确定最佳 pH 为 6.0。

（四）表面活性剂用量

在其他条件不变的情况下，向溶液中分别加入 1.0mL、1.5mL、2.0mL、2.5mL、3.0ml 0.6mg/mL 的十六烷基三甲基溴化铵溶液，配成浓度为 6μg/mL 的标准溶液，在 35℃ 加热温度下加热 30min 后测量体系的荧光强度值 I_f。结果见图 5 所示。

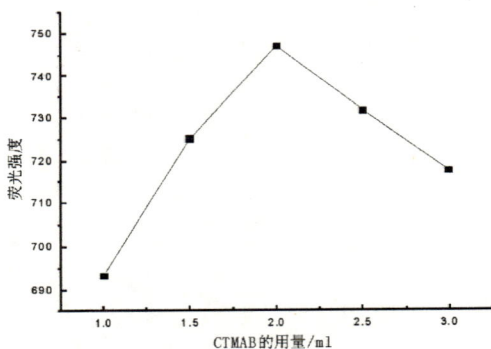

图5 CTMAB用量与荧光强度的关系

实验表明，当 CTMAB 的用量为 2.0mL 时，体系荧光强度 I_f 最大。因此本实验选用 CTMAB 的用量为 2.0mL。

（五）标准曲线的制作

配制浓度为 3.0、4.0、5.0、6.0、7.0 μg/mL 的一系列 Vc 标准工作溶液，确定实验的加热温度为 35℃，加热时间为 30min，pH 值为 6.0，CTMAB 的用量为 2.0mL 进行测定，测定出各标准溶液的荧光强度 I_f，并以荧光强度 I_f 对维生素 C 的浓度 C(μg/mL) 作图。见图 6。

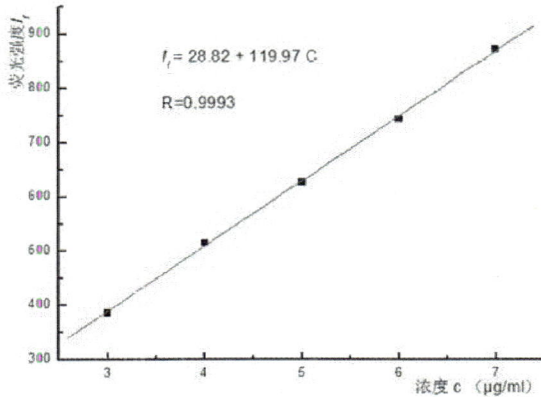

图6 标准曲线

所作的标准曲线如上，维生素 C 浓度在 3.0—7.0μg /mL 范围内，与荧光强度呈良好的线性关系，线性回归方程为 I_f=119.97C+28.82，相关系数为 R=0.9993，线性相关良好。

（六）饮料中维生素 C 的测定

分别吸取三种饮料各 1.0mL、1.5mL、0.6mL，先用 0.45μm 的滤膜过滤，再将过滤后的溶液转移到 25mL 比色管中并依次加入 0.6mLCuSO4 溶液、2.0mL 十六烷基三甲基溴化铵溶液、2.0mL 苯甲酸溶液、一定体积的维生素 C 标准溶液、5.0mL NaOH- 邻苯二甲酸氢钾缓冲溶液，用蒸馏水定容，摇匀。在 35℃恒温水浴中加热 30 min，将溶液流水冷却至室温，在激发波长 301nm 和发射波长 404nm 处，测量荧光强度 I_f，与标准曲线中荧光强度值对照，计算出各饮料的浓度。结果见表1。

表1 各饮料的荧光强度及对应的浓度

	荧光强度	对应浓度（mg/100mL）	标签上 Vc 浓度（mg/100mL）
统一葡萄多	751.64	15.06	15.00
农夫 30% 果园果蔬	738.55	9.87	10.00
统一鲜橙多	742.89	24.80	25.00

由以上数据得知：统一葡萄多中 Vc 的含量为 15.06 mg/100mL，比营养成分表上 Vc 的含量偏高；而农夫 30% 果园果蔬和统一鲜橙多中 Vc 的含量分别为 9.87 mg/100mL 和 24.80 mg/100mL，略低于营养成分表上所示的 Vc 的含量。

四、结论

荧光分析法测定 Vc 具有操作简单、精密度高、检出限低等优点，该法可以应用于水果、蔬菜和药物中 Vc 的检测。本试验中，采用分子荧光法测定饮料中 Vc 的含量，确定了最大激发波长为 301nm 和最大发射波长为 404nm，并在该波长下进行了一系列的条件实验，从而确定了各条件实验中的最佳条件为加热温度 35℃，加热时间为 30min，pH 为 6.0，CTMAB 的量为 2.0mL。

【参考文献】

[1] Levine M，Conry—Cantilena C，Wang Y etal.Vitamine C pharmacokinetics in healthy volunteers：evidence for a recommeded dietary allowance[J].Anal Biochem，1992，(204)：1.

[2] 张丽萍，吴小春，吴友谊等 . 国内维生素 C 仪器定量分析进展 [J]. 四川轻化工学院学报，2002，15(4)：34.

[3] 赵兴红，郭新华 . 抗坏血酸的快速比色测定 [J]. 中国药学杂志，1991，26(6)：358.

[4] 童裳伦 . 荧光光度法测定维生素 C[J]. 浙江大学学报 (理学版)，2001，28(5)：542—546.

[5] SchenkJ O.Miller E. Adams R N. Electrochemical assay for brain ascorbate with ascorbate oxidase [J].Anal Chem，1982，54(8)：1452.

[6] 孙振艳，赵中一，郭小慧等 . 荧光分析法测定维生素 C [J]. 化学分析计量，2006，15(4):18—20.

两种缓蚀剂对金属缓蚀行为的电化学研究

武汉东湖学院生命科学与化学学院
王莹莹，彭灵波，张铁雄，安从俊，宋昭华

本文采用电化学工作站，对在不同浓度的盐酸与缓蚀剂溶液中的碳钢电极的缓蚀行为进行了研究。实验结果表明：十二烷基磺酸钠的缓蚀效率变化不大，其缓蚀效率均在85%左右，起到了较好的缓蚀效果；而乌洛托品的缓蚀效率变化随着盐酸浓度的变化则较为显著，当盐酸浓度为0.01mol/L时，其缓蚀效率为80%左右，而当盐酸浓度增加为0.05mol/L时，其缓蚀效率降到50%左右。

一、前言

种类繁多的金属材料已成为人类社会发展的重要物质基础，而金属制品在生产和使用中，也不可避免的要受到各种损坏，如机械磨损、生物性破坏、腐蚀等。金属腐蚀是金属在环境的作用下所引起的破坏或变质。据统计，全世界每年因腐蚀而报废的钢铁占年产量的30%，我国每年生产的钢铁有20%用于替换那些因腐蚀而丧失用途的产品。金属腐蚀不仅带来巨大的经济损失，而且往往会带来人生安全和环境污染等事故。

近年来，缓蚀剂的研究方向是研究不同缓蚀剂在不同体系中复配的情况下对金属材料的保护性能。随着环保意识的不断提高，人们现在已经开始逐步淘汰落后的缓蚀工艺与药品。现在已经有人开始从天然植物如桉树叶和其他一些植物中提取有缓蚀效果的物质，国外有人在酸性植物提取液体系中研究金属腐蚀的电化学行为，并取得了一定的效果。国内也有科研工作者在探索绿色缓蚀剂氨基酸在抑制金属腐蚀方面的应用。

二、实验部分

（一）实验仪器及药品

仪器：RST5200 电化学工作站(郑州世瑞思仪器科技公司)，电极(自制的碳钢电极)

药品：盐酸 氢氧化钠 邻苯二甲酸氢钾（试剂均为分析纯）

（二）实验方法

(1) 标定盐酸溶液浓度

(2) 按实验所需缓蚀剂的浓度，计算缓蚀剂的用量，然后准确按量称取缓蚀剂。将称取的缓蚀剂溶于上述制好的盐酸溶液中制成相对应的缓蚀剂—腐蚀液体系。

(3) 开启 RST-5200 电化学工作站，预热 10 分钟。同时，对工作电极进行预处理，包括用砂纸对其表面进行打磨等处理，确保电极表面洁净光滑。

(4) 设定好实验参数，开始实验，记录数据并绘制塔菲尔图。

(5) 进行平行实验，重新对电极表面进行处理，并更换与 (2) 中浓度缓蚀剂—腐蚀液体系。再按步骤 (4)(5) 重复两次。

三、结果与讨论

（一）碳钢电极表面产生极化最佳条件的选择

1. 扫描速度对塔菲尔图的影响

固定反应体系的浓度、温度等条件，以扫描速度为单一变量，分别设定扫描速度为 0.03V/s、0.02V/s、0.0008V/s，来研究扫描速度对塔菲尔图的影响，所得结果见图 1。

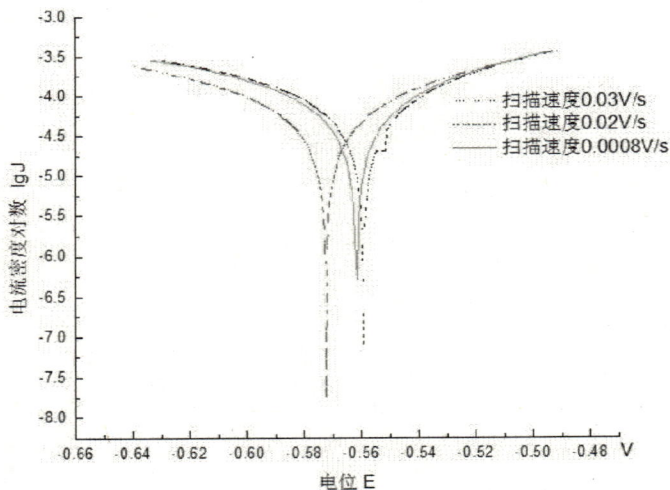

图1　不同扫描速度对塔菲尔图形的影响

从图 1 可知，在阳极极化阶段，即图形右支，lgJ 随着电位 E 的增加而增大。但当扫描速度为 0.03V/s 时，当电位从—0.554V 增大到—0.551V 范围内时，lgJ 不随 E 的增大而改变，而是呈与横坐标平行的停滞阶段。而当扫描速度小于 0.03V/s 时，则上述情况并未出现。由上述分析可知，当外加电压随时间变化越大，即扫描速度越大时，电极表面电位的变化越大，电极表面甚至来不及发生腐蚀，从而导致该现象的产生。

2.采样间隔对塔菲尔图的影响

固定反应体系的浓度、温度等条件，以扫描速度为单一变量，分别设定采样间隔0.0001V、0.0002V、0.001V、0.002V，来研究扫描速度对塔菲尔图的影响，所得结果见图2。

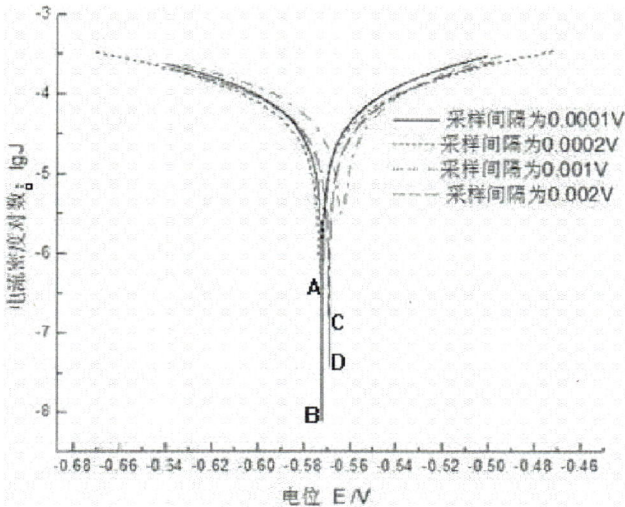

图2 不同采样间隔对图形的影响

由图2可知，采样间隔越小，相同电位范围内所测得的数据点越多，所测得的数据就越准确。采样间隔越小，电极由阴极极化转变为阳极极化瞬间的电流密度对数 lgJ 越准确，即图形中反映出的纵坐标 lgJ 峰值越明显，如图2所示，即 AB 段比 CD 段长度长，峰值更明显。当采样间隔不超过 0.0002V 时，lgJ 峰值较为明显；当采样间隔大于 0.001V 时，电极由阴极极化转变为阳极极化时瞬间的电流密度对数 lgJ 的峰值并不明显。

综上所述，在仪器响应时间的允许范围内，最佳的反应条件为扫描速度小于0.007V/s，采样间隔不大于 0.0002V。本实验中扫描速度为 0.004V/s，采样间隔为0.0001V。

（二）十二烷基磺酸钠对腐蚀速度的影响

固定其他条件，使缓蚀剂浓度为单一变量，研究在不同浓度十二烷基磺酸钠溶液中盐酸溶液对碳钢电极的腐蚀。在下列实验条件下进行实验：

A. 实验环境为盐酸浓度 0.01mol/L，扫描速率 0.004V/s，采样间隔 0.0001V，温度 25℃，恒温水浴。结果见图3。

B. 实验环境为盐酸浓度 0.05mol/L，扫描速率 0.004V/s，采样间隔 0.0001V，温度 25℃，恒温水浴。结果见图4。

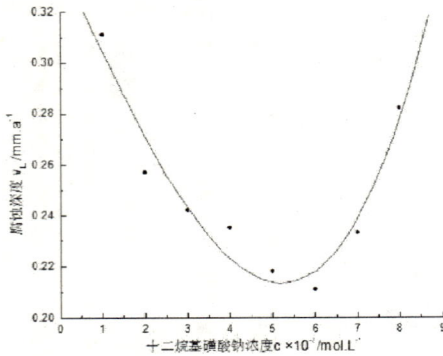

图3

图4

不同浓度十二烷基磺酸钠溶液中碳钢电极的腐蚀深度

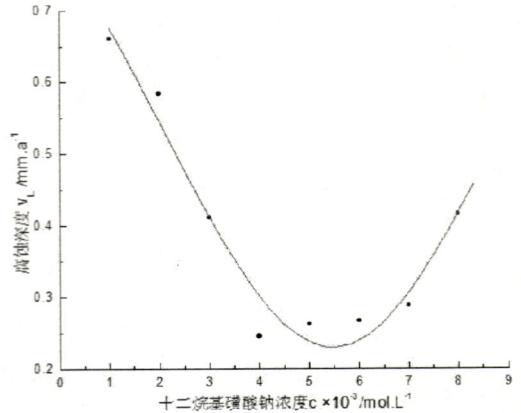

由图 3 可知，当十二烷基磺酸钠浓度为 0.001—0.005mol/L 时，可以看出其腐蚀深度在减小，浓度从 0.005mol/L 升到 0.008mol/L 时，腐蚀深度逐渐增大。这主要是因为十二烷基磺酸钠是表面活性剂，当其浓度较小时，溶液中胶粒数较少，不能在工作电极表面形成完整的保护膜，致使腐蚀液与工作电极表面之间并没有形成良好的保护界面，此时，缓蚀剂虽能在一定程度上对工作电极进行保护，但远没有达到最大的保护程度；而当十二烷基磺酸钠浓度过大时，溶液中的胶粒形成胶束，所以溶液中的胶粒并未完全在电极表面形成良好的保护膜，从而导致了随着缓蚀剂浓度增加，腐蚀深度相反还增大的原因。

综上所述，当盐酸浓度为 0.01mol/L 时，十二烷基磺酸钠的最佳缓蚀浓度在 0.005—0.007mol/L 之间。通过计算得出其最佳缓蚀为 84% 左右。

将图 3 与图 4 对比，进行分析可发现在不同浓度的盐酸溶液中，缓蚀剂十二烷基磺酸钠的最佳缓蚀浓度有所增加，但增加量较小，缓蚀剂的缓蚀效率为 88% 左右。考虑到实验中误差的影响，可认为缓蚀剂最佳缓蚀浓度与缓蚀效率其基本上无变化，曲线走势与图 4 一样。但在不同浓度的盐酸溶液中，当未加入缓蚀剂的时候，在 0.01mol/L 的盐酸溶液中，工作电极的腐蚀深度为 1.351mm/a，而在 0.05mol/L 的盐酸溶液中，工作电极的腐蚀深度为 2.215mm/a，说明无缓蚀剂时，随着盐酸浓度增加，腐蚀深度增大。而当加入十二烷基磺酸钠之后，对在缓蚀剂浓度相同而盐酸溶液浓度不同时所得到的数据进行比较，可以发现两者的腐蚀深度在接近缓蚀剂最佳缓蚀浓度时无太大变化，说明缓蚀剂在此浓度范围内起到了缓蚀作用。

（三）乌洛托品对腐蚀速度的影响

固定其他条件，使缓蚀剂浓度为单一变量，观测在不同浓度乌洛托品溶液中盐酸溶液对碳钢电极的腐蚀。在下列实验条件下进行实验：

C. 实验环境为盐酸浓度 0.01mol/L，扫描速率 0.004V/s，采样间隔 0.0001V，温度

25℃，恒温水浴。结果见图5。

　　D. 实验环境为盐酸浓度0.05mol/L，扫描速率0.004V/s，采样间隔0.0001V，温度25℃，恒温水浴。结果见图6。

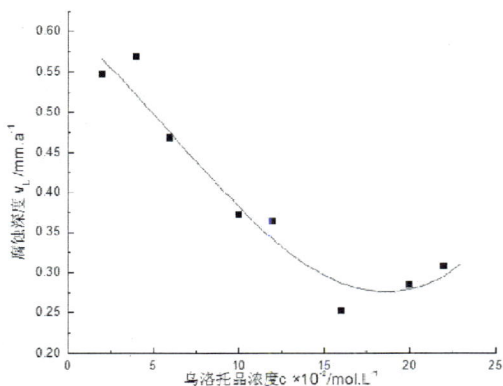

图5　不同浓度乌洛托品中电极腐蚀深度关系图　　　　图6　不同浓度乌洛托品中电极腐蚀深度

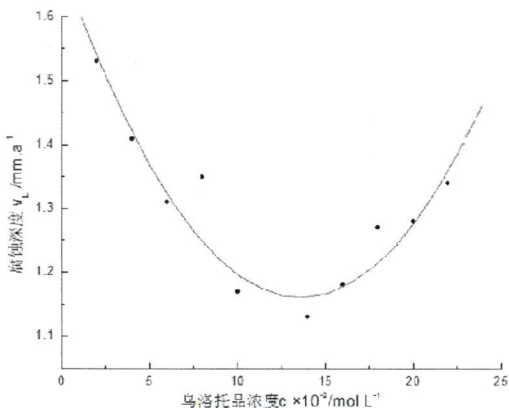

　　由图5可知，当乌洛托品浓度在0.16—0.20mol/L时缓蚀效果最佳，此时缓蚀剂的最佳缓蚀效率在83%左右。当乌洛托品的浓度小于0.16mol/L时，所形成胶粒无法完全覆盖在电极表面，从而无法在最大程度上保护电极；当浓度过大时，乌洛托品胶粒形成胶束，不能在电极表面形成完整的保护膜，同时也造成了乌洛托品的浪费。

　　由图6可知，当乌洛托品浓度在0.16—0.20mol/L时缓蚀效果最佳，最佳缓蚀效率在50%左右。

　　通过图9与图10对比可发现，乌洛托品在不同浓度的盐酸溶液中最佳缓蚀浓度有较明显的变化，而且随着溶液中酸度的增加，腐蚀深度明显变大，缓蚀效率迅速下降。当盐酸浓度为0.01mol/L时，其缓蚀效率在83%左右，而当盐酸浓度为0.05mol/L时，缓蚀效率迅速下降至50%左右。这说明乌洛托品在酸性环境下，缓蚀性能随着酸度的变化而变化。

四、结论

　　十二烷基磺酸钠在不同的酸性环境下，其最佳缓蚀浓度与缓蚀效率并未有明显的影响，其缓蚀效率均在80%以上，有效地抑制了电极表面的腐蚀；但乌洛托品在不同的酸性环境下，其最佳缓蚀浓度均出现了较大变化，在0.01mol/L的盐酸溶液中，其缓蚀效率能达到83%，能够较好地抑制腐蚀的发生，而当盐酸浓度增大到0.05mol/L时，其缓蚀效率下降到50%左右，缓蚀效果明显降低。这也说明了在酸性环境下，十二烷基磺酸钠的缓蚀性能和缓蚀效果比乌洛托品强。

武汉东湖学院论文集

【参考文献】

[1] 庞雪辉. 酸性条件下环境友好型缓蚀剂缓蚀性能及机理的研究 [D]. 青岛：中国海洋大学，2007.

[2] 张玉梅. 关于钢铁氧化处理和磷化处理的实验研究及应用 [J]. 辽宁师专学报，2003，5(1)：103—105.

[3]RAJA Pandian Bothi，RAHIMAfidah Abdul，OSMAN Hasnah ect. Inhibitory Effect of Kopsia Singapurensis Extract on the Corrosion Behavior of Mild Steel in Acid Media[J]. Acta Phys. Chim. Sin，2010，26(8)：2171—2176.

[4] 吴伟明，杨萍，杜海燕等. 绿色缓蚀剂氨基酸在抑制金属腐蚀方面的应用 [J]. 表面技术，2006，35(6)：51—53.

细胞生物学实验教学现状及发展建议

武汉东湖学院生命科学与化学学院　　韩端丹，杨书香，骆淑媛，聂彬

细胞生物学实验是我院面向本科生开设的基础实验课程。结合东湖分校几个学期学生的实验课堂现状，本文从课前预习、课中实验过程、提高学生兴趣等方面给出了以后教学发展的建议。

生命科学是实验性极强的学科，而细胞生物学实验则是这门学科实验课程中开设的最基础的入门课程，也是高等院校生物专业主要的必修基础课之一，对提高大学生基本科学素质和进一步学习专业课程有着十分密切的联系和极大的影响。

一、当前实验课教学中存在的主要问题

该实验课程的实验教学内容涵盖了细胞生物学、生理学、遗传学、普通生物学等基础生物学知识点，目前在我校生物专业的开设时间是大二上学期，课时 54 学时，一般一次课堂 30 人之内，配备了一个实验员、两个专职教师来教授这门课程。

细胞生物学课从属于理论课。实验课程上很多知识点来源于理论课，但目前学生与教师的主动配合不够，学生很少把理论课上学习的知识活用到实验中，实验课堂上完全坐等老师再重新填食般的灌输实验原理，一步步详细讲解实验步骤，而且内容安排缺乏系统性，一般开设的都是实验室能开展的实验教学内容，实验内容制定过程中学生属于从属地位。导致这种情况发生的原因有二：一是内容陈旧，现在开设的都是现有设备齐全的实验；二是内容均由教师单独设定，没有因材施教，因时施教。在教学过程中，教学方法"程式化"，学生进行"照方抓药"。学生依赖老师，课前很少预习，对实验材料的采集培养、药品配制等实验准备过程和实验方法步骤的设计一无所知，缺乏必要的思考理解和创新。实验过程中，学生也只是按照实验操作步骤"照方抓药"，看一步走一步，做不到统观全局，整体把握。实验的结果则依赖教师做权威性的鉴定。同时，大学理科实验常见的普遍问题在目前细胞生物学实验课程中也存在，如：专业实验课程体系目标不明确；实验教学内容以验证理论知识的课题为主，实验技能、综合性、设计性实验内容没有突出到应有的地位，研究性实验开设不足；实验课程开设方式、实验项目的设置不利于实验室的开放，学生课余的实践活动明显不足；等等。

学习中，本科生基本上是持"一只眼睛看显微镜，一只眼睛看时钟"的态度。探

究研究生与本科生主动性天壤之别的原因,主要在于研究生是为自己做,本科生是为"帮教师完成实验课"。许多本科生在实验中遇到实际问题时常常不知如何下手,缺乏独立思考及应对实际工作的综合能力。如显微镜光源不亮了,没想过要自己亲自检查一下是否是电源插头接触不良的问题,而是依赖教师解决。缺乏学习主动性的学生是无法真正体验实验学习的过程和乐趣的。爱因斯坦说过:"兴趣是最好的老师"。如何提高细胞生物学实验课程的魅力,吸引、引导学生对这门课的兴趣和热情,从而激发学生积极主动的学习欲望,这是提高细胞生物学实验课效果需要解决的一个问题。

二、实验课教学中的有关建议

结合多年传授细胞生物学实验课程的经验,针对东湖分校学生的实际水平,我们对以后的细胞生物学实验教学有如下建议。

(一)强化学生实验前的预习和实验后的抽查

鉴于学生课前预习的自觉性差,实验前可以在课堂上专门给学生十分钟时间预习,或者让学生课前预习交规范的预习报告。考虑到预习报告可能会相互抄袭,最好的方法还是课堂上留点时间给学生预习,做到磨刀不误砍柴工。因为细胞生物学实验有很多是观察性实验,不像生物技术类只要实验通过实验报告结果就能看出学生的实验效果,因此很多学生就钻空子根本不观察,或草草敷衍了事。为了加强监督,可以在每次实验结束时抽查考试部分学生的观察效果,并给出相应的成绩,督促他们在实验过程中不敢随便马虎了事。

(二)改革教学方法,突出重点,发挥优秀学生的作用

因为课堂时间有限,实验课教学的重点应放在实验与相关理论的联系和相关技术的进展上,对于某些操作较复杂的实验内容,教师应示范关键性操作步骤,以增加直观性。每次实验课总有一部分学生做得又好又快,而又有一部分学生做得很慢或不好,及因失败不得不重复进行。根据这些情况,可请几个做得快且好的同学给周围的其他同学做示范,这样既可增强示范的多样性,又活跃了课堂气氛,可大大提高教学效果。

(三)在实验过程中引导学生积极思维

实验过程中,教师不再充当"保姆"的角色,而是放开学生的手脚,使他们充分发挥最大的主观能动性。实验开始前,教师充分运用多媒体教学设备的强大功能,生动、详实地向学生阐述实验的基本原理及其该实验技术的发展状况、应用前景等,使他们在全面掌握实验原理的基础上开阔视野,激发学习的兴趣。对于实验操作过程,只要简单叙述,将大体的步骤和相关的注意事项粗略地写在黑板上,供他们参考即可。

(四)在实验教学中可引入多媒体技术辅助教学

除常规教学方法的改进以外,应充分采用先进的多媒体辅助教学手段。实验室应配置数字投影仪、展示台与电脑。比如在细胞的分裂实验教学中,通过多媒体教学设备用动态图像展示给学生,可弥补常规实验教学效果的不足。带有数字成像系统的显

微镜更是效果优秀的教学工具，显微成像显示传输到显示屏上，既利于老师讲授，又利于学生观察。还有些涉及到细胞运动的一些实验，教师可利用数字成像系统的显微镜边操作边讲解，效果十分直观，比传统手段的实验教学效果要好得多。

（五）在实验进行过程中，教师加强巡视，与学生进行双向的交流

针对学生在实验中出现的错误，采用提示和置疑的方法让他们自己动脑筋找出错误并纠正再进行强化训练，遂过这种方式使学生对错误操作记忆牢固，也可以很快地提高他们的操作水平和基本技能，而且也培养了他们的思维能力。在时间允许的情况下鼓励学生将一次实验重复作，让他们不断发现问题，改进实验，在一次比一次好的实验结果中培养他们主动思考的成就感，进而提高学生的学习积极性。

（六）引导学生广泛阅读，开阔知识视野

生命科学是一门建立在实验基础上的蓬勃发展的学科，实验技术的进步日新月异。我们在传授基本方法和基本技能的同时，应该引导学生去了解新方法、新技术，拓宽知识面，激发他们的学习兴趣和热情。例如，我们在讲细胞内过氧化物酶的显示实验时，可以先让学生在课外查阅与本实验相关的医学检查知识，再进行讲解，以此来激发学生的实验兴趣。

【参考文献】

[1] 蒲淑萍，段昌柱，彭惠民.医学细胞生物学教改实践 [J]. 基础医学教育，2002，4 (2) :129.

[2] 陈乃清，宋平等.改茸细胞生物学实验教学，提高学生综合素质 [J]. 实验技术与管理 2002，19 (2).

[3] 钱萌，田东平.中美六学教师教学质量评价之比较 [J]. 高等工程教育研究，2003，(1) :52-54.

[4] 王炜.从世界一流大学教学方法看医学教学改革 [J]. 成都中医药大学学报，2003，5 (1) :7-8.

[5] 安利国.细胞生物学实验教程 [M].北京:科学出版社，2004.

[6] 胡小芬，何艳.细胞生物学实验教学改革初探 [J].湘潭师范学院学报 (自然科学版)，2009(1).

[7] 杨雪飞，查学强，钱鑫萍等.工科院校细胞生物学实验教学实践与改革探析 [J].安徽农业科学，2009(36).

[8] 刘许国，潘秀丽.新时期民办高校大学生思想政治教育工作的探索 [J]. 广东白云学院学报，2010(1).

[9] 胡林峰，范春雷，窦晓兵等.生物类本科细胞生物学实验教学改革初探 [J]. 新课程研究，2010(1).

武汉东湖学院论文集

维生素 C 有效期的测定

武汉东湖学院 生命科学与化学学院

李会荣，李　鑫，程时劲，王莹莹，安从俊

　　为测定药物维生素 C 的有效期，我们用旋光度法研究了药物维生素 C 在 3.7mol/L 硫酸催化下的水解反应，通过作图尝试法确定了该水解反应的反应级数和速率常数，考察了温度对水解反应的反应级数、反应速率常数及维生素 C 的影响。结果表明，维生素 C 在 3.7mol/L 硫酸催化下的水解反应为一级反应，在 $T = 298.15$ K 时，速率常数 $k = 4.8 \times 10^{-8} min^{-1}$，$t_{0.9} = 2.2 \times 10^{6} min$。在 298.15K—318.15K 的温度范围内，水解反应的反应级数不随温度改变，水解反应的速率常数随温度的升高而增加，有效期随温度的升高而减小。因此得出，维生素 C 不利于高温保存，而适合在低温中保存。

一、前言

　　维生素 C（Vitamin C ，Ascorbic Acid）又称 L- 抗坏血酸，是一种水溶性维生素。食物中的维生素 C 一旦被人体小肠上段吸收，就分布到体内所有的水溶性结构中。正常成人体内的维生素 C 代谢活性池中约有 1500mg 维生素 C，最高储存峰值为 3000mg 维生素。C 正常情况下，维生素 C 绝大部分在体内经代谢分解成草酸或与硫酸结合生成抗坏血酸 -2- 硫酸由尿排出；另一部分可直接由尿排出体外。人体内维生素 C 的缺乏会导致坏血病。富含维生素 C 的食物有花菜、青辣椒、橙子、葡萄汁、西红柿等。全世界专家们的研究清楚地表明，每天吃新鲜水果，特别是柑桔类水果，胃癌、食管癌、咽癌及宫颈癌的发病率会大大降低；还有些研究指出，含维生素 C 丰富的水果有助于预防结肠癌和肺癌。

　　随着维生素 C 制剂的应用日益广泛，简便地预测维生素 C 药物的稳定性就显得尤为重要。有效期是衡量药物稳定性的重要参数之一，药物的有效期实际就是指药物消耗 10% 所需要的时间，通常用 $t_{0.9}$ 来表示。旋光度法是近年内国际上发展较快的一种新的采样分析方法，主要是方便快速，适应医院制剂快速分析研究。药物在贮存过程中，按照一定的速率降解是药物固有的化学性质。药物制剂的稳定性试验方法可分为两类，即室温留样观察和加速试验法。本文采用的就是加速试验法，根据一级动力学模型来计算有效期。

二、实验部分

（一）仪器与试剂

超级恒温水槽 (SY-15B，南京桑力电子设备厂)；旋光光度计 (WXG-4，上海世溶物理光学仪器有限公司)；维生素 C（分析纯）；98% 硫酸（分析纯）。

（二）实验方法

1. 溶液配制

称取 0.5g 维生素 C 放入 50ml 的烧杯中，用移液管移取 30ml 的蒸馏水到烧杯中，用玻璃棒搅拌使其溶解（每次使用都重新配制）。量取 50ml98% 的浓硫酸配制成 250ml 溶液。

2. 旋光仪测定

让旋光仪预热 10min，用蒸馏水校正旋光仪的零点。向配制的 30ml 维生素 C 药物溶液中，一次性加入 20ml 3.7mol/L 的硫酸，加至一半开始计时，此时为开始反应时间。测定溶液不同 t 时的旋光度 a_t；将剩下的反应溶液在 343.15K 的水浴中恒温 10min，然后冷至原来的温度，测其旋光度为 a_∞；实验完毕，用蒸馏水反复洗旋光管多次，使仪器零点复原。

（三）数据处理

$$\underset{\substack{\text{CH}_2-\text{CH}-\text{C}-\text{C}=\text{C}-\text{C}}}{\overset{\substack{\text{OH}\quad\text{H}\quad\text{OH}\quad\text{OH O}\\|\quad\quad|\quad\quad|\quad\quad|\quad\,\|}}{}}$$

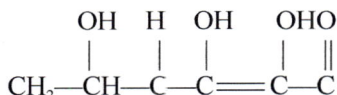

从维生素 C 的结构式可见维生素 C 药物有一个内酯键。其水解反应式如下：

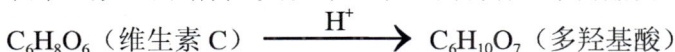

$$C_6H_8O_6（维生素 C）\xrightarrow{\text{H}^+} C_6H_{10}O_7（多羟基酸）$$

在维生素 C 结构式中，由于酯基的存在，在酸的作用下水解会导致其旋光度的改变，水解的多少直接影响其旋光度大小。

维生素 C 在酸性溶液中变成多羟基酸的反应，其旋光度 a 与多羟基酸的浓度呈函数关系。利用这一水解反应来测定维生素 C 在酸性溶液中变成多羟基酸的动力学性质。

根据一级反应动力学方程式

$$h\frac{c_0}{c}=k \qquad（1-1）$$

则

$$k=\frac{1}{t}\cdot\ln\frac{c_0}{c} \qquad（1-2）$$

式中：c_0—$t=0$ 时反应物的浓度，单位 mol·L

c —反应到时间 t 时反应物的浓度，单位 mol·L

设 x 为经过 t 时间后，反应物消耗掉的浓度，因此，有 $c=c_0-x$，代入式（1-2）可得：

$$\ln \frac{c_0 - x}{c_0} = -kt \qquad (1\text{-}3)$$

在酸性条件下，测定溶液旋光度的变化，用 a_∞ 表示维生素 C 完全水解变成多羟基酸的旋光度，a_t 代表在时间 t 时部分维生素 C 变成多羟基酸的旋光度。则公式中可用 a_∞ 代替 c_0，$(a_\infty - a_t)$ 代替 $(c_0 - x)$，即

$$\ln (a_\infty - a_t) = \ln a_\infty - kt \qquad (1\text{-}4)$$

根据以上原理，用 $\ln(a_\infty - a_t)$ 对 t 作图，得一直线，从直线斜率可求出速率常数 k。实验可在不同温度下进行，测得不同温度下的速率常数 k 值，依据阿伦尼乌斯公式，用 $\ln K$ 对 $\frac{1}{T}$ 作图，得一直线，在直线上找出对应于 $\frac{1}{298.15k}$ 点时 $\ln K$ 的值。据此可计算出维生素 C 药物的室温（298.15K）的有效期，即

$$t_{0.9} = \frac{\ln \dfrac{1}{0.9}}{k_{25^\circ C}} = \frac{0.1054}{k_{25^\circ C}} \qquad (1\text{-}5)$$

（1-5）式中，$t_{0.9}$ 表示药物有效期，指药物消耗 10% 所需要的时间，$k_{25^\circ C}$ 表示 298.15K 时的速率常数。

三、结果与分析

（一）维生素 C 水解反应级数确定

在 313.15K 条件下，维生素 C 的初始浓度为 16.7mg/ml，硫酸的浓度为 3.7mol/L。测定不同时刻维生素 C 水溶液的旋光度 a_t，以及 $\lg(a_t - a_\infty)$ 对时间 t 作图并进行线性拟和得到速率常数和相关系数，平行测定三次，结果见表 1。

表1　313.15K时的维生素C水解反应速率常数和相关系数

平行测定次数	k/min	R
1	0.0012	0.9994
2	0.0012	0.9982
3	0.0013	0.9920

从表 1 可知，$\lg(a_t - a_\infty)$ 对时间 t 作图，三次平行试验的线性相关系数 R 均在 0.99 以上，而且反应速率常数 k 的数据也很吻合，由此判断，维生素 C 在该酸性条件下的水解反应为一级反应，反应速率常数为 0.0012 min。

（二）温度对反应级数和反应速率常数的影响

固定维生素 C 的初始浓度为 16.67mg/ml，硫酸的浓度为 3.7mol/L，改变反应温度，测定不同时刻维生素 C 水溶液的旋光度 a_t，以及 $\lg(a_t - a_\infty)$ 对时间 t 作图并进行线性

拟和得到速率常数和相关系数，结果见表2。

表2 不同温度下的反应速率常数和相关系数

T/k	k/min	R
308.15	4×10^{-5}	0.995
313.15	0.0012	0.999
318.15	0.282	0.999

由上表可知，在不同温度下，lg（a_t-a_∞）对 t 作图，线性相关系数均在 0.99 以上，说明在 308.15K—318.15K 的范围内，温度对维生素 C 水解反应的反应级数没有影响，反应级数均为一级。随着反应温度的升高，维生素 C 水解反应的速率常数增大，升高温度对维生素 C 的水解反应有利。

（三）温度下维生素 C 药物有效期的影响

根据一级反应速率方程，$t_{0.9}=\dfrac{\ln\dfrac{1}{0.9}}{k}=\dfrac{0.1054}{k}$，可分别计算出 308.15K、

313.15K、318.15K 的有效期。由于在 298.15K 时，维生素 C 水溶液的旋光度值随时间的变化非常缓慢，数据见表 3，因此无法直接得到常温下维生素 C 水解的速率常数 K.

表3 298.15K时维生素C水溶液的旋光度

t/min	30	50	90	120	150	180
a_t	81.2	81.2	81.2	81.2	81.2	81.2

为了得到维生素 C 在常温下的有效期，本文使用了阿伦尼乌斯公式 lnk= －Ea/RT+lnA，式中 k 为反应速率常数，T 为反应温度，A 为指前因子。用 lnk—1/T 作图，可得一直线，通过直线斜率可求出 Ea（见图1）。外推得到了 298.15K 时的 k，从而计算得到了常温下维生素 C 的有效期。不同温度下维生素 C 的有效期见图2。

从图 1 可得相关系数 R^2=0.9999；可知—lnk 对 1/T 的线性关系好。

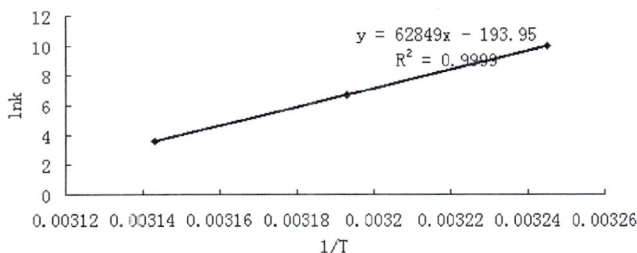

图1 1/T与—lnk的关系图

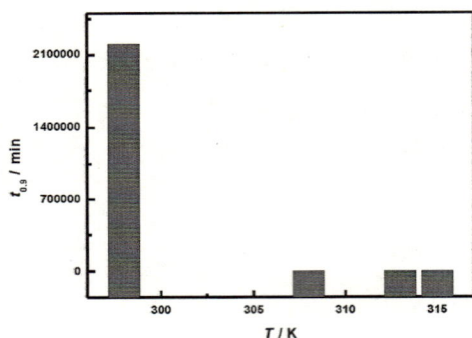

图2　不同温度下维生素C的有效期

由图 2 可知，温度对维生素 C 药物有效期的影响较大。本文分别研究了 308.15K、313.15K、318.15K 时维生素 C 药物的有效期。当 T =318.15K 时，$t_{0.9}$=3.86min，即维生素 C 药物在 318.15K 时的有效期为 3.86min；T =313.15K 时，$t_{0.9}$=85.69min； 当 T =308.15K 时，$t_{0.9}$=2.34×103min，即维生素 C 在 308.15K 时的有效期为 2.34×103min；当 T =298.15K 时，$t_{0.9}$=2.2×106min。由此表明，随着保存而温度的降低，维生素 C 药物的有效期增大，表明维生素 C 药物不利于高温保存适合在低温中保存。

四、结论

维生素 C 药物水解反应的反应级数为一级。温度对维生素 C 药物有效期的影响较大，当 T = 308.15K 时，$t_{0.9}$=2.34×103min，即维生素 C 在 308.15K 时的有效期为 2.34×103min；当 T = 313.15K 时，$t_{0.9}$=85.69min， 即维生素 C 药物在 313.15K 时有效期为 85.69min；当 T =318.15K 时，$t_{0.9}$=38.5min，即维生素 C 药物在 318.15K 时有效期为 3.86min。由此表明，随着温度的增加，维生素 C 药物水解反应的反应速率逐渐增大而存放时间逐渐减少；维生素 C 药物不利于高温保存，适合在低温中保存。

【参考文献】

[1] 云南省药物研究所. 云南天然药物图鉴 [M]. 昆明：云南科技出版社，2004：433.

[2] 徐华 . 新鲜果蔬中维生素 C 测定方法 [J]. 北方园艺， 1992：3(1):63—65.

[3] 范树国，李国树，李易洲 .5 种常见野菜维生素 C 含量的测定 [J]. 江苏农业科学，2009：4(2):84—86.

[4] 姚建华，董宝励 . 荧光法测定部分果蔬中维生素 C 含量 [J]. 贵阳医学院学报，1997，22(4)：418—419.

[5] 陈丽娟，张瑶叙 . 盐酸麻黄素滴鼻液的稳定性研究 [J]. 天津医科大学学报，2005:11(2):521—523.

[6] 南京药学院药剂教研组 . 药剂学 [M]. 北京 : 北京人民卫生出版社，1985:329—338.

[7] 许瑞庭 . 实用药物分析化学 [M]. 杭州：浙江科学技术出版社，1992：606—607.

[8] Nordbrock E.A comparison of linear and exponential models for drug expiring extimation [J].J Biopharm stat， 1992：2(1):83.

[9] 北京大学化学系物理化学教研室 . 物理化学实验（修订本）[M]. 北京：北京大学出版社，1985：120—124.

乙肝核心抗体的检测及其临床学意义

武汉东湖学院生命科学与化学学院　邓丽娟，骆淑媛，董　翠

　　乙型肝炎病毒(HBV)感染对人类健康构成了巨大威胁，是全球公共健康的主要问题之一。乙肝核心抗体是反映乙型肝炎病毒感染的重要指标之一。本文主要介绍了乙肝病毒感染的临床学特点、乙肝核心抗体检测的研究方法及临床检测意义。

　　乙型肝炎病毒（HBV）是世界上传染最广泛的致命病毒之一。我国是乙肝发病大国，目前被乙肝病毒感染的人群已超过1亿。乙肝病毒标志物检测是目前临床分析和判断病程及传染性的重要依据。乙肝核心抗体一般在发病早期即能在血液中检测出来，而且持续时间长，这是反映乙型肝炎病毒感染的重要指标之一。因此，检测乙肝核心抗体对疾病的诊断和治疗具有重要的意义。

一、乙肝病毒（HBV）感染的临床学特点

　　HBV感染会导致急性和慢性乙型肝炎。

　　一般来说，在HBV急性感染的一个月内，HBV DNA处于一个相对较低的水平，可以通过PCR技术检测到。6星期后，HBV DNA、乙肝e抗原（HBeAg）、乙肝表面抗原（HBsAg）滴度达到最高，此时，乙肝核心抗体（anti-HBc）出现，并可以在血清中保持较长时间不消失。约10—15星期后，血清中的丙胺酰基转氨酶（ALT）的水平开始上升,它是T细胞调节肝损伤的标志,此时血清中大多数的HBV DNA已被清除。

　　慢性乙型肝炎感染分为几个不同的时期，分别为免疫耐受期、免疫活性期、低复制期、高复制期。免疫耐受期特征表现为HBeAg和HBV DNA的水平较高，ALT水平正常，此时血清中可检测到HBsAg和anti-HBc。这一时期可能会持续20年左右，不过出于某种原因，患者可能从免疫耐受期转而进入免疫活性期。在免疫活性期，HBV DNA滴度较低，但肝损伤更严重，有可能会恶化为肝硬化。当然，随着血清中游离的HBeAg被清除、anti-HBe形成，病患也有可能从免疫活性期转而进入低复制期。在低复制期内，血清中的HBV DNA低于可检测水平，ALT水平正常，肝的慢性炎症加重，这种低复制期可以持续终身。但是，不同的病人，尤其是经免疫抑制治疗的病人，也有可能会由低复制期转为高水平的DNA复制期。

二、乙肝核心抗体（anti-HBc）检测的临床学意义

对乙型肝炎的病原学诊断，最常用的是乙肝病毒血清标志物（HBVM）的检测。HBVM 主要包括乙肝表面抗原（HBsAg）、乙肝表面抗体（anti-HBs）、乙肝核心抗体（anti-HBc）、乙肝 e 抗原（HBeAg）、乙肝 e 抗体（anti-HBe）、HBV-DNA 及 DNA 多聚酶（DNA-p）等。通过检测 HBVM 可以间接地多角度了解患者 HBV 感染、复制以及病情恢复情况。

在 HBVM 中，anti-HBc 较为独特。anti-HBc 是除 HBV 感染的最初阶段外，其他所有阶段均能检测到的一种血清标志物。这个标志物在 HBsAg 消失后的急性 HEV 感染期和慢性 HBV 携带期均存在，因此它是现在及过去曾感染 HBV 的指标；同时，anti-HBc 还是窗口期（HBsAg 不能检测到而 anti-HBs 还未出现的时期）仅有的、可检测到的血清标志物；此外，由于 HBV 感染后，anti-HBc 在血清中长期存在，因此对 anti-HBc 的检测为特定人群的乙肝流行性动态提供了最好的信息。

然而，对 anti-HBc 进行检测的意义并不仅在于此。根据来自美国国家卫生机构调查研究结果表明，anti-HBc 的筛选对于预防输血后 HBV 感染有着重要意义。预防乙型肝炎病毒以及其他通过输血传播的传染性疾病，其主要依赖于对潜在供血者血清中传染性疾病标志物的筛选。研究表明，要降低由输血导致的 HBV 的传播，除了使用现在最可信的血清学检测方法对 HBsAg 进行检测之外，对乙肝核心抗体（anti-HBc）的检测也是必不可少的。目前，对 anti-HBc 的检测已经被运用到更特殊的方面，譬如人们发现一些 HBV 变异株在 HBsAg 检测中表现为阴性，但是其 anti-HBc 却能被检测到。当然，对于 anti-HBc 在这一方面的作用现在仍颇受争议 [7]。但是不可否认的是，在 HBV 感染的高发地区，对 anti-HBc 检测的有用性进行慎重评估是十分重要的。

总体来说，可提供的安全筛选政策应是基于对经济负担的分析，以及对由于丢弃 anti-HBc 阳性的血制品而导致血制品短缺的可能性的分析之上的。首先，尽管目前对血制品的质检水平有了很大的提高，但输血后感染 HBV 的风险仍然存在；其次，在血清检测中，anti-HBc 呈阳性是供血者延期供血的主要原因。事实上，研究数据表明，在一些大型血库，anti-HBc 呈阳性的血制品在所丢弃的血制品中占的比例是最高的；而且，即使特异性更高的 anti-HBc 检测方法被广泛应用，因为 anti-HBc 阳性是供血者推迟供血的主要原因，所以，因 anti-HBc 阳性而被丢弃的血制品将仍然存在。有鉴于此，在一些国家，anti-HBc 的筛选方法通过使用分子生物学标志物来进行评估，即如果仅在 anti-HBc 呈阳性的供血者血清中检测到 HBV-DNA，那么此血清检测在证实供血者的血液具感染性方面是有意义的。但是，由于这些结果是依赖于技术的使用以及受地域限制，所以这些研究并不能提供明确的结论。最近的研究数据表明，仅就 anti-HBc 阳性的血制品进行检测，其 HBV-DNA 检出范围是 0.8%—23.4%。然而在一些报告中，约 80% 的 anti-HBc 阳性供血者，其 anti-HBs 呈阳性。显然，这是 HBV 自然感染完全

恢复的标志。从这个意义上，这些人群是非感染人群，因此适合供血。不过，运用这种更复杂的检测手段对 HBV 高发区以及第一次供血者进行病毒筛选的综合效果仍然需要进一步确证。

三、乙肝核心抗体检测方法的研究

到目前为止，直接针对 anti-HBc 的检测方法主要分为三大类，分别为免疫吸附血凝试验（IAHA）、酶联免疫吸附检测（ELISA）技术和放射免疫检测（RAI）技术。以上三者各有特点：IAHA 检测方法灵敏度不高，造成漏检现象较为严重；RIA 技术具有敏感度高、特异性强的优点，但成本高、操作复杂且受同位素半衰期的影响，所以在推广应用上有一定的局限性；ELISA 技术敏感度高，价格相对低，目前国内外应用较为广泛。

目前，最常采用的 anti-HBc 检测方法是 ELISA 中的竞争性抑制法，其原理为标本中的抗体和一定量的酶标抗体竞争与固相抗原结合。标本中抗体量越多，结合在固相上的酶标抗体愈少，因此呈阳性反应色浅于阴性反应。洗涤除去抗原中的杂质，然后再加标本和酶标抗体进行竞争结合反应。此检测方法的优势在于，当抗原材料中的干扰物质不易除去，或不易得到足够的纯化抗原时，可用此法检测特异性抗体。但是研究表明，ELISA 检测 anti-HBC 存在较多的影响因素。它对极低水平表达的 anti-HBc 样品一般难以检出；同时，正是因为包被抗原的纯度不高，所以可能会导致非特异性反应，从而出现假阳性检测结果。此外，在检测过程中因先加入标本，再加酶标 anti-HBc，通常会导致标本的 anti-HBc 优先结合 HBcAg，从而使样品 anti-HBc 与酶标 anti-HBc 产生"不公平竞争"。当成批样品测定时，这种时间差异的加大会使得"不公平竞争"加剧，进而产生前后检测结果不一的问题。

总之，因为 anti-HBc 具有独特的临床学和病毒学特点，所以对 anti-HBc 的筛选具有重要的临床学和流行病学意义。然而，目前针对乙肝核心抗体的检测技术均有优缺点，因此开发快速、敏感和特异的检测技术将是未来乙肝核心抗体检测技术的发展方向。

【参考文献】

[1] Lee W M . Hepatitis B virus infection[J]. NEngl J Med，1997，337 (24)：1733—1745.

[2] Infectious disease testing for blood transfusions[J]. NIH Consensus Statement Jan. 9—11 1995，13 (1)：1—27.

[3] Busch M P . Prevention of transmission of hepatitis B，hepatitis C and Human Immunodeficiency Virus infections through blood transfusion by anti-HBc testing[J]. Vox Sang，1998，74 (Suppl. 2)：147—154.

[4] Dodd R Y，Popovsky M A，Members of the Scientific Coordinating Committee. Antibodies to hepatitis B core antigen and the infectivity of the blood supply[J]. Transfusion，1991，31 (5) : 443—449.

[5] Schifman R B，Rivers S L，Sampliner R E，Krammes J E . Significance of isolated hepatitis C core antibody in blood donors[J]. Arch Intern Med，1993，153 (19) : 2261—2266.

[6] Chung H T，Lee J S K，Lok A S F . Prevention of posttransfusion hepatitis B and C by screening for antibody to hepatitis C virus and antibody to HbcAg[J]. Hepatology，1993，18 (5) : 1045—1049.

[7] Mosley J W，Stevers C E，Aach R D，et al. Donor screening for antibody to hepatitis B core antigen and hepatitis B virus infection in transfusion recipients[J]. Transfusion，1995，35 : 5—12.

[8] Molijn M H J，van der Linden J M，Ko L K，Gorgels J，Hop W，van Rhenen D J . Risk factors and anti-HBc reactivity among first time blood donors[J]. Vox Sang，1997，72 (4) : 207—210.

[9] Carman W F，Korula J，Wallace L . Fulminant reactivation of hepatitis B due to envelope protein mutant that escaped detection by monoclonal HBsAg Elisa[J]. Lancet，1995，345 : 1406—1407.

[10] Jongerius J M，Wester M，Cuypers H T M，van Oostendorp W R，Lelie P N，van der Poel C L，et al . New hepatitis B virus mutant form in a blood donor that is undetectable in several hepatitis B surface antigen screening assays[J]. Transfusion，1998，38 (1) : 56—59.

[11] Iizuka H，Ohmura K，Ishijima A，Satoh K，Tanaka T，Tsuda F，et al . Correlation between anti-HBc titers and HBV DNA in blood units without detectable HBsAg[J]. Vox Sang，1992，63 : 107—111.

[12] Douglas D D，Taswell H F，Rakela J，Rabe D . Absence of hepatitis B virus DNA detected by polymerase chain reaction in blood donors who are hepatitis B surface antigen negative and antibody to hepatitis B core antigen core positive from a United States population with a low prevalence of hepatitis B serologic markers[J]. Transfusion，1993，33 (3) : 212—216.

[13] Roth W K，Weber M，Seifried E . Feasibility and efficacy of routine PCR screening of blood donations for hepatitis C virus，hepatitis B virus，and HIV-1 in a blood-bank setting[J]. Lancet，1999，353 (9150) : 359—363.

教育 · 教学

如何培养独立学院学生大学英语自主学习意识

武汉东湖学院外语学院　　朱雪梅

培养大学生的英语自主学习能力是社会发展对现代大学英语教育提出的迫切要求。笔者根据武汉东湖学院在校学生的大学英语学习现状，列举了影响独立学院学生自主学习意识的三点因素，并就如何培养学生的英语自主学习能力提出了一些自己的主张。

中国独立学院的大学英语教学要重视学生英语自主学习能力的培养。只有让学生主动积极的主导学习，才能改变学生过度依赖老师、被动学习的现状，真正的提高学生的语言运用能力。

自主学习是个长期的、动态的过程，而不是一个静态的、一旦达到目的就一劳永逸的过程。为了帮助学习者对自己的学习拥有更大的自主权，需要他们认识到一些对自己可能有用的策略，并最大限度地鼓励自主学习。文登（Wenden，1991）指出，为了更好地管理自己的学习，学习者需要对他们所掌握的知识有清楚的认识，并有机会运用这些知识。如果没有这些意识，学习者只会停留在旧的信念和行为模式中，不可能获得完全的自主。培养学习者的学习自主性，首先要培养学习者的自主学习意识。

一、影响独立学院学生自主学习意识的因素

决定自主学习的关键因素包括态度和能力 (Little，1991)。学生的态度，即自主学习的意识，对学生自主学习的效果有很大的影响作用。那么，影响独立学院学生自主学习意识的因素主要有哪些呢？

（一）以教师为中心的传统教学模式

近年来，虽然关于教学模式转变的讨论一直在进行，但从独立学院学生在大学英语课堂上的表现看来，这种模式的转变是不到位的。学生虽然已经不再把教师看作"绝对权威"，但在学习上仍过于依赖老师；大部分学生虽然不满足于知识的单向传递，但仍然怯于反馈信息，无法主动表达观点；大部分学生仍希望教师替他们确定学习目标、选择学习材料、安排学习进度、并进行监控和评价。

（二）英语学习动机不足

笔者曾在本校不同专业的几个班级做过一项英语学习动机调查，发现我校学生英语学习的动机水平不尽人意，从整体看有较强的功利性。学生普遍认为，学英语的目

的是为了通过四、六级考试，方便找工作，英语作为必修课不能挂科等。还有学生表示，所学专业就业无需英语，大学英语学习是浪费时间和精力。除了应付考试，或得到英语类证书，很少有学生真正考虑到英语交际的需要及自身的学习兴趣。

（三）学生英语基础相对较差，学习有挫败感

相对而言，独立学院的学生英语基础较差，学习态度和学习方法有较多问题。部分学生因为高中时长期处于落后状态，学习缺乏自信心和主动性，对学习英语有很强的抵触和逃避心理，不愿意主动学习。要提高这部分学生的自主学习意识，除了提高他们的学习兴趣，巩固基础也很重要。

二、提高自主学习意识的策略

（一）促进英语教学中教师及学生角色的转换

学习者的自主性很大程度上依赖于教师的自主性，这就要求教师进行角色变换。首先，教师应该尽可能确切地了解学生的学习目的、动机、自学意识及存在的困难，鼓励他们自己确定学习目标，制定长、短期学习计划。教师应该经常与学生交流计划实施情况，督促学生进行自我评价与反省，使学生能逐渐摸索出确立适当目标的方法，并学会调整目标，习惯按照自己的目标主动学习。

其次，教师应该指导学生进行自我监控和评估。教学过程中依靠老师来评估是不够的，学生必须有进行自我监控和自我评估的意识和能力。教师可以指导学生以多种形式进行自我监控和评价，比如，学生可以跟读一段音频文件，并同时录音，有针对性地进行纠音练习。另外，除了自评，学生也可以在小组内进行互评，进行比较学习。

最后，提倡自主学习，把学习主动权交给学生，但并不是放任学生。教师在提倡学生自我管理的同时，要随时观察和督促学生，及时指出问题，肯定和鼓励进步，使学生感觉自己的自主学习是在有指导、循序渐进的进行着。这同时也提高了学生自主学习的兴趣和信心，强化了自学效果。独立学院学生因为学习基础较差，依赖性较强等原因，会难以在短期内接受这种师生角色的转换，所以教师要加强各个环节的鼓励和督促。

（二）营造英语自主学习的理想氛围

自主学习并不是指学生离开教室自己学习，它的顺利开展还有赖于理想学习氛围的营造。笔者在教学中发现，在独立学院创造合适的自学氛围，可以从以下几个方面着手。

1. 营造轻松、和谐的学习氛围

教师要重视和学生的情感交流，建立平等民主的师生关系。在独立学院，学生基础差异较大，教师要关心各个层次的学生，在设计活动、布置任务时要兼顾各种学生的基础及兴趣。教师还要采用激发式的教学手段，设计有利于开展自主学习的课堂活动，例如利用网络提供生动的音像资料并在此基础上组织讨论。

2. 鼓励合作学习与竞争学习

自主学习不是孤立或封闭的，而是以互相依赖为前提的。如果每个学生都在小组

中承担一定的责任又互相支持，那么，每个学生都感觉到有责任学习以给其他成员提供帮助。通过合作学习，学生能逐渐获得更大的学习独立性。

提倡竞争学习能有效的促使学生投入更多的时间和精力，研究学习方法，关注他人的学习进度和状态，从而进行自我调整。良性竞争能极大的调动全班的英语学习积极性。在实际教学中，教师可以通过小组比赛，或鼓励学生参加英语竞赛等方式来鼓励竞争学习。

3. 帮助学生掌握合适的学习方法及策略

在自主学习过程中，大部分时间学生是独立学习，如果学生不具备相应的学习策略，会觉得自学阻力重重，长此下去，会极大地打击他们自学的积极性。因此，教师首先，要了解学生的学习方法，指出优点及不足。其次，教师可以对学生系统讲授学习的各种策略，举出实例，并有意识的进行策略训练，教会学生根据自己的实际情况选择和使用策略。

4. 有针对性的强化学生英语基础知识

独立学院中，英语基础差的学生比较多。很多学生反映英语学习的积极性不高是因为上课听不懂，课下不知从何学起。这部分学生高中英语基础没有打牢，在课堂上学习被动，课下自学没有方向，因此，教师要对这部分学生特别关心，可以把他们组织起来，强化他们的英语基础知识。比如，为学生系统讲授英语音标等知识，教学生拼读单词，指导学生通过音标记单词。只有解决了最基本了音标、单词等问题，学生才有可能开始独立学习。

三、结论

学生学习自主性的培养是个漫长的过程，需要教师付出极大的努力。教师应该改变传统角色，让学生成为英语学习的主人翁。同时要注意，由于学生个体实际情况的差异，不能照搬别人的教学方法，要结合独立学院学生的实际情况，制定合适的方法，发展学生的学习自主性。

【参考文献】

[1] Little，D.. Learner Autonomy 1: Definition，Issues and Problems[M]. Dublin: Authentik，1991.

[2] Wenden，A. Learner Strategies for Learner Autonomy: Planning and Implementing Learner Training for Language Learners [M]. Hertford-shire，UK: Prentice Hall International，1991.

[3] 高吉利. 国内外语自主学习研究状况分析综述 [J]. 外语教学，2005.

[4] 王笃勤. 大学英语自主学习能力的培养 [J]. 外语界，2002.

论高校优秀教师队伍建设

武汉东湖学院外语学院　解晶晶

一、前言

随着高等教育的大众化进程日趋深入，我国的经济建设需要培养更多的高级专门人才，高校扩招也已经被社会认可。然而，随着招生人数的猛增，与此配套的高校教学资源不能满足大量学生的需求，同时，在就业形势日趋紧张的国内形势下，也有为数众多的研究生层次的人才，包括硕士研究生和博士研究生，他们放弃了公司及其他单位诱人的高薪待遇，选择了相对稳定的职业——高校教师。虽然高校为广大的人才提供了施展自己才华的机会和良好平台，但是成为高校教师不应该仅仅是硕士、博士毕业生的就业出路，更为重要的是，高校教师能否促进我国高校教育的发展进程，满足国家对培养高等人才的需求。广大高校教师自身能否认清国家、人民和历史赋予自身的重任，成为一位问心无愧、尽职尽责、优秀的高校教师，这一切都需要我们新世纪的高校教师深思和共勉。本文主要谈及了培养优秀的高校教师的几点看法。

二、从思想上融入高校教师这个大群体

首先，对高校新进教师进行岗前培训是十分有必要而且重要的。很多新进的高校教师从大学到硕博毕业，在大学校园中求学、生活多年，独特的校园情结促成了很多硕博毕业生将大学确定为自己人生道路上继续奋斗的地方。对于这些刚踏出校门又重回校园的新进教师而言，所不同的是，求学时更多的是对知识的汲取，对教师的仰慕；而走上教师的工作岗位后，应尽快转型，从渴求知识的青年变为传授知识的领航者。所以，要成为一名高校教师，必须要首先从意识形态上以新的态度去看待教师这个岗位，并且重新认识和塑造自我。通过岗前培训，新进教师了解了大学的基本构成、机构设置、职能部门，及相关的各项规章制度，这可以使他们在新的工作岗位上更加如鱼得水，而且也为自己未来的职业规划作出充足的准备。

高校教师心中要有坚定的个人信念，热爱学生，热爱教育事业，将个人的理想和追求融入到高校这个大环境中去，从而实现自己的人生梦想，创造自己的人生价值，继而为中国高等教育事业的振兴和发展贡献一份力量。年轻教师应虚心向各位先入行的老教师学习，摆正自己的位置，明确自己奋斗的方向，始终严格要求和激励自己，

不断学习，努力奋进。老教师也应本着"传"、"帮"、"带"的思想，尽可能帮助年轻教师，使整个教师队伍的业务水平更加成熟、更有凝聚力。可以通过座谈会的形式，给新老教师一些面对面交流学习的机会。

三、提高高校教师的专业素养和探索有效教学方法

高等教育一词，在《中国科技大百科全书》中被定义为：建立在中等教育基础上的各种专业知识。毋庸置疑，能胜任高校教学工作的各位教师，其自身的专业知识相当扎实。但是随着社会不断进步发展，科学技术飞速发展，各学科专业领域不断产生新思想、新观点，旧的知识不断受到冲击。高校教师应顺应时代发展，立足于稳定扎实的专业基础知识，不断挖掘更深的内涵和新的意义，努力实践，争取进一步发展完善旧的知识理论和知识体系结构，并继续推进学科和专业建设，积极了解本学科和跨学科的前沿和最新进展。在教学中，高校教师对教材知识应充分理解和把握，讲深讲透，源于课本，却不局限于教材本身，适当补充延伸。教师必须需扩大知识面，知识要专、精、深、新，更要广、博、远。

高校教师所拥有的专业知识、专业技能，也势必在课堂教学中得以体现。教学过程中，教师的课程内容既要充实又要新颖，要全程指导学生的学习活动，不能生硬地进行知识灌输。教师教的内容能不能被学生有效地理解和接受，这也成为衡量教学水平的一个关键因素。教学是包括教师的教和学生的学的双向互动过程，归根结底都最终是人的活动，因此教学过程中应充分体现人性化和人文关怀，教师针对课程的内容和学生的自身特点，应适当运用一定的教学方法，如讲授法、讨论法、实验法、实习法等，以帮助学生掌握教学内容。高校教师应不断反思、总结，探索新的、更有效的教学方法，以学生容易理解和喜爱的方式，使学生在愉快和轻松中掌握知识、培养对知识灵活运用的能力，以期实现教师预期的教学目标。

加强高校内部各学院各学科教研室的建设，进行有规律有目的的教研室活动，无疑是培养高校优秀教师的一个良好途径。传达学校、学院的相关教学精神，紧跟本学科相关领域的最新发展动向，促进教学内容的研究和教学方法的改进，根据不同的教学课程及学生的层次，以教研室为单位进行集体学习和集体备课，研究所讲授的教材特点和学生要求，保持一致的教学进度，教师之间亦可互相交流教学经验和教学方法，取长补短，共同学习进步。

加强高校与高校间相关学科的交流，以及派本校学科教师参加大型的教学研讨会，都是使本校教师能够与时俱进，及时更新学科知识、提高教学能力的一个重要手段。

四、高校优秀教师应教学与科研并重

高校优秀教师应具有较高的专业基础知识和技能，并在各自的专业学科领域不断探索新思想、新观点，创造新的成就。教学体现专业领域的发展，科研是教学获得延

伸的一种需要。科研为国家和社会不断创造了新的财富，包括精神上的和物质上的财富。补充新知识、完善旧知识，某些新知识甚至替代过去的观点和认识，科研代表了知识的更新和社会的进步。高校教师有义务、有责任不断在各自研究领域做好科学研究工作，推动科技创新。无论是自然科学还是社会科学，科技创新都是高校的任务和国家发展的根本。

"科教兴国"是我国实现社会主义现代化建设的重要发展战略，邓小平同志也曾作出"科学技术是第一生产力"的科学论断。这充分说明，科学技术体现了一个国家的综合实力和世界地位。在我国，高校是科研水平和实力的一个显著反映，因为高校里人才辈出；在我国，高校也是各种新的学术思潮创新和发明的主要诞生地。高校作为引领科学技术的排头兵，正在为我国的经济建设和科学技术的发展创造巨大的社会财富和无穷的价值。

科研创新，反过来也推动了教学的发展和改进。将新的科技理论和实践成果运用到教学中去，能使教学内容更加丰富，更加贴合实际，也能使教学更有针对性，为教学开拓新的思路。理论指导实践，实践反作用于理论。经过实践检验过的科研创新，再用于教学中，可以使教学更有说服力，也可以给教材赋予新的内涵，并能使教学的内容不断优化、更新和拓展。

高校教师一方面肩负着教学的重担，另一方面也肩负着科研的压力。这是时代进步和历史使命的要求，高校优秀教师应做到教学、科研两不误。

五、高校优秀教师应具有独特个人魅力

高校教师是一类特殊的群体，不同于小学、中学教师。小学、中学属于启蒙阶段和基础教育阶段，教学对象是还未摆脱对教师、家长和社会依赖的儿童和少年，学生无论是生理还是心理都极不成熟。而大学校园则不同，大学生已年满 18 岁，是成年人，虽然生理上已经成熟，但心理上还有待成熟。大学生在离开大学后即将走上工作岗位，因而他们对外面的世界很好奇，渴望接触社会。大学校园是学生走上社会前的一个过渡期，大学生既需要知识的积淀为日后的工作打下牢固基础，又在心理上渴求成人的情感和体验，因而他们是一类矛盾的群体。要教好这样一群学生，对于教师而言谈何容易。高校教师如何在大学生中获得认同，赢得威望和尊重，让学生欣赏和彻底信服，从而使教学工作更为顺利地开展，这是摆在每个高校教师面前的难题。高校教师除了应把教学放在重中之重和对学生能够充分理解之外，更应努力塑造独特的个人魅力，注重加强师德师风的建设。具体应做到以下几点。

（一）高校优秀教师应注重体态美

教师，是多少人羡慕的职业。三尺讲台上，一只小小粉笔在手，身后的黑板上勾勒出了一片供学生驰骋的辽阔蓝图；教师，也犹如蜡烛一样，点亮自己照亮别人。讲台上的教师总是光芒四射，惹人瞩目，高校教师尤其如此。有的科目在阶梯教室上课，

还有的讲座在大礼堂里，台下座无虚席。面对渴求知识的大批年轻学生，高校教师更应时刻注意自己的形象和体态，应衣着朴素大方、行为得体，不宜夸张花哨，以免干扰学生的视线，分散他们对学术的注意力。在体态上，要自然，不做作，并适当运用肢体语言以加强教学效果。

（二）高校优秀教师应注重语言美

语言直接体现人的思想，反映人对客观事物的看法和态度。教学必须运用语言，传道授业解惑的过程往往更需要大量语言的介入。高校教师引领学术的最新潮流，其语言代表学术的权威，故学术用语要专业、精准、简明、易懂。日益发展的社会中，教师可适当运用年轻学生喜闻乐见的语言形式，在教授过程中寓教于乐，但前提是把握好"度"，不能庸俗。语言是一门艺术，语言美体现了高校教师的个人修养，这不是一朝一夕就能拥有的，需要不断学习、提炼、总结才能实现。

（三）高校优秀教师应拥有健全的人格

人们常说教书育人，意思是说教书和育人并重。教育学生，老师首先要以身作则，才能在学生中树立威信。只有拥有健全人格的教师，才能培养出心智健全的学生。一位拥有优良人格和人品的好老师，必定是品德高尚、通情达理、志向高远、受人尊敬和爱戴的，与这样的一位教师长期接触，耳濡目染之下，必定能使学生心智上受到启迪并受益终生。高校优秀教师应具备高尚的人格。修养身性、淡薄名利、潜心学术，不仅会成就高校教师自身，最终也会感染每个学生。

六、结束语

高校教师应是拥有良好的专业素质和科研能力，有活力、富有创造力的群体，不断自我完善和更新，在思想上和学科中处于前沿阵地，尤其能指导、启迪学生，成为学生求学和人生中的一盏航灯。高校优秀教师队伍的建设是实现科教兴国的重要保证，应该得到高校和社会的广泛关注。

在东湖学院开展人文素质教育的意义和方法

武汉东湖学院外语学院   张艳华

在教育大众化的趋势下，绝对的实用主义观点日益盛行。武汉东湖学院的许多学生因没有身在名校而自卑，因所学专业是否对找工作有用而困惑。学生如果完全丧失了"学以致知"的情趣和超功利的目的意识，学习就会成为一件痛苦的事情，求知活动就蜕变为求职活动，无法从求知活动中获得乐趣。试想，学生们放下功利目的，如饥似渴的追求知识、陶冶性灵，获得广阔的历史视野、深刻的哲学睿智和盎然的审美情趣，形成健康向上的价值观，还有什么学不好的专业、解决不了的问题？而这种素养的培育，必须依赖人文素质教育。因而，在我校加强人文教育，增设通识课程和开展课外经典读书活动显得十分重要。期待我们的学生虽未身在名校，但却有和名校生一样甚至还超越名校生的视野和素养。

一、大学教育的性质：博雅教育

19 世纪中叶，英国教育家约翰·纽曼说过："真正的大学教育是什么？不是专业教育，不是技术教育，而是博雅教育。大学的理想在于把每个学生的精神和品行升华到博雅的高度。这样的人首先在精神上就是健康的。"纽曼还说，"大学不培养政治家，不培养作家，也不培养工程师，大学首先要培养学生的灵魂，健全的达到博雅的高度，即具有完整的人格。一个心灵健康的人做什么事都可以；一个灵魂健全的人做什么事情都更容易胜任"。倡导博雅教育，旨在培养具有广博知识和优雅气质的人，让学生摆脱庸俗、唤醒灵性。其所成就的，不是没有灵魂的专家，而是一个有文化的人。博雅教育的目的不是给学生一种专门的职业训练，而是通过几门基本知识，培养一种身心全面发展的理想人格，或者说发展一种丰富的健康的人性。在传授专业知识技能的同时，大学应该注重通识教育，提供人文训练，培养人文素质。把培育有健全的理性精神和道德情怀的人作为最终目标的博雅教育才是大学教育的本质。这里说的博雅教育，是真正的博雅，不是某些机构和个人为谋取商业利益而忽悠大众的漂亮空话。

在中国高等教育大众化趋势下发展起来的民办高校、独立学院也不例外，也应和传统大学一样把培养人格健全的人作为教育的目标。学校应该深知，有着宽广胸怀、高尚情操、良好审美情趣的学生更容易在社会的各种竞争中取得优势，也更有信心学好专业知识。据了解，作为我门东湖学院这样的民办高校的学生，他们普遍比较自卑，认为自己的专业基础不如所谓的名牌大学学生，有的甚至自暴自弃，觉得人生困难重重，没有意义。这种自卑情绪和"学以致用"的态度密不可分。专业不如人，学校名气不如人，就找不到好工作，这是学生中流行的想法，也是高等教育日益商业化的表现。学生如果完全丧失了"学以致知"的情趣和超功利的目的意识，学习就会成为一件痛苦的事情，求知活动就蜕变为求职活动，他们只关注大学学习是否提供了良好的职业准备，无法从求知活动中获得乐趣。试想，学生们放下功利目的，如饥似渴的追求知识，陶冶性灵，获得广阔的历史视野、深刻的哲学睿智和盎然的审美情趣，形成健康向上的价值观，还有什么学不好的专业、解决不了的问题？还有必要追究学校名气么？还会哀叹学习没有用、人生无意义么？因此，只有博雅教育能使学生脱胎换骨，成为有文化、有理想、有自信的自由人。

二、教育的天职：培育人文精神

谈到博雅教育，有一个概念无法逾越，那就是人文学。从学科分类上来讲，中国的学术界通常把学术领域分成自然科学和社会科学，而人文学则从属于社会科学。人文学科包括哲学、语言学、文学艺术、历史学、考古学、文化学、心理学、宗教学等，这些超越功利性的学科为博雅教育提供了必要的基本内容。

在现代社会里，大学除了担负传授专业知识这个重要职能之外，仍应该像传统的大学那样承担起一个神圣的天职，即培育学生的人文精神。大学不仅要培养专业人才，更应该培育人。陶冶人的性灵，使之有健全的人格，在任何时候都比造就专家更重要。我并不是反对专门的职业教育，只是深深感到专业教育应该有宽大的自由教育做根柢。朱光潜先生就说过："倘若先没有多方面的宽大自由教育做根柢，则职业教育的流弊，在个人方面，常使生活单调乏味，在社会方面，常使文化浮浅褊狭。"当代大学生不应成为社会的机械，完全为迎合社会的需要而学习，只为求职而学习，也应多多的考虑到自己的兴趣，学会享受、领略人生，在这种状态下，专业技能的学习效率反而会更高，工作也找的更好。

一所卓越的大学必须为学生提供博雅的环境，多开设人文通识课程，引导他们如何发掘自己的兴趣，如何领略人生。现代的西方大学无疑造就了大批杰出的专业人才，但是迄今为止，它仍然以塑造睿智灵魂和培育健全人格为基本宗旨。人文学科没有直接的功利性，不等于人文学科没有"用"。人文学科的功用最主要的就是"教化"。教化学生成人，这就是人文学科无用之大用。在平时的教学过程中，会有许多学生问到，我们这个专业的学习究竟有何用，对就业有没有直接的帮助，或问到怎样才能学到更有用的东西。要帮助学生脱胎换骨，抛弃这种绝对实用的想法，开展人文素质教育、培育人文精神就显得十分重要。

三、人文素质教育实施初探

在我们东湖学院这样的民办高校，开展人文素质教育显得格外紧迫。我们的教学目标是培养专门的应用型人才，但是学生却在担忧学不到东西找不到工作，这是一种尴尬的境地：学生对专业技能和个人价值都缺乏信心。那我们何不帮助学生树立积极的价值观，多开设人文课程，如文学、历史和哲学，这些传统的人文学科往往都是一些"无用"的知识，他们的目的不在于培养一批学有专长的律师、会计师和工程师等，而在于培育有健全的理性精神和道德情怀的人。人文教育直接关涉到"人"这个终极目的，而目的本身是没用的，它超越了一切功利性。通过人文教育，学生能了解到无用之大用，不成人，如何成才？

事实证明，在我校开设人文通识课程具有极高的可行性，因为学生对此类课程是充满期待的。在外语学院的一次学生座谈会上，学生提出了教学内容和教学方法改革的建议，包括希望增设诸如中国古典文学和西方文化等人文课程。在我们所教授的英美文学课上，我们也亲身感受到了当代大学生对于"无用"的智慧和美是真心向往的，更让我们深感惊异的是，深受当代快餐文化和功利主义影响的大学生们，他们对于以美为目的的文学仍怀有敬意，虽然他们所接触的经典并不多。这给我们在学校开设更多的人文学科、进一步开展人文素质教育增加了信心。具体而言，可开设的人文课程包括中国传统文化和西方文化，从而对学生进行经典教育。美国大学之所以在世界如此闻名，其高素质的毕业生是主要因素，而高素质的毕业生，是通过高质量的经典原著的学习而做到的。考虑到学校及学生的实际情况，可在全校范围内开设一些概述性、赏析性的中外经典课程，比如代表民族文化精粹的中国古典文学赏析、代表西方精神的西方宗教文化概论、英美文学赏析等。许多学生过分重视英语这种形式，而对西方文化的内容一窍不通。作为英语教师，我们愿意带领学生深入到陌生的西方文化，并从中体验到一种熟悉的、全人类共通的精神价值和人生启示，从而更好地了解自身，重新发掘自身的人生价值，如此一来，就没有什么工作是不能胜任的。

除开设人文通识类课程外，学校还可开办课外读书会和相关的竞赛活动，比如每个专业每个班每周找一固定时间地点相互推荐好书，交流读书心得，鼓励学生在课外结合自己的兴趣接受文化熏陶。虽然学生读课本、念讲义也是读书，但有可能规定的课本根本不合口味，读起来味同嚼蜡，如能自己或在读书会上和同学老师交流，在课外发现一些好书，兴趣就会在逍遥自在中不受拘束的发展起来了。如果学生们能通过这种方式，在读书、学问中寻出一种兴趣的话，那做别的事情也不必担心做不好了。学生们抱着"学以致知"的态度尽情的遨游书海，人文情怀得以培育，审美情趣得到提高，能更加自信地面对专业学习，更加从容地面对未来发展，更加坚定地踏上人生道路，虽未身在名校，但却有和名校生一样甚至还超越名校生的视野和素养，这不正是学校和广大老师想看到的情景？学生更健康的成长，教育更好的发展，怎能离开人文教育？

【参考文献】

[1] [爱尔兰] 弗拉纳银 . 最伟大的教育家：从苏格拉底到杜威 [M]. 卢立涛，安传达译，上海：华东师范大学出版社，2009.

[2] 胥青山 . 高等教育改革热点问题研究 [M]. 北京： 北京师范大学出版社，1997.

[3] 任钟印 . 西方近代教育论著选 [M]. 北京：人民教育出版社，2001.

[4] 赵林 . 在天国和尘世之间：赵林讲演集（2）[M]. 北京：人民出版社，2007.

[5] 朱光潜 . 给青年的十二封信 [M]. 长沙：岳麓书社，2010.

武汉东湖学院论文集

导师制在独立学院英语专业基础阶段
综合英语课的应用

武汉东湖学院外语学院　任　远

综合英语课是高校英语专业基础阶段的核心课程，对该课程的教学方法，外语教学界存在不同的意见。本文首先回顾和总结了该课程的教学现状和特点，然后结合本校综合英语课教学中导师制的应用，提出了若干改革措施。

综合英语课是我国高等学校英语教学中的一门传统课程，也是一门经典课程。从综合英语课被纳入到我国高校英语专业课程体系之日起，它在课程性质、教学目的、教学内容、教学方法和教材等各方面都尝试进行了不少有效有益的改革，但仍有一些问题没有从根本上得到解决。本文将对综合英语课的教学现状和特点进行简要分析，再结合导师制在我校英语专业综合英语教学中的试点性应用，提出若干改革措施。

一、综合英语课的教学现状和特点

自 20 世纪 70 年代末改革开放以来，我国高校的综合英语课在经历了 30 年的探索后，其在教学和研究方面均表现出一些新的特点：

（一）综合英语课教材种类庞杂、数量繁多，在对课程的定位和理解上仍存在分歧和差异，但大部分回归了以范文为主的选材体系

近十年来，英语专业基础阶段教材的更新换代受到了持续关注。北外、广外、上外等外语院校和南京大学、复旦大学等综合大学都全部或部分地更新了教材。随着国内有关交际教学法研究的不断成熟，新编的许多精读教材都在不同程度上回归了范文为主的选材体系。韩敏中主编的《北大英语精读》（2000）、沈黎主编的《精读英语教程》（2001）、陆培敏主编的《现代大学英语精读》（2002）等则更强调阅读理解。在综合英语课程的定位问题上仍存在分歧。

（二）课文讲析仍是综合英语课主要的教学模式，综合性训练难以实施

虽然 1989 年颁布的《高等学校英语专业基础阶段英语教学大纲》要求强化听说读写有机结合的综合性训练，但在实际的教学中教师对课文的讲解分析仍占了绝大多数的比重。在综合英语课堂上，教师依然是课堂的主体，采用的依然是以教师为中心，以语言输入为主要形式的教学方法，这种古板、机械、单调的课堂无法激发学生主动

参与学习活动的意识和激情。

（三）**改革思路多元化，多媒体辅助教学为改革带来新的契机，但有待时间检验**

在 2000 年颁布的《高等学校英语专业英语教学大纲》中，将综合英语更名为基础英语，在强调综合性技能训练的同时，提出要从篇章文本的角度去训练学生的基本功。

国内一些知名英语教育专家纷纷提出对综合英语课教学方法改革的创新性思路。邓庆玲等建议用社会构建主义模式进行教学活动，将教师的角色从讲授者转变为设计者和辅助者。王枫林提出采用 ASA 即"活动—学习—运用"三阶段相互衔接的课堂活动优化教学过程。此外，随着计算机技术的普及和多媒体技术的发展，多媒体辅助教学为综合英语课教学改革带来新的契机，很多高校开始开发网络精读课程。

与 20 世纪 80 年代相比，综合英语课程的教学与研究呈现出思路多元化的趋势，然而由于这些想法的教学效果尚未在长期的实践中得到验证，因而某些问题并没有得到解决，其中出现的一些新的问题更需要我们思考。

二、我校英语专业综合英语课的教学改革目标

从语言发展的内在规律来看，听和读是输入过程，即实际上是学习者自外而内获取语言知识；而说和写则是输出过程，即学习者将所学知识自内而外的再现过程。在语言习得中，输入是先决条件，只有大量的语言知识输入才能有效促使语言知识的内化，实现语言的输出，即语言的交际和使用。令人遗憾的是，在大多数综合英语课堂上，教师往往只重视大量语言知识的输入，从而忽视了输出过程，因此，学生只学到一些孤立的语言知识。

根据对我校英语专业 05 级到 08 级本科学生的专业四、八级考试写作成绩分析，相当多学生存在的一个明显问题是，写作时不会灵活运用综合英语教材的课文中所学过的单词、短语和句法等语言知识。这一现象充分显示出学生在综合运用语言的能力方面存在欠缺，对语言知识的掌握分散、孤立、不系统，更无法在写作这个输出过程中正确、恰当的运用所学词汇、短语和语法结构。如果不改革传统的教学模式，将来学生走向社会，他们语言综合应用能力就更值得担忧了。

面对现代社会对英语人才的多元化需求，并结合独立学院英语专业的自身特点，我校综合英语课程在近十年的摸索和探究中，逐步确立了能与时俱进、并能发挥独立学院特色的教学改革目标。综合英语课，作为英语专业的综合技能训练课，一成不变的传统教学模式已不能完全适应社会的需求，课程教学应该着眼于整体，将语言知识与语言功能结合起来，即将听、说、读、写融为有机整体。

三、导师制在我校综合英语课教学方法改革中的试点性应用

Jack C. Richards 曾经指出"外语教学根本不存在最佳方案，教师应寻求可有效提高教学效果的环境与条件。"纵观教学法的发展史，每一种教学法的产生都是特定历史条件下

的自然产物,都独具其完整的特点和体系,所谓能解决一切问题的"最佳教学法"并不存在。

（一） 导师制产生的时代背景

导师制是一种教育制度,与学分制、班建制同为三大教育模式。导师制由来已久,早在 19 世纪,牛津大学就实行了导师制,其最大特点是师生关系密切。导师不仅要指导他们的学习,还要指导他们的生活。

近年来,国内各高校都在探索研究生教育以外的高等教育也能建立一种新型的教育教学制度——导师制,以更好地贯彻全员育人、全过程育人、全方位育人的现代教育理念,更好地适应素质教育的要求和人才培养目标的转变。这种制度要求在教师和学生之间建立一种"导学"关系,针对学生的个性差异,因材施教,指导学生的思想、学习与生活。

（二） 导师制在我校英语专业本科生中的试点性应用

在外语教学这个复杂的系统工程中,师生角色的合理定位和友好的师生关系是有效实施教学的重要因素,因为他们既是教学活动的实施者,又是参与者,二者的互动是课堂教学的核心所在。结合我院英语专业学生特点,我院制定了完善的导师制度,明确了导师的选用及学生分配方法、导师的工作职责、工作要求、待遇与考核评估机制。

自 2007 年导师制开始在英语专业本科的大一和大二阶段学生中实施,即为每一个班级指定一位教学导师。原则上,导师一般由授课课时最多的综合英语课老师担任。这是因为一方面,综合英语课老师接触学生的时间最多,对各自班级的学生水平和特点了解最深入,从而有利于进行针对性更强的辅导;另一方面,综合英语课作为训练学生综合性运用听说读写能力的基础课程,更需要综合英语课老师有目标、有步骤的进行语言知识灌输和语言运用能力培养。导师除了进行正常的课堂教学之外,还组织一系列的课外辅导活动,如定期的学习心得交流会、课后答疑、自主学习指导等。许多导师更借助互联网与学生沟通,及时了解和解答学生的疑难问题。正所谓"授人以鱼不如授人以渔",老师们除了在课堂上传输语言知识,更需要指导学生如何在课下进行自主学习。

正是为了顺应语言学习的需要和迎合独立学院学生特点,自 2007 年开始我校英语专业一直在进行相关摸索和思考,目前已逐步形成了较为完善的导师制。从教学效果来看,我校近三年专业四级通过率为 79.59%、75.93% 、85.90%,均高出全国普通高校平均通过率。

【参考文献】

[1] Brown.H.Douglas. An Interactive Approach to Language Pedagogy[M]. Prentice Hail Regents， 1994.

[2] Richards J. & Rodgers T. Approaches and Methods in Language Teaching(2'nd edition) [M]. Cambridge: Cambridge University Press， 2001.

[3] 关晶 . 高校外语教学改革的研究与思考 [J]. 现代教育科学·高教研究 .2006(2).

[4] 李观仪 . 新编英语教程 [J]. 上海：上海外语教育出版社 .2000

[5] 庞红梅 . 中国英语教育发展 [J]. 清华大学教育研究，2001（2）：148.

认知语言学视角下的迁移理论与英语教学

武汉东湖学院外国语学院　　王小飒

迁移是语言学习中一个重要的学习策略，它不仅是一种学习现象，而且是一种心理过程，是一种认知转变，因为实现迁移的关键因素是学生已有的认知结构。迁移理论对于加强学习者的语言知识能力，提高语用能力都有着极其重要的作用。

一、语言能力及迁移理论

语言能力是人类认知能力的表现。语言教学的最高目的是为了培养学习者使用语言、运用语言的能力，即语言的交际能力。但是语言能力究竟如何界定，实现语言能力的最佳途径究竟是什么，一直以来却还是众说纷纭、莫衷一是。在英语教学中，我们经常发现不少学生在其英语水平达到一定程度后，在其后的能力发展中，不是呈现一个加速度的趋势，而是停滞不前，有时甚至出现能力后退的情况。造成这种现象的原因是多种多样的，有的是主观的，有的是客观的；有教学层面的，也有个体层面的。认知语言学的迁移理论是关于语言习得的一个新的视角，并且不失为提高语言能力的一个有效途径。

个体现有的学习不能脱离以往的经验，同样，当前的学习又不可避免地会对未来的学习产生某些影响。学习迁移指的是一种学习对另一种学习所产生的影响，这种影响既包括积极影响，又包括消极影响。大卫·奥苏伯尔认为，一切新的有意义的学习都是在原有学习基础上产生的，不受学习者原有认知结构影响的学习是不存在的。因此，在有意义学习中，学生的认知结构始终是影响新的学习与保持的关键因素。什么是认知结构呢？简单来说它就是学生头脑中的知识结构。奥苏伯尔认为，对当前学习发生影响的不仅仅是先前的某次学习，还包括个体过去的经验，即累积获得的、按一定层次组织的、适合当前学习任务的知识体系，而不是最近的一次刺激—反应联结。奥苏伯尔认为，学生原有的知识结构是实现学习迁移的"最关键的因素"。

二、迁移理论在英语教学中的运用

（一）在词汇教学中的运用

传统词汇教学主要受到结构主义思想的影响，认为词语和意义之间的关系完全是任意的，忽视了对词语认知理据的观察与讲解。受此影响，大多数学生往往采用死记硬背的方法，而不是从认知的角度来研究词与词之间的关系。这种方法往往事倍功半，收效甚微。而利用迁移理论却可以使学生"举一反三"、"触类旁通"，从而有效地促进他们对英语词汇的记忆。

首先，教师可以利用学生已有的认知结构促进他们对基本概念、基本原理的掌握。在教学中相似的原理及法则的迁移是最常见、最重要的迁移现象。为了促进原理的迁移，教学中应该有目的、有计划地指导学生准确地理解和掌握基本原理。例如在英语派生词汇的教学中，教师应该逐步教给学生一些具有共同词缀的词汇，在他们掌握这些词汇的基础上，再指导他们掌握构成这些词汇的基本原理。比如在教授表示"反义"这个意思的词缀时，教师应该先教给学生一些基本的词，如"unhappy"、"uncomfortable"等，在他们对这些词有了基本的认知后再引导他们发现规律，形成基本概念，然后再有计划、逐步地引导他们学习其他表示"反义"的词缀，如"in-"、"im-"、"il-"，并给予恰当的学习内容或练习试题，使学生自己去总结、归纳和概括这些词缀的不同用法，真正理解和掌握其构成的基本原理，因为在学习过程中，学生自己总结出来的规律或方法有助于学习的迁移。当学生可以利用这些基本原理达到最有效的认知迁移时，就会在很大程度上扩大他们的词汇量，达到事半功倍的效果。

其次，教师在英语同义词教学中可以运用比较的方法，促进积极迁移的产生，防止同义词相似性的干扰。但是参加比较的词在性质上应该是有联系的，否则就难以比较；比较还要有明确的标志，并始终遵循同一标志进行，否则比较就会发生混乱。比如教师在讲解"receive"的时候，应该把它和学生已有的知识结构中的"accept"做比较，表明两者意义的相同之处，即都有"接受"的意思。然后再通过它们在不同情景中的应用，使学生感受到两者意义的细微差别："accept"有"欣然接受（他人提供的事物）"；而"receive"虽然也有"收到"的意思，但不一定会接受。对两个词语做系统的比较，可以帮助学生全面、精细而深入地认识两者的异同，从而既可以避免原有的认知结构对新学习的干扰，又有利于新旧知识的结合，从而促进积极认知迁移的产生。

（二）在阅读教学中的应用

阅读并不是简单地理解作者在原文中表达的意思，而是创造性地去理解作者传输的意思。在这个过程中，阅读者原有的认知结构必然会影响到他当前的阅读。已有的认知结构可能会促进阅读，也可能会阻碍阅读。但如果阅读材料的阅读情景与阅读者的心境呈现出某种一致性时，那么就会产生很好的阅读效果。因为，阅读不仅仅是一个简单的感知觉过程，而是一个兼具认知和情感的复杂的心理过程。因此，教师在阅读教学中必须改变传统的教学模式，应该充分认识并重视学生已有的认知结构对阅读的迁移作用，并有目的地引导他们利用已有的认知实现积极的迁移。

教师在阅读教学中应该重视图式因素在阅读理解过程中的作用。图式因素主要指文本图式，包括阅读者原有的知识、经历、行为习惯和有关阅读的技巧和知识等多个方面。根据图式理论，所有的输入信息都要与头脑中已有的某个图式相匹配，语义信息才能得以完成和继续。因此，教师在阅读教学中应引导学生建构有效的图式。首先，教师应针对同一类型的阅读材料让同学反复练习。其次，在达到一定量的练习使学生对这一类型的文章有一个初步的认知后，再引导学生去发现阅读这一类文章的技巧所在，从而在他们的头脑中建构有关这类文章的图式。这样，在学生面对新的类似的阅读材料时，他们头脑中原有知识的广博经历就会使他们更易于在原有的认知结构中找出相应的知识信息进行匹配处理。原有的阅读技巧和知识会帮助学生如何寻找重要的词汇、语句和段落等重要信息，如何根据阅读需要进行阅读等；原有的认知结构在面对新的阅读任务时就会产生正面的、积极的迁移作用，从而可以培养和提高学生包括认读能力、理解能力、吸收能力、速度能力等在内的阅读能力。

三、认知结构迁移理论对英语教学的启示

学生的认知结构是影响学习迁移的最重要因素。学生的认知结构中，概括水平越高的观念越多、越清晰、越稳定，越有利于新知识的学习。而学生的认知结构除了来自个人因素外，还和教师的指导、教材的安排有着密不可分的关系。

教师在教学过程中，要有意识地引导学生发现不同的知识之间或情景之间的共同点，启发学生去概括总结，指导学生运用已学到的原理知识去解决具体问题，要求学生将学到的知识进行举一反三，指导或教会学生如何学习等，这都有利于促进积极迁移的产生。通常来说，在指导下的练习量越大，就越有可能产生积极迁移的效果；同时，在许多情景中，给学习者提供的指导越多，迁移的效果越大。但是，指导不能预先给出正确的答案，以免妨碍学习者主动性的发挥。

在教材的选择和安排上，要以概括水平较高的基本概念、原理为核心，基本内容之间要形成清晰的、有层次的联系，教材的呈现次序要遵循渐进分化和综合贯通两个原则。教师在教学中要将教材的设计思想充分展现给学生，既要注意将新知识与学生已有的旧知识联系起来，使学生用已有的旧知识同化新知识，如在学习了过去式后再学过去完成式时，就可以用有关过去式的知识来同化过去完成式，找出两者的共同之处进行认知结构的迁移；又要注意引导学生分辨新旧知识之间的区别，如学习同义词时，要引导学生分析这个词与认知结构中已有的那个同义词在方言、感情色彩、文体等方面的差异。教师要将知识纵向联系横向贯通，塑造学生的良好认知结构，从而提高迁移的效果。

四、结语

个体现有的学习不能脱离以往的经验，同样，当前的学习又不可避免地会对未来的学习产生某些影响，迁移始终贯穿于学习的整个过程。作为第二语言，英语的习得对于中国学生来说始终是一个令人头痛的难题。认知结构的迁移是关于语言习得的一

个新的视角。有效利用已有的认知结构对新的学习产生积极的迁移，可以使学生举一反三、触类旁通，从而可以节省学生学习英语的时间，减少他们学习的困难，达到事半功倍的效果。因此，认知结构的迁移不失为一个提高英语语言能力的新的行之有效的方法。

【参考文献】

[1] Langacker.R.W. Foundation of Cognitive Grammar [M]. State of California:Stanford University Press， 1999.

[2] 唐卫海，刘希萍. 教育心理学 [M]. 天津：南开大学出版社 .2005.

[3] 张安律. 外语教学心理学 [M]. 成都：电子科技大学出版社 .2005.

[4] 王初明. 应用心理语言学——外语学习心理研究 [M]. 长沙：湖南教育出版社 .1990.

[5] 王寅. 认知语言学 [M]. 上海：上海外语教育出版社，2007.

[6] 陈建生. 认知词汇学概论 [M]. 上海：上复旦大学出版社，2008.

[7] 吴新民，梁君，戴海杨. 认知语法视角下的词类范畴 [J]. 哈尔滨学院学报，2009(3).

大学英语口语的教学与提高

武汉东湖学院外语学院　钱　鹏

　　本文通过社会发展对现今大学生英语口语的要求，对现今大学英语教学过程中大学生的口语表现及其原因进行了分析，提出了开口问题、词汇知识的储备及语音语调和语法问题是导致现在的大学生口语较差的主要原因。其教学意义是：通过以学生为中心的交际教学法减轻学生的课堂焦虑，提高学生的口语表达信心；扩大学生的积极性词汇（应用性词汇），并把学生培养成英语的积极使用者而不是消极或被动的接受者；为学生创造较好的英语交流环境。

一、英语口语的重要性

　　随着社会的发展，学生的英语口语能力越来越受到人们的重视。教育部高教司在2004年颁布的《大学英语课程教学要求 [教学大纲]（试行）》中明确提出："大学英语的教学目的是培养学生的英语综合应用能力，特别是听说能力，使他们在今后工作和社会交往中能用英语有效地进行口头和书面的信息交流，同时增强其自主学习的能力，提高综合文化素养，以适应我国社会发展和国际交流的需要。"为了培养学生的英语水平，大学英语教学模式的改革目的在于提高大学英语教学的效果，提高大学英语教学的效果的重要检验标准是学生是否会运用语言进行交流（冯涟漪、龚昭，2007）。

二、英语口语的现状及原因

　　目前，中国学生的口语交际能力确不容乐观，"高分低能"在英语中表现为相当数量。通过大学英语四六级考试的学生，他们在交际中常常成了"哑巴"或者满口"Chinglish"的现象就可知这种情况。在教学过程中，教师也往往会遇到一些"胆小"、"害羞"的学生害怕讲英语，或被老师提问的时候"满脸通红"、"张口结舌"，或在进行师生或学生交流时保持沉默等。有的学生干脆承认自己之所以怕上英语课，就是害怕被提问或在英语口语时犯错误。

　　大学英语教学和学习过程中，学生在教学过程中的口语表现是师生都很头疼的问题，不仅不能达到《教学要求》的目标，即学生具备英语综合应用能力，特别是日常交际能力，甚至影响到英语教学过程的推动和具体学习目标的实现，久而久之，这种现象对学生学习英语的信心也会起到消极的作用。因此，只有找到这些问题的原因，才能"对症下药"，从而改善目前的大学生口语现状。

（一）开口问题

在大学英语口语课堂上，一种常见的现象是学生都沉默寡言、抵制发言，或者消极的参与课堂活动。一方面，这种现象的出现是由于传统教学方法遗留的病症，学生没有适应作为课堂活动的主体这一角色的转变，过分依赖于教师讲学生听这一方式。另一方面，中国学生的自尊心强，怕口语课堂上出错丢面子。其结果是，英语口语课堂气氛不活跃，达不到英语口语课堂的教学效果。

（二）语音语调问题

由于教学中对英语语音教学的忽视以及教师自身的语音素质问题，学生口语中不乏一些发音不准确、不到位，搞不清词重音，英语语调更是中国味很浓的问题；连续的语流中因为不注意连读而变得停停顿顿等问题。语音语调就像是一个人的外形，给人以第一印象，容易招惹评论。语音语调不地道，会降低学生自我和他人的评价，阻碍学生在口语课堂上的表现。

（三）词汇量问题

在口语课堂上经常会出现学生词穷的现象，学生似乎有一肚子的话要说，却找不到合适的语言来表达自己的观点。英语词汇量的积累是一个再三反复的过程，学生往往坚持不下来，觉得记单词是个费力气的活，即使有的同学背词典，对单词的记忆也非常片面。在没有语境的情况下记单词是达不到理想效果的，以至于学生在需要用某个单词表达意思的时候，往往不能快速自动地从大脑中提取相关的词汇。

（四）语法问题

中国式英语是中国大学生口语中语法问题中最主要、最普遍，也是最难解决的一个。比如说许多学生会犯主语男女混淆、单复数混淆、无主语句等典型错误。当然，这一部分是由中英两种语言的不同点造成的语法错误，学生多是受到母语语法的影响。

三、如何改进教学以提高学生口语

首先，要帮助学生树立信心，增强学习口语的兴趣。教师应该鼓励学生，肯定每个学生经过努力都能像运用母语一样的去用英语表达自己的想法。然后，教师要积极调整口语教学方案，随时倾听学生在口语练习中的反馈，对于出现的问题及时与学生沟通并予以指导。另外，教师要正确看待学生在口语表达时的错误，不能严厉批评，而要多多表扬他们的正确之处，鼓励学生放下心理负担，自由地发表意见。合作学习是一种让全体学生都能参与的有效的教学手段，把学生分成几个学习小组，小组讨论问题，这样会降低学生作为个体的学习的焦虑。库克（Cook）曾说过，"人们都是通过听来学会说。正是通过听及与人交流使得我们能最好帮助学生提高其口头表达能力"。因此，除了在课堂上有限的时间内学习英语知识与文化外，教师还要鼓励学生多参加英语角，如果有机会还要与外国朋友交流，同时应多与英语学习者、英语爱好者交流，培养其英语口语学习的兴趣。

其次，要重视英语语音语调的学习。语音语调是口语的最直接的外在体现，中国的学习者往往汉语甚至方言腔调非常浓厚，这阻碍了其与英语母语者的交流。打好语音基本功，模仿纯正的英语发音和语调，是消除汉语腔调的必要途径。

最后，鉴于词汇知识在口语交际中的作用，大学英语教学应扩大学生的积极性词汇（应用性词汇），并把学生培养成为英语的积极使用者而不是消极或被动的接受者。针对不同问题的学生，英语词汇问题的表现不同。例如，初级水平的学生较多存在语音方面的问题；中高级水平的学生的词汇搭配问题出现的很少或几乎没有。斯基汉（Skehen，1996）认为，词汇问题无论对初级英语学习者还是高级英语学习者都发挥着重要的作用。由此可见，词汇问题导致的英语交流的误解或障碍是英语学习，尤其是英语口语交流间的突出问题。我们在教学中应注意的是引起学生对积极性词汇的注意。换而言之，并非所有词汇在使用时的频率是一致的。因此，提高英语口语并不是要将所有的词汇记住，教师应引导学生熟记常用的英语表达方式和词汇，使其成为英语的积极学习者。

【参考文献】

[1] 大学英语教学基本要求项目组 . 大学英语课程教学要求 [教学大纲]（试行）[M]. 北京：清华大学出版社，2004.

[2] 冯涟漪，龚昭 . 元认知与英语口语学习的相关研究 [J]. 外语界，2007（2）.

[3] 陈海忠 . 词汇知识在口语交际中的作用 [J]. 中国英语教学，2003（26）.

[4]Cook. V. Second Language Learning and Languange Teaching[M]. Beijing: Foreign Language Teaching and Research Press，1996.

[5]Skehan，P.. A framework for the implementation of task – based instruction[J]. Applied Linguistics，1996(17): 38-62.

准确曝光与正确曝光对摄影的影响
和在实践中的应用

武汉东湖学院传媒与艺术设计学院　黄本培

　　我们经常看到一些激动人心的场景，或者是风景秀丽的湖滨，或者是风光旖旎、景色奇异、林海悬崖的自然风光，这时，摄影者往往会拿起照相机，把这些景致拍摄下来。但是，对于初学摄影者来说，结果往往是一幅令人失望的影像，原来场景中那些丰富多彩的画面一个也没有抓住。如果是数码摄影，或者使用传统彩色胶片进行拍摄，场景中那些鲜艳色彩则变成了乏味的一片苍白。如果拍摄的是黑白胶片，照片画面会更显得死气沉沉，像褪了色一样的灰色调。

　　出现这种情况后，我们常常会叹息，这到底是怎么回事呢？

　　原来，以上摄影所出现的问题在于胶片或数码相机的CCD没有准确地曝光，要么就是对场景的曝光过度，要么是曝光不足。即使现代相机为我们提供了最先进的内置测光系统，甚至提供了自动曝光功能，也会出现类似错误。那么，是否是先进的测光系统出现了问题呢？实际上，测光系统并没有问题，因为测光系统只能读取测光表所指向的任何景物，关键是必须知道测光表的测光点在测光时应该指向哪里，以及如何理解所读取的测光数据。世界上最聪明的测光表也不能自己做到完美的曝光，只能靠摄影者将其指向所拍摄景物的正确位置，并灵活地运用所读取的测光数据。

　　对于彩色胶片或数码摄影，只有进行准确的曝光，照片上所有的色彩才应该是鲜艳纯净的。同样，对于黑白胶片进行准确的曝光，照片上表现出来的黑、白、灰所有的影调也应该是非常鲜明的。

　　那么，什么是"准确曝光"呢？要回答这个问题，首先要弄清两个不同的概念，即"准确曝光"与"正确曝光"。

　　所谓"准确曝光"，是一个客观的概念，它是按景物中18%的中灰亮度调节曝光。我们的拍摄曝光在很多情况下，是最大限度的获取丰富的影调和层次，因此，这时的准确曝光是正确的。

　　所谓"正确曝光"，是一种主观的概念，它是在准确曝光的基础上，按照摄影者的创作意图，有意识地增加曝光或减少曝光。比如，我们需要拍摄白雪的质感，就应在准确曝光的基础上有意识地增加适当的曝光量。例如，图001《红梅傲雪》，为了表现红梅被洁白的积雪履盖，拍摄者在准确曝光的基础上有意识地增加了1档曝光量，这样，积雪是洁白的；再如图002，为了表现白雪晶荧剔透的质感，加之背景偏暗，所以在准确曝光的基础上减少了 1 档曝光量。

图 001

图 002

又如舞台摄影，表演者处于灯光下，背景较暗，就应在准确曝光的基础上有意识地减少曝光量，只有有意识地调节曝光补偿，才能表达作者的创作意图，被摄景物的色彩、质感才能准确地还原。如图003、004、005，深暗的舞台背景同表演者形成强烈的高反差，如果仅仅依靠相机测光系统的测光值拍摄，表演者会严重曝光过度，其影像结果是人物一片苍白。因为深暗的舞台背景所需要的曝光量远远超过了灯光照射下人物的曝光量，大面积深暗的背景误导了照相机的测光系统，而照相机的测光系统并不知道摄影者的创作意图，它只能读取测光点所指向的场景范围的测光数据。测光系统虽然很先进，但它并不聪明，最聪明的是摄影者自己，也就是说，只有摄影者知道表演者才是这幅作品的主题，其曝光量应以表演者为主。所以，图 003 在点测光的模式下减少了 1 档曝光量；004、005 背景更暗，减少了 1.7 档的曝光量。这样，人物的亮度、色彩和层次都得到了准确地还原。

图　003

图　004

前面我们提到了 18％灰色调，那么，什么是 18％的灰色调呢？为什么不是 30％、45％或 80％的灰色调呢，原因在于平均场景中的光线经过平均后得到的是大约 18％的灰色调。无论是数码摄影还是使用彩色胶片或者是黑白胶片，这个读数都是正确的。

为了实现摄影者的创作意图，也就是"正确曝光"，我们必须掌握"曝光补偿"在摄影中的应用。

图　005

1．光圈优先（A 或 AV）曝光模式下的曝光补偿

一般照相机的测光系统测光，在被摄景物亮度反差较小的环境下，可直接使用相机的测光读数拍摄。

如果被摄主体的亮度比背景亮，即主体亮背景暗，就应作"－"值补偿，反之就应作"＋"值补偿。具体补偿多少，应根据现场的环境灵活运用（+/－补偿一般以 1/3 为单位递加或递减，最多可设定 +/－5 级的曝光补偿，但取景器中的曝光补偿值只能显示最多 +/－2 级的设置）。

具体方法是：根据主体与背景的亮度反差，增加或减少曝光补偿值，即用大拇指按住"AV" 按钮，食指主拨动" "，观看取景屏上的曝光标尺" "，主拨盘" "向"＋"、"－"方向每拨动一档，按 +/－0.3、0.7、1.0、1.3、1.7、2.0 递 +/－。但切记，当拍摄完成后，一定要及时将曝光 +/－补偿值调回到曝光标尺" "上"0"的位置，不然，假如下一张照片不需要曝光补偿，相机会依然按照上一张的曝光补偿值增加或减少。

2．快门速度优先（S 或 TV）

其原理和调节方法同上。

3．手动曝光（M）

手动曝光不存在曝光补偿，只是在设定曝光时，根据摄影者的创作意图调节曝光量。

具体方法是：将镜头和取景器内的测光点对准被摄主体，首先将曝光标尺""下面的黑点调节到"0"的位置，表示"准确曝光"。然后根据作者的创作意图，有意识地将"曝光标尺"下的黑点往"＋"、"－"方向调节。

因为数码相机感光元件的宽容度同传统摄影中的反转片相似（即宽容度较低），所以摄影曝光宁少勿多。

---

[1] 注："宽容度"是指传统相机的胶片（或数码相机的感光元件）能按比例正确记录被摄景物明暗范围的能力，被摄景物的明暗范围一般用反差的大小来表示。因此，胶片或数码相机的感光元件能按比例记录被摄景物的明暗范围越大，表示胶片或数码相机感光元件的宽容度大，反之则小。

《广播节目制作》课程中"项目教学法" 的应用与思考

武汉东湖学院传媒与艺术设计学院　张洁意

　　《广播节目制作》课程是大学新闻学专业实践类课程，主要讲授广播节目制作的技术和理论知识，具体包括音频设备及非线性编辑系统、广播节目策划和设置、广播语言、广播新闻节目、文艺节目编辑、广播广告等内容。课程重点是要求学生通过实验环节的学与练，熟练掌握广播节目的采、编、播、设计与制作这一广播节目制作的整个流程。

　　针对《广播节目制作》课程的教学目标和特点，课程设计中要充分借鉴项目教学法。项目教学法，是师生通过共同实施一个完整的"项目"工作而进行的教学活动。在《广播节目制作》的第一堂课，老师提出教学要求，即全班同学分组完成一部广播节目的制作，五位同学一个小组，每组制作周期为一周，节目选题、文案、音频素材搜集、播音、后期编辑由组员分工合作完成，节目时长30分钟左右，并提出广播节目的评分标准和评分机制。

一、实施项目教学法的条件论证

　　高等教育各专业课程的教学设计方案需要结合专业要求，以及本课程在专业学科中的作用和培养目标来制定，具体教学方法的运用也需考量在专业课教学中的适宜性。

　　项目教学法在以下几方面符合《广播节目制作》课程的相关条件。

　　（一）项目的设定对课程教学具有一定的实用价值

　　学生分组实验的教学设计，既是实现教学目标的具体手段，同时也是考验教学效果的有力途径。学生在分组进行广播节目制作的过程中，实际是对课程理论部分各章节的深化与实践，可以充分地把理论教学与实践教学结合起来。

　　（二）项目的实施能很好地将理论知识和实践技能结合起来

　　课程内容由两大框架组成，即广播节目制作理论和音频技术。音频技术的讲解涵盖节目制作各种设备的功能、分类、原理、技术指标以及音频非线性编辑软件的使用。节目制作的理论包括广播节目制作原则、节目设置与节目策划、广播语言、广播新闻编辑、文艺节目编辑、广播广告等。音频技术的实现需要广播理论的指导，广播理论的意义和价值得靠音频技术的实践检验。学生分组节目制作的实验能有效地把二者结合起来，在实验中学习音频技术，领会广播理论。

（三）学生有独立计划工作的机会，一定时间范围内自行组织，安排学习行为

学生分组实验由学生自主确定选题、搜集文字和音频素材、撰写文案、播音、录音、后期编辑等。规定每组节目制作的时间为一周，到期必须提交作品。各组员依据规定的时间和节目要求，需提前一两周甚至更长时间讨论、确定节目选题、筛选素材，然后按时去录音棚录音，后期制作。

（四）具有一定难度，要求学生运用新知识、技能，解决实际问题

新闻学专业学生除少数在校广播台接触过广播节目制作外，其余很多同学对广播制作的设备、流程、技巧都是完全陌生的。广播编辑中的相关知识，如声波的振幅、频率，声音三要素，电平，频率响应，混响和延时，动圈话筒和电容话筒，调音台的使用等，学生在掌握的过程中存在一定的难度。尤其在分组实验中，有些问题在节目制作过程中一个个出现，需要他们通过请教老师、查阅书籍、同学讨论、独立思考等多种方式找到解决问题的办法。

（五）有明确而具体的成果展示，师生对项目成果共同评价，交流学习方法

学生分组实验完成的广播节目需要在课堂上面向全班同学播出，其他组在收听完该组节目后给出分数，分数采用百分制，从五个方面评定：节目内容，节目结构，节目特色，节目气氛，播出质量。同时在课堂上，节目制作组成员会分享节目制作心得和面临的困难，以便给其他组经验借鉴。其他同学交流收听节目的感受和体会，老师对节目质量给予点评。

二、项目教学法在五个教学阶段的运用

项目教学法在《广播节目制作》课程中一般可按照以下五个教学阶段来进行。

（一）确定项目任务

项目任务的计划和安排要能很好地实现课程理论和实践的结合，涵盖本课程的教学重点和难点，同时激发学生的学习热情和创造意识。另外，项目的难易程度要保证学生能在限定的时间范围内完成较高质量的作品。

学生在实践中，要理解和把握课程要求的知识和技能，体验节目创新的乐趣，后期编辑的琐碎和艰辛，录音录像的新鲜和紧张，组员矛盾的烦恼并努力地去协调，培养分析问题和解决问题的思想和方法。通过制作一个广播电视节目，让学生完成节目策划、文案创作、录音录像、导播、后期编辑等生产流程，从中学习和掌握话筒、调音台、摄像机、非线性编辑系统等设备的使用与操作。

（二）制定计划

本课程把理论教学和实践教学紧密结合，将基础理论、技术实践、自主创新三要素，实行以广播节目为载体，采用"教、学、练"一体化的授课模式，老师"教"基础理论、节目制作流程、设备原理和使用，学生"学"如何制作广播节目，如何做出优秀的节目，

有哪些技巧。"练"把"教"和"学"进行了统一和整合，既培养了学生灵活运用理论知识的能力，又培养了学生的独立思考、自主创新，以及分析解决问题和人际沟通的能力。

"练"的第一个阶段即各组成员为完成项目任务制定节目制作计划。首先，时间安排。何时开策划会讨论并确定节目选题，何时落实节目文稿和音频素材，何时录音和后期制作。其次，人员安排。各组推选一位成员担任组长，负责督促、协调工作，及维护设备安全。同时依据各成员特长和能力安排合适工作，如文稿写作，录音，后期编辑，导播等，各司其职。最后，确定节目方案。在策划方案经过小组成员出谋划策、协调一致之后，根据广播节目制作流程，对节目制作的步骤及具体时间安排进行规划。

（三）实施计划

学生依据各自特长和能力担任小组分工的各项职责，节目策划、文案写作、播音、导播、后期编辑等各环节与广播编辑理论课中的广播语言、节目制作原则、非线性编辑原理等各章节密切相关。

实施计划是项目教学过程中的重要环节，可以调动学生制作节目的积极性和参与热情，鼓励学生在"游戏"中学习。好的游戏要素包含规则、竞争、合作、过程这几点。广播电视节目制作的教学环节同样涵盖了以上几要素，由老师制定规则，每个小组五至十位同学组成，独立策划、录制、编辑一部30分钟的广播节目和10分钟的电视节目，节目类型、内容不限，节目完成后对作品点评并打分，打分标准参照广播电台电视台节目评选要求，并在学期末对全班各组作品进行排名。各组同学积极策划、全情录制、严谨编辑，力争做出最有创意、最好质量的节目，同其他组同学展开良性竞争。

（四）检查评估

一部广播节目质量的好坏取决于收听率，同样，一部学生广播作品的成绩优劣依据听众即其他同学的收听感受，即是否喜欢节目，是否被节目气氛所感染，是否能引起共鸣。听众的收听感受和评价正是检验节目制作的各项环节和技术指标的重要参考因素。

（五）归档或结果应用

在项目教学法中，作为项目的实践教学产品，应该尽可能具有实用价值。因此，项目工作的结果应该应用到学校的教学实践，以及媒体的广播节目制作实践。

在《广播节目制作》课程中，每个班级的分组节目作品都会在学期末汇总，并依据成绩排名选出优秀作品。优秀广播作品将在课程博客网站和校内精品课程网站上刊载，方便其他学生或广播发烧友在线收听或下载保存，并在网络互动平台下留言，发表收听感受和意见。

此外，暑假期间老师推荐个别优秀学生到电台实习，把课程中学习到的理论和实践知识充分运用到媒体运作中，进而不断提高节目采编制作的能力和素养。

三、教学效果分析

项目教学法在《广播节目制作》课程中的运用和实践，取得了较好的教学效果。

通过对近三年学生填写的《教师测评表》的总结，学生对《广播节目制作》课程的总体反映好。学生说，学习这门课，最感兴趣，压力最大，收获最大。整个学习过程，不仅学会了节目制作，更重要的是学会了互相尊重，互相包容，顾全大局，提高了协调能力。这些都是在课堂上学不到的东西！

学校的硬件建设也获得省内外、国内外同行专家的一致好评。学校投资 97 万建立了 120 平方米的非线性编辑室、80 平方米的录音棚，为学生"上岗就能上手"提供了训练条件。2010 年在北京师范大学珠海分校召开的"国际化新视野——文化传播院长论坛"学术交流会，洪威雷教授代表《广播节目制作》精品课程组，向大会介绍了该课程教学改革中的"项目教学法"。各高校的传媒学院院长们，都肯定了本课程运用的"项目教学法"。

在《广播节目制作》课程中运用"项目教学法"，还需在以下几方面予以完善，不断创新：（1）建立课程开发小组、工作组，逐步建设与课程改革体系相配套的教材体系，不断完善校本教材内容；（2）开辟校企合作的实训基地；（3）建设合理的师资队伍，重视教学环节的师资力量配置，改善教学师资结构；（4）开发课程网站，充分利用校园网和教学博客进行教与学的交流互动。

【参考文献】

[1] 朱丽梅 . 项目教学活动的组织与指导 [J].《教育导刊》，2002（14）.

[2] 曾建雄，陈长松 . 倡导教学改革 推进学术研究——2009 年中国新闻学学术年会综述 [J]. 新闻战线，2010（1）.

[3] 方忠平 . 案例教学法在新闻学教学中的运用 [J]. 中外教育研究，2008（12）.

[4] 周川 . 高等教育学 [M]. 南京：河海大学出版社，2002.

以就业为导向的独立学院艺术设计专业教学改革

武汉东湖学院传媒与艺术设计学院　张　鑫

随着计划经济条件下形成的刚性就业机制的解体以及各大高校的不断扩招，大学生就业难日益成为全社会关注的焦点问题。深入分析艺术设计专业学生就业难的产生原因，以就业为导向进行独立学院艺术设计专业教学改革，不断提高学生就业质量，是独立学院艺术设计专业所面临的重要课题。

一、引　言

随着计划经济条件下形成的刚性就业机制的解体以及各大高校的不断扩招，大学生就业难日益成为全社会关注的焦点问题。独立学院艺术设计专业的学生，因其自身的特殊性、学校和社会等综合因素的影响，就业形势尤为严峻。因此，深入分析艺术设计专业学生就业难的产生原因，以就业为导向进行独立学院艺术设计专业教学改革，不断提高学生就业质量，是独立学院艺术设计专业所面临的重要课题。

二、独立学院艺术设计专业学生就业难的成因分析

（一）艺术设计专业学生个性桀骜，缺乏系统的职业规划

第一，独立学院艺术设计专业学生的理想信念、人生观、价值观是积极向上的，但是普遍对自己充满高度的自信，甚至有些学生将"桀骜不驯、孤芳自赏"作为自己的"个性"特点，因此在面对职业规划的时候，往往不能准确地认识自己、分析自己、评价自己，从而导致用人单位对独立学院艺术设计专业的学生有"人际交往能力、沟通能力、口头表达能力不强、团队合作精神缺乏"的较低评价。

第二，由于独立学院艺术设计专业是"高投入"专业，学生对于今后工作的薪酬产生了"高回报"的期待与渴望。因此，在遇到待遇较低的用人单位时，许多毕业生宁可选择自谋职业也不就业的消极态度，这也是艺术设计专业学生就业难的一个重要原因。

第三，虽然艺术设计专业的毕业生有着对未来的高期望值，但是他们对自己的职业生涯及未来的发展缺乏必要的规划，只是一味地追求到收入高、环境好的沿海发达

城市去工作，这在客观上又进一步加大了艺术设计专业学生的就业难度。[1]

（二）独立学院艺术设计专业设置单一，实践与理论脱节

现在，越来越多的独立学院都开设了艺术设计专业，但是大部分的教学计划及体系、课程设置完全照搬于母体高校，专业课程设置狭窄、教学内容陈旧老套，尤其是实践与理论严重脱节，这是独立学院艺术设计专业存在的普遍问题。事实上，独立学院的办学定位和培养方向都不应该同于母体高校，特别是母体高校艺术设计专业原有的教学模式、教学手段等都不利于独立学院应用型人才的培养。这势必导致培养出来的学生知识面狭窄、设计理念落后、实践动手能力不强，严重抑制了学生的创造意识、创新精神和创造能力的形成，很难适应社会、企业的需求。这些问题不解决，独立学院艺术设计专业学生的就业问题就难以解决。[2]

（三）社会需求与人才培养之间的矛盾日渐尖锐

我国社会经济的发展对于优秀设计人才的需求是明显的，但是人才培养与社会需求之间的矛盾也日渐尖锐。其一，据统计，2010年我国设置艺术设计专业的高等院校达1448所，大约40万名学生入学。以大学本科四年学制计算，这几年全国学习设计相关专业的在学人数就超出130万人。专业出口拥挤，就业存在风险不可避免。[3]其二，独立学院在我国尚属于起步探索阶段，就目前来看，由于本身的生源和一二本院校存在着很大的差距，尤其高校扩招后生源素质下降、教育资源日趋紧张，因此，传统教育模式下培养的艺术设计专业学生不能满足日益发展变化的社会需求。

三、以就业为导向探索独立学院艺术设计专业教学改革

通过以上分析，可以看出艺术设计专业学生就业难有着自身、学校、社会等各方面的综合原因，因此，积极探索以就业为导向的独立学院艺术设计专业教学改革就成为了大势所趋。作为独立学院艺术设计专业的教师，必须把握学生特点，加强就业指导，提升学生综合素质，引导学生按照社会经济发展的要求塑造自己，积极就业。

（一）把握学生特点，积极开展"导师制"，分阶段、分重点开展就业指导

2009年，为了更好地贯彻全员育人、全过程育人、全方位育人的现代教育理念，更好地适应素质教育的要求和人才培养目标，武汉东湖学院艺术设计专业积极开展了"导师制"。这种制度要求在教师和学生之间建立一种"导学"关系，针对学生的个性差异，因材施教，指导学生的学习、科研。

在"导师制"对学生的全程培养过程中，如果能够加强分阶段、分重点的就业指导，有利于提高学生的职业竞争力：一年级以职业生涯规划为重点，及时引导学生了解市场与自身发展的特点，并对自己进行合理的定位；二年级以素质教育为重点，引

---

[1] 王琦. 艺术设计类学生就业难的成因研究与破解途径[J]. 中国电力教育，2011（6）.

[2] 赵玉洁. 当前就业形势下对独立学院艺术设计专业教学改革的思考——加强艺术设计实践教学的环节和途径[J]. 品牌，2011（2）.

[3] 许平. 艺术设计教育盲目扩张之忧[J]. 中国文化报，2011（8）.

导学生按照社会的发展要求塑造自己，全面提升其综合素质及求职能力；三年级以创业教育、创业能力的培养及就业、择业的价值观教育为重点，端正学生的就业心态，激发学生的创业意识，培养学生的实践创新精神；四年级以形势政策教育、就业技巧、就业权益的保护为重点，提高学生的就业能力，从而形成系统的职业指导体系，使学生正确认识自己、评价自己，全面提升综合素质，提高学生的综合竞争力，成为与经济社会发展相匹配的高素质人才。

（二）加强市场调研，推动"产学结合"教学模式，培养学生的专业设计能力

艺术设计教育的终极目的就是培养学生实际解决问题的能力及专业设计能力。随着市场经济的发展，市场对人才的配置起着决定性的作用，它才是检验高校艺术设计教育是否成功的重要尺度。

首先，要以市场为导向，加强市场调研，深入分析专业市场需求，调整人才培养方案，改变过去重共性轻个性、重理论轻实践、重艺术轻技术的传统培养模式。同时，改变传统的封闭式教学体系，在教学中更多地增加应用性课程设置，培养学生的市场意识，激发学生的学习兴趣，培养与市场需求相匹配的专业设计能力，变被动学习为主动学习。

其次，推动"产学结合"教学模式，加强与企业合作办学。艺术设计是活的，在具体设计中，不能确认固定的秩序和搭配关系，校门洞开的今天，对外设计服务已不可逆转。让教师带领学生走向社会，使专业必修课在社会实际设计中完成，这是加强教学的重要举措。为保证实践教学的落实，学院应该与企业建立校外实践教学"产学合作"基地。生产实习和毕业设计都采用实习方式，让学生以设计人员的身份到产学合作单位参与项目的设计，这样可以直接深入到设计、制作、施工、后期甚至管理的整个工作流程中做辅助工作，做到"实题实做"，确保理论知识与实践紧密结合。这样不仅摆脱了传统教学模式，还突出了实践教学，以实践教学促进能力的提高，使学生毕业后能够胜任与所学专业相关的实际工作。[1]

最后，许多院校已经被证明行之有效的"工作室制"也是全面提高学生实践能力的有效方式。"工作室"在一定程度上说就是一个小型公司，教师以工作室承接的项目为平台，开展真实的实践教学活动。教学工作室的建立，可以突破传统的实践教学模式，为教师与学生提供新的实践平台，提供更加开放、宽广的实践教学环境。这样，教学实践切实地融合到实际的操作之中，与此同时，教学成果通过这些渠道可以快速传播于社会并服务于社会，对本校艺术设计专业学生的设计能力也是有力地宣传。可以说，"工作室制"教学模式具有广阔的发展前景，应该成为艺术设计专业实践教学模式新的发展方向。

---

[1] 陈佩琳，苏楷晨. 广告设计专业学生的实践能力培养探究[J]. 成才之路，2011（5）.

四、结语

当今高校艺术设计教育的就业问题日益突出，为了保障独立学院艺术设计专业学生顺利就业，提高毕业生的就业率和就业质量，学院在教学中必须结合市场需求，以培养应用型人才为目标，结合学生自身的优势和特色，探索与之适应的新型人才培养模式，帮助大学生在入学到毕业的整个学习阶段明确目标，制定计划，培养正确的择业观，掌握就业必备技能，加强实践性教学环节，提高学生的创新能力，应对市场挑战，进而提高独立学院艺术设计专业的办学水平和教学质量，培养出一批批独立思考，勇于创新，动手能力强，受社会欢迎，有特色、高质量的专业人才，从而创出学校的声誉和特色。

【参考文献】

[1] 王琦. 艺术设计类学生就业难的成因研究与破解途径 [J]. 中国电力教育，2011（6）.

[2] 赵玉洁. 当前就业形势下对独立学院艺术设计专业教学改革的思考——加强艺术设计实践教学的环节和途径 [J]. 品牌，2011（2）.

[3] 许平. 艺术设计教育盲目扩张之忧 [J]. 中国文化报，2011（8）.

[4] 陈佩琳，苏楷晨. 广告设计专业学生的实践能力培养探究 [J]. 成才之路，2011（5）.

浅析当代大学生心理健康问题

武汉东湖学院 传媒与艺术设计学院　彭幽兰

随着社会经济的快速发展，人们生活节奏的加快，当代人的压力越来越大，人们的心理健康问题正受到越来越高的关注。大学生作为社会中的一个特殊群体，其心理健康问题更是一直以来备受社会各界的关注。当代大学生面对着竞争日益激烈的社会，社会心理压力与日俱增，心理问题和困惑也更加频繁。这些给我们大学生自身、家庭及社会均带来极大的影响。因此，大学生心理健康教育也越来越受到国家的高度重视。心理健康教育作为素质教育的基础，它的开展不仅对大学生的心理健康问题可以起到预防作用，而且是大学生走向现代化、走向世界、走向未来与为国建功的重要保证。因此，本文从阐述当代大学生的心理健康的现状入手，分析了大学生心理健康的必要性和重要性，接着分析了造成大学生主要心理问题的原因，最后针对这些原因提出了具体的解决对策，希望能对提高大学生的心理健康有所帮助。

一、大学生心理健康现状

（一）心理健康的定义

关于心理健康的定义，一直都没有一个统一的标准或是说法，但国内外许多学者一直致力于这个学术领域进行了长期的研究。在研究和吸取百家之长的基础上，一些心理学家建立了自己的心理学理论。人本主义心理学的代表人物、美国心理学家亚伯拉罕·哈罗德·马斯洛等提出了被认为是经典的心理健康的十条标准：（1）有足够的自我安全感；（2）能充分了解自己，并能对自己的能力做出适度的估计；（3）生活理想切合实际；（4）不脱离周围现实环境；（5）能保持人格的完整与和谐；（6）善于从经验中学习；（7）能保持良好的人际关系；（8）能适度地发泄情绪和控制情绪；（9）在符合集体要求的前提下能有限度地发挥个性；（10）在不违背社会规范的前提下，能恰当地满足个人的基本需要。

（二）大学生心理问题的总体概况

现阶段我国大学生心理健康状况从总体来看，主流都是健康的、积极的，绝大多数大学生能很好地适应自己的学习和生活环境，顺利地培养和发展自己的各项心理能力，做到德智体诸方面的和谐发展。但也存在一些不能忽视的问题：（1）大学生中存在心理问题的学生比例不低，仅2008年，全国高校学生自杀率平均为十万分之1.33；

（2）大学生心理健康问题容易引起从众心理，后果严重，影响巨大；（3）神经病、精神疾病成为大学生休学、退学的又一主要原因。

（三）大学生的主要心理问题

大学生中产生的心理困惑或问题表现在许多方面，具体来说，比较集中的体现在以下几种不良心理状态：（1）失落心理；（2）孤独心理；（3）焦虑心理；（4）苦闷心理；（5）恐惧心理。

（四）大学生心理健康的必要性和重要性

大学生是社会主义事业的建设者和接班人，他们的心理健康问题不仅关系到个人的成长，也关系到中华民族整体素质的提高，更关系到我们国家的发展和社会的发展进步。因此，大学生的心理健康问题，必须引起社会各界的关注，与此同时，关注大学生心理健康也有着深刻的现实意义。（1）心理健康教育有利于优化大学生的社会化过程。（2）心理健康教育有助于培养健全个性的合格人才。（3）心理健康教育有利于促进和完善大学生的思想政治工作。

二、造成大学生心理健康问题的原因

总体而言，影响大学生心理问题的因素有很多，它涉及到生理、心理、社会、经济、文化等多方面的综合作用。本文主要从客观和主观这两个主要方面来进行分析。

（一）客观因素

随着社会经济的飞速发展、中国社会的巨大变化，人们的生活方式、价值观念等也均发生了重大的变化。人们的心理活动比以往更活跃、更复杂，各种新的社会应激因素给人们的心理健康带来越来越大的威胁，对大学生群体更是如此。

(1) 社会文化因素。随着经济全球化的不断扩展，西方文化不断地涌入，东西方文化发生着前所未有的碰撞和融合，大学生不可避免地感到迷惘、疑虑、混乱，使他们陷入困惑、压抑的状态，感到无所适从，进而影响心理的健康发展。

(2) 大众传媒因素。随着科学技术的飞速发展，大众传播媒介的形式越来越丰富，计算机网络、广播、电视、电影、报刊杂志的传播手段和技巧也越来越先进，致使大众传播媒介对人们的心理影响也越来越大。大学生具有求知欲强但辨别能力弱、崇尚科学但欠辩证思维的特点，大众传播媒介中的许多不良因素对大学生的思想及行为带来了消极和不利的影响。

(3) 市场经济的影响。随着市场经济的发展，社会竞争的越来越激烈，而这激烈的竞争社会现实正冲击着大学生平静的心理，并引起很大波动；同时，市场观念也给大学生的心理发展带来了负面影响，不少学生舍弃自身价值和理想的实现去单纯追逐经济目标，这种价值取向必然导致个人至上，金钱至上，享乐至上。

(4) 指导思想的偏差。思想政治工作的失误也给大学生的心理素质带来不良影响。一些大学的思想政治工作只是走走形式而已，缺乏深入细致的作风：有的教育不能帮助学生树立远大的理想抱负和正确的世界观、人生观、价值观以及道德观。

(5) 家庭环境状况。现代心理学的研究证明,家庭环境对人的一生有着重大的影响,不同的家庭教育和影响对大学生有着十分深远的影响。

（二）主观因素

大学生正处在一生中心理发展变化最为激烈的时期。影响其心理健康的因素除了上述那些客观的因素外,更为主要的还是其主观因素。处在这一特定阶段的大学生,由于心理发展不成熟,情绪不稳定,心理冲突矛盾时有发生,主要表现为以下几个方面。

(1) 心理冲突的体验。大学生在现实中有时会遇到一些始料不及、突如其来的困难和障碍,这时就会不可避免的产生心理冲突。心理冲突常给人以挫折感,对个体的直接影响就是心理压力。

(2) 心理承受力低下。心理抵抗力和免疫力弱,这是当代大学生中普遍存在的一个问题。有许多大学生的感情比较脆弱, 爱虚荣、喜赞扬,缺乏在困难和逆境中的锻炼,经不起挫折。

(3) 性成熟的困惑。大学生的性生理已基本成熟,这必然带来他们性心理的变化。他们渴望接近异性,但由于经验不足,阅历太浅,理智性差,因而性爱意识和欲望的表露,有时会表现为盲目性和欠严肃性,很容易进入低级情感滥泄的误区而无法自拔,最终导致情绪不稳、心理冲突甚至行为异常。

(4) 环境变化的影响。大多数大学生首先是反映在环境的变化所引起的心理不适。进入大学后, 他们在生活上的变化是由父母周到的照顾变为住集体宿舍、吃饭排队、自己洗衣、日用品自理等,从而产生了一种不适应感。这种依赖性和独立性的反差和矛盾,很自然会引起他们对以往生活方式的怀恋和对新的生活方式的排斥。

三、解决大学生心理健康问题的对策

对于高校大学生中存在的心理问题和心理障碍,我们应加以高度重视,加大心理健康教育的力度, 及时预防和排解大学生面临的心理困扰,提高大学生的身心健康水平。因此本文认为应从以下几个方面入手,来加强大学生的心理健康教育工作。

（一）普及心理学知识

当代大学生心理素质的提高离不开心理学知识的掌握。系统学习心理学知识,了解自身心理发展变化的规律与特点, 学会心理保健的方法, 自觉调节控制情绪,是促进大学生心理素质优化的重要措施。当前, 高校要把系统开设心理健康教育课程作为心理健康教育的主渠道,科学地安排有关心理健康教育的内容,加强对大学生心理知识的传授;同时, 应结合大学生的心理需求, 针对不同时期学生的心理问题的类型,分阶段、分层次、有针对性地实施心理健康教育专题讲座,并可运用广播、电视、校园网络、校刊、校报、橱窗、板报等多种手段宣传积极健康理念,树立典型,发挥榜样作用。

（二）建立健全心理咨询机构

学校心理咨询工作是防治大学生心理疾病、优化心理素质、增强心理健康的重要途径，也是心理素质教育的重要组成部分。它的主要职能是根据大学生的心理特点，有针对性地对他们进行生活、学习、就业指导和心理辅导，帮助学生客观地认识自己身心健康状况、发展特点及水平，从而促使学生树立心理健康意识，优化心理品质，增强心理调适能力和适应社会的能力，有效预防和缓解心理问题，顺利地完成身心保健与全面发展的任务。

（三）加强校园文化建设，营造良好的心理健康氛围

高校校园文化是以教职员工为主导，以大学生为主体，以校园精神为核心，反映高校师生员工的思想、价值取向和行为方式的社会亚文化。优良的校园文化是一所大学精神文明建设的重要动力，它对于青年学生的健康成长具有潜移默化的影响，对于他们学习如何做人、做事、做学问都起着一种导向的作用。总之，在校园文化建设中，要坚持"以科学的理论武装人，以正确的舆论引导人，以高尚的情操塑造人，以优秀的作品鼓舞人"，搞好宣传、教育和引导，使大学生在轻松、愉快、和谐的校园环境中健康成长。

（四）加强教师的心理健康教育，增强广大教师的心理健康教育意识

心理健康教育是一项专业性很强又很复杂的工作，心理健康教育必须渗透到学校教育、教学工作的全过程中去，因此，加强教师的心理健康，增强广大教师心理健康教育意识和能力，是加强学校心理健康教育的关键。

【参考文献】

[1] 樊富珉，王建中．大学生心理健康教程 [M]．武汉：武汉大学出版社，2006:7—10.

[2] 王晓霞．略论大学生心理健康的标准及意义 [J]．前沿，2001，(101):60—62.

[3] 樊富珉．大学生心理健康与发展 [M]．北京：清华大学出版社，1997:卜 11.

[4] 黄希庭．大学生心理健康教育 [M]．上海：华东师范大学出版社，2004:36—39.

[5] 严由铭．大学生心理健康教育研究 [J]．华中科技大学，2006:2—12.

[6] 柳忠琴．大学生心理健康教育研究 [J]．东北师范大学，2007: 5—28.

[7] 朱丽莎．大学生心理健康教育研究 [J]．武汉大学，2005:1—6.

[8] 焦明丽．大学生心理健康教育研究 [J]．哈尔滨工程大学，2004:1—10.

[9]Campbell，C. A. & Dahir，C.A..111e National Standards for School Counseling Programs[M]．Alexandria，VA:American School counselor Association，1997:9.

民办高校学生日常行为管理探析

武汉东湖学院传媒与艺术设计学院　杜凌秀

　　我国民办高等教育是在改革开放新形势下，顺应市场经济客观需要的必然产物。它打破了国家包揽办学的局面，促进了高等教育的多样化，扩大了高等教育机会，而随着民办高校办学规模的扩大，学生管理工作的重要性也日益突显。

一、民办高校与普通公立高校学生日常行为管理的区别

　　对于学生的日常行为管理，由于生源质量的不同，民办高校相对于普通公立高校来说更为严格和细致，尤其是在狠抓学风这一方面。如果说普通公立高校更多地依靠学生自觉，那么民办高校就基本上是依靠学生工作者方方面面地细致管理。

（一）民办高校与普通公立高校办学环境的不同

　　（1）校园文化氛围的不同。普通公立高校由于建校时间较长，已经形成了比较良好的校风、学风，校园文化氛围浓厚；而民办高校因为建校时间短，还没有形成良好的校风、学风。

　　（2）学生生源质量的不同。普通公立高校的生源质量普遍较好，多数学生的学习目标明确，能严格遵守校纪校规；但民办高校的学生在中学时的学习基础不如普通公立高校学生，学习相对较吃力，而且不少人的学习习惯不好。

　　（3）师资力量的不同。普通公立高校师资力量较雄厚，教师不仅能够在课堂上传授学生前沿的学科知识，而且能够凭借自身浓厚的文化底蕴影响学生；而民办高校师资力量薄弱，大部分教师乃是招聘的应届毕业或毕业一两年的硕士、博士，无法在学校形成浓厚的学术氛围、激发学生的学习兴趣。

（二）民办高校与普通公立高校日常行为管理的不同

　　普通公立高校在日常行为管理上，学校与教师较少对学生的行为进行干涉，学校的管理职能更多体现在制定指导性政策上，学生的自我发挥余地很大，自治程度较高。

　　相对于普通公立高校来说，民办高校不仅学生自治程度低，而且学校对学生的日常行为管理几乎是面面俱到。不少民办高校要求学生必须参加早锻炼、晨读、晚自习，每周日晚必须返校点名等；辅导员和任课老师天天对学生的到课情况进行清查，每周汇总上报。

二、民办高校学生日常行为管理存在的问题

（一）过于细化的管理造成学生强烈的不自由感

在笔者访谈的几所民办高校的学生中，几乎所有学生都感觉学校对学生的管理范围过宽，学生自主性很少。学习上除寥寥无几的选修课，学校安排的课程也没有自我选择的余地；学生大小文体活动、事无巨细皆要事先报告申请，长此以往，学生思维固化，没有创新的积极性，对学校内的活动不感兴趣，对学校的各项新政策、新动向漠不关心，学校无法形成普通公立高校那样浓厚的校园文化氛围。

（二）学生工作者工作缺乏自主性、创新性

笔者在访谈中发现，民办高校的学生工作者多数不具备基本的教育学、管理学知识，对于学生日常行为管理一般是依照学校的管理规定按部就班地完成，很多学生工作者没有思考过学生的长远发展，没有考虑过人才培养的真正目的，更没有思考过学生发展与学校发展间的关系，其工作目标往往定位于学生不出差错，甚至对学生的一些创造性的想法也因为害怕承担失败风险，担心学校追责而加以阻止、干涉。

（三）强调学生共性培养，缺乏个性发展

有的学者形象地比喻："如果说学生工作者的工作性质像保姆，那么公办院校的学生工作者看管的是高中生，民办高校的学生工作者看管的则是小学生。"因为民办高校的学生自觉性相对较差，因此学校管理层希望学生能服从学校安排；由于过于强调学生的统一服从性，因此往往忽略了他们作为成年人期望自我发挥的感受。

在笔者的访谈中，不少民办高校的辅导员老师提到学生应对突发事件的能力较差，日常学习、生活也习惯了事事依赖老师，大学读了三四年却不知道学校教务处、学工处所在的学生比比皆是。可以预想，这样培养出来的学生，即使门门课程得优秀，将来在工作岗位上也必然表现平平，很容易造成"高分低能"。

三、改进民办高校学生日常行为管理的对策

（一）加强民办高校学生辅导员的专业培训

学生的日常行为管理首先有赖于训练有素的学生辅导员。辅导员工作是高校学生工作的基础，可以说，辅导员的工作水平决定了整个学校学生日常行为管理工作水平的高低。

1. 建立辅导员职业化标准，加强人员选拔

辅导员的优进高配是进行大学生日常行为有效管理的根本保证，必须纠正诸如"辅导员工作人人能做"的错误认识。对辅导员的选拔任用应注重道德品质、政治素质、知识水平、分析和解决问题的能力、敬业精神和创新精神等方面，尽量多任用社会学、心理学、教育学、哲学、管理学等专业毕业的，以及有一定工作经历、社会经验的青年担任辅导员。

2.加大对辅导员的培养力度，优化其层次结构

辅导员职业化的最基本特征是，辅导员是否能把学生思想政治的辅导工作当作长期的、专门从事的职业。要让辅导员对这份工作有认同感，学校就必须提供相应的保障制度，积极开展全面的职业培训、素质训练，要让辅导员有机会进一步了解自己的职业、热爱自己的职业。

3.建立科学的民办高校辅导员职业化管理模式

学生日常行为管理更多的是靠辅导员进行思想教育。思想工作又是一项长期工程，教育效果成效通常要在很久后、以多种形式体现出来，这远不如专业学习那般快捷，更无法用考试来判断。另外，辅导员的工作成效还要受所在院系领导的工作导向、同事间配合的情况、学生素质的高低等多方面因素的影响，因此，对辅导员工作的科学考评应重点看辅导员是怎样做的，工作结果不再是评价辅导员能力的唯一标准。

（二）设立学生助理，培养学生自我管理能力

学生日常行为管理不仅仅是学生工作者的事，更应该是学生自己的事。民办高校要充分相信和发挥学生的主观能动性，鼓励及引导学生参与学校的日常管理，变学生的被动管理为学生自我管理。

首先，学生助理参与班级管理，能够减轻辅导员的工作量。民办高校辅导员一个人要面对至少200个学生，其工作压力之大可想而知，学生助理参与班级管理既可以减轻辅导员的工作压力，又不会给学校增加多少办学成本，可谓一举两得。

其次，学生助理在对同学进行日常行为管理时，可能采用更加贴合民办高校学生实际的柔性管理，以同学的身份对对方进行劝诫，现身说法，引导对方学会自我教育。

最后，学生助理的设立，不仅有利于学生助理本人自觉提高对自身的要求，而且有利于在学生身边树立良好的模范榜样，无疑有助于良好班风、学风的形成。

（三）建立对话协商平台，解决与学生沟通不畅问题

在笔者调查的四所民办高校中，校方在制定很多和学生利益相关的问题上都缺乏与学生的事前沟通，虽然这种做法在很多公立高校也很盛行，但对于更加个性、更不服管的民办高校学生来说，这种做法就等于对他们不信任、不关心。

在学生日常行为管理工作中，不可避免地会遇到学校管理部门、管理人员与学生之间的冲突和矛盾，这些矛盾有很多时候是起源于误会，如果双方能够坐下来进行协商，学校与学生之间的冲突和矛盾在很大程度上是可以解决的。对话、协商的过程就是将学校的单方面决策过程转变为学生意志的表达和双方意见统一的过程。可以说，对话协商平台是维护学校正常秩序的稳定器，是解决学校与学生因误会或意见不一致而带来的一系列矛盾的有效方法。

民办高校面对这些个性极强的学生，应该制定专门的对话协商制度，提供平台让学生表达自己的意见，这不仅可以增强学校管理层与学生双方的责任感，并且能促进双方相互了解、相互尊重，同时还可以避免重复性工作，节省学校管理的人力、财力、时间。

武汉东湖学院论文集

【参考文献】

[1] 单正义 . 关于加强大学生日常行为管理的思考 [J]. 青少年研究 .2006(3):10

[2] 童文胜，张君生 . 民办高校学生事务管理与指导工作的调查分析 [J]. 高等教育研究，2007(5):76—82.

[3] 张宝君 . 学生管理的多重博弈困境与对策选择 [J]. 中国高等教育，2010(3、4).

[4] 黄厚明 . 我国高校学生管理中学生主体问题：研究视角与改革路径 [J]. 高教探索，2010(2).

[5] 李德全，魏良福，胡明进，邓晓 . 川渝地方高校学生日常行为习惯的调查研究 [J]. 教育探索，2007(11).

[6] 郑红平 . 民办高校教学管理的主要问题及应对措施 [J]. 民办高等教育研究，2007(6).

[7] 戴咏梅 . 论高校学生工作中时间管理理论的应用 [J]. 江苏高教，2010(4).

[8] 庞惠 . 民办高校学生管理工作的理论探索与实践 [J]. 高教论坛， 2008(4).

[9] 朱彦名，宁敏，时鹏飞 . 民办高校学生管理工作的研究与突破——以中国矿业大学徐海学院为例 [J]. 中国电力教育，2008，12(上).

[10] 全力 . 探索民办高校学生管理工作的新途径 [J]. 高等教育研究，2007(6).

日本的 Seminar 教学法及其对我国的启示

武汉东湖学院经济学院　　胡　方
武汉大学经济与管理学院　　胡婵娟

本文主要研究了日本的 Seminar 教学法的基本做法和教学特点，并通过中日教育历史和模式的对比，论述了日本 Seminar 教学法对我国教育改革和教育发展的启示。

Seminar 教学法最初出现在 18 世纪的德国，它是以工业化发展和社会民主化需求为大背景而产生的一种教学方式和教育模式。一般来说，Seminar 是指在教师的指导下，各参与者就某专题发表演讲并进行讨论的一种大学课程形式，组成这种大学课程形式的主要部分是参与者以及由这些参与者组成的专业学术性的讨论小组。

一、日本各大学的 Seminar 教学法

在日本 1868 年明治维新后，日本对西方各国的政治、经济和文化制度进行了大量移植，在这个过程中，德国的 Seminar 教学法也开始在日本兴起。日本将此称为"演习"，同时，为了适合日本国民的历史传统和社会心理，日本对 Seminar 教学法作了一定的改动。目前，日本的 Seminar 课程可以分为低年级的"教养演习课程"和高年级的"专业演习课程"。

在日本各大学里，Seminar 教学模式极为普遍，除本科生有 Seminar 课程的选修外，研究生的课程更是始终贯穿着 Seminar 讨论课。简单的 Seminar 课程是由老师带领的讨论课，主要可以分为以下四个步骤。

其一，准备部分。准备部分一般由讨论班负责老师宣布课题、报告主题、工作进程和人员安排。在一定工作进程后的下次讨论中，老师一般也会对进行的工作进行回顾并调整进程安排。一般第一次课题准备部分会较长，而后续讨论的回顾部分只占用几分钟的时间。

其二，报告部分。报告部分由报告的学生向老师和其他讨论组成员宣讲自己的研究主题和研究成果，这一部分是演习课程的主体部分，所耗时间大概是 30 分钟到 40 分钟。和撰写论文一样，报告人在报告前必须做相应的报告主题的调研，主要是查阅相关文献并在报告时向其他组员介绍现有文献资料并提出自己对这个主题的看法。

其三，讨论部分。在这一阶段，通过教师引导，讨论组的各个同学在报告人报告

后即可发表自己对这一主题的问题和感想。这部分教师只起到引导作用，而不是课堂上的讲授作用。教师通常引导学生们对该课题的特点和争议面进行讨论。学生之间可以通过提出自我观点以及反驳他人、填充他人看法来充分发挥自己的能力。这一部分锻炼了讨论班学生的思辨能力，达到相互学习的目的。

其四，总结部分。Seminar 课程的最后一部分是教师针对该次讨论课的评价与总结，点评讨论课的成果和收获，教师也可以在这一部分进行后续教学任务的安排。

由研究生参加的专业演习课程在专业性和难度上会有所增加，形式较为正式，它是一种定期为研究生举行的学术交流活动。除了普通讨论课的四个步骤外，专业演习课程还要求学生们对课题的单个子课题进行研究，并在导师的指导下撰写专业性论文并进行论文答辩。

不同于传统意义上的课程，Seminar 演习课程在教学模式上注重学生主导，教师在讨论课中的作用仅仅在于引导和推动。从课程模式可以发现，Seminar 课程的讲授不在于课堂上的几十分钟。由于 Seminar 课程要求报告人对课题进行详细阐述，所以学生们在课前必须做大量的阅读、整理和分析的工作；另外，课程的讨论部分调动了课堂的积极性，在老师得当的引导下，学生们能够通过讨论、辩论等形式对研究客体有一个准确的认识，同时，这种教学方式能够培训学生的逻辑思维能力和总结点评能力。

二、日本 Seminar 教学法的特点

从日本演习课程的模式上，很容易发现演习课程和普通教学之间的差别。对日本的 Seminar 教学法进行分析，可以看出下列特点。

其一，日本 Seminar 教学法的最大特点就是以学生自主学习为主。Seminar 课程改变了以往知识单向地由教师传导给学生的模式，它是一种双向传导、互动互助的教学模式。这种教学模式提高了学生学习的积极性，完成效果很大程度上取决于学生的学习主动性。这种课程使教学内容更加丰富，扩展了教学的内涵。

其二，Seminar 教学法适应现代化的教学需要。第二次世界大战以后，日本的入学率不断增加，日本高等教育已经进入大众化阶段，以"精英教育"理念为中心的日本教育制度受到了"大众化"教育的冲击，Seminar 教学法在这次日本教育改革中起到了协助转轨的作用。Seminar 教学法能够辅助高等教育的人才大众化培养，同时又增强了大学生人才素质培养。Seminar 课程能够从工业时代到知识经济时代里不断发展，很大原因在于这种教学模式注重人才的素质和能力的培养。现代高等教育的目的在于培训出有能力有素质的知识青年，而以往的填鸭式教育方式已经不能满足现代化的需要，Seminar 模式作为一种素质人才培养模式，能够很好地适应现代化的需求。

其三，Seminar 教学法的规范化教学模式。尽管日本演习课程更加开放和活跃，但是这毫不影响演习课程的规范性和制度化。从上文演习课程的模式介绍中可以发现，Seminar 教学法具有规范的教学制度。从制定讨论课主题到研究客体的分析再到

得出结论，Seminar 教学法规定了固定的时间讨论和规范的进程规划。整个讨论课在实施的过程中井井有条，从计划到实施都有具体的安排并可以根据具体状况随时进行调整。

其四，Seminar 教学法的灵活性强，可以锻炼学生的多种能力。Seminar 课程可以根据参与学生的知识水平来安排课程的教学难度，甚至在日本的小学中都有演习课程的安排。高等教育中的演习课程难度较大，特别是研究生参与的讨论组通常都需要撰写专业性的论文。而通过定期讨论的模式，参与学生必须在课后搜集和阅读大量的文献，最后整理并写成报告形式。也因此，这种教学模式锻炼了包括搜集资料能力、阅读能力、整理论据能力、写作能力等多项能力。

三、日本 Seminar 教学法对我国的启示

我国高等教育正从精英化阶段往大众化阶段过渡，这一时期类似于 20 世纪中期的日本。通过研究，我们觉得，Seminar 课程在日本教育过渡中所起的作用，对我国教育模式的改革与发展具有重要的启示。

首先，进行大众化教育，应该更加注意大学生的素质培养，而演习课程正是一种符合现实要求的能够锻炼大学生创新能力的一种教学模式。我们可以通过学习日本的 Seminar 教学课程模式，将这和讨论课与撰写论文相结合；毕业生可以通过讨论班将论文和讨论课的课题相结合，通过师生互动交流的形式对专业性问题进行研究。这种方式能够加大师生交流的机会，学生能够在交流中了解老师的研究方向和学术观点。这种讨论课也可以当作毕业论文答辩的预演，学生可以通过 Seminar 课程对选题有进一步的了解。

其次，可以将 Seminar 课程纳入大学课程的教学计划。Seminar 课程能够锻炼学生各项能力的原因是通过这种 Seminar 课程，有利于学生形成自主学习、自主讨论和自主写作论文和报告的习惯和风气，因此相比一般课程，讨论课的学生工作量将会很大。而一旦学生由于工作繁琐等原因中止了讨论课，失去了讨论课的兴趣，就达不到讨论课的目的了。从日本的经验来看，通过要求学生选修 Seminar 课程的学分能够促进学生对课后学习的合理安排，使得学生坚持参加报告和讨论。日本将这种课程模式纳入教学计划后，学生的自主能力和创新能力大大加强，而将 Seminar 课程纳入教学规划也是我国教育方式可以改进的地方。

最后，Seminar 课程除了在社科类专业有较大助力外，理工科专业也能适当引入这种教学模式。随着素质教育改革，我国出现了许多新的教学方式，但是这些教学方式并不能从根本上解决我国的教学问题。而我国理工科专业目前仍旧以教材学习为主，没有很好地锻炼工程类学生的思维能力，Seminar 课程正可以弥补这一缺点。通过转变"以教材为中心"的模式，理工科学生能够在讨论课中得到切实的逻辑能力的锻炼。将 Seminar 课程引入理工科，也可以作为我国教育改革的一种尝试。

四、结语

改变传统的教师单向传授知识的模式，转变为教师与学生共互动互助的二元结构模式，这是我国教育改革和教育发展的主要内容。日本 Seminar 教学法是值得我国借鉴的一种课程改革模式。Seminar 教学法的讨论课形式能够达到师生互动的目的。这种教学模式没有固定的传授知识的过程，而是以一种探讨、对话的形式诱发学生的学习主动性。它符合现代教育中对学生主动、积极学习的要求，能够改变学生的学习态度和学习模式，突出学生在学习中的主体地位，创造师生平等交流的平台。对于我国来说，应该十分重视这种能够培养学生实践能力和创新能力的教学方法。

独立学院《证券投资学》课程教学内容优化和教学方法改革的研究

武汉东湖学院经济学院　　谢　玲

证券投资学是独立学院经管类专业的重要专业课，但作为一门应用性学科，其教学过程中尚存在理论与实践脱节等一系列问题。因此，本文通过对独立学院证券投资学教学现状的考察，分析了教学过程中存在的主要问题，有针对性地提出了优化教学内容和改革教学方法的相关措施。

随着中国经济的快速发展和改革开放的不断深入，中国证券市场正面临着规范化、市场化和国际化的深层次变革，各种创新业务层出不穷。新的环境对证券从业人员的知识结构和竞争能力提出了新的要求，同时对金融学教学中证券投资学教学的广度与深度也提出了更高的要求。教学应以培养适应证券业发展所需要的专业人才为目标，因而，有必要探索在新形势下对证券投资学教学的培养目标、教学内容与教学手段进行改革，以促使教学登上一个新的台阶。

一、《证券投资学》课程教学的现状

首先，从整个群体而言，独立学院学生的知识基础相对薄弱，学生整体素质相对较低。因此在教学过程中经常会形成这种局面：老师讲得滔滔不绝，学生听得似懂非懂，课程结束时，老师觉得该讲的知识都讲了，可是学生依旧觉得难以掌握，结果是学生学习的积极性不高，考试靠强记，考后就忘记，根本无法将所学知识用于实践。

其次，中国目前很多高校金融证券专业的实验室建设相对滞后，同时由于师资的缺乏，导致了很多高校的证券投资学教学目前仍然停留在课堂讲授上，实验操作、模拟交易、案例教学和实践性教学等方面的教学，或严重不足，或放任自流或流于形式。

再次，目前市场上的教材几乎都是国外投资理论的翻版，有些理论在中国证券市场上似"不合水土"，显得"无用"，如果机械、教条地照搬，甚至可能会"误用"。此外，由于中国证券市场发展快、变化大，许多新事物不能在教材中及时反映出来。

最后，教师本身缺乏实践经验。师资的质量是培养合格人才的重要保证，任不少任课老师是从学校走向学校的，对证券投资的认识也仅仅停留在书本上，各种理论的有效性如何？在什么条件下有效？由于缺乏亲身的投入，缺乏亲身的理解与感悟，难以回答上述问题，因此在教学中往往只注重书本知识的灌输，忽视了学生综合分析能力的培养。

二、《证券投资学》教学中存在的问题

（一）教学目标定位低

以往的实际教学中，《证券投资学》的教学目标在于培养"懂专业、会操作"的较低层次的操作性人才，但这种较低的教学目标定位无法适应我国证券业对外开放的需要，因此急需培养理论基础扎实、知识面宽、综合素质高、业务创新能力强的复合型、国际性人才。

（二）教学内容与客观要求差距大

分析我国《证券投资学》教育教学发展的历程可以发现，我们以往的《证券投资学》教育存在以下问题：(1) 证券投资学的教学内容与货币银行、国际金融等方向基本上没有区别；(2) 证券投资学的教学内容与金融工程专业交叉重复现象严重；(3) 证券投资学教育通常比较注重从宏观层面进行分析，在教学过程中比较注重定性分析，而在定量分析方面比较薄弱。随着我国市场经济的发展和国际化程度的提高，现行的教学内容与客观要求的差距越来越大，更新和充实证券投资学的教学内容已成为当务之急。

（三）教学方法单一

传统的《证券投资学》教学方法主要是老师讲授、学生被动接受的"填鸭式"教学，限制了学生的能动性，没有给学生以展示自己的机会，不利于激发学生的求知欲，难以发挥学生的创造性思维能力。

三、独立学院《证券投资学》教学内容优化和教学方法改革措施

（一）独立学院《证券投资学》教学改革思路

《证券投资学》是一门理论与实践结合紧密的课程，实践性教学是对课堂教学内容的补充和支撑。《证券投资学》这门课程应在教学内容和教学方法上引入实践性教学环节，让理论知识立体化，同时开拓学生的学习思路与认知面，提高学生分析问题、解决问题的能力和创新能力等，从而提升学生的综合素质。

（二）独立学院《证券投资学》教学内容改革措施

1. 教材的选择和使用

在教材选择方面应增加实践性较强的内容，尝试自编教材或将书本知识和课外知识有机结合，如从相关书籍、杂志、互联网中收集丰富的资料，结合自身的理论研究，形成与各章节内容相衔接的实战指南或案例。

2. 针对不同学生群体合理调整教学内容的权重比例关系

首先，在教学内容的讲授上，应针对大学本科生、专科生教育的不同特点，设计两

种不同的内容体系。专科生学时略短，可着重于证券投资实验课的实务操作分析，培养学生看盘能力；本科生教学时间相对充裕，除了实验课的实战投资分析之外，还可在证券投资组合理论、资本资产定价模型和套利定价理论等较深的理论模型中培养学生独创的思维能力。

其次，对于非金融专业的学生来说，《证券投资学》教学最基本的目标就是教会他们证券的交易，最低的目标是学会炒股，不仅要知道开户程序、交易的方法和技巧，还要掌握最基本的基本面分析和技术分析方法，为市场和社会培育合格的股民、理性的投资者。

3. 实践性教学内容的初步设计

在实践性教学内容的安排方面，主要应包括行情阅读与股票分析软件的使用、证券交易模拟、K线和形态分析、移动平均线原理与分析、技术指标分析、综合分析等内容。

（三）独立学院《证券投资学》教学方法改革措施

1. 案例教学法

案例分析讨论是一种教师和学生互动的、双向受益的过程。通过这种"互动"，创造一个宽松活跃的课堂气氛，一方面提高学生发现问题、分析问题和解决问题的能力；另一方面也起到提高教师科研水平的作用。

例如，在证券投资理论教学过程中为了说明基本分析和技术分析的区别，可以通过引用两位具有不同投资理念的著名投资家巴菲特与索罗斯的投资方法作为案例，调动学生的学习兴趣；除了用一些经典的案例讲解理论外，还可以选择若干有代表性的股票，提供包括宏观经济状况、行业背景以及公司的经营与财务状况等背景资料，在讲授至相关章节的时候，拆分出相关资料进行启发诱导，供学生讨论并总结出对这一公司的完整分析。

2. 专题教学

在教学过程中，以专题教学这种开放性教学引导学生积极参与教学过程，最大限度调动学生自主学习的积极性。例如，以小组为单位就某上市公司的经营状况或者是某行业的发展前景进行课外调研并撰写投资分析报告，稍后再派代表扮演投资咨询师在课堂上宣读报告摘要，由其他小组的同学扮演投资者提出问题并要求该组成员进行回答。

3. 进一步完善多媒体教学

针对本课程技术分析中的道氏理论、波浪理论、K线理论、形态理论、移动平均线等，通过多媒体技术，教师可以将理论知识结合市场的实际材料，用立体的图表编写出图文并茂的讲义，加强学生对理论知识的理解。

4. 实践性教学

首先，本课程实验教学应通过不断强化实验教学环节中的模拟实战平台，提高学生学习理论的积极性和主动性，培养学生对证券投资知识的理解能力和实际应用能力，达到学以致用的课程目标。

实验教学中可以让学生尝试担任证券市场的各个职位，比如证券经纪人、股评专家、证券投资者等，让他们熟悉证券交易中的开立帐户、发出（接收）委托指令、竞价成交、清算交割等证券交易市场的各个环节和运行规则；理解导致证券价格涨跌的原因，掌握股市行情分析和股票决策的基本方法。例如，在技术形态分析中，先用某些股票的历史走势来说明和验证各种技术形态，如三角形、矩形、旗形、楔形、v形、缺口等信号的含义，然后要求学生能够自行"按图索骥"地找出若干技术形态。

实验室教学应由实验指导教师根据课程要求制定实验室教学计划，并据此设计每次实验内容和程序；由实验指导教师上机辅导，指导学生操作实验，并要求学生写出实验报告，送交教师批阅。此外还应对学生实验报告进行点评，总结问题并与考核挂钩，最大限度调动学生的学习热情。

其次，尝试建立实践基地，开展校外活动实践。通过对上市公司的实践，了解上市公司的生产经营状况和财务状况，了解如何进行投融资等；通过参观证券公司、证券交易所，感受交易场所的实际气氛、了解市场的最新动态；通过基金管理公司的实习，掌握投资组合管理的方式、方法和技巧等。

再次，开放实验室。为给学生提供更多的实验机会和更便利的实验条件，让学生在上课之余根据自己的时间安排，积极、灵活地利用实验室学习，并取得良好效果。

最后，积极鼓励学生参加全国高校金融模拟交易比赛。为开拓学生的视野，增强实战效应，应积极鼓励学生参加全国高校金融模拟交易大赛和各种校级、市级或省级模拟投资交易比赛，进一步激发学生学习本门课程的热情。

【参考文献】

[1] 程永文.证券投资学教学内容与实践内容合理选择的探讨［J］.铜陵职业技术学院学报，2009（2）.

[2] 梁朝晖.关于证券投资学教学方法改革的探讨［J］.经济研究导刊，2010（23）.

[3] 杨建平.基于培养学生能力的证券投资学实践教学模式探讨［J］.中国管理信息化，2009（14）.

独立学院《市场营销学》选修课教学初探

武汉东湖学院管理学院　　徐　彬

　　独立学院开设公共选修课不仅以拓宽学生视野、扩大学生的知识面为目的，还应针对独立学院培养应用型人才的目标需要。本文根据笔者在独立学院开设《市场营销学》课程的一些体会，为能将学生培养成为应用型人才，在教学方法和模式方面进行了初步探索。

　　独立学院是我国高等教育事业发展中的新生事物，它是高校办学模式和办学机制的创新，是时代发展的需要，具有历史必然性。十几年来，独立学院的发展较好地满足了有志青年上大学的需求。独立学院以培养应用型人才为目标，课程设置和教学方法都服务于这个目标。

　　市场营销学是一门应用性和实践性很强的综合学科。随着我国市场经济的快速发展，迫切需要具备一定专业知识的市场营销人才。独立学院的人才培养应着眼于从市场需求的实际出发，全面实施素质化教育，并围绕人才培养目标的要求。所以说，对非营销类专业学生开设市场营销学课程选修课，可以弥补学生只注重专业培养所带来的知识结构的不完善，更好地适应社会需求。

一、市场营销学选修课程的必要性

　　目前，独立学院都开设了公共选修课。公共选修课是高校面向各专业不同年级的学生开设的，其跨学科、跨专业性的特点已成为高校课程体系的重要组成部分，是拓宽学生知识面，实现学科渗透、文理兼容的重要手段。

　　从很多独立学院了解到，公共选修课中开设市场营销类课程的并不多见，有相当一部分人认为，市场营销学的知识只符合经济管理类专业学生的需求。随着市场经济的发展，我们看到现如今的社会需求并非如此。按照独立学院人才培养目标的要求，应该将培养应用型人才作为培养目标，现今很多用人单位对比如工科、理科、语言类学科等专业的毕业生都要求具备一定的营销管理学知识。这种具有学科交叉背景的毕业生，能更适应以当前市场经济为导向的社会需求。营销人才是目前国内人才市场需求量最大的人才库。所以，很多工科学生只具有工科基础的学习背景是不够的，若不能将营销的理念融汇到自己未来的企业运营中，所有的知识将是孤立，从而带来资源的巨大浪费。

笔者通过市场营销学选修课的教学发现，工科和理科学生由于课业压力较重，尤其只局限于对本专业的学习，而对我国当前的经济形势和最前沿的营销理念缺乏了解，知识结构不完善，视野很窄。很多平时看似学习成绩很好的学生，面临毕业才发现自己与社会脱离，与优秀的企业单位失之交臂的事例屡见不鲜。为了进一步完善学生的知识结构单一化的发展需求，作为选修课而开设的市场营销学课程，一方面是向学生普及营销学的理论知识，另一方面可以借由研究市场营销活动及其规律，从而让学生学会运用一些战略营销理念去营销自己，懂得将自己塑造成具备一定职业能力的应用型人才。

二、市场营销学选修课程的教学方法的探索

由于独立学院的非营销学专业学生大多数对市场营销学缺乏了解，所以笔者在市场营销学选修课的教学过程中感受到，学生们往往不太容易理解市场营销学的理论知识。

针对这种情况，教师应根据非市场营销专业学生的不同特点，对关键性理论知识的讲解要做到深入浅出、浅显易懂，要注意避免对学生进行纯研究性和学术性的讲解，注重理论知识的简单化，让学生轻松进入到市场营销学学习领域。例如，在《市场营销学》课程中，在讲述企业的战略规划与营销管理过程这一内容时为每一个战略业务单位SBU（战略业务单位）安排资源，在讲解波士顿咨询公司（BCG）模型时不能按照传统的讲授方法，而应从影响业务发展的方面开始，以业务竞争能力和市场发展潜力两个方面的内在机理和评价指标，逐步讲解波士顿模型的每一个模型的界定，最后再根据模型的特点来分析应用流程，其中还要划分SBU，计算每一个SBU的市场增长率和相对市场份额，绘制矩阵，根据矩阵进行相应的战略部署。这样的讲授方法对于专业的市场营销学的学生是适用的，但是这种讲解方法过于系统和理论化，势必给学生的学习带来巨大的障碍和压力。对于非营销类专业的学生，我们只需要对波士顿矩阵进行简要的介绍，并直接对不同的SBU的战略进行简单的分析，让学生对企业的业务单位的转变有个概括性的认识和了解即可。其中，与传统的营销学学习重点不同的是，应该启发和诱导学生如何将波士顿矩阵转化的这一理论运用到学生自身的学习和生活中间。作为教师，不应该追求将大公司大企业的较为复杂的案例进行深入分析讲解，而应该让学生着眼于眼前，将该理论联系到自身的学习和生活实际中，并想办法尽量启发学生对所学理论进行讨论，同时开拓学生的思维空间，只有这样，学生的视野和能力才能得到真正的拓展。

另外，案例教学法是市场营销学乃至管理类课程学习的一个重要的教学方法，运用到选修课程的教学中也是效果非常显著的。在学生已经熟悉和掌握了一定市场营销学的基础理论知识的前提下，可以灵活运用案例教学法进行教学，使学生将所学的理论知识在实践中得以展现，从而加深对理论性知识的学习。但是在教学过程中一定要

注意案例教学的通俗化，不能照搬目前市场营销学专业普通高校教材中的大型案例，如一些大公司和行业案例。比如 GE、微软、IBM 等一些大集团或冶金、石化、汽车等行业的案例，因为这类大公司和行业的案例分析具有一定的复杂性，非营销类专业的学生要理解起来较为困难，会让他们感觉到离自己的学习和生活差距较大，与自身关联较小，从而不愿意主动去思考和体会，容易给学生带来学习障碍或一知半解。所以，在教学过程中，一定要注意案例的选择和运用，尽量选择一些易懂的和距离学生生活较近的行业案例，多从现实生活中去寻找，最好是将学生最关心的事件进行分析，这样能使学生体会的更加深刻。

三、市场营销学选修课程的教学讨论

笔者通过市场营销学选修课程的教学发现，想通过选修课途径对学生进行创造性的培养，这对当前独立学院的教师来说的确是一个很大的挑战。

首先，独立学院学生的底子较普通高校学生弱一些，所以对学生的培养应该放在动手能力和独立思考的能力上，想办法让学生主动学习，尽一切力量提高学生的学习兴趣。不能让学生感觉到选修课的学习会给他们的学习生活带来很大压力，要让学生从选修课程的学习中感受到轻松和快乐。

其次，在课堂教学中，应借助营销学案例中出现的一批优秀企业家的经历，如马云、俞敏洪、史玉柱等从普通家庭普通环境下靠自身的不懈努力成长起来优秀企业家案例。这样既能让学生了解到优秀企业家的营销学理念，又可以将这些优秀企业家作为榜样和模仿对象进行学习，对提高学生的学习效果有很好地帮助。

最后，教师还要注重以市场经济为导向把握市场营销学的教学，关注学生应用能力的培养，积极鼓励学生参加一些市场营销实践活动，也可以在课堂教学中增加实战演练的环节，让学生们自己进行组织，模拟现实的营销场景，分组进行讨论，最后让学生进行总结归纳，得出实战的成果。这样不仅可以激发学生浓厚的学习兴趣，让学生在实践中不断成长，还可以让学生最大程度地了解当前社会发展的现状，不至于到毕业的时候因为对社会和当前的经济形势没有充分地了解而感到手足无措。这些教学方法如果能得以较好地运用，一定会让学生更有效率地进行知识的储备，学生从实践中也能最大程度的获得成就感和满足感，学生自身的能力也能得到充分的锻炼与提升。

四、结语

在独立学院承担《市场营销学》选修课程的教学，就是承担了一份重要的责任。作为市场营销学选修课程的教师，不仅要提升自身的专业水平，运用丰富的教学经验和灵活的教学方法去不断适应来自各专业不同年级的学生，还要对整个独立学院各专业人才培养的整体架构有全面的认识。只有这样，才能在实际教学中做到更加专业，更加科学，更加有针对性。我们相信，通过不懈地探索和努力，市场营销学课程会在独立学院选修课程中受到更加广泛的关注。

【参考文献】

[1] 马婕妤，李倩，王周红. 独立学院公共选修课教学管理初探 [J]. 科学与财富，2011（4）.

[2] 周爱珠，魏中俊. 基于学生创新能力培养的市场营销学教学改革 [J]. 考试周刊，2008（46）.

[3] 罗志军. 以市场经济为导向把握《市场营销学》教学 [J]. 四川省干部函授学院学报，2010（3）.

[4] 刘旭. 中职《市场营销学》教学方法初探 [J]. 学周刊 A 版，2011（2）.

如何提高独立学院教学质量的若干看法

武汉东湖学院计算机科学学院　黄干平

一、前言

对于如何培养独立院校的合格人才，如何提高独立院校的教学质量，本人作过一些调研和思考，并在教学实践中作过一些检验和求证。下面，我以一个教学第一线普通教师的视角，而不是管理者的视角，就如何提高独立院校教学质量问题，谈一些自己的看法。大家经常提到的、经常强调的，我就不说了，而是说一些没有被普遍重视、"边角余料"的看法，也许是另类的看法。不当之处，请各位大师批评指正。

二、教学质量的相对性

所谓教学质量的相对性，是说对教学质量的评价，不应用一个统一的、绝对的标准去衡量，而是要与培养目标相一致。不同的培养目标，应有不同的教学质量评价标准。例如，对于武汉大学这样的一本重点院校，主要是培养高、精、尖的研究型人才，因此，深理论、厚基础和从事科研的能力是其教学质量的重要组成部分；而对于东湖学院这样的民营三本学校，主要是培养复合型、创新型应用人才，因此，竞争意识和市场意识的培养，实践和动手能力的培养，是其教学质量的重要组成部分。这一观点在理论上大家都能接受，但在执行时往往会出现偏差。例如，我们常常强调一个学院考取了多少研究生，并把它作为考核教学质量和工作成绩很重要的指标。诚然，考上研究生当然是好事，但如果把这一条强调到不适当的程度，以至于用它来统领整个教学，那就有失偏颇了，就有悖于我们的培养目标了。因为我们主要是培养应用型人才，而不是研究型人才，我们更应强调的是学生有没有很强的动手能力，在社会上和市场上有没有很强的竞争力。我们要用这样的思想，分清教学中的主次轻重，并指导教学的各个环节。

教学质量要与培养目标相一致的另一个问题，是教材问题。

我们现在强调的是"尽量选用获奖的优秀教材和规划教材"，这当然没有错。问题在于，选什么类型、什么层次的"优秀教材和规划教材"？一个不争的事实是，到目前为止，东湖学院选用的教材基本上就是武大选用的教材，这符合"不同的培养目标应选用不同的教材"这一基本原则吗？显然不符！那么，是不是应该把选用什么样的教材放到全局上来讨论呢？是不是应该有一个长远的规划来系统地解决独立院校的教材问题呢？回答应该是肯定的。

三、教学秩序的科学性

毫无疑义，要有高质量的教学，必须要有稳定、科学和充满活力的教学秩序。教学秩序的科学性涉及的问题可能很多，我这里只说两点，一是课程之间的先后秩序问题，二是课堂讲授与实验实习的先后秩序问题。

大学四年要学很多课程，每个学期开多少课程，每门课程在哪个学期开，这是教学秩序中很重要的内容，也是培养方案必须解决的一个基本问题。特别是，基于教学的渐进性和系统性，各门课程之间的前驱后继关系，一定要区分正确，而且一定要在排课时严格执行，否则，将会对教学效果产生很大的负面影响。

以计算机专业为例，许多课程是有严格的先后秩序的，这种秩序，是被多年的教学实践证明是正确的和科学的，是绝对不能违背的。例如，数学课（包括组合数学和离散数学）应在专业课之前结束；"数字逻辑"应在"计算机组成原理"之前，"计算机组成原理"应在"计算机操作系统"之前；"组成原理"和"操作系统"应在"汇编语言程序设计"之前；"'C'和Java程序设计"应在"数据库原理"之前；等等。这个问题，我记得四、五年前在我院就详细讨论过，并作为培养方案的重要组成部分，形成了文字材料。然而时至今日，这种先后秩序的关系仍然没有得到执行，或者没有完全得到执行，例如，我正在对2009级讲授的"计算机操作系统"就是和"计算机组成原理"同时进行的。

课堂讲授与实验实习的先后秩序问题，也是一个在实践上没有得到很好解决的问题。对理工科来说，一门课程的实验实习，严格的讲应在这门课程的课堂讲授结束之后进行，至少，涉及到某部分内容的实验，应该是这部分内容在课堂上讲授过后才能进行。但现在，很多课程在开学的第一周就被安排要实验实习，而这时相关的内容还没有讲，学生连基本概念都没有，怎么能做实验，又怎么能做好实验呢？这是不是一个需要讨论和切实解决的问题呢？

四、学生学习的积极性

我们的教学是面向学生的，可以说，教学质量的好坏，是由学生学习的好坏来评价、来检验的。要想学生学得好，首先要学生有学习积极性。影响学生学习积极性的因素有很多，我这里只讲一点，就是教师对学生的认识和态度问题。

首先，教师对自己教的学生要有一个正确的认识。

这些年轻人，青春阳光，充满活力，对老师也很尊敬。给他们讲课，与他们共处，是一件快乐的事情！如果老师能发自内心地喜欢自己的学生，就会在一举一动、一言一行上表现出对他们的信任和鼓励，就能够极大地提高学生的自信心和调动学生的学习积极性；相反，如果老师总觉得自己的学生不行，在语言、语气和眼神上流露出看不起他们的情绪，就会极大地伤害学生的自尊心和自信心，打击他们的学习积极性。

在信任和喜欢自己学生的前提下，要满腔热情地关心学生、关注学生，利用各种机会深入细致地了解他们的学习情况，发现和挖掘他们的学习潜能和闪光点。记得2005级计科有一个叫曹龙的同学，他课堂学习和考试成绩都不太好，看上去是一个较差的学生，但在课程实习的过程中，他用"C"语言编程的能力却要比其他同学强，于是我在课堂上对他提出了公开表扬。就是这次表扬，不仅使该同学受到了鼓舞，提高了自信心和学习积极性，在随后的毕业实习中，也做出了一篇优秀的论文，而且使其他同学看到了榜样，树立了信心，提高了全班动手编程的积极性，获得了较好的实习效果。

在发现学生的潜能和闪光点的问题上，还应辩证思维，摒弃偏见，解放思想。只要一个学生在某一方面有特点，有特长，就应给予鼓励和支持。例如，2007级计科有一个女生叫吴小玲，由于家庭经济比较困难，不能承担她的上学费用。于是，她自力更生，勤工俭学，通过到学生宿舍等公共场所外卖食品赚取上学的费用。这个人和这件事，在学生中产生了很大的影响，有人说好，有人说赖。我了解这个情况后，与该同学交谈过，我首先肯定她自力更生的精神和有经营头脑的优点，同时，也指出学生的主要任务是学习，希望她正确处理勤工俭学和学习的关系，尽可能将更多的时间和精力投入到学习中。该同学对我对她的看法和评价很感动，也很受鼓舞，在随后的学习中的确很努力，学习成绩也有了很大的提高。

五、加强教学的实践性

前面说了，二级独立院校的培养目标，是复合型、创新型应用人才，强调的是应用、开发和动手能力，因此，其实验教学环节的重要性是不言而喻的。我个人甚至认为，实验教学比课堂教学更重要。这里有两个问题需要认真解决，一是与社会上的实训机构建立联系的问题，二是如何建立一支优秀的实验教师队伍问题。

学校的实验教学要与社会上的实训机构建立长期、稳定的联系，因为相对而言，学校比较儒雅和封闭，知识和设备的更新速度要慢些，而社会上的实训机构，知识和设备的更新速度是很快的，是紧跟学科、专业和产业的发展速度的，其实训手段也是先进的和有效的。现在的问题是：要以什么样的形式和方法与他们建立长期和稳定的联系；是走出去还是请进来；是分散进行还是集中进行；是项目组形式还是以班级为单位；等等。这些问题都需要认真地讨论和解决。

学校的实验教学要与社会上的实训机构相结合，就引出学校必须要有实验系列的专职教师的问题。这些教师，是实验与实训的校方组织者和指导者，是必不可少的。而要建立这样的教师队伍，首先就有一个如何看待和支持这些教师的问题。实验和实训与课堂教学是有很大不同的，环境不同，重点不同，知识结构不同，能力类型不同。

实验教学是具体的，细致的，繁琐的，动真格的，是要经得起实践检验的。因此，从某种意义上讲，实验系列的老师要比课堂教学的老师难当很多。这就提出了一个很严峻的问题，实验系列的老师的前途如何？按照传统的标准，评价一个老师的优劣，是以搞了哪些科研，发表了哪些文章，教了哪些课程为标准的。实验系列的老师做了大量具体细致的工作，花费了很多时间和心血，但不一定能看到明显的传统意义上的成果，他们的晋升、晋级问题怎么解决呢？如果在晋升晋级问题上受到了不公平待遇，那他们还有工作积极性吗？他们没有了工作积极性，实验教学还能搞好吗？怎么解决这个问题呢？这就要针对他们制定相应的评价标准，晋升晋级的条件，和某些特殊的政策，给他们长期稳定的组织愿景，以解除他们的后顾之忧。只有这样，才能稳定实验系列的教师队伍，才会有高质量的实验教学效果。

【参考文献】

[1] 周培元，严先琴 . 谈谈如何提高独立学院教学质量 [J]. 青年文学家杂志，2007（9）.

[2] 鲁世杰，教育特色—— 二级学院的生命线 [J]. 浙江树人大学学报，2009（1）.

[3] 李继林，浅谈高校国有民办二级学院教育质量提高 [J]. 河北职业技术师范学院学报（社会科学版），2006（6）.

[4] 武汉东湖学院章程 [Z].2011.

[5] 武汉东湖学院课堂教学规范 [Z].2011.

基于民办高校的机械原理课程教学内容
与教学方法改革探索

武汉东湖学院工学院机械教研室　　张　荣

《机械原理》是培养学生具有机械设计能力及创新能力的一门专业技术基础课。该课程有很强的理论性和实践性。对于没有实践经验、基础知识薄弱且空间想象能力相对较弱的民办三本院校学生来说，极易感觉学习内容枯燥乏味且不易理解，教学效果难以保证。本文依据此特点，从提高学生的创新能力及实践动手能力出发，提出若干教学内容及教学方法与教学手段的改革思路，以保证本课程各教学环节的顺利进行。

　　《机械原理》课程是机械相关专业培养学生具有机械设计能力及创新能力的一门专业技术基础课，也是设计线上的第一门主干课程，它在教学计划中起着承上启下的作用，并在机械设计课程体系中占有非常重要的地位。本课程结合现代科学技术的发展，综合各基础课程中所学到的知识，要求学生树立正确的设计思想，培养基本设计能力，开发创造性思维和创新能力，了解现代机械设计技术，以应对经济全球化和知识经济的挑战。

　　机械原理课既有很强的理论性，又有较强的实践性。对于没有实践经验、基础知识薄弱且空间想象能力相对较弱的三本院校学生来说，极易感觉学习内容枯燥乏味且不易理解，从而失去学习兴趣，进而导致学生在课堂上精神不能集中，甚至萎靡不振或"开小差"，教学效果难以保证。究其原因除了基础差、学习起来有困难以外，更重要的是他们缺乏学习动机。这主要体现在以下几个方面：（1）对人生定位缺乏认识，很多学生感觉学习很迷茫，无方向感；（2）对专业缺乏认识，对理论知识在整个专业知识体系中的地位缺乏认识，加之由于没有社会生活与实践经验，认为会动手操作就行了，没必要掌握理论知识。因此，在机械原理课程教学中如何激发学生的学习兴趣，使学生既想学，又能学、会学且乐于学，是新时期三本院校机械原理课程教师面临的首要任务。

　　针对以上特点，本文特在教学内容及教学方法与手段上提出如下改革思路。

一、夯实基础，拓宽知识，进行教学内容的改革

　　机械原理是一个比较传统、成熟的课程。教学内容的改革赋予了它更多的现代气息，在加强基础的同时，也要处理好"少而精"与"广而新"的关系。实际工程中使

用较普遍的常规理论、方法仍然作为教学的基本内容，本着"少而精"的原则，加强基础，使学生必须掌握；将本学科和相近学科的新知识、新发展作为新的教学内容让学生了解为主，体现"广而新"的原则，达到拓展学生的知识面，开阔思路和眼界的目的。因此，在经典的基本知识以外，我们保留了图解法的精华，同时鉴于计算机技术的广泛应用和学生的兴趣爱好，适当增加解析法的应用，加强了计算机辅助设计的内容，使学生把传统、古老的机械与日新月异的现代化技术联系起来。为了培养学生初步具有确定机械运动方案和合理选用机构的能力，教学内容上又增加了"机械运动方案的拟定"、"分析和设计机构"方面的内容介绍，并安排了对某一机械的改进或新机械的方案设计，使学生对所学知识融会贯通，达到应用知识解决实际问题的初步能力，从而将理论和实际结合得更紧密。在讲授必要的传统、经典知识和"三基"内容以外，还要积极吸收国内外有关科学的最新研究成果，注重介绍本学科的研究前沿以及新知识、新材料、新工艺、新理论和新方法，以开阔学生的思路和眼界。

二、遵循"知识传授与创新及实践能力培养并重"的原则，不断地改革教学方法与教学手段

（一）启发式教学模式

理论授课时，注重与学生进行充分交流，学生跟着老师的思路走，老师跟着学生的表情走（察言观色，掌握学生接受的程度）；引入项目研究、课内课外相结合等；在课堂教学中，通过教师的讲授来传授知识，不采用传统的"灌输"式教学方法，而是采用教师启发、引导的方式，循序渐进地诱导、启发、鼓励学生对问题和现象进行思考、讨论，再由教师总结、答疑。教师应尽可能结合工程实际，激发学生的学习兴趣，有效缩小书本知识与生产/科研的实际距离。对于一些容易混淆的概念、一些知识点在个案中的运用分析、一些通过分析而进行归纳的基本理论和原则等方面的问题，都可以采用启发式的教学方法，既有利于提高学生学习的积极主动性，又有利于培养学生分析、解决问题的能力。通过这种讨论式、互动的教学方法，可有效提高学生学习的积极性、主动性，也有利于学生分析问题、解决问题能力的培养和表达能力、团队合作能力的提高。

课程实验教学注重实验方法、实验过程，重视实验仪器的使用。在保证基本实验内容完成的基础上，鼓励学生自己拟订实验方案、实验方法，使学生能够独立实验，独立分析实验结果，这样就培养了学生独立工作能力和创新意识。

（二）多媒体教学手段

引入 CAI 课件、视频、动画等。2001 年后，课程的教学手段从传统的挂图讲解、胶片投影教学，转变为课堂利用多媒体教学，实验室采用投影为主、挂图为辅的方式进行教学。由于应用先进的设备和仪器教学，改变了学生上课埋头记笔记、课后背笔记、老师考笔记的现象。课堂中增加了更多的师生互动环节，师生在课堂上共同讨论问题

的时间也多了。而课堂中使用的材料很多是老师的科研成果、精心制作或收集的资源，这激发了学生的兴趣和爱好。多媒体技术的运用，使许多理论知识变得"可视化"、直观而容易理解，加强了师生教与学的交互性。

（三）网络教学

机械原理精品课程网及时更新最新的研究进展，并将教学大纲、日历、习题、试卷、电子教案、动画素材、授课视频等上网，通过文字、声音、图片、视频等手段加强了教学的感观性、时效性和现代教育技术气氛的感染力。利用教室的网络环境，可以引导学生了解最新的研究进展与资讯，并有意将最新的学术研究成果转化到教学中，培养学生的创新能力。这里的学术研究成果有两种，一是学术界的最新研究成果，二是课程教师的学术研究成果。讲授前者，能够使学生了解机械原理的研究现状与前沿，特别是应用领域等；后者则授以学生分析的方法，把教学内容提升到研究性的程度。

及时答疑，答疑方式多样。既有课间个别答疑、也有课外集体辅导答疑；既有实时的电话答疑、也有非实时的邮件答疑；还有留言答疑、QQ 群答疑等。

（四）建立完善的考评体系

不断完善本课程评价体系，在建有试卷库、试题库、课程考试评分办法的基础上，建设学生考评指标体系，将理论考核与实验、课程设计相结合，对学生成绩进行综合评定。

注重将考试规范化与形式多样的考核相结合。按照学校的要求统一命题，A、B 两套试卷，通过随机抽取决定考试用卷，考教分离；而在平时成绩评定中则可采用多样化的考评形式。在强调重视其末闭卷考试的同时，将参与讨论、互动、软件操作、实践调查、撰写小论文、完成作业结合起来全面考察学生的学习情况，初步总结出一套采用多种形式相结合的考核方法：考试和平时作业、课堂表现、实验、课程设计相结合，笔试与口试相结合。这套方法能比较客观、公正、全面地测评学生的成绩和能力，具有引导学习方向、发现创新人才、因材施教等多项功能。

武汉东湖学院论文集

大学本科实践教学"创新"潜能开发的探讨

武汉东湖学院工学院　　王晓进，左小琼，吴红霞，蔡　丽，陈尹萍，陈　卓

国家中长期人才发展规划纲要 (2010—2020 年) 中指出："围绕提高自主创新能力、建设创新型国家，以高层次创新型科技人才为重点，努力造就一批世界水平的科学家、科技领军人才、工程师和高水平创新团队，注重培养一线创新人才和青年科技人才，建设宏大的创新型科技人才队伍。""造就宏大的高素质人才队伍，突出培养创新型科技人才，重视培养领军人才和复合型人才，大力开发经济社会发展重点领域急需紧缺专门人才，培养造就数以亿计的各类人才，数以千万计的专门人才和一大批拔尖创新人才。"

大学本科实践教学是国家教育部为提高本科教学质量而规定的强制课程，是一门集多学科、众工艺、多方法、巧手艺为一身的综合性课程，该课程既是知识与实践的结合、方法与手段的并用，更是智慧与勤劳的融合、汗水与成果的体现。但是，几十年来，实践过程多在"车、钳、铸、铣、镗、磨"等传统工艺上完成，成果也大多是简单的"鸭嘴锤"和"螺母"等传统产品。学生实践活动形式单调、乏趣，缺乏创新生机，并与理论教学出现了一定的脱节现象。因此，社会对学校提出了这样一些疑问："如今的大学毕业生找不到工作，出现了就业难的问题，是不是学校产品质量有问题？学校的课程设置是不是有问题？为什么会有学非所用，学非所得，学非实用，学非所究等一系列问题？"这些问题的提出，表明目前大学毕业生的动手能力和实践水平在一定程度上满足不了社会的需求，这就要求教学单位必须对实践教学环节进行改革和创新，培养出具有高水平、高实践能力的当代大学生，以满足社会经济高速发展的需要。

一、人才质量与社会需求不匹配

楚天都市报 2007 年 11 月 27 日有一篇题为" 就业率为何与学历倒挂，研究生不如专科生"的报道，指出了当前人才培养和社会需求不匹配的社会现象，即在有些地方出现一种就业率与学历"倒挂"的现象——学历越高，就业率反而越低。吉林省教育厅一份统计材料表明，该省 2007 届研究生就业率为 78％，本科生为 83％，而中职生为 95％。四川省教育厅的数据统计也表明，四川省专科生就业率首次超过了本科生。这一系列的数据和报道，就业率的高低与学历"倒挂"的现实，都给大学教育的培训过程敲响了"不认可"的警钟。

学校作为培养人才的基地，必须分析出现这种"倒挂"现象的原因是什么，是社会用人单位的用人标准发生了变化，还是学校培养人才的水准出了差错？目前正是 2008 级毕业生为找工作而忙碌的时刻，这种现象会不会继续存在，也是必须关注的问题。

客观上分析，由于前几年一些学校抓效益、忙扩招，教学水平出现了一定的下滑，对学校人才培养质量确实产生了很大的影响，学生学风不好，大学毕业生贬值也就不足为奇。因此，现在社会上有人这样形容当代的大学生："一年狂（高分学生），二年娘（在家地位高于父母），三年四年花衣裳（各种证书多）。"也有人这样形容："说话带 ok，做事太啰嗦，大事干不了，小事嫌薪少。"这些语言都从一定程度上反应了当代大学生的能力没有取得社会的认可，人才质量有待提高。

二、实践教学的改革和创新

实践教学是一门务实教学课程，它不仅包括常规传统加工，还包括特种现代加工；它不但要进行车、钳、铸、铣、镗、磨等加工方法的教学，还需加入数控加工和机械手智能操作方法与传感器控制方法等新内容，以提高学生多方面的动手能力。因此，大学实践教学的内容应由形状加工（铸模成型、锻模压型、工模制型等）、切削加工（刀具、工具加工等）、完善加工（线切割、电火花、激光、成型机等）及智慧加工（产品外观设计、专利申请及保护、产品包装设计、销售创意设计等）等方面组成。

在实践教学中，应注重实施"四个一工程"，即树立一个观念（为建设国家而学习）、学会一种方法（创造方法）、拿出一项作品（独立制作的小制品）、体现一种精神（把青春献祖国），达到学有所用、学有所得、学有所思、学有创新的教学目的，取得教会一批弟子、带动同龄学子、探出一条路子、结出创新果子的教学成果，进而为大学本科实践教学寻求出一种全新的教学模式，为大学生实现创新中国的梦想而创造充分的条件。

三、创新促进教学质量的提高

实践教学是一项参训时间短、参与人数多，并有一定安全风险的教学实践活动。这些年来，各地学校相继成立工程示范中心、教学示范中心等实践教学基地，为大学本科的实践教学打下了牢实的基础。其实，实践教学结果的好坏不但可以影响一个学校的生存和发展，也直接影响着每年的学生就业率和招生生源。

为了更好地提高大学本科实践教学的质量和水平，应从以下方面着手，即看得见（多媒体 ppt 显示教学，教师技术示范演示）、摸得着（学生动手，模仿练习，创新作品制作）、学有用（所学知识能指导毕业就业，终身有用）、能创新（利用所学知识参与创新活动，并拿出具有新颖性、创造性、实用性为一身的创新作品）。通过加强这几个方面的工作，可以有效地提高教学质量，充实大学生业余创新生活。

四、按需施教、合理引导，创新实践促进学生优质就业

为提高教学水平、丰富学生的实践教学活动，应该充分利用中心特有的实践经验丰富、创新点子多、有百余项发明专利成果经历的老师，让他们开设"创新与专利"和"创业理论与务实"等课程，为学生们参与创新实践、参加本专业的各个级别大赛创造良好的基础。

我们充分利用"创新与专利"和"创业理论与务实"课程，作为创新平台的开始，在课间及周末开设比赛辅导，吸引了更多的学生参与听课。当代大学生具有好奇、好动、好追星、好时尚的特点，只要正确加以引导，学生的热情就可以被发挥到发明创造方面来。该课程学生们普遍反映效果良好，学生的创新意识显著提高。为了更好地加强与学生的交流，课程还充分利用网络教育资源，公开任课老师的手机电话号码及电子邮箱，为及时解答学生们提出的各类问题提供了快捷的服务。这一系列措施的实施，教学成果显著，很多学生积极参与发明创造活动。2008 年至今，学生已递交创新成果百余项，申请专利 30 余件。其中，来自 2009 级机械制造及其自动化专业的王龙同学个人申请专利 28 件，发明专利 8 件；2009 级自动化专业祝浩同学的个人发明成果数也已达到 310 项；以往获得过发明专利成果的学生通过自己的优势，毕业后都找到了自己十分满意的工作，参加工作后也得到了用人单位的重用和好评。

这些现象充分说明，学生是一张白纸，关键是教师如何施教；人人都有创意潜能，关键是教师如何去引导。通过"创新与专利"和"创业理论与务实"课程实践教学与创新培训，让每一个学生都力争达到一年"土"（什么都不会），二年"扬"（专利授权，学校奖励），三年四年出"名堂"（作品参赛获国家大奖），从而影响当代大学生，树立模范典型，让创新成为时代的主旋律，为创新型国家建立输送创新型人才。

综上所述，大学是培养一个国家、一个民族高端人才的基地，人才是推动经济发展的源动力，是将科技转化为经济效益的执行者。全社会必须重视人才的培养。大学的教育水平直接关系到国家的综合实力，影响着社会经济和各行各业的发展。大学本科实践教学是一个十分重要的教学环节，也是一项费时费力的教学活动，为更好提高大学本科实践教学水平，为开发每个学生的创新潜能，必须潜下心来，不断在实践中探索教学内容和教学方法的改革和创新。

理工院系"两课"教学困境原因刍议

武汉东湖学院工学院　　侯贵文

　　"两课"即马克思主义理论课和思想政治教育课，它是国家对当代大学生进行思想政治教育的重要形式，其主要目的是帮助大学生树立正确的世界观、人生观和价值观，为国家培养又红又专的社会主义建设者和接班人。

　　目前，我国高等学校几乎都开设了"两课"课程对学生进行思想教育。这项工程规模大、范围广泛、影响深远，但由于"两课"教学开设的时间并不长，目前在教学过程中还存在着一些问题和不足，特别是在一些理工院系，"两课"的效果并不理想，集中表现在学生厌学、兴趣不浓等现象特别严重。其实这种现状不仅在理工科院系中存在，在其他文科院系也广泛存在，某种程度上可以说这是中国高校的共性问题。造成这种现状既有制度性原因也有非制度性原因，其原因是多方面的，主要体现在以下几个方面。

一、教育功利性严重，导致学生价值失衡

　　教育本来属于公共产品，具有公共性、服务性、非营利性的特性。在计划经济时代，上大学是少数人的俱乐部，国家人才匮乏；随着我国社会主义事业的发展，社会主义事业需要各行各业的人才，特别是在建设有中国特色的市场经济过程中，人才需求很大程度上受到市场供求关系的影响。大学作为人才培养的重要单位，必须根据市场需求设置专业和培养人才，而大学生在选择专业的时候，往往青睐那些就业前景好、能获得更多收入的专业。在市场利益的驱动下，往往热门专业普遍受到欢迎，而冷门专业、就业前景不好的专业则受到冷落，一些理工科院系专业的学生，往往只看重本专业的学习，而对于公共课，特别是对马克思主义理论等课程的兴趣不够浓厚，突出表现为功利性、实用性倾向比较严重。

二、教师责任性不强，教学效果不佳

　　针对"两课"教学学生兴趣不浓这个突出问题，我们进行了广泛的调查。在与学生交流沟通的过程中，学生普遍反映了一个共同问题，他们普遍认为教师的个人水平很高，知识渊博，科研能力强，给学生上课的甚至是博士、副教授以上的教师，但从

客观上讲，他们的讲课水平并不能令学生满意。导致这个结果的原因跟授课老师对"两课"的认识不够深刻、重视程度不高有直接关系。由于中国目前对教师的评价体系还需要不断完善，存在普遍重科研轻教学的不良现象，教师职称的评定等往往更看重科研成果，许多教师受到评职称等指标驱动，往往以牺牲教学而换取科研成果，对于教学往往重视不够，责任性不强，不能熟读教材、精心备课、熟悉讲义、认真讲课。当然，还有人走向了另一种极端，只重视教学而不从事科学研究，结果导致教师知识匮乏、陈旧，教学手段单一，教学方法落后，远远跟不上学生的对课程的实际需要，造成普遍的厌倦情绪。

三、学生人文知识匮乏，导致学生兴趣不浓

从小学到初中阶段，由于年龄原因，学校开设的课程少，内容简单，学生掌握的自然和人文知识非常有限；进入高中阶段，这个阶段正处于青春期，正是长身体、增长知识的黄金阶段，特别是学生的兴趣广泛，接受新事物能力强，但由于受到高考制度的影响，许多学校在进入高二就进行了文理分科，他们根本没有时间、精力阅读课外书籍，因此造成普遍的知识匮乏；进入大学以后，这些理工科学生一开始就会接触到人文方面的知识，面对陌生的知识，尤其是一些较深刻的理论知识，他们无法理解、难以吃消，这样，他们就会因为听不懂而失去信心和兴趣。

四、学生对"两课"认识存在片面性，积极性不高

部分学生反映，他们是工科学生，学好专业课就好了，学习马克思主义这些课程没有用处。学生的这种看法是存在很大片面性的，主要有两个认识误区。

一是学生发展角度的误区。当代大学生是祖国、民族未来的希望，是社会主义建设者和接班人，要实现中华民族的伟大复兴，当代大学生义不容辞，责任重大。因此，必须充分利用大学宝贵的学习时间，充分利用武汉东湖学院丰富的教学资源，刻苦努力，尽情吸取各方面的知识。一个人的知识不仅需要自然科学知识，更需要人文方面的知识，特别是理工科院系的学生，由于本身人文知识的匮乏，更应该加强人文知识方面的学习。因为自然科学知识和人文知识具有互补性、互通性，只有知识丰富的人才能适应未来社会发展需要。"两课"教学涉及到丰富的人文知识，无论对人思维水平的提高还是人本身知识的丰富和个人内涵的提升都能产生积极、重要的作用，但很遗憾的是，许多学生并没认识到"两课"教学的重要性，因此，无论是教师还是辅导员，我们要加强对学生的引导和监督，让他们真正认识到开设"两课"的意义重大。

二是国家发展角度的误区。自1840年鸦片战争以后，中国沦为半殖民地半封建社会，国破家亡，人民处于水深火热之中。进步的中国人为了民族的复兴、国家的富强而鞠躬尽瘁，先后出现了戊戌变法、洋务运动、太平天国起义、孙中山领导的辛亥革

命等革命和改革，但最后都以失败而告终。中国走在艰难的十字路口，该何去何从？十月革命一声炮响，给我们送来了马克思主义。马克思主义理论与中国具体实际相结合，形成了毛泽东思想、邓小平理论、"三个代表"和马克思主义在中国的最新理论成果即科学发展观，马克思主义理论成功指导了中国的革命、建设和改革并取得了伟大成就。当代大学生要不断加强马克思主义理论学习，特别是在校期间，更要加强"两课"的学习，树立正确的世界观、人身观和价值观，让自己将来成为社会主义事业的建设者和接班人。因此，大学生要把学习"两课"变被动为主动，变消极为积极，自觉提高自己的理论水平和理论修养。

五、学校制度不完善，造成学风问题比较突出

制度问题是根本性、全局性、决定性的问题。武汉东湖学院走过了10年的发展历程，并取得巨大成就，但由于建校时间短，作为一所年轻高校在制度建设方面还存在许多不足，这点不可讳言，这种现状也实属正常。从哲学发展的角度而言，任何新事物在发展过程中，特别是发展的初级阶段，存在一些不合理实属正常现象，也符合事物发展的普遍规律。为了增强学校办学实力，提高人才培养质量，应该建立严格的教师制度、监督制度，狠抓学风、教风建设。特别是学风问题，直接关系到人才培养质量和整个学校的可持续发展，也是学生自觉学习和践行科学发展观的基本要求。

针对"两课"教学而言，学风问题是加强学生思想政治教育的重要形式，这个关系到为社会主义建设培养什么样的人才，以及人才培养的思想方向和政治保证问题，必须引起学校的高度重视。在"两课"教学方面，武汉东湖学院无论是校级还是院级领导，都非常重视学生的思想政治教育工作，采取了多种形式来加强学生的思想教育，其对"两课"教学也非常重视，学校为此成立了督导组、听课等相关制度，特别是近期学校召开了专门教学督导会议，制订了详细的教学督导工作思路、工作计划和工作重点。相信在学校领导的领导下，在各职能部门、各个院系的密切配合下，我们的"两课"教学一定会取得更好的效果。

总之，"两课"教学是对学生进行思想政治教育的重要形式，它能引导大学生树立正确的世界观、人生观、价值观，进而为社会主义建设培养合格的建设者和接班人。因此，"两课"教学要具有针对性、注重实践性和富有创新性。

浅谈高校学生干部的选拔、培养和任用

武汉东湖学院生命科学与化学学院　　赵　强

　　高等学校学生干部是学校各项工作在学生中的组织者、协调者和执行者，是师生之间联系的桥梁和纽带，是高校学生思想政治工作与人员管理的有力助手。因此，认真做好高校学生干部的选拔、培养、使用工作，对树立良好的学风、校风，培养优秀大学生等方面都起着至关重要的作用。下面我结合自己的实际工作，谈谈自己的几点想法和体会。

一、重视学生干部的选拔工作，正确引导大学生

　　首先,要培养学生干部的工作热情。学生干部只有正确理解了"学生干部"的含义，真正愿意为学校、为同学服务，才能有饱满的工作热情，工作起来才会积极主动，并有所成就。其次，选拔学生干部时，应该坚持"任人唯贤"、"德才兼备"的原则，即对有德有才者，予以录用；对有德无才者，可以予以培养；对无德有才和无德无才者，不予录用。对于学生干部来说，"德"就是要有较高的政治素质思想品德，要能够做事，会做人；"才"就是组织能力强，学习成绩优异。具体地说，就是要选拔那些具有较强的事业心和责任心、乐于为同学服务、踏实肯干、任劳任怨、敢于坚持原则、有一定办事为人能力同时学习成绩在中等以上的学生担任干部。当然，也可以根据需要适当选择部分在学生中有一定威信影响、在某一方面有特长专攻的学生担任学生干部。

　　然而现实中，在选拔学生干部时，往往有两种倾向。一是过分注重学生们的自愿和热心，忽视了学习和工作能力，把一些虽然政治素质较好但却学习成绩较差的学生选拔到学生干部岗位上来。结果他们在学生中的威信树立不起来，自己也非常吃力，难以收到好的效果。二是只注意了学习成绩，却忽视政治思想素质，即让一些学习分数高，思想素质较差或组织能力不太强的同学当选为学生干部。结果不是把班风搞坏，就是因本身组织能力差而不能胜任工作，最终耽误了自己的学习又影响了工作的正常进行。因此，选拔学生干部必须坚持德才兼备的原则，使其能充分发挥自身优势，能得心应手从事所担当的工作。

　　选拔学生干部是一项深入细致的工作，不能马虎。如果不了解学生的详细情况就单方面决定任用，容易使学生产生逆反心理，这样产生的学生干部即使上任后，也难以调动学生的积极性，同时也会给本人的工作带来困难。如果不加以引导，按一次投

票的结果来确定干部，容易让"老好人"当选，使班级工作平平庸庸。在选择校、系两级学生干部时，由于刚入学不久，多数人相互间不了解，若只根据一两次竞选演说来决定学生干部的任用，往往会把那些竞选意识较强，而综合素质不太理想的学生选上。这部分人有的往往只是凭一时的热情，没有持之以恒的精神和责任心，当遇到困难时就打退堂鼓，容易给工作带来不便。

二、提高自身能力，增强服务意识

要做好学生干部，就要有很强的能力，只有自己在为人、处事、学习等方面有很强的能力，才能很好地完成学生干部的各项工作，才能得到同学、老师的信赖。提高学生干部的素质主要是提高学生干部的政治和业务学习能力。学生干部首先是学生（学习生存和生活的能力），其次才是干部（为人与处事，以及人生规划），因而是业余干部。学习是他们的天职，也是学校培养四有人才的需要。就学生干部本身来说，学习搞好了，政治素质和业务素质提高了，威信就会相应提高，自然也就增强了工作的凝聚力和号召力。因为大学生最欣赏能力，最佩服才气。只有在其位谋其职的同时，提高自己的学习成绩，发挥自己的专长，树立自己长久的威信，尽到一个学生的本职——学习，才能于工作于学习都让人心悦诚服，从而让自己的工作更好进展。可见，学生干部学习不好比工作能力差更可怕，也就是说，学生干部要在搞好学习的前提下，再加上某方面的特长，才有可能做好工作。

当学生干部是难得的锻炼自己的机会，在为学校服务，为同学服务的同时，也锻炼了自己、增长了见识、提高了能力，为将来走向社会、服务社会、成就自己提供了一个很好的平台。一个学生在大学期间有没有参加学生工作，对其自身的能力有很大的影响。在不影响学习生活的情况下，应该积极鼓励学生参加各种学生工作，我院院长傅功成在一次学生干部培训会上这样讲到：大学学生组织是一个很好的社会实践平台，能锻炼一个人的能力。在学校，你在学生工作中出错，可能没多大关系，要是出了学校进入社会，你还在很简单的事情上犯错，你就可能丢掉这份来之不易的工作。所以要鼓励同学们积极、踊跃的参加到学校的各种学生工作中，配合学校工作，服务更多同学。

三、加强干部责任意识，建立健全的干部考核及奖罚制度。

学生组织是"全心全意为同学服务"的机构，身处其中的学生干部更要以此为己任，树立良好的工作责任心和荣誉感，而不能以此耍威风、谋私利；要以主人翁的心态投入同学工作当中去，为学校的发展出谋划策；要以极大的工作热情和乐观面对各种困难的积极态度，来应对同学工作的不同情况；要以创新的思维、独特的想法为学生工作注入新鲜的血液，丰富学生工作的方法和内容；要用前沿的眼光和视角来看待和处理问题，于思想于行动给以同学们正确的引导。

　　虽然鼓励学生干部参加学生工作，无偿奉献，但也应有所奖励、惩罚。学生干部在工作中，有时做的对，偶尔也会犯下错误，所以在学生工作中，有健全的奖罚制度很重要。对于能正确完整做好学生工作的学生干部，要予以鼓励，必要时予以适当奖励。在奖励过程中，综合考虑学生各方面的表现，而不是单方面考虑个别因素，比如学习成绩等。在学生干部犯错时，要予以适当严肃的处罚，帮助其反思工作中的不足，总结经验，提升素质及能力。

　　学生组织是高校进行学生管理的很重要的机构，学生干部在学生管理工作中起着很重要的作用。高校学生干部的选拔、培养和任用都至关重要，不容忽视，好的学生组织，好的学生干部对好的学风、校风的建设，甚至在培养优秀的大学生工作中都起着至关重要的作用。

探讨武汉东湖学院温室大棚建设的方向

武汉东湖学院生命科学与化学学院　金卫华，胡　超，潘祖亭

结合武汉东湖学院生命科学与化学学院的专业特点和当今温室大棚经济的发展趋势，我们对大棚的结构进行了初步的规划，在大棚的土壤改良及作物种植的种类方面进行了布局方面的探讨，做到既体现温室大棚在科学研究中的价值，又体现其本身的经济价值，为武汉东湖学院温室大棚的建设确立了一个基本方向。

2011年上半年，武汉东湖学院花巨资建立了两个现代化大棚，占地面积约两亩地，现作为生命科学与化学学院实验实习基地的配套设施，已投入使用，并展开了一系列的科学研究。但是，作为高校的农业大棚，其建设方向何在？是像农民种地，完全以经济建设为中心，还是以科学研究为主，得出众多的科研结果呢？本人觉得，两者的完美结合，才是我校大棚建设的真正方向。

科学是第一生产力，我校生命科学与化学学院拥有这第一生产力的基础，即强大的师资力量。该院集中了生物技术及化学专业的各方面人才，完全有能力将普通的大棚转化为现代化大棚。

一、科学研究方向的建设

围绕大棚种植技术，我们可以展开多项实验。

（一）大棚种植最佳土壤肥力研究

各种农作物的生长，对土壤中营养成分的要求各不一样。本地区的土壤大多是红的或者黄的粘土，特点是不渗水不透气，很不适合植物生长，目前，大棚的土壤正在不断改良中，使用的是晨熙生物公司制造的生物有机肥。施肥后的土壤在反复耕种几次后，逐渐变得松软，大多数植物能旺盛生长，但是出现了产量严重不足的问题。分析原因，之所以产生这种现象都是因为土壤中虽然含有大量有机物，但缺乏很多微量元素。我们可以利用本院化学专业的条件对本地区本大棚的土壤进行微量元素定量分析，如采用原子吸收分光光度法测定土壤中及植物体内的元素含量，以此来指导施肥；同时还可以用化学的方法测量土壤的酸碱度、含盐量，结合生物技术的方法进行改良，如用发酵的方法生产天然有机肥料，分离、培养发酵用的优良微生物菌株。

随着人们生活水平的不断提高，对食品安全的要求也越来越高，特别是现代农业

生产中对有毒化学农药和肥料使用的越来越普遍，发展绿色农业就成为我们这些从事生物技术研究工作的人要做的事。所以，我们的科研活动还可以将化学和生物方法结合，进行相关的能降解有机磷农药、重金属降解菌的选育实验，如用气相色谱质谱法测土壤中有机磷农药的含量，实时监测这些有毒物在土壤中和植物体内的动态，用微生物育种的方法培育降解毒物的菌株等。

（二）大棚中绿色农作物种植技术的开发

大棚用于农业生产有一个明显的优势，那就是大棚内的环境受外界环境的影响很小，不仅包括气候的变化，还包括病虫害的影响。所以，在大棚中种植的蔬菜瓜果理应是天然无污染的绿色产品。在此条件下，我们可以进行植物生长条件的摸索，其中包括土壤环境、生长温度、光照时间及强度、给水量等的优化探索性实验，找出部分农作物的最佳生长条件，建立有机生态无土栽培模式。

生物农药是现代农业技术研究的一个重要而新颖的方向，生物农药以其对害虫和病菌有毒而对人体无毒的特点受到世界各国广泛的关注。我国在这方面的发展也很迅速，这些农药包括微生物农药（活体微生物）、生物化学农药（信息素、激素、天然的昆虫或植物生长调节剂、驱避剂以及作为农药活性成分的酶）、转基因植物等。根据目前在大棚种植过程中的发现，本地害虫较多，危害较严重。在不使用农药的前提下，我们可以对市面上出售的生物农药进行考证性实验，寻找具有特异性杀虫的生物农药，同时也可以进行简单的生物发酵实验，开发简单的生物农药生产技术。

（三）现代生物技术在大棚中的应用

除了使用无毒的生物农药和天然的有机肥料外，如何尽可能提高作物的产量，是我们要研究的另一个问题。在这方面，作为生物技术的学生和老师，我们具有强大的优势。我们可以采用现代生物技术对植物进行脱毒，这项技术就是组织培养技术，经过多年的教学实践，我院师生已掌握了良好的植物组织培养技术，如今大棚的建成，正是师生们大展拳脚的时候。根据实际调查，对于组织培养技术实践的开展，踊跃参加者众多，相信在近几年内，会有更多的组织培养技术得到开发。

转基因植物的研究是现代植物学研究的热点，也为现代农业带来了勃勃生机。抗虫、抗病、抗旱、耐盐和耐储运的农产品层出不穷，我院也可以利用大棚的有利条件，进行这方面的尝试性研究。另外，医用的植物产品也是越来越多，除了中草药外，可以利用天然的绿色植物生产出很多有用的生物活性物质，包括蛋白质、酶等，如口服疫苗的生产，我们可以通过转基因技术，在萝卜、白菜和其他蔬菜水果中安全可靠的口服性疫苗等。

二、以大棚为中心的经济建设

如何使大棚为学校创造一定的利润，这是我们必须考虑的另一个问题。只有在能创造利润的前提下，我们的科研工作才能顺利进行，因为所有的科研工作都要有资金的支持，这也是实现大棚价值的最直观表现。目前，经过全院师生的积极讨论，我们初步规划采取以下措施。

（一）大棚的基本规划

大棚的使用面积只有约 2 亩，完全靠地表使用面积是绝对不够的。为了增加使用面积，将大棚改造为立体三维结构势在必行，其中，上层网架结构用于藤本植物生长，中层悬吊培养盆用于无土栽培技术研究，下层则是土培。

（二）经济型农作物的选择

根据对我校周围农业种植的调查显示，食用性作物有白菜、萝卜、丝瓜、苦瓜、黄瓜、茄子、番茄、豆角、菜心、冬瓜等，这些都是低价值品种，在大棚外面的生长情况也不错，所以不需要用现代化的大棚种植。而草莓在这一地区的发展势头是逐年看好，并且具有较的高经济价值。本地农民种植的草莓苗一般是从外地引进，成本较高，不但增加了运费还不能保证存活率；而农民自己育的苗经过多年培养后，总会染病染毒，不但草莓的外观难看，产量也会逐年下降。针对这种情况，我院拟从当地农民手中引进草莓苗进行脱毒培养，在经大量繁殖后，就地向本地区的农民出售。本项目若能成功，将会得到一笔可观的利润。

芦荟是我们选种的另外一种经济作物。芦荟不但具有观赏性，还有药用价值，部分品种还可食用，是经济价值很高的一种作物，其组培技术也已经很成熟。种植芦荟，一方面可以当观赏植物出售，另一方面，可以供学生和教师进行科研研究，结合化学专业的方法和技术，还能开发一系列保健品与药物。

（三）名贵花卉的种植

包括蝴蝶兰、大花惠兰、百合、桂花、腊梅、红梅、牡丹、芍药、海棠、金茶花、杜鹃、玉兰、水仙、月季等的组培。

（四）中草药种植

包括天麻、人参、三七、红花、活血丹，等等，既可以向药店出售，又可以作为科研用的原料。

以上是本人关于我校大棚建设的一个初步规划，它既体现了科研价值，又可以有一定的经济收入，纯属个人愚见，还需慢慢探索。

【参考文献】

[1] 吴超华 . 大棚草莓高产高效种植技术 [J]. 安徽农学报，2010，16（08）：121.

[2] 董顺福，刘杰等 . 芦荟茶中微量元素锰及其氨基酸含量的测定分析 [J]. 光谱学与光谱分析，2006，26（6）：1170—1172.

[3] 潘宇，胡宗利等 . 中华芦荟愈伤组织的诱导 [J]. 重庆大学学报（自然科学版），2007，30（5）：113—118.

[4] 郁永明，王炜勇，田丹青，曹群阳 . 蝴蝶兰、大花惠兰和观赏凤梨等盆花越夏技术研究 [J]. 浙江农业科学，2009（5）：897—901.

加强大学生环境道德教育的思考与认识

武汉东湖学院思政课部　　高伟丽

在科学技术突飞猛进、环境问题日趋严重的今天，环境道德教育正受到高度重视。高等院校肩负着培养各行各业建设者和管理人才的重任。对大学生开展环境道德教育是培养大学生环境意识的重要途径，也是解决环境保护与社会经济发展问题、促进可持续发展的现实需要。本文从对大学生开展环境道德教育的必要性出发，针对当前大学生环境道德教育的现状，分析了大学生环境道德教育中存在的问题，提出了开展环境道德教育的途径和方法。

一、对大学生开展环境道德教育的必要性

目前可持续发展的浪潮正席卷全球政治、经济、文化各个领域，环境问题正在世界范围内得到广泛关注。随着社会进步和环境教育的发展，人们逐步认识到，人类与未来的关系集中体现了人与环境的关系，人类文明的历史也是人类与环境相互关系的历史。

众所周知，环境保护是我国的一项基本国策，而环境道德教育则是贯彻基本国策的基础工程，是实施环境保护工程的重要环节。保护环境是现代公民最起码的道德要求，环境道德建设更是德育教育的重中之重。强化环境道德教育、提高大学生的环境意识与保护环境的积极性、帮助大学生掌握环境科学知识与保护环境的技能，对于保护地球是至关重要的。通过环境道德教育，帮助大学生树立环境道德观，尊重生态自然，把保护人类的生存环境、不危害其他物种的生态环境作为道德准则；通过环境道德教，使大学生建立起科学的环境价值观，对自然资源与环境应当珍惜保护，有偿使用，避免浪费和破坏，从而采取正确的行为取向；在消费方面，要逐步形成低消耗的生产体系和适度消费的生活体系，并且引导大学生选择和支持绿色生产与消费方式，纠正浪费资源和能源、以牺牲环境来换取高额利润等不良行为。因此，只有通过强化环境道德教育，增强环境道德，引导大学生选择善待环境的生活、学习和工作方式，才能真正形成阻止生态破坏与环境污染的强大力量。

环境道德教育，是指一定的社会为了使人们在生态活动中遵循生态道德行为的基本原则和规范，自觉履行维护生态平衡的义务，有组织、有计划地对人们施加系统的生态道德影响的一种活动。也就是借助教育手段使人们认识环境，了解环境问题，以

提高人们的环境意识为目标，促使人们在获得环境知识的同时，提高环境素质。由此可见，环境道德教育三要致力于培养、提高人们的环境道德意识，有助于将环境要求转化为人们的自觉行为。

高等院校肩负着为国家建设培养高层次科学技术人才和国家所需的各行各业的建设者和管理人才的重任，因此，对大学生进行环境道德教育，是可持续发展的现实需要。高等院校应当把环境道德教育作为素质教育的一部分，培养大学生的环境意识和可持续发展的观念；要引导大学生树立可持续发展的伦理观，正确认识影响当代环境问题的两类矛盾，即人与自然的矛盾，以及人与人之间的矛盾；同时还要强调一种公平思想，既重视代际公平，又重视代际内公平。每一个大学生无论学什么专业，将来从事什么工作，都应当懂得环境科学和可持续发展的思想和理论，这对 21 世纪的现代化建设尤为重要。在人类社会由传统发展模式向可持续发展战略过渡的关键时期，有必要重新审视我们的环境道德教育，尤其是高等院校中的环境道德教育现状、问题和途径。

解决环境问题，除了靠科技、经济和法律的手段之外，还必须努力提高全民的环境意识，尤其是提高当代年轻人的环境意识。因此，对大学生进行环境道德教育就显得非常重要。环境道德教育的根本任务一是提高全民族的环境意识，二是培养环境保护专业人才。在培养环境保护专业人才方面，我们已经建立了较理想的教育体系，而提高全民族的环境意识则属于专业软教育，与人文修养、伦理道德紧密联系，可以作为衡量社会进步和民族文明程度的重要标志。

高等院校在学生培养目标和课程设置上，常常因为强调实用性而忽略了环境道德教育，或环境道德教育仅限于开设报告会或讲座。众所周知，教育的目的在于改变人的思想和行为，高等院校环境道德教育的目的是通过环境科学基础知识的学习以及更长时间的相关学科的教学渗透，使大学生掌握环境科学知识和技能，具备掌握环境科学的知识面，具备较强的环境意识，并培养起对待环境的正确态度，从而乐于投身到环保事业中去。

高等院校肩负着为国家建设培养高层次科学技术人才和国家所需的各行各业的建设者和管理人才的重任，所培养的大学生将成为各条战线、各个领域的骨干力量，他们当中的很多人将成为各行各业不同层次的决策者、管理者和实践者，他们能否将国家环境保护的法律法规和政策贯彻落实到自己的工作中去是我国能否逐步走上人口资源、环境、经济协调发展道路的一个重要因素。大学阶段正是一个人的人生观、世界观、价值观不断成熟的时期，可塑性很强，大学生的环境意识直接关系着自身的环境行为，也影响着其他社会群体的环保行为。不能指望一个没有受过环境教育的决策者能够制定出合理的环境政策，也不能指望一个没有受过环境教育的公众能执行环境政策和解决环境问题。所以，大学生作为同龄人中文化层次较高的群体，理应具备更强的环境意识和环保法制观念。他们中的相当一部分人毕业后将走上各个重要部门，有的还会参与国家政策的制定和重大环境问题的处理，如果他们在学校期间能接受良好的环境教育，能充分认识到环境污染的严重性和环境理论的必要性，并培养起相应的素质，就会自觉地将专业学习与保护环境结合起来，积极做好准备为将来投身经济建设、参与环境与发展的协调进步而付出个人的不懈努力。因此，培养具有良好环境素养的大学生是高等院校义不容辞的责任。同时，环境道德教育将直接有益于大学生遵纪守法、勤俭节约、保护环境等优良品质的形成，有利于培养学生的现代生态观、环境成本观和可持续发展观；可以使大学生正确树立人与自然之间的关系，提高自身适应环境、保护环境的能力，以促进人与环境的和谐发展。

二、 高等院校环境道德教育存在的问题

环境道德教育的目的是通过对环境科学知识、环境法律法规知识、环境伦理道德知识的宣传教育，增强全民族的环境意识，就是要求人们超越狭隘的短视的利益优先观念，以崇高的境界把人与自然、社会发展与环境发展融合在一起。

环境道德教育也不同于一般的环境教育。一般的环境教育偏重于知识的传播和技能的培养， 但环境道德教育更侧重于人们环境道德品质的培养。另外，传播环境知识容易使人接受，也有成熟的教育经验和考核指标，但环境道德的培养相比起来难度较大，需要日积月累，而且是个循序渐进的过程， 特别是环境道德由他律转化为自律的过程更是如此。

由此可见，环境道德教育是实施高等教育可持续发展战略的突破口与切入点。高等院校只有更新教育观念、改革教育体制、调整教育内容，并着重在环境教育的实效性上下功夫，才能真正做到让学生增强环境意识，使他们自觉、自愿的参加环保实践。但从当前高等院校环境道德教育的现实来看，环境道德教育不仅普及程度不够，而且也没有真正落到实处。具体体现在以下六个方面。

（一）部分高等院校尚未认识到设置环境道德教育课程的重要性

环境意识和可持续发展模式的掌握是当代大学生综合素质的重要基础，他们应当为当代人类文明的发展承担起这一新的使命。因此，环境道德教育应该成为高等院校学生素质教育的重要内容和不可缺少的环节，而环境道德教育课程则担负着提升学生的环境知识素养和树立环境道德标准的重任。大多数高等院校尚未意识到开设环境教育课程对于提高全民环境意识的重要性。以湖北省为例，目前湖北省有高等院校 112 所。据了解，约有 1/2 的高等院校至今尚未将提高学生的环境科学素养列入培养目标之中，尚未将基础的环境教育课程列为所有专业学生（本科、专科）必修的公共课，这些院校的学生，如果在学校中没有受过应有的环境教育，他们毕业后走上社会工作很可能沿袭牺牲环境发展经济的模式工作。这样，他们不但不能成为可持续发展战略的自觉执行者，反而可能会成为可持续发展战略的阻力。有的高等院校则把以传授简单的环境保护知识为主的教育误认为是在进行环境教育。此外，还存在以下问题：（1）未设置环境道德教育课程或环境教育培养目标；（2）教师自身环境意识与能力薄弱，各科教师在教学中视野狭窄，仅着眼于所讲授的学科，不具有把环境道德教育融入到

本学科的能力；（3）在管理上缺乏制度保障，不能调动教师从事环境教育的积极性等。

（二）高等院校有关部门对实施环境道德教育的重要性认识不够

高等院校有关部门尚未充分认识到环境教育与可持续发展战略的必然关系。部分高等院校认为，环境道德教育只是环保部门的事或是环境教育专业的事，对非环境教育专业的学生来说是可有可无的事情。

（三）环境道德教育体制不成熟

（四）条件不足

（五）环境道德教育的核心环节是使大学生形成稳定的保护环境的品德

由于一再强调环境道德教育在知识结构上具有的超强跨学科性，在行为养成上具有强烈的实践性，因而忽略了大学生其他各方面良好的道德品质的加强。

（六）尚未与相关的专业教学结合起来

环境道德教育即使部分高等院校开设了环境道德教育课，但一般都没有充分考虑专业特点，与学生所学的专业未很好的结合。

三、加强大学生环境道德教育的途径与对策

（一）将环境道德教育渗透到学科教育之中，发挥学科教学的育人功能

加强大学生的环境道德教育，首先要将环境道德教育渗透到所有学科中去。因为不同专业的学科教育，虽然在内容上有很大差异，但无论哪一门学科，在不同层次上与人类面临的人口资源、环境和可持续发展问题都有密不可分的联系。环境道德教育并不是要取代其他学科，但它的确是要依赖于所有领域整体对待，包括自然科学、技术科学、人文和社会科学等。每一个领域对整体理解环境都有独特的作用。因此，亟待加强学科教育与环境道德教育的整合，在专业教学中渗透环境道德教育，将学科教育与环境道德教育结合起来，发挥环境多学科、综合性的优势，开阔学生的视野，培养学生保护环境的意识和责任，提高学生解决环境问题的能力。

（二）开设环境道德教育课程

课程教学是实施大学教育最主要的途径。开设环境道德教育课程则是系统进行环境教育的重要手段。由于各高等院校的环境道德教育发展不平衡，许多高等院校未开设这方面的课程，有些院校即使开设了环境教育必修课或选修课，但在教学内容、教材建设、师资力量等方面尚未给予足够的重视和保证，使环境道德教育未达到应有的目标。根据各高等院校的实际情况，应将环境道德教育课程纳入培养目标教学计划之中，明确课程教学目标及其在专业教学计划中的地位，保证必要的课时和教学内容，使之真正成为大学教育中的重要组成部分。开设选修课是对大学生 开展素质教育的一种重要手段，在大学生中开设环境道德教育课程，要考虑到不同专业学生的需求，可以根据校情开设"可持续发展与环境科学"、"人口学概论"、"环境保护"、"生态学概论"、"生态经济问题"、"野生动物资源"、"城市生态学"等课程。在经过精心设计而开设

的课程中，有的是全体学生普遍需要学习的，有的是文科类学生需要学习的，有的则是理工类学生需要学习的。要根据大学生的需要，合理安排教学内容。

（三）开展环境教育主题宣传和实践活动

环境教育不仅理论性强，而且有很强的实践性。通过实践活动，可以丰富大学生的知识，使他们深刻了解环境与经济、环境与社会的关系，了解环境问题的复杂性，同时可培养他们的团队合作精神、与他人沟通的能力以及解决实际环境问题的能力。因此，各高等院校要给学生提供实践的机会和物质、精神上的支持，在节假日和环境纪念日，组织学生在校内外开展以环境保护为主题的宣传教育活动，或到学校周围的社区进行环境问题社会调查等。

（四）加强师资队伍建设

要对全体大学生进行环境教育，师资是关键。高等院校环境道德教育的开展需要一支很好的师资队伍，要求教师充分了解环境，能够把环境信息与可持续发展概念渗透在所讲授的课程之中，并不断更新教育内容、改进教学方法。教师要具有可持续发展的意识和能力，就必须定期的对教师进行培训，培训内容包括教学方法、教学内容、环境信息等。

以素质教育为纲，构建高等院校环境道德教育模式，使大学生既具备全面的现代人的基本素质，又掌握了环境道德教育的基本理论与方法，走入社会后能以自己的言行和能力影响和教育下一代人。这是一项系统工程，必须配套地构建其目标体系、课程体系和评价体系等。本文仅从高等院校开展环境道德教育的重要性、存在的问题和具体实施方面提出了一些粗浅的看法和设想。要从根本上给大学生补上这一课，还需要全社会的共同关注和努力，这也是大学生素质教育的一项重要内容。环境道德教育是我国社会可持续发展的基础工程，高等院校在环境教育事业中的作用至关重要。做好大学生的环境道德教育工作，是每一位教育工作者义不容辞的责任。

【参考文献】

[1] 阮李全 . 试论环境道德教育 [J]. 地理教育，2007（5）：73—74.

[2] 王凤珍，宋德梅 . 论大学生环境意识教育 [J]. 西南民族大学学报（人文社会科学版），2005（12）：402—404.

关于加强独立学院和谐校园文化建设的思考

武汉东湖学院思想政治理论课部教师　谢　俊

独立院校是我国高等教育的重要组成部分。校园文化建设是建设和谐校园的重要途径，而加强独立学院和谐校园文化建设较一般院校更为重要，它主要通过校园基本建设、校园制度建设、校园文化活动等方式来进行。

独立院校是我国高等教育的重要组成部分。独立学院校园的和谐不仅直接体现和影响社会的和谐，更重要的还在于担负着人才培养的重任，每年都要向社会输送数百万的毕业生，这些人奔赴社会的各个角落，在接受社会改造的同时也在影响着社会。因此，加强独立学院校园文化建设、建设和谐校园是我国独立院校当前和今后健康发展任务的重中之重。

一、校园文化的内涵和作用

何谓文化，古今中外的学者见仁见智，给出了各不相同的界说。《辞海》中对文化的解释是：文化"广义指人类在社会实践过程中所获得的物质、精神的生产能力和创造的物质、精神财富的总和。狭义指精神生产能力和精神产品"。校园文化作为社会文化中的一种亚文化，是指校园中所有成员共同创造形成的一切物质和精神财富的总和及这种创造形成过程。它主要包括三个方面。

（一）物质文化

物质文化包括校园布局、建筑雕塑风格、校园绿化美化、环境卫生和各种学校活动的设施。校园物质文化作为一种客观存在，能为人们的感官所直接触及，具有直观形象的特点。良好的、富有个性的校园建设，能给人赏心悦目的感觉，使人在不知不觉中受到感染，对教育者和受教育者起到陶冶情操、净化心灵的作用。

（二）制度文化

制度文化包括学校的管理体制、组织机构、生活娱乐方式、行为规范、规章制度等。校园制度文化具有强烈的规范性、组织性、秩序性的特点，它对于规范师生的言行、维护学校良好的生活、学习、工作秩序，培养师生良好的品行，督促师生完成教学科研任务，搞好人才培养具有重要作用。

（三）精神文化

精神文化主要是指大学的传统精神，包括学校成员的群体思想意识、舆论风气、心理素质、人生态度、行为模式、校风传统、价值取向、审美观念等。是校园文化的核心和灵魂。它对于形成积极向上、开拓进取、团结有序、和谐宽松的育人环境具有重要作用。

二、独立学院校园文化的特征

校园文化作为社会主文化的一部分，具有社会主文化的一般特征，但作为具有相对独立性、完整性的社会文化，独立学院校园文化又有其自身的特点。其特征主要体现在以下几个方面。

（一）独特性

独立学院由于发展历史、办学特色、学校传统、功能定位、领导喜好等各种因素的不同，因此形成了具有自己特色的校园文化。独立学院校园文化的独特性是区别于其他高校的重要标志。

（二）导向性

导向性是指独立学院校园文化对一个学校校风的形成具有导向作用。强势的、高尚的、积极向上的、充满活力的校园文化对良好校风的形成具有推动作用，而式微颓废的校园文化反映在校风上则是教风不端、学风不良、工作作风散漫。一般而言，独立学院独特的校园文化必然会在师生员工的思想意识、言行举止、生活方式等方面体现出来。

（三）教育性

独立学院校园文化的教育性是指，独立学院校园文化的内容、方式及其所形成的文化环境和氛围对师生的思想道德、行为规范及生活方式有着直接或间接的教育作用。在良好的校园文化熏陶下，师生员工在不知不觉中就养成了良好的工作、生活、学习习惯，保持了健康的心理状态，培养了良好的道德品质，确立了正确的政治信念。教育性是独立学院校园文化的一个重要特点，也是独立学院校园文化需要被高度重视的原因。

三、加强独立学院校园文化建设的途径

（一）搞好独立学院校园基本建设，美化校园环境

独立学院校园的房屋建筑、道路交通、体育场馆、教学实验设备、花园苗圃等，都属于校园物质文化的范畴，是校园文化的重要组成部分，在教书育人、构建和谐校园方面具有不可替代的作用。笔者认为，要搞好独立学院校园文化建设，要首先搞好独立学院校园物质文化建设：一是搞好独立学院校园的房屋建设，包括扩建新的校舍、

旧校舍的整治、维修以及新校区的建设等；二是搞好独立学院校内道路的建设和维修；三是不断添置、更新图书资料和实验设备，搞好图书馆、实验室建设；四是搞好独立学院校园的绿化、美化工作，搞好校园的环境卫生；五是搞好独立学院校园运动场所建设，建设功能齐全、设施完备的运动场；六是建立独特宣传栏、广告牌以及设置具有象征意义的雕塑；七是保存、修复承载独立学院历史的标志性建筑；等等。当然，独立学院物质文化建设也不能仅仅局限于建大楼、添设备，还应该赋予每一个建筑、每一部设备以人文精神，使其具有教育意义。正如瓦·苏·苏霍姆林斯基所说："要让学校的每一面墙壁都会说话。"大学校园是知识集中的场所，也是育人的场所，这就要求独立学院校园的各项建设要富有浓郁的书香气息，布局建设符合审美要求，一砖一瓦都要有其象征意义，而不是强调整齐划一、单调直白。

（二）加强独立学院的各项制度建设

制度建设是独立学院校园文化建设的一个重要组成部分。建立科学完整的制度体系，意味着从学习、生活、娱乐、工作各个方面鼓励先进，鞭策落后，时时发挥着心理强化的作用。笔者认为，在确立学校各项规章制度时必须注意以下几个方面。（1）保证制度的完整性。独立学院的规章制度应该涉及学校的各个领域，这样才能保证学校的各项工作都有章可循。（2）保证制度的科学性和可操作性。独立学院只有科学地制定各项规章制度，才能在实际工作中用制度去约束、规范其成员的言行，制度才能被很好地贯彻执行。（3）保证制度的公正性。在独立学院，只有公正合理的规章制度才能获得大多数人发自内心的认可，才能最大限度地发挥制度的作用。

（三）制定校训、校歌、校徽，编撰、展现校史

校训、校歌、校徽、校史在独立学院的校园文化建设中意义重大。在校园文化建设中，独立学院要搞好以下几个方面工作。（1）科学制定校训。简单地说，校训是学校为树立优良校风、培养良好学风而制定的，是要求师生共同遵守的基本的思想（道德）规范和行为准则。科学的校训能够启迪师生思想、升华人格品质、引导优良学风、统领校园文化建设，为独立学院改革与发展提供精神支撑，对学校的各项工作起到导向作用。（2）精心谱写校歌。校歌作为反映学校精神风貌的校标，在激励师生发扬学校优良传统、增强独立学院独有的群体观念、培养学生勤奋学习的优良品质方面具有不可替代的作用。（3）精心设计校徽。校徽是学校的象征。设计出既结合独立学院特征又富有思想内容的好校徽，可以使师生在可感触的艺术形象中受到美的感染，激发广大师生员工对学校的热爱和认同。（4）完整编撰校史。校史通常是指学校从建校到现在的发展历程。独立学院要充分地挖掘学校的历史资源，把学校的光辉历史以及为学校发展做出突出贡献的人物展现在师生面前，供师生们瞻仰和学习。

（四）精心组织多种校园文化活动

校园文化活动的范围相当广泛，一方面，它既包括大型的学校集会、运动会、学术报告、大学生"三下乡"社会实践活动等，也包括小型的读书活动、辩论赛、创业设计大赛、课外学术科技作品竞赛、亟须完善的各种社团活动等。另一方面，独立学

院要率先占据网络文化的主阵地，建设好融思想性、知识性、趣味性、服务性于一体的校园网站，积极开展健康向上、丰富多彩的网络文化活动，牢牢把握网络文化建设主动权，使网络在成为独立学院宣传先进文化和健康思想的主阵地的同时，也成为师生思想交流、感情融通的主要通道，形成具有自身特色的校园文化，建立起和谐校园。

四、加强独立学院校园文化建设应坚持的原则

（一）坚持"以人为本"是独立学院校园文化建设的重要原则

校园文化建设中的"以人为本"是指，在校园文化建设中要充分地尊重人、理解人、关心人、爱护人，促进人的全面发展。具体来说，就是在物质文化建设中要把方便师生员工的生活和学习放在第一位，要充分体现对师生员工的尊重和关爱；在制度文化建设中，要充分体现制度的人性化，宽严适度，不苛求、不放纵；在课程设置方面，独立学院要充分考虑学生的实际情况，以把学生培养成社会需要的人才、使学生人尽其才、学有所成为第一要务。

（二）充分体现民主、法治精神

民主、法治精神是现代社会的重要特征，也是社会主义和谐社会的重要内容。青年大学生是中国未来建设的主力军，他们的思想观念如何，将直接影响到我国未来社会的走向。缺乏民主法治观念的一代，将会延缓我国社会的进步。因此，独立学院在注重校园文化建设的同时，应充分体现民主、法治精神，使广大学生在学生时代就受到民主、法治精神的强烈熏陶。这不仅有利于学生的全面健康发展，而且也有利于推动整个社会的民主法治化进程，推动社会主义和谐社会的建设。

【参考文献】

[1] 王邦虎. 校园文化论 [M]. 北京：人民教育出版社，2004.

[2] 王学俭. 现代思想政治教育前沿问题研究 [M]. 北京：人民出版社，2008.

[3] 温群雄. 论校园文化在大学特色中的价值 [J]. 当代教育论坛，2009（6）.

[4] 李磊. 高校校园文化作用、存在问题及建设刍议 [J]. 黑龙江教育（高教研究与评估），2009（5）.

组建一支独具特色的民办普通高校师资队伍

——以脱离母体，变身民办高校的独立学院为例

武汉东湖学院思政课部　　王琼燕

改革开放以来，中国民办教育从无到有，异军突起，对中国教育发展起到重要的促进作用。本文从民办普通高校的定位出发，分析了民办普通高校发展中存在的问题，进而提出要在合理定位的基础上，运用"人格本位"理念组建一支独具特色的师资队伍。

"统计表明，2007 年底，全国共有民办普通高校 1224 所（其中独立学院 318 所），若仅以学校数量来说，与全国公办普通高校 1908 所相比，已逾三分天下有其一的规模。"[1] 独立学院（最初被称为民办二级学院）是在 1999 年以后在各地根据高等教育快速发展的形式创造出来的，是专指在公立普通高等院校中设立的、以民办机制进行管理运作的学院。"2008 年下发的中华人民共和国教育部第 26 号令——《独立学院设置与管理办法》，则明确规定独立学院是民办高等教育的重要组成部分，也就是说，民办高校包括独立学院。"[2] 经过数年的发展，一部分独立学院初步形成了自己的定位和特色，冀求找到一条应用型人才培养之路。2011 年上半年，有 10 多所独立学院脱离母体，变身民办高校，而在这些"真独立"的独立学院背后，还有 300 余所独立学院仍然"按兵不动"。教育部 2008 年颁布的 26 号令《独立学院设置与管理办法》，为独立学院设定了 5 年的改革过渡期，期满后，独立学院有三条"出路"：继续作为独立学院存在、转民办高校、撤销或合并。独立还是不独立已经是道必答题，且无论独立还是不独立，独立院校都要面临的一个重大问题就是如何作出准确的定位，办出自己的特色，形成就业与招生的良性互动，从而使独立院校有生存的保障和发展的可能。要实现这样的良性互动，则需要有针对性地组建一支具有特色的师资队伍。

一、民办普通高校需把准脉搏，作出合理的定位

无论是发达国家还是发展中国家的大学，现代大学的发展都将面临三种选择：（1）

---

[1]　教育部发展规划司．2007教育统计摘要[R]．2008：9，13，14，19．

[2]　吉林大学主考自考招生网．http://www.jlzkbk.com/．

现代大学必须认识到大学乃是知识经济时代的一个知识产业部门，一个核心产业部门；（2）现代大学必须认识并着力提升本身的自增殖能力，以应对"国家教育经费投入的滞涨现象"；（3）现代大学必须认识到传统的高等教育分类法和知识经济要求的矛盾正在显露出来，因而必须重新分类。大约只占全国大学总数 1—3% 的大学，主要从事知识生产，奉献社会的即所谓"知识贡献"（江泽民语），这类大学，自第二次世界大战之后称为研究型大学；其余占全国大学总数 95% 乃至 95% 以上的大学，主要从事知识的传播、应用、开发、处理、培训和社会服务，通俗地说，主要是教师教课，培养社会各行各业所需要的众多人才，即所谓"人才支持"（江泽民语），这类大学，迄今为止尚无合适的名称来称呼它。当代美国著名教育专家克尔（Clark Kerr）阐述：这类"大学越发不再是精英分子的专业性的、阶级取向的机构，而更多是大众的一个市场取向的工具。这是一个基本的结构重组"[1]。民办普通高校在一定程度上，恰是和"这类"大学的情形相符合，因此在师资队伍的建设上，要把准脉搏，找到合理的定位。

2000 年，克尔哀怨地说，大学扩招之后，"高等教育将越发成为劳工市场的附属品"[2]。其实，克尔先生无需伤感，因为现代大学绝不是"劳工市场的附属品"，而是如马克思说的"生产劳动能力"的"工厂"和"产业部门"。克尔指出的正是知识经济时代 95% 以上的大学，正在成为通过知识的传播、应用、开发、处理、培训和社会服务，为社会各行业提供各级各类的"人才支持"的场所这一现状。由此可见，国内许多基本上没有"知识贡献"能力的大学，千方百计地为自己加冕"综合研究型"、"知识研究型"、"科研教学型"、"教学研究型"、"综合研究教学型"等桂冠和拼命想挤进那个"1—3%"的努力，是非常值得反思的。明智的倒是取其反面，放下身段，按照江泽民在庆祝北京大学建校 100 年周年大会上的指示，老老实实地去做好"为现代化建设提供人才支持"的工作。[3] 毋庸讳言，在这个十字路口上，民办普通高校是走在中国教育改革的前面的，因为他们从出生那天起就脚踏实地地走在江泽民同志指引的"为现代化建设提供人才支持"道路上。

二、依据学校定位建设一直独具特色的师资队伍

哈佛前任校长詹姆斯·科南特说："大学的荣誉不在它的校舍和人数，而在它一代代教师的质量。"[4] 在培养应用型人才的定位下，针对由公办学生转为民办学生的教学对象，教师在处理教学内容和教学方法上，都需重新审视和研究，这就要求建立一支适应民办普通高校的有特色的自有专职教师队伍。

那么，如何组建一支符合独立学院定位和发展方向的师资队伍？

[1] 克拉克·克尔. 大学之用[M]. 高铦，高戈，汐汐译. 北京：北京大学出版社，2008：152.

[2] 克拉克·克尔. 大学之用[M]. 高铦，高戈，汐汐译. 北京：北京大学出版社，2008：166.

[3] 江泽民. 在庆祝北京大学建校一百周年大会上的讲话//中华人民共和国教育部编科教兴国动员令[M]. 北京：北京大学出版社，2008. 4.

[4] 张芹，孙冬梅，浅析独立学院专职教师队伍建设[J]. 中国高校师资研究，2008（2）：14—15.

（一）构建合理的教师梯队

民办普通高校需要具有较高综合能力的青年、中年、壮年教师，以提高教学质量和竞争力。学校要注重引进学科带头人，一些治学态度严谨、学术造诣深厚的离退休老教师，在身体条件允许的情况下，也可以成为学校的兼职教师，将年轻教师"扶上马，送一程"。在录选教师时，要倾向于高学历且有工作经验的中年教师，要改变当前教师队伍梯度中中年教师处于"断层"的失衡现象。青年教师经验尚浅，但具有接受力和创造力，极具上升空间和可塑性，是教师群体中的新鲜血液，要给予成长时间，将其培育成与独立院校同步发展的特色群体。通过对"老中青"比例的调整，"构建相对稳定的骨干层和进出有序的流动层，以老带新，以新促老，以外推内，在动态中稳定骨干，在流动中优化队伍"。

（二）加强对专任青年教师的培养

专任教师中青年教师所占的比例最大，他们是学院发展的后备力量。因此，要想优化独立学院的师资队伍，必须把焦点锁定在青年专任教师身上。"一名成熟的教师要经过三个时期：一是职前学习期，主要是学习学科知识和教育原理；二是初职时期，约2—3年，在学校中经过老教师的指导和实际锻炼，逐渐融入教师角色；三是成熟阶段，约需3—5年，通过自己的教育实践，不断反思，逐渐熟练地掌握了教育教学的技能和技巧，成为一名成熟的优秀教师"[1]。

民办普通高校专任教师的人事管理采用合同制，编制多挂靠在人才交流中心，这使得学校专职教师的有关社会活动、劳动福利和社会保障等涉及到教师切身利益问题无法解决，因此，独立学院的专任教师普遍认为自己的工作是"泥饭碗"，进而缺乏职业上的安全感和归属感，一旦遇到一个效益好或者发展前景好的职业机会就会选择跳槽，这样就造成了民办普通高校专任教师队伍稳定性不高。没有长久的稳定发展意向，就难以制定长远的发展规划。

要解决这一问题可以从两个方面着手：一方面，民办普通高校可以通过提供给教师充分而又全面发展的空间和平台，以增强教师的职业安全感；另一方面，学校要给予足够的时间帮助青年教师学习成长，用包容信任的心态来激励教师，促进教师的整体发展。

三、运用"人格本位"理念促进民办普通高校师资队伍建设

吉利大学执行校长罗晓明在《理论够用、实践为重、科技创新、人格本位》中提到，吉利的"人格本位"中"人格"的含义是：通过人的性格、气质、能力所表现出来的个人尊严、价值和道德品质的总和。这个总和实际上是一个统一体，反映了一个人在心理、生理、社会、道德、文化等各方面所应达到的和谐统一的境界。"人格"这个源于希腊语 Persona 的概念，也称个性，原来主要指演员在舞台上戴的面具，类似中国京

[1] 顾明远. 我国教师教育改革的反思[J]. 教师教育研究，2006（6）：3-6.

剧中的脸谱，后来心理学借用这个术语用来说明：在人生的大舞台上，人也会根据社会角色的不同来换面具，这些面具就是人格的外在表现。

"人格本位"体现的是一种对于健全人格理念的追求。基于民办普通高校的定位及发展中存在的问题，民办普通高校可遵循"人格本位"理念，培养一支全面发展的师资队伍：（1）要有健康的体质，能够适应繁重的体力劳动、脑力劳动。（2）要有认知自我、估计自我的能力——既不妄自尊大，也不妄自菲薄。（3）要培养终身学习的思想，活到老、学到老。（4）要有创新意识、创造才能，要有不断超越自我的信心并为之做出努力。（5）要有良好的社交能力，深悉"外圆内方"、"和光同尘"的哲理。（6）要爱岗敬业，要有强烈的社会责任感。（7）要准确把握时代的脉搏，紧随时代发展的步伐，进而引领时代的发展。（8）要正确理解阳光和黑暗、美好和丑陋之间共存的原理，有充足的心理准备，不为假象所迷惑，亦要坚信阳光必将驱散阴霾。（9）要富有同情心和宽容心，严谨处事，亦常怀悲天悯人之心，且具豁达大度之貌。（10）要十分热爱自己的生命、热爱社会和人民，勇于担当，乐于奉献，志在实现自我。（11）要有强烈的独立思想，训练透视人生的眼力，冶炼处变不惊的能力。（12）要有良好的自我控制能力，使智商和情商水乳交融，以培育健全的人格。

民办普通高校可以用"人格本位"的理念培育一支适合学校发展且独具特色的师资队伍，将"人格本位"的理念贯彻到师资队伍的培养中去，进而教师再将这种理念潜移默化到学生中去，从而将"人格本位"的理念广泛传播，以促进师生的全面发展，促进学校的全面发展！

参与式教学法在高校思想政治理论课教学中的应用

武汉东湖学院思想政治理论课部　　任莹辉

高校思想政治理论课教学中应引入参与式教学这样一种新的教学模式。参与式教学的特点包括参与性与合作性相结合、规范性和灵活性相结合、知识性与情境性相结合等。在课前、课中和课后都要引导学生参与教学过程，以学生为主体，从而提高高校思政课教学质量。

高校思想政治理论课（以下简称思政课）是对大学生进行思想政治教育的主要理论阵地。思想政治理论课的教学目的不仅仅在于传授理论知识，更重要的是引导学生学会用正确的方法观察社会，思考人生，提高自身的政治素质和思想道德修养。这是思想政治理论课区别于其他课程的重要特点。但是，当前很多高校的思政课教学仍沿袭传统教学模式，填鸭式，满堂灌，学生学习的主体性发挥不出来，以至于教学效果欠佳。针对这种状况，我们显然有必要对参与式教学方法进行深入的探讨，因为这一教学模式对培养学生能力，启发学生思维，提高思政课教学质量等方面起着至关重要的作用。

一、参与式教学法的内涵及特点

参与式教学是一种新的教学模式，其核心是以学生为课堂主体，引导学生参与教学过程，掌握所学知识并侧重灵活应用。这是一种合作式或协作式的教学法，是以学习者为中心，鼓励学生积极参与教学过程，加强教师与学生之间以及学生与学生之间的信息交流和反馈，营造一种民主、自由、平等、和谐、愉快的教学氛围，从而培养学生独立求知和思考的能力、解决问题的能力，培养学生的团队协作精神和创新精神，从而促进教学质量和人才培养规格的提高。参与式教学法的特点主要包括以下几点。

（一）参与性与合作性相结合

参与式课堂教学主要是通过师生的共同参与与师生合作、生生合作来进行教育与学习，只有在参与的基础上，师生才能动用肢体与思维的运动进行有目的、有组织的活动；只有在合作的基础上，师生、生生之间才能交流思想、协同工作、完成任务、达成目标。在参与式课堂教学中，要求让每一位学生都加入到课堂活动中来，不允许有被忽视者、不允许有被遗忘者。教师应从学生不同能力层次、不同性格特征、不同需求方向来设计、安排、组织教学活动，使每个学生都处在教师的关注和关怀下，积极投入到课堂学习活动中去。但是，课堂是一个整体，在照顾到每个个体学生参与性的同时要注重学生相互之间的合作性，注重相互交流。

（二）规范性和灵活性相结合

也就是说规范性和灵活性相结合，在强调课堂上学生的主体性的同时也要发挥好老师的主导性。规范性是指在宏观上教师要规范学生的认识，引导学生在分析和解决问题时树立正确的世界观、人生观及价值观。以笔者所讲授的《中国近现代史纲要》课程为例，教师要以思想政治理论课的定位为切入点，围绕《中国近现代史纲要》课程的"纲"中之"要"做文章，使学生在掌握基本国史、国情的基础之上，真正领会历史和人民如何选择了马克思主义，选择了中国共产党，选择了社会主义。但是，卡尔·西奥多·雅斯贝尔斯曾经讲过："只要做得好，每一次演讲都有其不可模仿的特别形式。每一次有价值的演讲，可以因主讲者不同的态度而迥然相异。"所以在参与式教学过程中也要注重灵活性。灵活性是指在微观上，就学生而言，演讲方式不拘一格，包括内容的敲定、结构的安排、图片的选取、课件的制作、演讲的方式、表达的技巧等，均有自主的发挥空间。教师对参与体验式教学进程中的学生演讲的点评，不要固守某种单一标准或模式，而应该看到每个学生的优点，及时给予鼓励，从而提高学生参与的积极性和主动性。

（三）知识性与情境性相结合

教育最重要的任务是传播知识、发展能力、健全人格。高校思政课教学更是如此。可见，知识性是教学活动首先要满足的条件，不具备知识含量的教学只能是教育在形式上的架空。任何一门课程都有自己的知识体系，以《中国近现代史纲要》为例，对从1840—2009年的整个中国近现代历史发展和演变过程中重大历史事件和人物的学习、了解是基本内容，教学中不能脱离这些基本知识。而情境性是参与式教学法的一大特色，教师通过创设教学情境如图片、PPT、相关影片等展示要学习的学习内容、表达要达到的教学目标。这种情境教学是基于学生专业知识、生活环境、能力基础和兴趣倾向之上的，它能够最大限度地容纳历史知识，唤起学生参与的热情。融入情境之中的知识教学将是高效的教学，而融入知识因素的情境教学是区别于"游戏"的关键所在。

二、参与式教学法在高校思想政治理论课教学中的实施

受当前高校思政课课堂人数和课时量的限制，在课堂上彻底使用参与式教学有一定难度。因此，当前思政课教学可以采取在传统的教学过程中加入参与式教学法的元素，这样既可以保留传统教学法的优势，又可以发挥参与式教学的特点，使学生的学习积极性得到提高，动手能力和解决实际问题的能力得到加强。以下是笔者以《中国近现代史

纲要》课程教学为例，谈谈如何在课堂教学中运用参与式教学方法，提高教学质量。

（一）课前，引导学生参与教学内容的选择和准备

目前，高校思政课教学普遍存在内容繁多，而课时相对较少的问题，教师难以在有限的课堂教学时间内将全部内容讲完。为此，在教学大纲的指导下，针对学生特点选择教学内容的侧重点就显得尤为重要。可以鼓励学生根据自己家乡的历史，在假期进行调研，将调研结果与《中国近现代史纲要》课程中的相关内容结合起来，做好多媒体课件，准备好演讲内容。也可以先了解学生的兴趣和特长，鼓励学生对他们了解比较深刻的历史事件和人物进行深入研究，然后将研究成果写成书面报告或制作成课件或排演成节目等。

（二）课中，引导学生参与讲课

教师运用适当的教学方法，调动课堂气氛，鼓励学生在课堂教学中尝试做老师、主持人、演员等。学生参与讲课的形式主要有下列几种：（1）学生呈现和说明已准备就绪的内容，如笔者在《中国近现代史纲要》课程教学过程中一直采用的"精彩十分钟"，每堂课留出十分钟时间让学生自己上台讲自己准备的内容，形式包括有新闻速递、时事开讲、演示幻灯片、讲解题目、音像资料、照片图案、讲故事等；（2）学生参与课堂活动，如情境小品表演、辩论、小组竞赛、嘉宾访谈等；（3）学生互相问答、师生互相问答，最后做好小结。

（三）课后，引导学生参与课程总结和评价

根据教学内容，在相关内容学完以后和期中、期末，都要及时引导学生对教学过程和内容进行总结和评价，包括学生自评、学生（小组）互评、师生互评，然后总结经验和教训，以不断提高教学质量。

三、参与式教学法顺利进行需要注意的问题

参与式教学法作为一种新兴的教学模式，其实施有几个关键点，这是教师在教学过程中特别要注意的。

（一）建立融洽的师生关系

宽容、和谐的课堂环境是应用参与式教学法的前提条件。教师应减少威严感，增加亲切感、尊重学生、信任学生、赏识学生，真正成为学生的良师益友；课后也要多与学生沟通，用心去倾听和交流一些关于学习、生活、理想等方面的想法；课堂上对学生的任何发言，无论正确与否，都要给予认可和肯定。很多时候，学生在回答提问时看似很荒谬的答案，从另一个视角来看可能就是一个创新，因此，对学生要多鼓励、引导，而不能随便否定、批评。

（二）做好参与前的充分准备

参与式教学的课堂效果就在于学生的积极参与，而背后是需要教师恰当的设计构思。教师要在参与活动前设身处地地考虑学生的认知能力、思维水平和知识经验储备，

不断完善教学环节的设计与衔接问题。参与式教学设计中，学生参与的主题发言，教师需要提前布置给学生。哪些章节适宜展开讨论，哪些章节适合进行主题发言，每一堂课设哪些问题，每一学期主题发言、讨论、调查报告陈述和汇报演讲占教学课时的比例等，这些问题都需要教师课下花时间精心设计和组织，否则会影响参与式教学的效果。

（三）不同的课堂组织形式会参与式教学的运用

小班教学开展参与式教学较为容易，而一二百人的大班授课运用参与式教学法相对难度较大，弄不好会"放羊"，也可能造成部分学生"搭便车"。针对当前高校思政课教学课堂人数基本上在100左右的状况，不能为了参与而参与，而是要结合课堂实际，将参与式教学与传统方式教学恰当结合，扬长避短，一切以提高课堂教学质量为目标。

总之，确立以学生为本的教学理念，发挥学生主动性的教学方式，这已经成为高校思想政治理论课改革实践的共识，而参与式教学法就是一个值得尝试的教学方式。

【参考文献】

[1][德]卡尔·西奥多·雅斯贝尔斯.什么是教育[M].邹进译.北京：生活·读书·新知三联书店，1991: 154.

国学与当代大学生思想道德修养问题

武汉东湖学院思政课部　　丁玉霞

国学是中国近代文化发展史上出现的名称。胡适先生在《＜国学季刊＞的发刊宣言》中说："国学"在我们眼里，只是"国故学"的缩写，中国的一切过去的文化历史，都是我们的"国故"；研究一切过去的历史文化的学问，就是"国故学"，简称"国学"。[1]就目前来说，人们理解的国学，包括了5000年来我国积淀下来的大量的传统美德和优秀文化。传统美德是以孔子为代表的儒家伦理思想道德为源头，同时汲取诸子百家的优秀伦理道德思想，这是国学的核心组成部分。

党的十七大报告明确指出，"当今时代，文化越来越成为民族凝聚力和创造力的重要源泉、越来越成为综合国力竞争的重要因素"，"中华文化是中华民族生生不息、团结奋进的不竭动力。要全面认识祖国传统文化，取其精华，使之与现代社会相适应，与现代文明相协调，保持民族性，体现时代性"。[2]这为我们科学地对待国学指明了正确的方向。弘扬国学，挖掘国学资源，就是要以现代的价值理念指导国学的研究与发展，以创新意识和与时俱进的精神，坚持以历史唯物主义的立场、观点和方法来对待传统文化，立足于从丰厚的历史文化资源中寻求启迪，并与现代文化和现代社会中的道德要求有机地结合起来。

改革开放30多年来，随着社会主义市场经济的快速发展，社会上出现了许多新观念和新现象，这一方面为大学生在道德发展、价值追求和人生观等方面提供了多元的选择；另一方面，也对大学生的思想道德状况带来了冲击，人生理想迷茫、信仰缺失、道德失范、责任感淡薄。这些新情况越来越引起思想道德教育者的反思。思想道德教育的目的，不仅是要提高大学生的思想道德素质，还要培养他们正确的世界观、人生观、价值观和社会主义荣辱观。国学中有大量的"德"教的资源。因此，在对大学生的思想道德教育中，通过引导大学生对国学精粹的学习，帮助他们铺垫一生的道德基础，厚积人文底蕴，激发民族精神，从而形成正确的人生价值观和社会主义荣辱观，提升道德水平，培育健康的审美情趣和人格素养，都是十分必要的。

[1]　张若英.中国新文学运动史资料[M]上海：光明书局，1934：195.

[2]　胡锦涛.高举中国特色社会主义伟大旗帜，为夺取全面建设小康社会新胜利而奋斗[A].中国共产党第十七次全国代表大会文件汇编[C].北京：人民出版社，2007:32—33.

一、国学与当代大学生的民族精神培育

民族精神是一个民族赖以生存和发展的精神支柱。千百年来，正是出于对自己故土家园、骨肉同胞和灿烂文化的眷恋和热爱，中华民族才能够经历磨难而不衰，饱尝艰辛而不屈，千锤百炼而愈加坚强。如今，民族精神更是中国现代化不可或缺的精神动力，是中华民族得以在日趋激烈的综合国力的竞争中屹立于世界民族之林的重要保证。

经济全球化作为一种现实的社会发展趋势和一种复杂的世界性社会思潮，直接冲击着大学生的国家民族意识。一些学生迷失在众多的文化价值观念中，对社会主义制度和共产主义理想产生质疑。鼓舞和激励大学生为实现国家的繁荣富强和民族的伟大复兴而团结奋斗，需要培育民族精神，而民族精神与民族文化传统之间有着不可分割的联系。一方面，中华民族的民族精神正是在中华文化传统之中孕育和发展而成的，中华民族文化不断传承、培育和发展着中华民族精神。另一方面，中华民族精神又构成了中华民族文化的核心和灵魂，成为中华民族文化传统基本特质与生命活力的集中体现。"先天下之忧而忧，后天下之乐而乐"，"天下兴亡，匹夫有责"，"位卑未敢忘忧国"，"苟利国家生死以，岂因祸福避趋之"……这些诗句既表现了作者关心祖国、民族的命运，忧国忧民，也表现了他们在自觉地以各种方式为国家民族效力。这些丰厚的优质资源都可以纳入大学生思想道德教育之中，使学生对国学有清晰全面的认识，培养他们的民族气节，强化他们的社会责任感，使他们具有心怀天下、情系国家的博大胸襟，并树立为中华民族的伟大复兴而努力学习的人生理想。

二、国学与当代大学生的健康人格塑造

国学说到底是关于人的学问，是如何成就人、造就人、培养人的学问，重视现实的社会和人生是其最根本的特点。儒家思想是中国传统思想文化的主流，在中国社会和文化中的影响也最大。宗法伦理是儒家理论的主干，而"人"则是其全部理论的出发点与核心，对人的重视和对人伦关系的强调是儒家人生哲学的两重性格。子曰："……夫仁者，己欲立而立人，己欲达而达人。能近取譬，可谓仁之方也已。"[1] 仁的含义就是爱人，是一种博大的同情心。仁为人之最根本的德性。

当前，培养大学生健全的人格，这是高校思想道德教育的重要内容。当代大学生自我意识很强，希望尽快挣脱社会和成人对他们的监护，但是由于他们的辨析力尚弱，自我控制力较差，因此，一些大学生表现出自私、做事极端化、没责任感、好逸恶劳等不健康的人格倾向。在个人文明举止方面，随意、庸俗被少数学生看作是一种"洒脱"，而对道德、纪律的蔑视与叛逆却被看作"有个性"。一些大学生在人际交往的过程中，过于强调个人发展、自我价值的实现，要求他人尊重自己，却不能以礼待人。

如何让他们在本国传统文化的滋养中成长，健全人格是当务之急。《周易》中讲：

[1] 论语·雍也[M].论语.张燕婴译注.北京：中华书局，2006：84.

"天行，健。君子以自强不息。""地势，坤。君子以厚德载物。"[1] 作为社会未来之栋梁的大学生就应该树立端正的人生态度，胜不骄、败不馁，正视人生中的挫折与逆境，依靠自身的智力、能力和毅力不断地去超越自身，从而获得自身的目标与价值。因此，在对大学生进行思想道德教育时，亟需加强这些中华文化精粹的渗透和补给。

三、国学与当代大学生的道德修养

《大学》篇开宗明义说："大学之道，在明明德，在亲民，在止于至善"，提出"八条目"，即"格物、致知、诚意、正心、修身、齐家、治国、平天下"。就个人而言，高尚的道德修养是立身处世的基础；就社会而言，社会的每一成员都有高尚的道德修养，国家也就得到治理了。人的品德修养是最根本的。荀子也讲"君子易物，小人易于物"。所以我们要警惕物欲的膨胀，注重精神的修炼，达到最高的善。

首先，要培养大学生勤奋好学和实事求是的学习态度。"学而时习之，不亦说乎？有朋自远方来，不亦乐乎？"[2] "知之者不如好之者，好之者不如乐之者。"[3] 乐学，即以学习为人生的快乐。孔子是"快乐学习"的倡导者。以兴趣为导向，以快乐为原则是快乐学习理论的重要内容。还有许多治学格言，如"业精于勤，荒于嬉；行成于思，毁于随"[4]，表露了勤学苦读是中华民族的美好品德。针对一些大学生上了大学以后，以为只要能应付考试就行了的学习态度，强调勤奋好学的传统美德是十分紧迫和必要的。国学还强调治学要循序渐进、实事求是。中国传统学人的治学，一定都是先由文字、音韵、训诂及目录、版本、校勘等"小学"科目入手，而后才治"史学"，再由"史学"而入"经学"。而无论治"小学"、"史学"，还是"经学"，又都必须讲求实事求是。我们要坚决抵制急功近利的浮躁之风，培养扎实打基础、老实做学问的治学态度。

其次，培养大学生诚实守信的崇高品性。在中华民族的传统观念中，重诺守信是人与人之间必须遵守的基本道德，孔子就曾强调"人而无信，不知其可也"[5]。孟子曰：……是故诚者，天之道也。思诚者，人之道也。至诚而不动者，未之有也。不诚，未有能动者也。[6] 诚，即诚实无伪，真实客观。思诚，就是指人类追求诚实，而追求诚实是做人的根本要求，是为人的根本之道。"一言既出，驷马难追"这句名言更是千百年来为人们广泛使用。诚实、诚信，这是当今社会普遍缺失的美德与品质。部分大学生受急功近利思想的影响，诚信观念淡薄，如出现上课旷课、剽窃论文、考试作弊、个人简历掺水、恶意拖欠助学贷款、违法乱纪等现象。在大学生中大力倡导"诚信"思想，能够让大学生在日常交往中创造一种互相信任的人际关系，这无疑对大学生的成长是十分有益的。

[1] 周易[M].郭彧译注，北京：中华书局，2006：3，11.

[2] 论语·学而[M]//论语.张燕婴译注.北京：中华书局，2006：2.

[3] 论语·雍也[M]//论语.张燕婴译注.北京：中华书局，2006：79.

[4] [唐]韩愈.进学解[A].茅坤.唐宋八大家[C].沈阳：万卷出版公司，2008：19.

[5] 论语·为政[M]//论语.张燕婴译注.北京：中华书局，2006：22.

[6] 孟子·离娄上[M]//孟子.万丽华，蓝旭译注.北京：中华书局，2006：157.

　　第三，培养大学生的社会公德意识和良好文明的行为习惯。社会公德是大学生理应具有的道德基础，包括遵守公共秩序、具备公民意识。然而现实生活中，一些大学生在公共场所，如教室的墙壁上乱涂乱画，在走廊及自习室里大声喧哗、说脏话等不文明行为屡见不鲜；有的大学生对社会丑恶现象听之任之，"事不关己，高高挂起"。这些现象的出现归根结底是学生对社会公德、规范意识认识不足，内化不深，心中没有一个明晰的道德准则来规范自己的行为，为人、做事基本上是由着自己的性子或按照自己的习惯去做。学习国学，就是要明确一个道德准则，用道德的力量来约束自己，并不断增强自己的社会道德意识，在点点滴滴的日常小事中约束自己的行为，"勿以善小而不为，勿以恶小而为之"，养成良好的行为举止，成为维护和遵守社会公德的楷模。

　　高校作为大学生思想道德教育的主阵地，应该把教书与育人紧密结合起来，加强大学生的人文素质教育，充分利用国学精粹，按照古为今用、去粗取精的要求，阐发先贤圣哲的思想精髓，熏陶和教育大学生，让他们在接受西方文明的同时更感受到与之相比毫不逊色的中国优秀传统文化，在掌握学术知识之余也提高自己的道德修养。

武汉东湖学院论文集

民办高校教师队伍建设的现状、问题与对策

武汉东湖学院思政课部　　杜艳红

本文通过对民办高校教师队伍建设现状的分析，在此基础上指出了这一现状暴露出的诸多问题是多方面原因综合形成的结果，从外部环境因素和内部矛盾因素两方面进行了总结，并从政府层面和学校层面两方面提出了加强民办高校师资队伍建设的对策。

伴随着改革开放和现代化建设的进程，我国民办高校异军突起，构成了我国高等教育改革与发展大潮中一道亮丽的风景线，已逐步成为我国高等教育的重要组成部分，并在推进我国高等教育大众化进程和满足我国公民日益增长的多元教育需求中发挥了举足轻重的作用。然而，由于某些客观因素的影响及对教师队伍建设认识上的偏差，教师队伍建设一直处于低水平的发展阶段，这与民办高校的蓬勃发展态势不相称，成为制约民办高校可持续发展的瓶颈。因此，民办高校要突破制约其健康发展的瓶颈，必须重视教师队伍建设这个薄弱环节，要建立起一支素质优良、结构合理、特色鲜明、相对稳定的师资队伍，以优越的教育质量和办学特色去证明自己、展示自己、发展自己，从而迎取全社会广泛的认同与支持，这样才能有更大的生存空间和更广阔的发展前景。

一、民办高校教师队伍建设的现状

（一）兼职教师多专职教师少

随着我国高等教育大众化进程的推进，我国民办高校也获得了快速发展。目前不仅在数量上已经达到了相当的规模，而且在质量上也逐步提升，形成了一定的结构、层次和办学特色，逐步在中国高等教育领域立足。纵观其发展历程，民办高校的发展一般分为三阶段。第一阶段，求生存。这一阶段以规模扩张为特点，竞争的焦点是比房子、比校舍，不太注重办学质量和特色的营造，对师资队伍建设也缺乏应有的关注，这集中体现在民办高校初期大量聘请兼职教师，较少有自己的专职教师队伍的这种教师管理策略上。第二阶段，求发展。这一阶段以提高质量为重点，竞争的焦点是比办学质量、办学特色，致力于办学质量的提高和办学特色的营造，自然而然的教师队伍

的建设也成为关注的重点，而逐步建立自己稳定的专职教师队伍就显得尤为关键。第三阶段，求稳定。这一阶段，民办高校以形成成熟稳定的办学模式为特点，竞争的焦点是比品牌、比历史，致力于品牌打造和办学声誉的追求。

目前，我国民办高等教育总体上处于第一阶段向第二阶段的重要转型时期，这一转型时期的鲜明特点就是兼职教师多，专职教师少。现有研究资料和调查结果表明，目前我国近80%的民办高校没有专职教师或专职教师很少，相反，97%的民办高校都聘请着大量的兼职教师，民办高校中专职教师和外聘兼职教师的比例大多在1:6左右，兼职教师在民办高校的师资力量中占有主体性地位。[1]这造成了民办高校过于依赖兼职教师，专职教师队伍先天不足、后天营养不良的局面。师资力量的薄弱成了制约民办教育事业发展的瓶颈。

（二）教师队伍不稳定、流动性大

民办高校聘用的专职教师基本上都是公办高校的应届硕士或稀缺专业的优秀本科毕业生，在用人机制上也大多采用人事代理的方式，教师在民办高校任职缺乏稳定感，存在着随时被解聘的危险。加之物质待遇、社会地位及福利保障方面与公办学校还存在一定差距，他们往往将民办高校作为他们的一个"跳板"，有实力跳槽的青年教师随时可能"另攀高校"，这势必对教学工作的连续性、一致性以及学校的长远发展产生了一定的影响。另外，兼职教师到民办高校任教，也只是平常工作之外的"走穴"，不确定因素太多。由此可见，民办高校教师的不稳定性很大。

（三）教师队伍的结构不甚合理

教师队伍作为各种教学人员的数量构成比例及组合关系，是一个多要素、多层次的动态组合体，它不仅有学历、职务、年龄，还有气质、专业和来源等诸多要素。一个优化的教师队伍结构是上述诸要素的合理配置。然而，目前民办院校教师队伍结构不合理现象严重，其主要表现为几个方面。一是师生比例不合理。大多数院校师资数量严重不足，造成教师工作超负荷，疲于奔命，教师成了上课的机器，无暇顾及业务水平的提高。二是年龄、职称结构不合理，整体结构上呈"两头大、中间小"的状态。两头大，即以老年、青年教师居多；中间小，即中年骨干教师偏少，年龄结构呈现断层现象。与此相对应的职称结构比例也严重失调，造成高职称和低职称的占大多数，中等及副高级的教师少的局面。三是专业结构不合理。由于民办高校的招生以社会需求量大的热门专业为主，以培养应用型人才为主要目标。而热门专业的师资往往也是最紧缺的，民办高校很难在短时间内引进一定数量的紧缺专业的教师，这就造成了公共课教师多、专业课教师少，传统专业教师多、新型应用性专业教师少，文化课教师多而实践实训指导教师少，特别是"双师型"教师数量偏少，教师实践能力差。这显然不利于学校的学科建设，影响了教学质量，难以办出学校特色。

---

[1]　蔷泰蜀，周恩毅.民办高校师资队伍建设与管理刍议[J].西安建筑科技大学学报（社会科学版），2004（3）.

二、民办高校教师队伍建设的问题及原因

（一）外部环境是制约民办高校教师队伍建设稳健发展的客观条件

环境是民办高等教育茁壮成长的土壤。中国民办高等教育发展的艰难及发展中存在的诸多问题，很大程度上与外部环境有关。民办高校赖以生存的外部环境，主要包括政策环境、法制环境、管理环境、舆论环境、经济环境等。本文主要就以下两方面来论述。

1. 政策层面的不健全

虽然《民办教育促进法》制定了一系列有利于民办教育发展的法规，但就整体和实践而言，在许多民办高等教育发展运作机制的某些关键的法律法规上，具有模糊性，缺乏可操作性，政策的弹性空间很大，公平、规范的政策环境并没有及时地建立起来，同时应然问题描述的过多，而对推动实然问题向应然问题的转化缺乏应有的规定。[1]另外，中国的金融和资本市场及许多政策对民办高等教育采取的也多是观望和怀疑的态度，民办高校很难像公办高校一样得到如土地、税收、财政等相关政府部门的积极支持，这就使得民办高校在解决一些和公办高校相类似的问题时，往往会遇到更多的困难，比如在解决教师的一些实际困难问题上往往显得力不从心，这就不可避免地影响了民办高校教师队伍的质量和稳定。

2. 政府管理体制的缺陷

政府在对民办高校的管理体制上存在一系列对民办高校教师不合理的制度规定，突出表现在几个方面。第一，人事制度的改革滞后。民办高校没有独立人事权，民办高校教师的编制一般是挂靠在教育行政部门或人才交流中心。其中，挂靠在教育行政主管部门的只是少数，更多的是挂在人才交流中心，这样势必影响一些优秀人才进民办高校工作的积极性，而从社会上招聘的教师当然也会有同样的顾虑。这样的外部人事管理机制阻碍了民办高校专职教师队伍的完善。第二，各种保障制度诸如医疗保险制度、养老保险制度、住房公积金制度等，都没有把民办高校的教师纳入享受对象的范畴，同公办高校相比，民办高校教师缺乏应有的保障。第三，一些教育主管部门在教师晋级、评优、职称评定以及进修等问题上，存在着厚此薄彼的现象。许多民办高校名额配备很少甚至基本上没有名额，这使民办高校教师在身份的认同上产生了障碍。这些管理体制上的缺陷，阻碍了民办高校教师队伍进一步优化的可能。

（二）内部矛盾是阻碍民办高校教师队伍建设良性发展的根本所在

民办学校现存的问题是发展中出现的问题。在发展的过程中学校给自己的定位相当重要，而在迅猛发展的时机下，办学决策者往往面临两难的选择，即数量（招生规模）优先还是质量优先的问题。然而有不少决策者选择了前者，他们采取了大兴土木、

[1] 张宇.民办高校教师队伍建设与管理研究[D].扬州：扬州大学教育科学学院教育学原理硕士学位论文，2005.

美化环境，加大宣传、积极扩招的策略，在红红火火的办学繁荣局面背后存在的是办学底蕴的浅薄、学科建设的滞后、师资匮乏的隐患，也因此引发了社会对民办高校办学水平的不良反响与质疑。究其原因，主要是民办高校决策者办学理念和管理体制的不科学造成的，这是阻碍当前民办高校教师队伍建设良性发展的关键所在。

1. 办学理念的落后

一个学校的办学理念是一所大学办学宗旨、职能定位的具体表现。民办高校给自己的定位不同，发展的重心和走向也必然不同。先进的教育理念是符合社会发展走向和教育发展方向的。尽管我国《民办教育促进法》第三条规定，民办教育事业属于公益性事业，从本质上规定了民办高校的非营利性。但社会力量集资办学的体制决定了民办高校是市场的产物。不少办学者还是把民办高校当做产业来经营，逐利色彩十分浓厚。在这种错误的办学理念的影响下，许多民办高校只考虑经济效益，忽视人才培养，在教师聘用、培训等方面也较多地考虑成本，投入往往较为吝啬。在教师队伍的建设方面，民办高校也走入了误区，重兼职，轻专职；重短期，轻长期；重教学，轻科研；重理论，轻实践；重使用，轻培养就成为了这一错误逻辑的产物了，这都势必阻碍民办高校建设高素质教师队伍的步伐。

2. 管理体制的不科学

民办高校建立时间比较短，各项管理制度还不健全，人治的痕迹还比较明显。主要表现在两个方面。

第一，学校民主管理机制缺乏。民办高校的管理者和决策者就是其投资者或举办者，或者是投资者或举办者直接聘请的人士，聘用者只对举办者负责。教师几乎没有民主管理权，很少对学校的教育教学、管理工作提出意见和建议，也很少参与学校的民主管理。在这种管理背景和权力分配格局中，民办高校教师"旁观者"或"打工者"的角色意识较强，没有主人翁的责任感，缺乏教师队伍聚合的基础，从而导致了教师群体在民办高校民主管理中处于极度弱势的地位。[1]缺乏教师参与民主管理的民办高校，管理者无法及时获取教师对学校发展的有效建议和意见，不能掌握学校教育教学和科研的一手资料，教师维护自身利益的需要也得不到满足，不能充分地调动教师在民办高校建设过程中的积极性。

第二，管理方法不科学，人治色彩浓厚，随意性很大。很多民办高校在管理的过程中，常常沿用急功近利、简单粗略的商业套路，管理方法很不科学，随意性很大。没有科学的管理体制和管理方法，就不可能形成人尽其才、人才辈出的局面，那么整个教师队伍就是一滩浑水。目前，大多民办院校没有能根据《教师法》、《高等教育法》和《民办教育促进法》及其实施条例的要求，制定和完善符合民办高校机制的教师队伍管理制度，如教师任用制度、职务聘任制度、编制管理制度、教师考核制度、津贴分配制度、职务评审制度等，这就难得形成强有力的竞争激励机制，而建立优胜劣汰动态管理机制等也就无章可循。

[1] 袁振国，周斌.中国民办教育政策分析[M].北京：中国社会科学出版社，2003：227.

三、民办高校教师队伍建设的对策

（一）国家政策和政府部门管理对策

1. 为民办高校发展提供良好的政策环境

民办高校的兴起和繁荣是改革开放的重要成果。民办高校的每一步发展都离不开政府的支持。改革开放以来，国家和政府部门制定了一系列法律法规及措施，为民办高校的健康发展提供了动力和规范；民办教育获得了快速发展，也为我国教育事业作出了重要贡献。但是，由于法律法规的不完善以及一些政府部门服务意识的欠缺、观念的保守仍在阻碍着民办教育的发展，因此，国家和各级政府主管部门要进一步修订完善法规，贯彻《民办教育促进法》，提供高效、优质的服务，转变保守观念，积极的鼓励和支持民办高等教育的发展，营造有利于民办教育健康发展的政策环境，真正形成公办学校和民办学校优势互补、公平竞争、共同发展的格局。

2. 建立科学有序的民办教育政府管理体制

民办高校教师是民办高校的主体，为民办教育事业的发展做出了突出的贡献。但是民办高校教师的实际待遇和地位问题我们也必须重视和关心，否则民办教育的可持续发展就是一句空话。政府部门应把其纳入到与公办学校教师同一轨道统一管理，以保证形成高质量的民办高校教师队伍。但目前民办学校教师与公办学校教师的社会地位尚有差距，如各种社会保障制度都没把民办学校纳入正常管理，在教学科研、招生就业及对民办教师评优、职称评定、课题申报等方面，都没有给予同等待遇。因此，要提高民办高校教育质量，政府部门必须采取积极措施，诸如进行配套的人事制度改革、社会保障制度改革、职称评定机制改革，切实解决民办高校教师的实际待遇和地位。

（二）学校层面对策

1. 建立一支稳定的专职教师队伍

任何一所民办院校要立足长远发展，形成自己的办学特色，就必需改变过去过度依赖兼职教师的策略，建立一支稳定的、具有核心竞争力的专职教师队伍。作为一所民办高校，其全部或主要的学科教学任务都依赖于外聘教师，教学质量势必难以得到保证，伴随教学活动的科研工作也无法正常展开。因此，民办高校必须充分认识到专职教师队伍建设的重要性，恰当调整专兼职教师的结构比例，确保专职教师的数量。

2. 构建完备的学科生态群落，培养学科带头人，搭建人才高地

民办院校要想站稳脚跟、办出特色，必须要正确认识学科带头人的作用，并通过对学科带头人的培养，建设一批特色专业、重点学科，以此推动全校师资队伍建设。

3. 形成合理的师资结构

一个优化的教师结构是一个"以资深老教师为主导、以中年教师为骨干、以青年教师为接替"的组合体。建设一个结构合理的民办高校师资队伍，最重要的是要使教师队伍中专兼职教师、理论型与技能型教师、中青年教师与资深教师的数量搭配比例

适当，并且能科学地处理各种不同类型教师之间的关系，朝着和谐共进的方向发展。

4. 树立"以人为本"的教师管理理念，塑造良好环境留住人

民办院校的办学者一定要树立科学的办学理念，建立先进的管理体制，克服急功近利、不求长远的速成心态，为教师队伍建设营造一个良好的氛围。因为只有教师发展了，学校才能发展，良好的教师队伍与学校的生存发展是息息相关的。这就需要在师资队伍建设上下深功夫，树立"以人为本"的教师管理理念，通过观念更新和制度创新，建立有利于吸引人才、激活人才的用人机制，创造有利于优秀人才成长、调动广大教师积极性和创造性的管理环境和制度环境。民办院校要坚持事业留人、感情留人、待遇留人，努力营造一个有利于教师成长成才的良好工作环境，使广大教师把学校视为自己成就一番事业的场所和寄托自己价值追求和归宿的精神家园。

普通高校艺术形体课程体系的构建与实施

武汉东湖学院基础课部体育教研室　　王社雄

本文运用文献资料研究、调查访谈等研究方法，以"健康第一"和培养学生的"终身体育"观念为指导思想，构建了普通高校艺术形体课程的目标体系；并围绕艺术形体课程的教学体系，对课程内容的设置、教学方法的选择以及课程评价等分别进行了论述。

艺术形体课程作为一个新兴的大学体育教学项目，其教学融合了体育和艺术两个领域的教育功能，能全面提高大学生的身心发展，充分挖掘大学生的运动技能，让所有的大学生都学会自学自练、自测自评的运动保健手段和方法，深受学生喜爱。随着我国高等学校体育教学改革的不断深化，各体育专项课程的性质、价值、基本理念、目标和评价标准都发生了巨大变化。鉴于此，本文在前人研究的基础上，依据教育学理论和实践调查访问研究，建构出一套较为完善的、具体可行的艺术形体课程教学体系和实施方案，期望对于推动高校体育教学改革、促进教学质量的提升，起到抛砖引玉的作用。

一、研究对象与方法

（一）研究对象

本文以普通高校艺术形体课程体系构建为研究对象，主要涉及艺术形体课程构建的课程教学体系，课程内容的设置、教学方法和课程评价。

（二）研究方法

1. 文献资料法

通过查阅文献资料，了解国内外学者关于高校体育课程构建与实施方面的研究现状，为正文分析提供参考依据。

2. 调查访问法

通过与部分艺术形体课程教师进行座谈，了解普通高校艺术形体课程的教学现状及存在的问题；根据本课题研究的方向，设计了"艺术形体课程问卷调查表"，共向学生发放调查问卷 207 份，收回有效问卷 189 份，有效率 91.3%。

二、研究结果与分析

（一）艺术形体课程的教学体系

培养学生参与体育活动的兴趣、意识和习惯是艺术形体课程的根本任务之一。构建艺术形体课程的课程教学体系对学生的个性培养和课程的顺利实施尤为重要。

如图1所示，在整个课程的教学过程中，教学目标始终指导课程教学，教师要根据课程教学目标，制定出符合学生情况和教材特点的教学实施方案，针对各个阶段不同的学习内容，选择适当的教学形式、教学方法与手段，组织好课堂教学。在学习过程中，通过布置练习内容、课堂提问、分组表演、比赛和考试等多种形式，了解学生的学习情况，掌握反馈信息，并及时调整和修改教学内容和方法，认真研究教学方法的相关性和互补性，采用多种方法的优化结合，以取得最佳的教学效果。

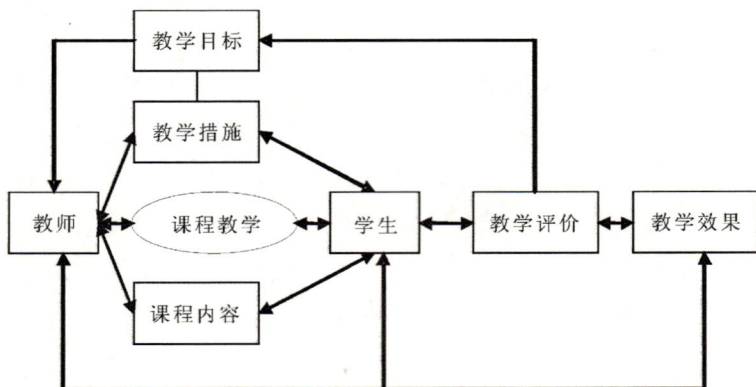

图1　艺术形体课程的教学内容设置

（二）艺术形体课程的教学内容设置

教学改革的实践告诉我们，21世纪体育课程的教学内容应兼具知识、技能、情感、操作等多方面的内容。因此，艺术形体课程的教学也应该选择适合教学对象的具体内容，拓宽体育的知识面，开设跨学科或交叉学科的理论课，以表现出艺术形体课程的特色并达到相应的教学目的。艺术形体课程的内容选择如表1所示。

表1　艺术形体课程的内容选择

	选择知识性内容	选择技能性内容	选择操作性内容
内容	运动解剖与运动生理学知识；体育运动与心理卫生知识；舞蹈、音乐的基础知识与赏析；运动营养基础知识；运动训练的基本原理与方法；人体健康知识	基本动作练习（身体各部位的技术动作练习、持轻器械的肌肉练习）；成套操的练习	自编、自创的组合、光盘、多媒体制作
所占比重	20%—30%	50%	20%—30%

（三）艺术形体课程的教学过程

课程的实施过程是教学的一个重要方面。艺术形体课程设置在基本理念上的一个突破就是把教学看成课程实施的过程，它为新课程的顺利实施以及提高课程改革的成效提供了依据。要确保艺术形体课程的顺利实施，必须首先制定课程教学进度表，在一学期里，以什么内容为中心，一个单元内容要学几个课时，先学什么，后学什么，等等，都需要我们认真考虑，并将要学习的内容合理安排到课程当中。教师要以学生为学习的主体，充分考虑学生个体发展的需要，尽量模糊课的开始部分、基本部分和结束部分的界限，参照单元教学计划的内容安排，积极选用丰富有趣的教学组织形式和方法，设计教师如何教、学生如何学，并将教师的教转化为学生自主、有效地学，以确保教学计划的顺利施行。

（四）艺术形体课程的教学模式

1. 教学模式示意图（见图2）

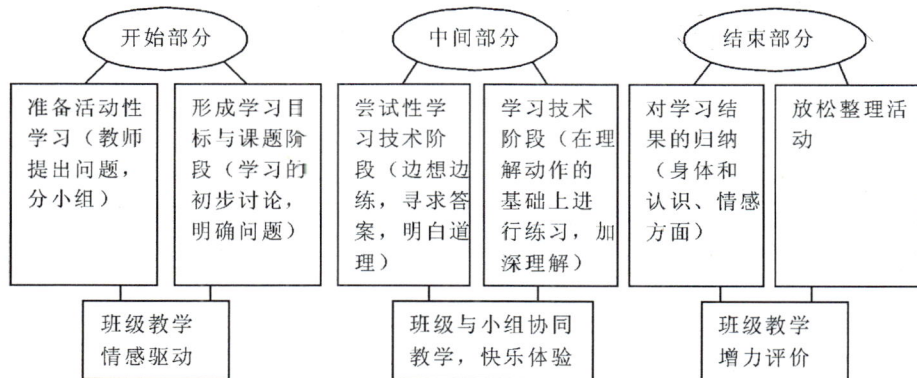

图2　教学模式示意图

2. 教学模式分析

"艺术形体课程教学模式"是为艺术形体课程的顺利实施而建立的一种新的体育教学模式。它以多种教学规律为依据，兼顾体育教学的多种功能，有利于学生学习动机的培养与激发、创设良好的运动和情感体验的教学环节。这种教学模式，精心、巧妙地设计出了教学的组织与方法，以乐趣引导学生在情、趣、乐中学习与锻炼，使体育教学由被动转化为主动，真正达到"悦"、"会"、"懂"身心共同发展的教学效果。在教与学的过程中，采用这种快乐课程的教学模式，能充分发挥教师的主导作用，从学生的实际需要出发，营造出宽松、活泼的教学气氛，调动学生学习的积极性，更加突出"愉快"教育和"成功"教育的思想主张。

（五）艺术形体课程的教学方法

由于艺术形体课程的目的、课程内容等方面的特点，使得教师与学生的身体接触更多，交流也更多，这就使得艺术形体课程的教学方法更有特色。

1. 多边互动、启发式教学方式

现代心理学认为，多向交流能最大限度地发挥相互作用的潜能。在艺术形体课程的教学中，教师把教学置于教师之间、师生之间和学生之间的多边活动的立体背景上，突出动态因素的多边互动，使教学活动成为教师和学生的双向交流活动，进一步提高学生学习的热情和主动参与度，增强教学效果。

2. "知""行"结合的教学方式

根据艺术形体课程的内容特点，在课堂教学中从不同的示范面来正确表达动作做法，并加以简明、清晰的动作解释，同时给学生提供理解、量化和自练的机会与条件。在课堂组织的练习中，以组为单位，进行表演、比赛，使学生更直接地亲身体验运动的乐趣。

（六）艺术形体课程的教学评价

艺术形体课程的教学评价主要是针对学生的评价。除了要对学生的身体素质、本课程的基本理论知识和专项技术等方面的教学考试以外，还要对学生进行综合能力的评定。我们经过多年教学工作经验的总结和对学生问卷调查的统计结果分析，制定出了一个能综合评价学生的成绩评定表（见表2）。

对学生总成绩的评价，要以课程目标为尺度，对知识性、技能性、操作性以及身体发展水平等内容进行全面的评价。根据学生的身心发展水平，对学生认知领域由低级到高级的掌握、运用知识的层次、对知识的理解和运用进行分析和评价。最后，教师与全班同学一起，根据考勤、课堂记录、学生平时成绩以及表现进行判断与等级评定，计算出得分，给出学期考核结果。

表2 艺术形体课程学生综合成绩评定表

评价标准	评价内容									综合评语
	体能	知识与技能	学习态度	情意表现	合作精神	进步幅度	自我评价	小组评定	等级评定	
好										
中										
差										

三、结论与建议

（一）结论

艺术形体课程的基本理念就是把教学看成是课程实施的一个过程，根据体育教学的需要，选择适应教学对象的具有知识性、技能性和操作性的具体内容。通过多边互动、启发式的教学方式，采用"知"、"行"相结合的教学方法，设计出一个新的课程教学模式，突出"愉快"教育和"成功"教育的思想主张，以实现艺术形体课程的目标。

（二）建议

第一，艺术形体课程的实施过程是一个动态的过程，要充分发挥教师在课程实施中的作用，实现学科课程与本课程的融合，积极主动地对课程方案进行修正和调试，确保课程实施的顺利进行。

第二，艺术形体课程的教材内容需要不断的更新，注意吸收国内外先进经验，使课程内容更加适合学生的需求。

【参考文献】

[1] 韩慧，程再宽，刘昕. 体育院校体育教育专业课程构建的研究 [J]. 北京体育大学学报，2007，30(7) :955—957.

[2] 项立敏，刘晓伟. 社会体育专业培养目标设计与课程体系构建 [J]. 北京体育大学学报，2005，28(12) :1677—1679.

[3] 周学荣，谭明. 高校体育大课程体系构建的研究 [J]. 北京体育大学学报，2003，26(6):806—808.

[4] 姜明. 民族传统体育专业传统养生与保健方向课程体系构建的研究 [J]. 山东体育学院学报，2010，26(5):77—81.

[5] 王佳丽. 关于多元智能视域下的高校健美操课程构建之研究 [J]. 南京体育学院学报（社会科学版），2009，23(6):80—83.

[6] 万晓红，付晓静. 体育新闻专业课程体系构建原则的初步研究 [J]. 武汉体育学院学报，2005，39(4):101—104.

论"三人制"篮球比赛的健身与休闲娱乐价值

武汉东湖学院基础课部体育教研室　　郝　敏

"三人制"篮球比赛作为一种大众体育运动，已成为当今我国广大群众在日常生活中最为普及的健身娱乐运动项目之一。本文运用文献资料法、实地观察访问法、调查分析法等研究方法，阐述了"三人制"篮球比赛对于人体身心健康的诸多益处、健身价值和娱乐价值。

随着社会的进步，人们的生活水平和生活质量不断提高，融健身与娱乐为一体的观赏性竞技项目越来越受到广大群众，尤其是青少年的喜爱。起源于美国，并被誉为"街头篮球比赛"的"三人制"篮球比赛，在 20 世纪 90 年代中期流入中国，并率先在广州、北京、南京等城市开始流行。1996 年，《中国篮球杂志》上刊登文章"街头篮球运动规范化引导"，宣传并推广了"三人制"篮球这一体育运动项目。中国篮球协会于 1998 年正式颁布了"三人制篮球比赛规则"。迄今为止，此项运动在我国已开展 10 年有余，"耐克杯、斯伯丁杯、锐步杯、李宁杯"等全国性的大学生、中学生"三人制"篮球比赛已初具规模，形成一定的制度，产生品牌效应，吸引了上千万的人群参加。其独特的魅力和健身、娱乐作用，得到了社会和广大群众的公认。

一、"三人制"篮球比赛的健身价值

（一）从生理学角度分析

"三人制"篮球比赛是发生在空间和地面的双线对抗性运动，攻防节奏转换快，球员之间身体碰撞频繁和激烈，是一项有氧供能与无氧供能相结合的项目。从事"三人制"篮球运动能够发展人的体能、促进人的身体健康。与其他一些体育项目相比而言，篮球运动的优势在于能够全面地发展人的身体素质和心理素质，可以改善人的感受器官和神经系统功能。

（二）提高人体的代谢水平和心、肺功能

"三人制"篮球比赛是在正规篮球比赛场地的 1/2 区域进行，比赛面积为 210 平方米。"三人制"篮球比赛的每场比赛时间为 10—15 分钟。因比赛场次较多，连续比赛的间隙时间较短，参赛球员一般每天要参加四场比赛以上。比赛过程中，攻防双方都有一定的主动权，可以对比赛的节奏进行调整和控制，并根据体能的状况相应调节运

动负荷和强度。在激烈的大强度比赛后，均有短暂的调整和休息时间。

根据测试,绝大多数球员在下场时的脉搏跳动为 160 次 / 分左右,运动强度属中等。因此,"三人制"篮球比赛具有很好的科学锻炼价值,不仅可以提高有氧代谢水平、提高肺活量,还可以增加呼吸的力量和耐力,提高肺通气量,减少安静时的呼吸频率。

（三）提高肌肉、骨骼、关节的运动机能

人体运动时,血液从不活动的器官组织调配到活动的器官组织,遵循着工作器官血流量多、不工作器官血流量少的血液分配的自我调节现象。"三人制"篮球比赛中,球员的上肢传接球、投篮,下肢移动和跳跃,四肢骨骼肌的血流量增加,从而降低肌肉、韧带和关节的粘滞度,增加肌肉的弹性和肌力,使肌肉中酶的活性度增加,促进 ATP 的合成。因此,经常参加篮球锻炼和比赛,可以改善关节、骨骼的柔韧性,改善骨骼的血液循环,增强骨骼的物质代谢,有利于防止中老年人骨质疏松,提高骨骼的抗折断机能,延长骨骼细胞的衰化过程。

（四）促进和提高人体感觉器官的功能

"三人制"篮球比赛中所完成的任何技战术,都是通过眼睛的观察、思维的判断和四肢的协调来完成的。视觉反应的特点是看清篮球的飞行路线和对方球员动作、行为时所做出的反应,这就要求球员在比赛中集中精力观察和判断场上所有攻防队员之间的位置关系。观察和判断球员与篮球、篮筐之间的空间关系,无形中增加了球员的观察能力和视觉空间的定向能力。

（五）提高身体的综合素质

篮球比赛是一项需要运动员具有良好身体素质的竞技运动。运动员身体素质包含力量素质、速度素质、耐力素质、灵敏素质、柔韧素质五个方面。"三人制"篮球比赛的球员在场上要完成跑、跳、投、传、抢等灵巧的基本技术动作,同时,会有激烈的身体接触对抗和速度及耐力方面的对抗。根据比赛的有关技术统计分析:参加一场"三人制"篮球比赛 (决赛规则用时) 的球员在场上要奔跑 1000 米左右,弹跳 40 次以上,投篮出手达 30 次以上;如果每天参加四场正式比赛,其运动量将达到中等强度以上,具有较好的身体锻炼价值。通过"三人制"篮球比赛,可以促进人体的力量、速度、耐力、弹跳、灵敏等身体素质的发展。

二、"三人制"篮球比赛的娱乐价值

（一）团结协作的和谐快感

"三人制"篮球比赛的场上阵容一般由后卫、前锋和中锋组成,是需要团结合作的集体项目。为了球队的集体荣誉感和比赛的胜利,需要有强烈的团队精神。球员之间在比赛中必须同心协力、密切配合,需要在困难时相互鼓励、信任、敢于挺身而出,争取打出本队和个人的最高水平,以争取比赛的胜利。因此,经常参加"三人制"篮球比赛,自由组队角逐,可以结识新朋友和老朋友,促进友谊和增加感情,享受团结

带来的和谐融洽的快感。

（二）满足个人的表演欲望

与"五人制篮球"比赛技战术水平相比，"三人制"篮球比赛战术配合比较简单，个人技术水平更容易发挥，为满足个体的表演欲望提供了展示的舞台。球员在有限的场地上可以充分地利用胯下运球、转身运球、背后运球和传球等精美的技术动作；可以更多地在突破上篮时空中换手、闪躲或大力扣篮，精彩的动作潇洒流畅，常常会博得亲朋好友和球迷们的阵阵喝彩。

（三）充分享受健身后的愉悦

经常从事体育锻炼和体育比赛的人都有共同的体会，就是在活动过程中和活动结束后，身心十分舒畅，尤其是心理上的愉悦和满足感、释放感的体验奇妙无比。"三人制"篮球比赛的参与者也不例外，比赛时球员聚精会神、注意力高度集中在对抗的角逐中，忘却了一切忧愁和烦恼，生活和工作的压力会抛在脑外，达到一种忘我的境界，也达到了锻炼的健心目的和娱乐目的，陶冶了情操。

（四）展现精彩、奇特的体育表演

"三人制"篮球比赛的竞赛特点是球员参与面广、比赛用时少、比赛场次多、比赛间隙短，这就为比赛的主办方、比赛的赞助厂家提供了表演的条件。全国各地举办的大规模"三人制"篮球比赛，通常都是在闹市区的市民广场和大学校园内举行，众多的冠名单位纷纷精心扮装赛场，并进行各种表演和宣传，烘托比赛的气氛，这已经是成功举办"三人制"篮球比赛的内容的组成部分。

三、结束语

"三人制"篮球比赛的兴起和推广，为促进我国全民健身运动的发展，繁荣和活跃篮球市场起到了重要的、积极的、具有里程碑影响的作用。它的健身价值和娱乐价值，将吸引更多的人群投身其中，为培养篮球的后备人才、保证篮球运动的长盛不衰，打下结实的基石；同时也为不同的人群选择健身活动方式提供了合适的、科学健康的运动形式。

试述体育课准备活动中的体育游戏

武汉东湖学院基础课部体育教学部　　张晓曦

体育教学是以学生身体练习为手段，提高学生身体、心理健康和社会适应能力为目的课堂教学。而体育游戏是体育教学中的一个不可缺少的重要组成部分，它是从学生的兴趣爱好出发，通过合理的设计、编排，引导学生与同伴之间相互竞争、相互合作进行主动性学习，以达到共同提高、共同进步的目的。合理设计体育游戏，不但能活跃课堂气氛，而且能让学生有自由、竞争、成功的体验，对于发展学生的身体素质和培养学生良好的意志有着重要作用。

准备活动的目的在于能促机体逐步地进入运动状态，并在此基础上通过进行各种预备练习，同时通过身体的活动更进一步地提高中枢神经系统的兴奋性，使之达到适宜水平，加强各器官和各功能的活动，为机体正式进入运动状态起到预热作用。充分的准备活动，对于更加准确、协调的完成动作练习是非常重要的。

游戏是一种古老而广泛的活动，更是学生展现其活力的舞台。随着体育课程改革的深入，游戏的价值日益凸显。毋庸置疑，体育游戏作为体育课程教学的重要手段，对推动我国当前体育课程的改革发挥了积极的作用。然而体育游戏虽源于游戏，但体育游戏的工具价值尚未触及游戏的本真意义，其价值在体育课程教学中尚存深入挖掘的空间。

一、体育游戏的作用

在高校，一堂正规的体育课一般用时 90 分钟，那么准备活动就需要大概 20 分钟左右。在这 20 分钟里，学生要做的基本内容有两种，即慢跑、热身操。从时间上来看，仅仅有这两项内容是不够的，也没有办法能在 20 分钟内调动学生的积极性，使课堂"活"起来，尤其是在春、秋季中午 2 点的课堂，学生的情绪还没有从午休中恢复过来，这对于后面的正常教学内容有很大的影响。

准备活动的任务是在有限的时间内，运用各种方法，尽快让学生的思想注意力集中到体育课堂上来，把学生从事体育运动的积极性充分调动起来，跟上运动的节拍，精神饱满，迅速地进入体育教学中，情绪高昂地进行体育课的学习。虽然准备活动是体育教学任务中的一部分，但是，如果准备活动不充分，对于下面进行的运动练习会有很大的影响，首当其冲的是没有兴趣。兴趣是学习最好的催化剂，它能使学生全身心投入学习中，而游戏本身具有竞争性、合作性和挑战性，学生通过游戏中的练习，增强了自我竞争意识、增进了同学之间的相互沟通、相互合作，增加了自信心，并敢于挑战自己。同时，游戏也给学生提供了很好的创新平台。我们知道，当代很多种体育运动都是从游戏当中演变过来的，如中国古代的蹴鞠、现在的足球、法国传教士利用闲暇时的手掌击球游戏、现在的网球等。就像平时一些学生，他们用排球当手球玩、改变跳绳的用法新编一些新游戏等，这些都是创新能力的表现。也许很多年后，在他们的小游戏里面又有许多新兴体育比赛项目涌现出来。

二、体育游戏的方式

在教学中安排体育游戏时要针对实际情况来选择。首先，分析教材，明确教学目标，根据课堂内容确定游戏的内容，不能为游戏而游戏。游戏的内容必须围绕着教学目标开展，同时还要考虑实施对象的身体素质和充分利用教具等方面的内容，然后加以趣味性的编排与组织。游戏又分为一般性和专门性游戏。教学中进行游戏时，首先告诉学生游戏的名称、游戏的过程、规则和评价赏罚等要求。特别是对于新游戏，一定要将游戏的每一个细节和注意的事项给学生讲解清楚，有时可以让个别学生配合演示整个游戏过程。从而加深学生对所做游戏的模仿、理解。其次，就是教师指导安排学生进行游戏的过程，教师可以亲自参与跟学生打成一片，这样既能对游戏过程中出现的问题及时作出补充说明，又能带动学生在游戏过程中的主动性、积极性，使得游戏更富有感染力。再次，教师还要经常观察学生的身体变化，并相应调整游戏练习的强度与密度，作到适量、适度。最后，游戏期间注意适当地提醒学生一些小的窍门以便学生能够更好地完成游戏。游戏结束后还要询问学生关于游戏中的感觉、心得，总结游戏的重点难点，进而提出更高层次的要求。

三、体育游戏在选择上需要注意的几点

天时、地利、人和是指完成一件事情所需要具备的几点要求，同样，完成一项体育游戏也需要类似的几点要求。正确的游戏场地器材、创新的游戏内容、合理公平的游戏规则都是达到练习目的的最好条件。

在选择场地上，学生在游戏中，有时候需要移动的范围比较大，所以一般都要选择比较平整、开阔的场地，尽量避免选择场地湿滑、障碍物较多的地面。而对于一些需要集中精力的游戏，应尽量避免选择与一些较为吵杂的游戏项目或课堂同一场地进行，因为这样学生很容易被周边的环境吸引过去，游戏自然也没办法确保它的质量与教学目的。在器械上，应尽量选择没有危害力、轻便、软硬度适中的器材。由于部分游戏在进行过程中需要对抗、竞争、追逐，选择错误的器械，有可能会造成学生身体的伤害，甚至严重的后果。

　　游戏的选择创新也是时代的必要性，大学生已经不再是小学、初、高中生，单纯的老鹰捉小鸡、贴膏药、二人三足已经不能满足于他们对游戏的兴趣。所以在选择游戏上要结合所教课程内容，从灵敏、柔韧、耐力出发，满足学生对新生事物的求知欲。

　　体育游戏的规则是游戏能正常进行，并保障达到预期的效果。教师要在游戏中间起到一个主导的作用，使学生在玩中达到学习的目的，在学习中找到游戏乐趣。同样，公平、公正的游戏是学生思想道德修养的培养手段，要让他们了解到不管做任何事情都要遵守规则，讲求正义。教师在游戏中要充分做到以身作则，给学生做出正面的引导，通过游戏不仅锻炼了身心，也达到了思想道德教育的学习目的。

四、结论

　　体育游戏是一项智力、体力和技术相结合的活动。参加各种各样的体育游戏活动，既可开发学生的智力，又可以促进学生的身心健康、增长学生的知识和技能。特别是由于体育游戏有一定的规则，这对培养学生的组织纪律性有一定的积极作用，而且掌握几种简单易行的体育游戏，可以运用在平时课余休闲的时间内。体育游戏既能增强学生间的交流、沟通、团结和合作，还能培养学生的创新能力，把学生从事体育运动的积极性充分调动起来，使学生迅速地进入体育教学的身体状态中，跟上运动的节拍，精神饱满，情绪高昂地进行体育课的学习。

【参考文献】

[1] 施志社 . 怎么组织体育游戏 [M]. 苏州：苏州大学出版社，1997.

[2] 徐唯伟 . 浅谈体育课准备活动 [Z].2006.

[3] 李祥 . 学校体育学 [M]. 北京：高等教育出版社，2001.

[4] 莫炳耀 . 浅谈体育课中的游戏设计 [J]. 体育学刊，2008.

独立学院经管专业"概率与数理统计"
教学方法探讨

武汉东湖学院基础课部数学教研室　　贺勇

在独立学院经管类专业概率与数理统计课程建设中，一直存在着教学方法方面的问题。本文通过结合教学实践与理论思考，阐述了概率与数理统计教学改革的几点看法。

概率与数理统计是实际应用性很强的一门数学学科，它在经济管理、金融投资、保险精算、企业管理、投入产出分析、经济预测等众多经济领域都有广泛的应用。概率与数理统计是独立学院经管类专业的公共基础课，它既有理论又有实践，既讲方法又讲动手能力。然而，在该课程的具体教学过程中，由于其思维方式与以往数学课程不同，概念难以理解、习题比较难做、方法不易掌握且涉及数学基础知识广等特点，许多学生难以掌握其内容与方法，面对实际问题时更是无所适从，尤其是独立学院经管专业学生，高等数学的底子相对薄弱，因此，概率统计成为一部分学生的学习障碍。针对这一现象，我们对该课程教学进行了探讨，做了一些尝试性的工作，并取得了良好的教学效果。

一、增加趣味性，注重学生学习兴趣的培养

概率论与数理统计是一门抽象的学科，有很多的概念，如果教师在上课时只注重它的文字讲解，只注重逻辑推导，上课就显得毫无生趣，学生很容易疲惫，也就很难达到理想的学习效果。因此，讲到相关内容时教师要注意挑选具有趣味性的例子。概率统计来源于实际生活，它本身是一门极具趣味性的科学，有着大量贴近生活，兴趣盎然的实例，如生活中抓阄问题的合理性，顾客等候服务的时间问题，需设多少个服务员才能获得最大收益的问题，可靠性问题等。例如，在概率统计的第一次课，可以从下面的小故事开始：在17世纪的欧洲，一天，甲、乙两名赌徒在街上赌博，他们各拿出相同数目的钱放在一起作为赌注，用掷骰子的方法决定胜负，五局三胜者赢得全部赌注，然而，赌博是违法的，当甲胜两局乙胜一局时，发现警察向他们走来，于是两人匆忙决定按目前胜负情况 2∶1 分配赌注（甲拿2/3，乙拿1/3），然后各自走散。那么，这两个赌徒分配赌注的方法是否合理？如果不合理的话，又应该怎么分呢？谁亏了呢？对于这些问题，学生非常感兴趣，这样也从一开始就激起了学生的兴趣，并使他们产生了要探索是甲亏还是乙亏的欲望，进而产生

要学好这门课的欲望。在学到古典概率计算时，我们让学生自行去解决上面提到的小故事中甲、乙最终赢全局的概率，同学们兴趣盎然，相互讨论、思索，我们再不时地加以分析引导，很多同学都能得出正确结果：甲赢全局的概率为 3/4，而乙赢全局的概率为 1/4，即故事中的分钱法对甲是亏的。通过这个例子还让学生感受到，概率统计课程不但有趣，而且他们经过研究，还能得出自己的结论，解决一些实际问题，从而树立起学好这门课程的信心。这种从解决实际问题入手引出知识点的教学方法引起了同学们的极大兴趣。

二、 运用案例教学法，培养学生分析问题和解决问题的能力

案例教学法是把案例作为一种教学工具，把学生引导到实际问题中去，通过分析与互相讨论，调动学生的主动性和积极性，并提出解决问题的基本方法和途径的一种教学方法。我们结合概率与数理统计应用性较强的特点，在课堂教学中，注意收集经济生活中的实例，并根据各章节的内容选择适当的案例服务于教学，使得课堂讲解生动清晰，收到了良好的教学效果。

通过案例教学可以促进学生全面看问题，从数量的角度分析事物的变化规律，使概率与数理统计的思想和方法在现实经济生活中得到更好的应用，发挥其应有的作用。例如，在讲全概率公式的概念、证明、计算时，我们举出以下例子。如果你是一公司经理，公司有四条流水线生产同一产品，它们生产的产量分别占总产量的 15%、20%、30% 及 35%，根据以往经验，它们生产的产品不合格率分别为 0.05、0.04、0.03 及 0.02。一个很实际的问题是，你如何得知这批产品的合格率？通过对这个例子的分析，我们很自然地引出划分、完备事件组的概念及全概率公式及其证明的整个思路走向。再用此例子引出逆概率（贝叶斯）公式。作为管理学来说，产品质量应与经济利益挂钩，质量好的应奖励，质量差的应惩罚，为此，产品应标上生产者的编号以利于奖罚。如生产一件次品罚款 10 元，现发现有一次品的生产者的编号已脱落，你应怎样对这四条流水线罚款才合情合理？这是一个常见的管理性问题。现在的大学生经济意识极强，对此类问题很感兴趣，但大部分学生却不知如何下手，我们通过分析、讲解，使学生渐渐明白要使罚款合情合理，就要知道在已知一产品为次品的条件下，求这一产品是第 $i(i=1, 2, 3, 4)$ 条生产线生产的概率，然后通过求这个概率引出要讲的逆概率公式及其计算方法。

三、 运用讨论式教学法，增强学生积极向上的参与意识

讨论课是由师生共同完成教学任务的一种教学形式，是在课堂教学的平等讨论中进行的，它打破了老师满堂灌的传统教学模式，师生可以互相讨论与问答，学生甚至可以有机会走上讲台自己讲述。通过讨论，使学生开动脑筋，积极思考，可以激发学生的学习热情，培养学生的综合分析能力与口头表达能力，增强学生主动参与课堂教学的意识，学生的创新研究能力也可以得到充分的体现。这种教学模式是教与学两方

面的双向互动过程，教师与学生经常性的交流不仅促使教师不断学习，更新知识，提高讲课技能，同时也调动了学生学习的积极性，增进了师生之间思想与情感的沟通，提高了教学效果。教学相长，相得益彰。

保险是最早运用概率论的学科之一，也是我们日常谈论的一个热门话题。因此，在介绍二项分布时，可以举这样一个例子：一家保险公司有 1000 人参保，每人、每年 12 元保险费，一年内一人死亡的概率为 0.006。死亡时，其家属可向保险公司领得 1000 元，问：（1）保险公司亏本的概率为多大？（2）保险公司一年利润不少于 40000 元、60000 元、80000 元的概率各为多少？保险这一类型问题的引入，通过组织讨论课，加深学生对教学内容的综合性、应用性和创意性的理解、归纳和整合，将有利于增强学习氛围，活跃课堂，激发情绪，开发思维，也有利于学生参与意识和协作能力的培养。

四、运用多媒体教学手段，提高课堂教学效率

传统上一本教材、一支粉笔、一块黑板从事数学教学的情景在信息社会里应有所改变。计算机对数学教育的渗透与联系日益紧密，特别是概率论与数理统计课，它是研究随机现象统计规律性的一门学科，而要想获得随机现象的统计规律性，就必须进行大量重复试验。这在有限的课堂时间内是难以实现的，传统教学内容的深度与广度都无法满足实际应用的需要。目前，我们在教学中可以采用多媒体辅助手段，通过计算机图形显示、动画模拟、数值计算及文字说明等，形成一个全新的图文并茂、声像结合、数形结合的生动直观的教学环境，从而大大增加教学信息量，以提高学习效率，并有效地刺激学生的形象思维，让学生在获得理论知识的过程中还能体会到现代信息技术的魅力，达到传统教学无法实现的教学效果。

以上是我对"概率论与数理统计"教学方法的一些体会和探讨。在这门课的教学过程中，学生抱怨最多的就是，这门课是我学过的"最难的课"，"太抽象了"。我认为只要加强教师和学生的交流和配合，灵活运用多种教学手段，激发学生的学习积极性，通过具体生动的实例把抽象的概念形象化，不断培养学生分析和解决问题的能力，就可以让概率论与数理统计学习变得容易起来。在这里，虽然我做了一些探讨，但这仍是一个需要继续付出努力的研究课题，也希望与更多独立学院的同行进行交流，以提高教学水平。

【参考文献】

[1] 郭文英，董春华.概率论与数理统计课程教学改革初探 [J].科技情报开发与经济，2007（32）.

[2] 牟德一，任传荣，张青，韩雁.面向 21 世纪《工程数学》课程教学改革的构想与实践 [J].工科数学，1999（3）.

[3] 肖鹏，杜燕飞.概率论与数理统计教学改革的几点思考 [J].数学教学研究，2009（1）.

高中数学与大学数学的衔接

武汉东湖学院基础课部高等数学教研室　周　雪

本文对高中数学与大学数学的衔接问题从两个方面进行了探讨：一是在教学内容方面，侧重谈论了高中与大学数学内容上的一些脱节与弥补；二是在学习方法方面，侧重介绍了高中数学与大学数学学习方法如何有效过渡和改进的措施。我们可以看到，从这两者的衔接问题中深刻反映了一个"教"与"学"的有机结合。

随着素质教育的推进，在高中已经实行课程改革的同时，高等教育也开始走向大众化，从而导致高等数学这门大学基础课程的教学工作面临了巨大的压力。在这个压力下，如果我们能有效地把握高中数学和大学数学两者之间的联系，做好他们的衔接工作，这将为我们的大学数学教育起到不可小视的作用。

当前，大学数学与高中数学的衔接问题一直是教育工作者研究的热点，在高中实行课程改革的背景下，衔接问题更加突出。现有的研究主要基于两个方面：一是教学内容的衔接，一是学习方法的衔接。

一、教学内容的衔接

大学数学内容与高中的相比有很大的出入，虽然有很多知识是高中学过的，但真正学起来又感觉不一样，还是让部分学生很吃力。怎么利用好自己学过的高中数学来更好的掌握大学数学就成为我们要研究和解决的问题。

针对问题，我们将高中数学教材与大学数学教材相比较，找到交叉点及脱节之处，同时结合高中的教学经验与大学教学过程中向大一、大二学生所了解到的，做了一个系统的归纳。

（一）内容上的断层

有些内容大学教材编著者认为学生在高中已经学过或掌握，因此在大学教材中没有详细讲授，但是却要常拿来用。但事实上，这些内容高中老师从没有提到过或仅仅是提到而没细讲，如反三角函数、正余割函数、复数的三角形式等。所以在微积分开课之初教授"函数"章节，可以适当详细的补充大学常用函数；在讲到二阶常系数线性微分方程时注意补充下复数三角形式的内容。

（二）选修所带来的层次差异

由于学生在高中选修了不同的内容，这使大学课堂中学生在某些内容方面的差异较大。高中选修课程每个学校的开设是不一样的，一般是从极坐标与参数方程。矩阵、柯西不等式中挑选两个来学。大部分理科生在参数方程的掌握情况基本上能满足大学学习的要求，但其他方面就很难满足，尤其是极坐标方程。所以大学教师要根据学生的实际情况补充极坐标的内容，尤其是常用的极坐标方程及极坐标与直角坐标的互化。

（三）概念表述不清

虽然一些概念高中教材中没有，但由于教学需要，很多高中教师会在课上作些直观介绍，如极限与连续的概念。但不严格的表述会给学生的后续学习带来误区，如学生认为极限就是永远达不到；图像看起来连续，函数就连续。所以对这类内容需大学教师给予严格的定义并澄清概念。同时，可以借此让学生更了解高中和大学数学的不同，很多数学概念高中老师没有明确地定义，只是形象描述一下，而大学老师通过证明得出，更有说服力。

（四）有些内容被高中教师忽略

有些内容高中教材有较详尽的阐述，但由于高考不考或考得很简单，所以老师不讲，或只是简单介绍，所以学生掌握得的内容并不充分，如定积分。学生在高中只是了解到定积分的定义（对面积的表示印象深刻），掌握初步的计算（简单的基本初等函数）而已。对这样的内容，大学教师应给予系统详细地讲述。

（五）内容上的重复

高中学过，且学生已经掌握得较好的内容，如导数的应用（单调性、极值与最值）、初等函数求导公式，教师应不再过度重复操练，只需给予适度的理论论证与提升。当然像复合函数、隐函数、参数方程求导等很多新知识是没学过的，这就告诉我们在大学教学中，某些内容应更多地注重思想方法与论证，而非操练（如初等函数的求导公式、导数的应用等），同时对诸如隐函数求导法则等新的内容则需详细讲述。

二、学习方法的衔接

高中与大学阶段的学习方式有较大的区别。在高中阶段，老师每次在课堂上讲授的内容少，例题多，学生练习及时，在课堂上就基本上可以把概念理解透彻，在课后只需巩固或提高，而且在课后，教师还会有充足的时间为学生辅导，在一定的时期内还会有单元检测或阶段考试等，这就无形中助长了学生被动学习的习惯，学生围着老师转。而大学阶段，数学教学内容多、速度快，在课堂上学生练习的机会少，关键靠学生在课后对知识进行巩固吸收，即使在课余，师生交流的机会也少，各种复习巩固环节也要靠学生自主完成。怎么把高中到大学的学习方法做到好的传递和有效地过渡及改进，也是值得我们思考的问题。

针对问题，我们初步总结了一些措施。

第一，抓好入学教育，完善新生的生活管理机制，帮助学生端正学习态度。这是做好衔接的基础工作，也是首要工作。经过了十年寒窗的苦读，考入大学就是人生目标，所以，有的学生虽然进入了高等学府学习，但高考结束到大学开学这段时间内学习目标的丧失，必然导致长时间的思想松懈，进入高校后无法迅速进入学习的状态，甚至由于理想与现实的反差，导致情绪上的失落。有的学生感到，大学生活中老师管得少了，自己支配的时间多了，除了上课以外，很少能与老师见面，生活和学习都要靠自己。使学生产生茫然不知所措的心理，而这些不好的心态都会对今后的学习产生消极影响。

第二，习用高中的学习方法。大部分的学生在高等数学的学习上都处于被动，认为学习是课程需要而不得不学，积极性和主动性不高。也有一部分同学因高中的底子不好，对高等数学充满排斥，更有甚者会产生恐惧心理，这些情况对学好高等数学都是一种障碍。这时就需要教师对学生给予关怀，以合适的方式对学生加以鼓励，让他们重拾信心，体会到成就感，进而增强学习的主动性。建立公平合理的评价机制也有利于教师发现优等生，鼓励中等生，激励掉队生，避免因一次考试（大学就一两次考试期中期末）下定论的不全面评价影响学生学习的积极性。

第三，培养学生良好的学习习惯，要从细节入手，哪怕是规范学生数学符号的书写和发音。数学，特别是现代形态的数学，是一种很空洞抽象的东西。从形式上看，数学是由无物质内容的形式符号按一定的规则所组成的推演系统。为了理解数学中的每一个概念，读懂"天书"中的每一个词，我们必须坚持文字符号、数学公式、图形列表、数值计算和数学实例五方面并重，力求通过从不同侧面来理解数学概念、思想和方法。

第四，考虑到大学高等数学课的课堂容量要远远大于高中课堂容量，传授知识更抽象，且侧重于概念的理解与抽象理论的论证这些特点，对于初来乍到的新生会产生不适应感，这就需要教师做好引导，帮助学生形成正确的"数学观"。现代数学为什么会变得如此"不友好"呢？这还得从现代数学的发展历史来看，特别是微积分的发展历史。极限、导数和积分刚开始是作为解决各类实际问题的特殊方法，语言也是各具问题来源地的"方言"，思维表达上还不是十分严谨，也容易引起一定的混乱和错误，遭到各方的批评和指责。后来，经过几代人几百年的努力，终于将微积分的基础巩固。为此付出的代价就是现在这样一个"不友好"的面目。但是我们在学习的时候，还是不要抛弃微积分本来的具体实例、直观思维等实实在在的东西，不要被它的严肃刻板的"ε-d 语言""ε-N 语言"所吓倒，这只是微积分为了保护自己的盾牌而已。另外，经过几代人几百年努力才得到的一个数学概念，我们也要怀着感恩珍惜的心态来学习。

第五，无论是高中数学还是大学数学，有一点是没有变的，那就是"要想学好数学，最好的办法莫过于经常动手去解题"。只是在大学靠自己独立思考和自主学习的时间要比高中的时候多得多。

虽然高中数学教学改革从未间断，但多数只强调"教"的改革，而忽视了"学"的改革。在这种应试教育思想的影响下，学生的学习表现为只重视知识的获得或学习的结果（考试分数），而轻视能力的培养或学习过程和方法的掌握。考上理想的大学成为学习的出发点，也是学习的最终目标。而大学数学更多体现的恰好是"学"的远程，而不是"教"的过程，这又营造了学生的迷茫无助与应付了事的心态，最终导致学生与老师脱节，让数学走向了万劫不复的深渊。

如何做好高中数学与大学数学的衔接，是一个值得仔细探讨的问题，它至少深刻地告诉我们一点：无论是高中数学还是大学数学，都是一个"教"与"学"的有机结合的过程，千万不要对"教"与"学"中任何一方有所"偏袒"，更不要对"高中数学"与"大学数学"中任何一方有所"偏见"。

【参考文献】

[1] 季素月，钱林. 大学与中学数学学习衔接问题的研究 [J]. 数学教育学报，2000，9(4):45—49.

[2] 张彦春. 大学与中学数学的衔接教育研究 [J]. 乐山师范学院学报， 2006，21(12):81—83.

[3] 潘建辉. 大学数学和新课标下高中数学的脱节问题与衔接研究 [J]. 数学教育学报，2008，17(2):67—69.

[4] 人民教育出版社，课程教材研究所，中学数学课程教材研究开发中心. 数学 4: 普通高中课程标准试验教科书 [M]. 北京：人民教育出版社，2007:1—79.

[5] 同济大学数学系. 高等数学上册 [M]. 北京：高等教育出版社， 2007.

[6] 李保臻. 高等数学与初等数学关系之探讨：中学数学教师继续教育课程建设的关键 [J]. 数学教学研究，2005(12).

微分中值定理的教学探索

武汉东湖学院基础课部高等数学教研室　彭雪梅

众所周知，微分中值定理包括 Rolle 中值定理、Lagrange 中值定理、Cauchy 中值定理，它是微分学中的重要定理，在微积分学的理论及应用上都占有极其重要的地位，是教学内容的重点与难点。本文对这部分内容进行研讨，提出了在教学中的一些做法，这不仅有利于后续课程的学习，并且对学生掌握数学方法，运用数学方法解决实际问题将也是大有裨益的。

在微分中值定理的教学中，Rolle 中值定理的证明借助于已经学过的最大值最小值存在定理、导数定义、极限性质等，证明过程比较直观，学生很容易接受。但在利用 Rolle 中值定理证明 Lagrange 中值定理和 Cauchy 中值定理时，若简单地按照教材的编排体系讲授，学生对辅助函数 F(x) 的引入会产生"突然"和"神秘"的感觉，而且完成定理证明之后，学生对三个中值定理之间的联系难以把握，觉得内容太多不便记忆。所以，要达到让学生感到证明过程来得"自然"，消除"神秘"感，主动发现问题和解决问题，关键是通过启发引导，让学生通过思维、推理，自己发现符合条件的辅助函数，把辅助函数构造出来，并通过证明之后的归纳、反思，理清三个中值定理之间的联系以及各个定理的条件和结论的关系，准确地、深层次地掌握和应用定理。

一、微分中值定理的证明

Rolle 中值定理的证明比较直观，学生很容易接受。下面主要讨论 Lagrange 中值定理和 Cauchy 中值定理的证明。

（一）用"分析法"证明 Lagrange 中值定理

Lagrange 中值定理：如果函数 $f(x)$ 满足

（1）在闭区间 $[a,\ b]$ 上连续；

（2）在开区间 (a,b) 内可导，

则至少存在一点 $\xi \in (a,b)$，使得 $f'(\xi) = \dfrac{f(b) - f(a)}{b - a}$。

（若函数 $f(x)$ 除了满足上面两个条件之外，还满足 ③ $f(a) = f(b)$

则至少存在一点 $\xi \in (a,b)$，使得 $f'(\xi) = 0$。——这便是 Rolle 中值定理。）

1. 提出问题，引导学生参与教学过程

在定理中要证明在 (a,b) 内至少存在一点 ξ ，使得 $f'(\xi)=\dfrac{f(b)-f(a)}{b-a}$ ，亦即

$$f'(\xi)-\frac{f(b)-f(a)}{b-a}=0 \qquad (**)$$

如果我们把上式左边看成是某个函数 $F(x)$ 的导数在点 ξ 的值，则问题变成需要构

造一个辅助函数 $F(x)$ ，使得 $F'(x)=f'(x)-\dfrac{f(b)-f(a)}{b-a}$ ，并且 $F(x)$ 满足 Rolle

中值定理的条件，则根据 Rolle 中值定理，必存在 $\xi\in(a,b)$ 使得 $F'(\xi)=0$ ，亦即（**）
式成立，则定理得证。

2. 启迪学生思维，找出辅助函数

要使 $F'(x)=f'(x)-\dfrac{f(b)-f(a)}{b-a}$ ，这样的 $F(x)$ 应该如何构造呢？由于学生已经

熟练地掌握了导数的运算，很快就能回答：

取 $F(x)=f(x)-\dfrac{f(b)-f(a)}{b-a}x$ 。

3. 验证 $F(x)$ 是否满足 Rolle 中值定理的条件

由于 $f(x)$ 和 $y=\dfrac{f(b)-f(a)}{b-a}x$ 都在 [a，b] 上连续，在 (a,b) 内可导，则

$F(x)=f(x)-\dfrac{f(b)-f(a)}{b-a}x$ 也在 [a，b] 上连续，在 (a,b) 内可导，且

$F(b)=f(b)-\dfrac{f(b)-f(a)}{b-a}b$ ，$F(a)=f(a)-\dfrac{f(b)-f(a)}{b-a}a$ ，则 $F(b)-F(a)=0$ ，

即 $F(b)=F(a)$ 。

所以 $F(x)$ 在 [a，b] 上满足 Rolle 中值定理的条件，根据 Rolle 中值定理，在 (a,b)

内至少存在一点 ξ ，使得 $F'(\xi)=0$ ，即 $f'(\xi)=\dfrac{f(b)-f(a)}{b-a}$ ，定理得证。

4. 要求学生用"综合法"自己写出 Lagrange 中值定理的证明过程（略）。

（二）用类似的方法证明 Cauchy 中值定理：

Cauchy 中值定理：如果函数 $f(x)$ ，$g(x)$ 满足

（1）在闭区间 [a，b] 上连续；

（2）在开区间 (a,b) 内可导；

（3）在 (a,b) 内每一点都有 $g'(x) \neq 0$，

则至少存在一点 $\xi \in (a,b)$，使得 $\dfrac{f'(\xi)}{g'(\xi)} = \dfrac{f(b)-f(a)}{g(b)-g(a)}$。

类似证明 Lagrange 中值定理那样，进行如下几点。

1. 提出问题，引导学生参与教学过程

将 $\dfrac{f'(\xi)}{g'(\xi)} = \dfrac{f(b)-f(a)}{g(b)-g(a)}$ 经过适当变形，变成

$$f'(\xi) - \frac{f(b)-f(a)}{g(b)-g(a)} g'(\xi) = 0 \qquad (***)$$

如果我们把上式左边看成是某个函数 $F(x)$ 的导数在点 ξ 的值，则问题变成需要

构造一个辅助函数 $F(x)$，使得 $F'(x) = f'(x) - \dfrac{f(b)-f(a)}{g(b)-g(a)} g'(x)$，并且 $F(x)$ 满

足 Rolle 中值定理的条件，从而必存在 $\xi \in (a,b)$ 使得 $F'(\xi) = 0$，亦即（***）式成立，则定理得证。

2. 找出辅助函数

怎样构造辅助函数 $F(x)$ 呢？在 Lagrange 中值定理证明的基础上，学生

很快就能构造出 $F(x) = f(x) - \dfrac{f(b)-f(a)}{g(b)-g(a)} g(x)$。

3. 验证 $F(x)$ 是否满足 Rolle 中值定理的条件

由于 $f(x)$ 和 $g(x)$ 都在 [a, b] 上连续，在 (a,b) 内可导，则

$$F(x) = f(x) - \frac{f(b)-f(a)}{g(b)-g(a)} g(x) \text{ 也在 [a, b] 上连续，在 } (a,b) \text{ 内可导，且}$$

$F(b) - F(a) = 0$，即 $F(b) = F(a)$。辅助函数 $F(x)$ 在 [a, b] 上满

足 Rolle 中值定理的条件，故在 (a,b) 内至少存在一点 ξ，使得 $F'(\xi) = 0$，即

$$f'(\xi) - \frac{f(b)-f(a)}{g(b)-g(a)} g'(\xi) = 0，\text{定理得证。}$$

4.要求学生用"综合法"自己写出 Cauchy 中值定理的证明过程（略）。

二、微分中值定理之间的关系

通过以上分析证明，引导学生归纳总结得出三个微分中值定理之间有如下关系：Rolle 中值定理 Lagrange 中值定理 Cauchy 中值定理。

三、微分中值定理证明后的反思

为了进一步加深学生对三个定理的理解，准确把握定理的条件和结论之间的关系，我们可以提出以下几个问题让学生反思。

（一）辅助函数 $F(x)$ 的构造是否是唯一的

结论：不唯一。 在 Lagrange 中值定理的证明中还可取

$$F(x) = f(x) - \frac{f(b) - f(a)}{b - a}(x - a)，或$$

$$F(x) = f(x) - f(a) - \frac{f(b) - f(a)}{b - a}(x - a)；$$

在 Cauchy 中值定理的证明中还可取 $F(x) = f(x) - \frac{f(b) - f(a)}{g(b) - g(a)} g(x) + c$（其中 $c \in R$）。

可以验证这些函数仍然满足 Rolle 中值定理的条件，则必存在 $\xi \in (a, b)$ 使得 $F'(\xi) = 0$，从而定理得证。

（二）定理中的条件能否削弱或减少

结论：不能削弱也不能减少。以 Lagrange 中值定理为例，如：函数 $f(x) = \frac{1}{x}$，考虑区间 [0，1]，函数在开区间 $(0,1)$ 内可导，但在 $x = 0$ 处不连续，可以验证 Lagrange 中值定理的结论不成立（即条件不能削弱）。又如：函数 $f(x) = |x|$，$-1 \le x \le 1$ 在闭区间 [-1，1] 上连续，但在开区间 $(-1,1)$ 内不可导（因为在 $x = 0$ 处不可导），可以验证 Lagrange 中值定理的结论不成立（即条件不能减少）。

事实上，三个中值定理的条件都不能削弱，而且三个中值定理中的条件都是缺一不可的，同学们可以举出反例，予以验证。

（三）定理中的条件是充分条件、必要条件、还是充要条件

结论：充分但不必要。以 Lagrange 中值定理为例，如：函数

$$f(x) = \begin{cases} x^2, -1 \le x < 2 \\ 7, x = 2 \end{cases}$$

在开区间 $(-1,2)$ 内可导且 $f'(x) = 2x$，又 $f'(1) = \frac{7 - (-1)^2}{2 - (-1)} = 2$，即存在

$1 \in (-1,2)$ 使结论成立，但显然 $f(x)$ 在区间 [-1，2] 上并不连续。该例表明定

理的条件是充分条件而非必要条件。

四、回顾、总结与深入

微分中值定理是微分学的精华部分，是教学中的重点与难点，需要多次反复讨论才能使学生领会。在讲完这三个中值定理后（一般要两到三次才能讲完）需要回顾与总结，使学生能更深入地理解这些定理的实质。可向学生说明，这些定理之所以称之为中值定理，是指在一定条件下，函数值的增量（指区间端点处函数值之差）与区间内某些点的导数值存在密切的联系，即存在符合要求的中间值"ξ"。至于存在多少这种"中间值"以及这些"中间值"在区间内的分布情况，定理都没有进行讨论，但这并不妨碍这些定理的重要意义。它反映了可微函数的基本特征，给出了可微函数与其导数之间的关系．导数的主要应用正是通过这些中值定理体现的。此外，可比较用微分近似函数增量与有限增量公式之间的差异，这样便于将前面所学的知识与现在所学的知识内容联系起来，从而了解数学概念、理论的步步深入．

通过以上教学，学生对三个微分中值定理有了比较深入的理解，分析问题、解决问题及逻辑推理的能力得到了锻炼和提高。

【参考文献】

[1] 吴波. 浅谈高等数学误中微分中值定理教学法——反例教学法 [J]. 思茅师范高等专科学校学报，2002（18）．

[2] 王硕. 关于微分中值定理教学的一点改革 [J]. 工科数学，1998（14）．

[3] 杨冰，钱淑英. 微分中值定理的教学设计与实践 [J]. 晋东南师范专科学校学报，2002（2）．

独立学院教研室工作存在的问题及解决思路

武汉东湖学院科研处　　智　慧

　　教研室是独立学院组织教学、科研的基层单位。随着独立院校真正独立的日子日渐逼近，以往母校大包大揽输送教学资源的时代一去不返，教研室能否正常并有效地开展工作，这关系到学校的办学质量和发展前景。因此，必须坦陈和梳理教研室目前的工作现状，找出其存在的问题，并大胆提出解决的方案，以期推进教研室的建设，为我校的发展贡献力量。

一、教研室研究工作存在的问题

　　教研室是按学科、专业而设置的基层教学组织，也是教学、科研相结合的学科型教学研究机构。教研室在教学、科研第一线，直接面对学生，因此，应组织教师开展相应的教学科研活动，进行专业建设、师资培养和教学管理等工作。教研室建设与管理情况的好坏是学院教学质量能否进一步提高、教育教学改革工作能否取得预期效果的关键，它直接关系到人才培养的质量，关系到学院的生存和发展。目前来看，尽管我校教研室已能完成基本的教学和科研活动任务，但对于一所有着远大发展目标的高校来说，这是远远不够的。我校教研室的建设并不规范，也谈不上创新管理，工作上也存在许多问题，主要表现在几个方面。

（一）教研室职能弱化，工作积极性不强

　　教研室目前的工作基本停留在给老师分配课程，通传工作信息以及完成学校、院里布置的科研任务，并没有积极主动发挥教研室在教学科研中的主导作用。

　　教学任务的分配往往注重为了平衡，对课时不满的老师进行了一定倾斜，有的老师一个学期有三个课头，甚至还要教一些并非专业的科目，显得比较随意；教研室主任、副主任由于自己的课时量较重，罕有时间观摩其他教师的教学；再加上女教师家庭事务繁多，每每开会都要提前离开，所以基本没有时间充分探讨教学技巧，分享教学经验。即使学生对教师做出了评价，在教研室会议上也往往不了了之，教学效果没有明显提高。

　　大多数院系没有自己的教研活动室，每次开会都要提前借会议室。通常教研室每周活动一次，每次半天或两节课时间，而事实上由于种种原因，教研室很多时候整个学期也难得召开几次教研会，即使少有的几次会议，也大多例行公事，应付检查，而且时间极为短暂。

教研室尽管每年都撰写工作计划和工作小结，但大都是纸上谈兵，完成任务；教师和教学的各种资料都在院里存档，即使是教学质量的考核也是学院组织。教研室本应是课程建设和改革的主导力量，但实际上都由院级领导推动，教研室被动落实，专业建设和发展毫无特色可言。由于没有行之有效的教学监督机制，也没有形成常态化的工作规范，教研室基本上是学院和老师之间一个通传信息的松散组织。

（二）教研室科研形式化，研究水平不高

教师的科研大多是各自为政，学校有限的科研经费每年只能惠泽到每个学院的一两个老师，大部分老师单枪匹马"自研成才"，选题既没有经过教研室的专题讨论，也没有高级职称教师的传帮带，即使研究也是为了应付评职称，科研后劲乏力，难以支撑独立学院的教育发展。

高级职称的学科带头人及中年骨干教师的严重匮乏，使教研室老中青教师比例严重失调。许多教师为了赚钱，不得不疲于应付教学任务，无暇顾及学习、科研和实践锻炼，这不仅影响了教师的个人发展，更有碍学校教学质量的提高。大部分教师都是刚出校园的硕士生，几乎没有像样的从业经历，即使有一些实习的经验，但数年过去，早已脱离实际，双师型教师的培养压力巨大。

男性教师太少，男女教师比例失调，有的教研室青一色的"娘子军"，且都处于生儿育女的年龄，难以把精力都集中到工作和科研上，且教学深度不够，理论知识欠缺，实践经验不足，缺乏探究精神，责任感不强。

教研室没有固定的活动经费，即使想创造性地开展学术讨论活动或者外出学习，都不得不陷入"巧妇难为无米之炊"的窘境，这使得教师对教研室的活动不甚支持；教研室主任待遇相对较低，且主任几乎没有任何额外的福利，且政策极为不稳定，这也导致教研室领导队伍不稳定，工作不积极、不主动，在教师中也毫无威信，难以展开有效的工作；教师流动量比较大，平均每年都会有一个到两个有经验的教师离职，使得教师队伍的培养不断中断，难以为继。

（三）教研室制度行政化，监督管理不严

大部分专业的教研室都有管理制度，但往往是为了评估或检查而临时制定的，日常活动并没有严格按照规章制度进行。同时，配套规范和计划不完善，没有教师培养、科研发展、学科建设、实践体系等方面的制度，即使有一些学校的制度，也流于形式。

行政事务的繁重占用了教研室活动的大量时间，部分教师因为上班路途遥远，不愿利用额外的时间参与教研室活动。形式上存在的教研活动大都用来布置工作或传达学校的会议精神，真正用来探讨教研活动的时间并不多，即使开展了，也只是表面上的简单交流，趋于形式化、应付化，缺乏深层次的关于教学内容、体系、教材、方法、理念以及教学改革课题等方面的专题教学研究活动。

教研室业绩考评体系不完善，缺少激励机制。学校对教师的评价办法单一，一般在学期末由教师撰写个人小结，平时听课也是教师互评，评价体系中主观成分多、客观成分少，这些都不利于调动教研室和教师工作的积极性。学校对教研室工作缺乏制度

保障，只有硬性的要求，没有配套的扶持和奖励制度；对教研室业绩的考评体系也不完善，信息反馈慢。

二、教研室工作的建设

冰冻三尺非一日之寒，独立学院教研室的工作现状与其短期内迅速发展壮大而忽略质量提升的战略是并生的，但从长远的发展角度考虑，要想在激烈的教育市场上立于不败之地，就必须有配套的软件建设。

（一）提高对教研室建设重要性的认识，加快教研室制度建设

教研室是开展教学工作的基础，教研室工作的状况与水平直接反映教学工作的整体水平，教师教学水平的考察要依靠教研室的管理动态实现，而不仅仅是只依靠教务处的查课或领导的某次听课来实现。加强教研室建设，对于保证独立学院教学工作的顺利进行、深化教学改革、不断提高教学质量具有极其重要的意义。

加快教研室制度建设，主要包括教研室活动制度、理论学习制度、对话交流制度、课题研究制度、教学技能训练制度、教师培训制度、教师与学生沟通制度等，要做到按章办事，有章可循。同时要建立健全岗位责任制，做到管理制度健全，岗位职责分明。

学校学院也要加快建设配套的激励和奖励制度，给予教研室活动以物质保障，以调动教师的积极性，变被动的完成差事为主动的参与教研室活动，并在浓厚的学术氛围中提升自己的教研水平，形成你争我赶的竞争局面，使教研室充满活力。

（二）树立人才本位的意识，加强"双师"型师资队伍的培养

独立学院独立后，即将独立负担起繁重的教学任务，而教师是主要的承担者，更是学校长久发展赖以生存的中坚力量。学校不仅应该本着尊重人才的态度给予教师必要的物质保障，更应该用留住人才的战略给予教师不断发展的职业机遇。现在，引进人才的成本远远要高于培养人才的成本，所以，独立学院应该高度重视教师的发展和培养。

教师队伍建设要适应人才培养模式改革的需要，在教学过程中要努力构建理论与实践一体化教学模式，注重技能和职业素质的培养，这就对教师素质提出了新的更高的要求。因此，独立学院专业教研室要加强与行业、企业以及科研院所的联系，建立基地，组织专业教师到基地学习、实践，校企（所）深入合作，开展技术攻关和产品研发，有条件的院系也可利用本院的师资力量开展培训业务或兴办小型产业，在产教结合过程中，提高教师的专业技术水平，培养教师的创新能力和技术应用能力，同时，通过专、兼职教师间的交流与合作，发挥"传、帮、带"作用，促进现有教师专业水平和动手能力的提高，促进师资队伍整体素质的提高和"双师"结构的优化。

（三）明确人才培养目标，抓好课程改革和课程建设

课程建设，是提高教学质量的基础。独立院校要适应经济与社会发展的需要，就要在课程建设与改革上下工夫，这也是教研室的基本工作之一。为此，教研室应认真讨论，准确定位，明确人才培养的目标，制定出符合社会发展需要，又符合独立学院

教育教学规律的课程建设规划，并使这一目标在教研室全体教师心目中牢固确立起来，所有的教学工作都要围绕这个目标展开。

课程建设是一项系统工程，要体现出独立学院的教育特色，符合职业岗位需求，将培养学生的职业能力放在重要位置。独立院校培养的学生的动手能力不逊于高职高专学生，同时要比其拥有更多的人文素养和理论知识；相对于一本、二本院校的培养模式，我们更注重于实践性能力的培养。

加强实习实训基地的建设，建设完善的实践教学体系。教研室要及时组织制定实验实训室建设和管理规划，保持实训设备的前瞻性，并与教学计划和专业发展相适应，与就业岗位环境相适应；组织实施实验室的建设和改造，不断改善教学和科研工作环境，同时有计划地开发校外实习基地，加强实验实训管理和技术人员队伍的培养，不断提高其实验实训业务技能和管理能力，保持实验实训室正常运行，为培养职业技能突出的人才打下良好基础。

总之，教研室应从观念上实现从学科体系到行动体系的转变，不断完善与之相适应的人才培养方案和教学计划，探索专业特色，建设精品课程，形成以市场发展为导向，不断更新教学内容的互动机制，使专业设置和课程建设与社会需求同步并不断更新。

（四）加大物质投入，探索专业发展特色

独立学院独立之后，即将独立面向社会招生，生源将是其生存发展的生命线。在层次分明、栉次鳞比的高等学府中，如何以特色立校、以质量强校，将是我们面临的巨大考验。

教研室是进行专业建设的主体，也是探索专业发展特色的主要推动力和主导力量，是实现专业特色教学和人才培养模式转变的行动机构。由此，应赋予教研室更多的物质资源和保障，充分发挥所有教师的主观能动性，找准定位，探索专业发展特色，在创建实习实训基地的基础上，开拓生源基地，进行固定的招生宣传，保证生源数量，进一步扩大学校的影响力，办出专业的品牌和特色。

【参考文献】

[1] 何同林，冯丹 . 高职院校教研室工作中存在的问题与对策研究 [J]. 职教管理，2007(5).

[2] 孙松发 . 切实加强高校教研室的建设 [J]. 黄冈师范学院学报，2001(2).

浅议独立学院教学管理中存在的问题及对策

武汉东湖学院教务处　　杨燕妮

独立学院作为我国高等教育改革的新兴事物，其在教学管理过程中逐渐暴露出一些问题，针对这些问题，重点应从抓好教学基本建设、加强教学管理规章制度建设、大力加强教师队伍建设、开展校企联合办学、完善教学质量监控体系等几个方面入手。

独立学院是中国教育体制创新的产物，在一定时期内为教育的高速发展提供了必要的条件，缓解了高等教育事业发展缓慢和人民对教育需求的矛盾，为中国高等教育的跨越式发展做出了突出的贡献。独立学院发展最关键的问题是培养出合格的毕业生，为社会和国家服务，这就要求独立学院能够保证教学质量，创新教学模式。因此，教学管理工作便成为独立学院发展过程中最关键的一环，是独立学院生存的命脉。近年来，独立学院的招生规模不断扩大，但是扩招带来的教学资源紧缺、教学管理滞后等问题也制约了教学管理水平的提高。因此，独立学院必须强化管理体制，全面提升教学管理水平。

一、独立学院教学管理存在的问题

（一）教学管理手段缺乏创新

由于独立学院是由普通全日制本科高等学校按新机制、新模式与社会力量合作举办的本科层次的二级学院，在办学性质和办学目标上都不同于普通高校。同时，独立学院的学生和教师是较为特殊的群体，有着不同于母体高校的特点。因此，独立学院的教学管理与传统的教学管理模式具有很大的差异性，需要不断创新教学管理模式和手段。然而，目前很多独立学院仍沿袭传统的教学管理方式，很难适应独立学院的实际情况与发展要求。

（二）教学质量评价和监管体系不完善

独立学院学生的特殊性和教师的多元性加大了独立学院教学管理的质量评价和监管的难度。首先，学生基础知识参差不齐，这给教师的授课计划和授课进度带来了不小的挑战，有时甚至会造成授课计划与实际进度脱节以及教学与考试的随意性。其次，学生与教师之间互动较少，导致授课质量效果得不到有效的反馈和改进。目前，很多独立学院对教职工及管理人员工作绩效的评估无法实现量化，监督制度无法有效地发挥作用。

（三）教学管理队伍不适应高等教育发展的需求

首先，独立学院的教学管理人员知识结构较为单一，业务经验较为欠缺。比如，目前独立学院的教学管理队伍中包含很多刚毕业的研究生或本科生，他们的知识结构相对较单一，缺乏对教育学、管理学等相关专业知识的系统学习。其次，教学管理队伍建设不稳定，流动性大。由于一些独立学院并不重视教学管理队伍建设，缺乏对教学管理的理论认知，这就造成了教学管理队伍难以稳定而有效地开展教学管理工作。

（四）教学管理目标定位不明确

目前多数独立学院没有针对自身特色进行定位，在教学目标和培养方针上盲目追求与"二本"甚至"一本"院校一致。比如，有的独立学院为了追求人才培养质量，其教学计划全盘照搬其母体高校，这样的培养方式会束缚独立学院学生的个性发展，使其逐渐丧失自身的优势与特色。

二、独立学院的教学管理——是学校建设、改革和发展的重要方面

教学工作是高等学校的中心工作。教学管理既要行使行政管理职能，服务于教学工作；更要行使学术管理职能，规划、设计、组织好教学工作，把教学工作整体提升到应有的层面上运作，由高水平的教师组织高质量的教学，培养高素质的人才。由于独立学院的建校历史短，软、硬件条件相对较差，再加上学校的分类差异、层次差异，因此，独立学院的教学管理应在遵循高等学校共性的教学管理规律、内容、任务之外，还要有其独有的教学管理指导思想。以下从几方面进行分析。

（一）认真抓好教学基本建设是独立学院长期而艰巨的任务

教学基本建设主要包括学科建设、专业建设、课程建设、教材建设、实践教学基地建设、教风建设、学风建设、教学队伍建设、管理制度建设等。一方面包括常规性的建设，可以参照传统高校教学要求去建设；另一方面包括以学校的定位、发展规划为依据的建设，如教材建设——编写出适用于应用型人才培养的精品教材；实验课程建设以及"双师型"教师队伍的建设。

独立学院的教学基本建设应当从"应用型"教育的理论出发，从应用的角度进行教学基本建设。构建应用学科的课程体系，必须以现代教学为指导思想，在注重基础理论教学、拓宽学生知识面的同时高度重视实践性教学环节，加强基础理论教学与实践教学的相互融合，通过各种实践环节，提高学生解决实际问题的能力以及专业所需的各种能力。针对学生多样化的特点和独立学院的办学定位，切实改变传统的"灌输式"、"一言堂"等教学方法，采用理论与实践穿插的互动式、案例式教学方法。按照教学大纲的要求，抓好课堂教学、实践教学、试卷及毕业设计等各项教学环节，充分体现学生学习的主体地位，激发学生学习的积极性，提高学生的应用能力。

（二）重视教学管理规章制度建设是关键

教学管理兼有学术管理和行政管理双重职能。高校的教学管理制度，主要包括教

学基本文件（教学计划、教学大纲、考核大纲、教学进度表、课程介绍、教案等）和工作制度（学籍管理、成绩管理、实验室管理、课程管理、档案管理等）。独立学院制度的建设必须结合学校实际，从应用型教育的实践活动出发，结合人才培养模式制定教学管理制度。同时，深入教学管理的问题探索和研究，才能不断提高教学管理水平，从而制定出正确的规章制度。比如说，对教学制度问题——实行学分制还是学年制；一些课程成绩的认定问题、考试收费问题、就业问题等。实践证明，教学管理规章制度建设是一项极为重要的工作。

（三）教学管理队伍建设是核心

近年来，各高校都非常重视教学管理队伍的建设，在年龄结构、学历结构和职称结构上逐渐趋于合理。事实证明，没有一支过硬的教学管理队伍，就无法保证一流的教学水平和教学质量。教学管理队伍包括校长、院（系）领导、教辅人员。建设一支结构合理、队伍稳定、服务意识强的高素质教学管理队伍是独立学院重要的教学基本建设之一。唯有如此，才能确保教学工作的稳定运行，才能不断提高管理水平和工作质量。按照培养应用型人才的要求，应用型大学的教师队伍不仅要有学术水准，而且要有较强的社会实践和应用能力。独立学院要把队伍建设放到一个突出的位置上，校内教师要不断加强师德师风的建设及专业知识培训，增强应用能力；同时要聘请校外具有丰富实践经验的人员为兼职教师，通过外部引进、内部培养和聘请校外具有丰富实践经验的技术人员兼职等手段，逐步形成一支结构合理、人员稳定，既懂学科、又懂专业，教学水平高、实践能力强、教学效果好的"双师型"教学队伍。

（四）校企联合，取其精华，去其糟粕

独立学院要大力开展应用型的产学研合作，利用本身优越的产学研合作条件，吸引企事业单位共同建立校内实训基地和校外的实习基地。产学研合作可与实践教学、"双证书"教育、就业工作有机结合。

目前，与武汉东湖学院建立合作关系的知名企业有近 20 家，领域涉及该校开设的各个专业，并且在行业中具有一定地位，如湖北众有科技实业股份有限公司、上海亚湾酒店管理有限公司、湖北神农制药有限公司等。在人才培养过程中，该校力争使学生在接受学历教育的同时，掌握先进实用的软件从业技能，获取权威技术认证证书，形成核心竞争能力；鼓励学生积极参加学科竞赛，鼓励学生"考证"，增强了学生的就业竞争力。独立学院在建设应用型大学时，要采取开放式办学。一方面是按照应用型办学定位，适应地方的发展需要，采取多种形式沟通社会，加强与相关行业部门的紧密联系，积极寻找新的办学增长点。另一方面要广泛借鉴国际上高等教育大众化的经验，扬长避短，要重视引进优质的教育资源、先进的办学模式和教育理念，同时拓展境外国际教育合作项目，大力开展国际合作与交流，加强对外教育宣传和输出的力度，提升国际化水平。

（五）进一步完善教学管理质量监控体系

针对独立学院缺乏教学管理质量监控机制的现状，要想提高教学管理水平，就必

须建立健全有效的评价和监控机制。独立学院应当根据学校教学管理的实际情况，逐步建立起独具特色的教学质量评价体系和监控机制。

首先,要建立课堂教学、实践教学环节、毕业设计（论文)等各主要环节的质量标准。教学质量是一个系统工程，除了强调教师、学生、教学管理人员等在教学管理中的主体作用外，还要重视发挥各个职能部门和全体教职工的作用，推进教学管理体系改革，减少管理层次，逐步实行学院目标管理，激发独立学院教学管理系统的整体活力，使教学管理工作更加制度化和系统化。

其次，要建立综合评价与专项评价相结合、定期检查与随机抽查相结合、学生评价与同行评价相结合、校内专家与校外专家相结合的监控体系，充分发挥教学督导委员会的监控职能。传统教学管理模式的特点是重行政、轻学术。随着民主意识和学术观念的增强，教学管理工作的重点要逐步转移到学术管理上，要充分发挥专家教授和骨干教师在教学管理工作中的作用。通过进一步建立健全决策咨询系统，充分发挥学术委员会、学位委员会等学术性组织的作用。

【参考文献】

[1] 施盛威,宋婧.试论独立学院教学管理创新 [J].南通大学学报（教育科学版），2008（4）.

[2] 刘运城.用科学发展观指导独立学院教学管理实践 [J].沙洋师范高等专科学校学报，2009（3）.

[3] 郭麦成,孙首臣.独立学院教学过程管理改革的实践与探索 [J].长江大学学报(社会科学版)，2009（2）.

[4] 胡虹霞，关于大学生感恩意识培养的几点思考 [J].山东省青年管理干部学院学报，2005（3）.

[5] 张桂权.感恩意识与感恩教育 [J].当代教育论坛，2006（1）.

[6] 袁春平，匡茜.感恩教育：一种德育的新路径 [J].教学与管理，2007（15）.